Nación y Región en América del Sur

DIANA TUSSIE Y PABLO TRUCCO
(COORDINADORES)

Nación y Región en América del Sur

Los actores nacionales y la economía política de la integración sudamericana

t ESEO

Nación y Región en América del Sur : los actores nacionales y la economía política de la integración sudamericana / coordinado por Pablo Trucco y Diana Tussie. - 1a ed. - Buenos Aires : Teseo; FLACSO - Fac. Latinoamericana de Ciencias Sociales; LATN, 2010.
598 p. ; 20x13 cm. - (Sociología)

ISBN 978-987-1354-50-4

1. Economía Política. I. Trucco, Pablo, coord. II. Diana Tussie, coord.
CDD 320.1

ISBN 978-987-1354-50-4
Editorial Teseo

Hecho el depósito que previene la ley 11.723

Para sugerencias o comentarios acerca del contenido de esta obra, escríbanos a: info@editorialteseo.com

www.editorialteseo.com

Índice

AGRADECIMIENTOS

El objetivo de este libro es mirar el regionalismo de hecho. *Nación y Región en América del Sur: Los actores nacionales y la economía política de la integración sudamericana* es fruto de una confluencia de esfuerzos en pos de profundizar el estudio de los incentivos que sostiene al regionalismo en nuestro subcontinente. En este sentido, debemos un agradecimiento especial a la Agencia Suiza para el Desarrollo y la Cooperación (COSUDE), que no solamente proporcionó los recursos financieros para sostener las actividades relacionadas con el proyecto sino que, a través de Régis Avanthay, Michel Gressot y Pedro da Motta Veiga, aportó valiosas ideas sobre su desarrollo.

Asimismo, esta investigación no hubiera sido posible sin el respaldo de la Facultad Latinoamericana de Ciencias Sociales (FLACSO, Argentina) y de la red Latin American Trade Network (LATN), las cuales proporcionaron el marco y el espacio físico, intelectual, e institucional para llevar a cabo las actividades vinculadas a esta investigación. También agradecemos al Centro Internacional para Investigaciones sobre el Desarrollo (IDRC), de Canadá, que además de brindar continuo apoyo institucional co-financió, junto con COSUDE, la reunión plenaria de la red LATN en la que se presentaron y discutieron las primeras versiones de los capítulos que conforman este libro. Agradecemos también a la Cancillería Argentina, que gentilmente ofreció sus instalaciones para el desarrollo del evento.

Debemos por supuesto un agradecimiento especial a los autores que han contribuido con los casos de estudio y las conclusiones incluidas en este volumen, quienes de manera paciente y constructiva fueron llevando sus estudios respectivos hacia un destino común.

Agradecemos también a Pablo Heidrich y Fabiola Mieres, quienes ejecutaron la primera etapa del proyecto, organizaron la convocatoria inicial, leyeron incansablemente las innumerables propuestas presentadas y contribuyeron en la evaluación y selección de los proyectos ganadores. Por último, esta investigación no hubiera sido posible sin la esforzada y atenta labor de Melisa Deciancio y Laura Uzquiza, quienes contribuyeron con repetidas lecturas de las sucesivas versiones y llevaron adelante de manera impecable la gestión del proyecto y la organización de las actividades complementarias.

Pablo Trucco,
Diana Tussie,

Buenos Aires,
enero de 2010

Los actores nacionales en la integración regional: elementos para el análisis y evaluación de su incidencia en América del Sur

Diana Tussie y Pablo Trucco

1. Introducción

La omnipresencia del regionalismo en América del Sur, tanto como aspiración como en el diseño de política exterior y comercial, impone una reflexión abarcadora de todas sus dimensiones. El objetivo de este libro es explicar los determinantes nacionales de esas aspiraciones y políticas, así como el origen y el sesgo peculiar de este proceso en los países de la región. Desde esta óptica, la construcción del regionalismo puede tener su origen en los incentivos provenientes del sistema internacional y en las razones del mercado global pero no queda limitado a ello. Se trata de un proceso que trasciende esos incentivos y se reconstruye permanentemente. Esta doble instancia que caracteriza al regionalismo vuelve particularmente útil una lectura en clave de economía política, incorporando la concepción del Estado como actor político con intereses y preferencias en constante puja. A la vez que surge como espacio de conflicto, el Estado es también en algunas ocasiones un espacio de articulación de preferencias políticas, intereses del sector privado y demandas de la sociedad civil. Este volumen es una operación de rescate de esas dimensiones de la construcción regional.

Con este marco de análisis concebimos la construcción regional como un proceso complejo que integra de manera simultánea un entramado de lógicas a primera vista independientes, tales como la economía, la política internacional y la geopolítica, así como también cuestiones mucho más parroquiales como intereses políticos internos tanto coyunturales como de largo plazo, intereses comerciales de empresas particulares, cuestiones culturales e incluso ideológicas. Así, el tejido de intereses y preferencias de actores internos heterogéneos que habitan en cada uno de los países involucrados va modelando la marcha y el perfil del regionalismo.[1]

En el siguiente apartado se exponen sintéticamente algunas limitaciones de las disciplinas más difundidas entre las ciencias sociales para abordar un estudio comprensivo del regionalismo así como las ventajas que ofrece a ese respecto la economía política. La tercera sección presenta a los actores del regionalismo agrupados en categorías utilizadas en los siete casos de estudio que se analizan en esta investigación. La sección cuarta describe los determinantes sistémicos del regionalismo, los cuales proporcionan un marco contextual a los determinantes internos que son presentados en la sección quinta, conjuntamente con el instrumental analítico-conceptual que facilita un análisis consistente entre los casos de estudio. Por último, la sexta sección presenta algunas reflexiones finales.

---

[1]   Puesto simplemente, un actor se mueve por incentivos cuando ajusta su conducta al precio y por lo tanto define su acción a partir de un cálculo que le informa cuál es aquella decisión que maximizará sus utilidades. Ello deriva directamente en la idea de un mercado basado en información transmitida a partir de la relación entre precios. En otras palabras, la estructura de incentivos estaría dada por el mapa de precios relativos. En la lógica de los incentivos prima entonces la dimensión estructural, ya sea internacional o doméstica, que fija los márgenes de acción. El concepto de preferencias, por su parte, estaría vinculado a características intrínsecas y propias del agente que actúa en función de una combinación de valores, intereses e identidades políticas siguiendo una lógica diferente de la del mercado (véase en este mismo volumen "Conclusiones sobre la economía política del regionalismo en Sudamérica", de Federico Merke).

2. Economía política y regionalismo

Los estudios sobre el regionalismo se han centrado hasta ahora en diferentes aspectos del fenómeno, sin contemplar una aproximación comprensiva que apunte a brindar una explicación integradora de la multiplicidad de aristas que ejercen influencias de manera simultánea y cuyos efectos retroalimentan el proceso. En este sentido, los estudios sobre el llamado "nuevo regionalismo", por ejemplo, se concentraron en la proliferación de acuerdos de libre comercio durante la década de 1990 entre países que compartían la misma región. Esta literatura se centró en explicaciones económicas basadas en la existencia, para algunos sectores económicos, de rendimientos crecientes a escala en un escenario en el que los costos de transporte son significativamente distintos de cero (Krugman, 1991). En ese contexto, la proximidad confiere además otras ventajas económicas reales como una disminución en los costos de transacción, disponibilidad de capital e insumos intermedios especializados así como conocimientos tácitos construidos y diseminados a partir de la interacción continua o de la afinidad cultural o histórica (UNCTAD, 2007).

Dado que junto con la propagación de acuerdos regionales proliferaron también las exigencias que se establecían para el ingreso de nuevos miembros, algunos autores comenzaron a preguntarse si el regionalismo era un paso más en la dirección al libre comercio o si, por el contrario, los bloques regionales serían utilizados como un instrumento para mantener políticas proteccionistas del bloque hacia países no miembros. Este interrogante sirvió de base para un análisis dinámico sobre los procesos de integración regional desarrollado por Bhagwati a través de conceptos como "bloques constructivos" y "bloques obstructivos" (Bhagwati, 1991; Bhagwati, Greenaway y

Panagariya, 1998) en su búsqueda de un criterio equivalente al vineriano en los análisis estáticos.

Asimismo, se han llevado a cabo numerosos estudios de regionalismo comparado, entre los que se destaca el trabajo editado por Rick Fawn (2009), que incluye además de la dimensión comercial el rol que desempeña la región en cuestiones de seguridad. Otros autores han profundizado sobre distintos temas puntuales relacionados con el regionalismo, como las reacciones de la sociedad civil frente a iniciativas de integración comercial (Keck y Sikkink, 1998) o incluso cuestiones eminentemente técnicas como las alternativas para medir y monitorear la integración comercial y la integración política (De Lombaerde, 2006).

Es indiscutible que estos estudios han realizado contribuciones significativas para la comprensión del regionalismo en aspectos específicos. Sin embargo, un abordaje parcial de un fenómeno inherentemente multifacético –parcialidad tanto en relación con el objeto de estudio como con el estudio de éste desde una disciplina demasiado estrecha para abarcarlo– como es el caso del regionalismo, es vulnerable a derivar en conclusiones sesgadas.

La disciplina económica, por ejemplo, se aproxima a esta temática desde una perspectiva fundamentalmente nacional que descansa sobre sólidos microfundamentos ampliamente difundidos y aceptados por la mayoría de los economistas: agentes (individuos, empresas, gobiernos) maximizadores de utilidad (o beneficios) a partir de elecciones racionales dada la información disponible. Sobre esa base se ha construido una literatura conocida como *endogenous tariff formation* que desarrolla modelos de equilibrio general en los que se arriba a una solución óptima (el regionalismo), teniendo en cuenta las funciones de utilidad de los agentes maximizadores que participan del proceso de formación de políticas. Entre los trabajos más destacados de este enfoque se cuentan los de Findlay y Wellisz (1982), Mayer (1984), Grossman y Helpman (1995, 2002) y Olarrega y Soloaga (1998). Este último trabajo aplica el modelo a la formación del arancel externo común del Mercosur, caso paradigmático del regionalismo sudamericano.

Si bien esta explicación contribuye a un entendimiento de la integración comercial sobre la base de incentivos arancelarios deja sin respuesta otros aspectos relevantes del regionalismo, tales como iniciativas de carácter político que apuntan tanto a tener un impacto a nivel regional como también aquellas dirigidas a proyectar la región en diversos ámbitos de la arena internacional. Entre estas últimas se cuentan compromisos de negociación conjunta en ámbitos multilaterales del comercio y las finanzas así como consideraciones de naturaleza geopolítica y de seguridad.

Asimismo, la visión del regionalismo desde la ciencia política ha tendido a una explicación desde la competencia entre actores racionales al interior de los estados cuyos incentivos provienen tanto desde el entorno nacional como del internacional, otorgándole al resultado de esa competencia un carácter prácticamente inapelable. Esta aproximación tendría un carácter eminentemente determinista ya que las políticas públicas estarían orientadas a satisfacer los intereses de los actores más poderosos, dejando al estado muy debilitado políticamente y con poco espacio para tomar medidas que apunten al interés general. El instrumental de *public choice* desarrollado por Black (1948), Downs (1957), Buchanan y Tullock (1962), y Olson (1965), entre los autores más clásicos, así como los desarrollos de *rational action* llevados adelante por Homans (1961), Blau (1964), y Coleman (1973), entre otros, son frecuentemente utilizados para llevar a cabo este tipo de análisis. Del mismo modo, la disciplina de *public policy* es una derivación de esta concepción.

Desde las relaciones internacionales, el realismo político resta relevancia al regionalismo al considerarlo como un tema de "baja política", en contraposición con la "alta política", que trata sobre las cuestiones centrales para la supervivencia del estado como la soberanía, la seguridad y, en definitiva, el equilibrio de poder. La integración económica (comercial, inversiones, etc.) quedaría entonces supeditada a la evolución de la estructura del sistema internacional y a los espacios generados por la lógica de las estrategias interestatales dada una configuración de poder determinada (Krasner 1976, Hirschman 1980, Grieco y Katzenstein 1990, Gowa 1994, Mansfield 1994, Lake 2009).

Sin embargo, el actual proceso de creciente regionalización en una economía cada vez más global deja expuesto el anacronismo de estas consideraciones, especialmente para los países de América del Sur que, con la sola excepción de Brasil, mantienen una proporción significativa de su política global focalizada en la región. En otras palabras, la política exterior de los países del sur se centra fundamentalmente en la política regional e incluye, además de preocupaciones políticas y de seguridad, cuestiones económicas de relevancia creciente. En ese sentido, el regionalismo ha permitido a los países en desarrollo desempeñar su rol en las relaciones internacionales, abandonando su postura meramente espectadora y complaciente de los juegos de poder de los países del norte.

Asimismo, el postulado fundamental del realismo clásico que considera al Estado como un actor monolítico racional que actúa en función del interés nacional, pensado siempre en términos de poder, también ha quedado anacrónico. El supuesto carácter monolítico del Estado deja de lado todo el proceso interno de formación de políticas en el que se entretejen los intereses de distintos sectores políticos, económicos y sociales. Esta limitación fue encarada por teóricos como Robert Putnam (1988), quien se abocó a investigar justamente cómo la interacción entre grupos de interés domésticos restringe el margen de maniobra del gobierno para implementar su estrategia de política exterior. Cabe resaltar que, desde un punto de vista estatista, la construcción del regionalismo es solamente entendida como una estrategia de política exterior.

Muy lejos de considerar el regionalismo como un proceso desarrollado por un estado monolítico y racional que opera en una dimensión donde solamente la *realpolitik* tiene un espacio relevante, en esta investigación nos adentramos en el estudio del regionalismo como un fenómeno de mayor complejidad que incluye la política exterior emergente de las luchas internas de grupos de interés, posteriormente ejecutada por el gobierno, pero que abarca también la interacción entre actores internos de un país y los actores internos de países vecinos de la región. Dado que estas interacciones pueden ser de naturaleza política, económica, o en otras dimensiones normalmente consideradas *soft*, vinculadas en general al ámbito de la sociedad civil, tales como los derechos humanos, el cuidado del medio ambiente o reivindicaciones sociales, su análisis debe ser abordado desde una disciplina que proporcione un marco para explicar y entender los verdaderos objetivos y las interacciones de los actores que motorizan el regionalismo. En consecuencia, en esta investigación combinamos los niveles de análisis mencionados desde un enfoque de economía política para exponer las fuerzas que influyen sobre la conformación del regionalismo en siete países de América del Sur, de manera comparativa. A los efectos de llevar a cabo ese análisis, nos abocaremos al estudio del Estado y sus instituciones;

el mercado y sus incentivos, y la sociedad civil y sus preferencias. Ello nos permitirá desarrollar de manera abarcadora la economía política del regionalismo sudamericano desde sus determinantes nacionales.[2]

En particular, apuntamos a echar luz sobre la lógica subyacente de los actores internos nacionales que afectan o intervienen en el regionalismo en una región particular, América del Sur, analizando por un lado la influencia de esos actores sobre la agenda de integración regional y por el otro su impacto sobre el regionalismo en la práctica, independientemente de las agendas y políticas oficiales. Este análisis pone el foco sobre la interacción entre los actores relevantes en diversas dimensiones de relacionamiento, entre las que se cuentan la dimensión política, la económica (que incluye las subdimensiones comercial y de inversiones), y las dimensiones *soft* (véase apartado 4 de este capítulo).

3. Los actores del regionalismo[3]

Para los propósitos de este estudio, englobaremos a los actores nacionales que influyen sobre el regionalismo dentro de tres categorías: las instituciones y burocracias estatales; los sectores económicos y empresarios, y la sociedad civil. Otros actores relacionados con los intereses militares, religiosos o étnicos, que resultan centrales en procesos de integración regional en otras partes del mundo, poseen una relevancia aún relativamente incipiente en el actual contexto histórico sudamericano.

---

[2]   Véase Merke (en este volumen) sobre la economía política como herramienta de análisis.

[3]   Este apartado se basa en Tussie, Heidrich, Trucco, 2008.

En primer lugar, los actores relevantes del Estado se encuentran en el ámbito de los ministerios de Relaciones Exteriores, Economía, Comercio, Industria, Agricultura, y las más importantes empresas de propiedad estatal. Algunos líderes políticos de distritos subnacionales también pueden tener influencia en la conformación o la obstaculización de las agendas. Las políticas comerciales son conducidas o bien desde un equipo de funcionarios con base en el Ministerio de Relaciones Exteriores o desde el Ministerio de Economía, aunque en algunas ocasiones la práctica lleva a una combinación de ambos cuya composición y atribuciones es decidida por un funcionario político. Ministerios o secretarías con funciones relacionadas con sectores productivos, como Agricultura o Industria, poseen la capacidad técnica para influir sobre la agenda y las formas del regionalismo, y pueden hacer uso de ella cuando perciban las iniciativas regionales como una amenaza contra sus políticas y proyectos. Con excepción del caso de Itamaraty, o de los bancos centrales en la mayoría de los países, resulta infrecuente en América del Sur encontrar iniciativas de integración regional efectivamente implementadas gracias al impulso y conducción exclusiva de un cuerpo estatal. Sin embargo, algunas iniciativas han llegado a buen puerto, como por ejemplo el sistema de pagos en moneda local acordado entre Argentina y Brasil con miras a una ampliación al resto de los países del Mercosur. En otros casos, iniciativas de integración regional han sido neutralizadas en forma muy efectiva por sectores de la administración pública (como el estancamiento impulsado desde sectores del gobierno de Argentina y Brasil para demorar el ingreso de Venezuela al Mercosur).

En segundo lugar, los sectores económicos y empresarios son entendidos aquí como empresas nacionales o filiales de empresas transnacionales, gremios o asociaciones empresarias y sectoriales. En todos los países de la región existen empresas con el tamaño suficiente para asociarse con la finalidad de hacerse oír por el gobierno. Asimismo, la presencia de empresas transnacionales tanto en los sectores de servicios como de comercio las convierten en un actor de gravitación, dado que muy probablemente serán afectadas por los acuerdos de integración y reaccionarán realizando *lobby* a favor de sus intereses (ofensivos o defensivos). En este sentido, puede afirmarse que en el actual contexto de creciente transnacionalización de la economía catalizado a partir de las reformas económicas de la década de 1990, las empresas transnacionales en general –y algunos sectores específicos como el automotriz, en particular– han contribuido a otorgar un renovado ímpetu a la dinámica de la economía política del regionalismo sudamericano a través de la integración de cadenas de valor.

Aunque la situación varía entre los países, en todos los casos las asociaciones empresarias han probado su capacidad para hacer oír los intereses de los sectores que representan en relación con políticas públicas como impuestos, tarifas, regulaciones financieras y laborales, y estándares ambientales. Finalmente, la participación de las empresas en el regionalismo sudamericano no se limita a realizar *lobby* en el gobierno. De hecho, éstas son protagonistas del regionalismo tanto en forma conjunta con el gobierno como separadamente de él.

Además de las iniciativas comerciales que surgen de las empresas, existe una tradición de inversiones directas intrarregionales con una fuerte participación de compañías fundamentalmente de origen brasileño y chileno, tal como se desprende de los casos de estudio incluidos en este volumen. Como veremos en profundidad en el cuarto apartado de este capítulo, estos dos países podrían ser encuadrados como inversores activos en la región. Por otro lado, algunos países sudamericanos se insertan en el proceso de inversiones intrarregionales no como propulsores de la expansión de empresas nacionales hacia los países de la región sino como mercados amigables para las inversiones de los vecinos. Estos casos podrían considerarse como países preponderantemente receptores de inversión intrarregional. Argentina es un claro ejemplo en este sentido (véase Escuder e Iglesias en este volumen).

En tercer lugar, la categoría sociedad civil hace referencia a los sindicatos, partidos políticos, organizaciones sin fines de lucro y movimientos sociales con proyección nacional. El regionalismo sudamericano ha sido presentado en numerosas ocasiones como el mejor antídoto disponible contra la influencia estadounidense y un freno contra su voracidad saciada a través de tratados bilaterales de libre comercio. Mientras que los sindicatos y los movimientos sociales (trabajadores sin tierra, pueblos indígenas, etc.) han tenido respuestas variadas frente a los acuerdos comerciales regionales, siempre han presentado una fuerte oposición ante los acuerdos preferenciales con países industrializados (MST en Brasil, Confederaciones de Nacionalidades Indígenas del Ecuador, MAS en Bolivia). En América del Sur, una amplia gama de partidos de todo el arco político han enarbolado con mucha frecuencia la bandera de la integración regional con los vecinos mientras se encontraban en la oposición. Una vez elegidos para gobernar, intentaron dejar su marca en las iniciativas firmadas o construidas, aunque estas no siempre avanzaron en los ritmos previamente declamados. Tal ha sido el caso del APRA en Perú, el PT en Brasil, y el PJ en Argentina.

En síntesis, desechamos para esta investigación los supuestos de tipo neoclásico tales como actores homogéneos y maximizadores, hiperracionales e hipercompetentes. Por el contrario, se ha tenido en cuenta la existencia de heterogeneidad entre actores con racionalidad y competencias limitadas, estas últimas tanto en términos de conocimientos como de implementación de acciones y políticas. Las creencias, los valores y la cultura regional, nacional, subnacional e incluso a nivel organizacional, ejercen una influencia muy poderosa sobre los incentivos y preferencias de los actores. En ocasiones, esta influencia es tan poderosa que puede restringir significativamente los incentivos emergentes de las señales del mercado (en la dimensión económica) y de las preferencias surgidas desde la lógica desnuda de la *Real Politik* y la lucha por el poder (en la dimensión política), así como los incentivos y preferencias presentes en las dimensiones *soft*.

4. El contexto del regionalismo sudamericano: los determinantes sistémicos y su impacto en el nivel regional

Durante el período 1995-2008, los actores del regionalismo sudamericano no han interactuado en un entorno aislado del mundo sino en el marco de una nueva arquitectura internacional signada por la unipolaridad y el predominio de la visión neoliberal. Este contexto internacional conforma el espacio sistémico en el que se desarrolla la economía política del regionalismo, impactando profundamente sobre las reglas, los incentivos y las preferencias que afectan a los actores nacionales. Es decir, si bien esta investigación no se propone una aproximación sistémica sino una desde los determinantes internos del regionalismo, se reconoce que los actores no interactúan en un vacío sistémico. Este último nivel opera imponiendo restricciones e influyendo sobre los incentivos y preferencias de los actores internos nacionales en relación con el regionalismo y, en consecuencia, debe ser tenido en consideración.

En esta línea, la estructura del sistema internacional constituye un factor central para el análisis de las influencias sistémicas sobre los procesos internos nacionales. En particular, la Guerra Fría presentó un escenario complejo para las relaciones internacionales a escala global, y América del Sur no fue una excepción a la regla. Sin minimizar la existencia de rivalidades que alcanzaron incluso el ámbito militar, la norma de posguerra en el subcontinente estuvo signada por la interacción pacífica entre Estados "ensimismados" que buscaban un desarrollo autónomo, en forma independiente de sus vecinos, sin descartar algunas cuestiones de carácter puntual que han inspirado tanto cooperación como rispideces. Sin embargo, ya hacia fines de la década de 1960 la región vio nacer al primer intento serio en materia de integración subregional sudamericana del siglo XX: el Pacto Andino, que a partir de 1996 fue rebautizado como la Comunidad Andina de Naciones (CAN). Al proceso de integración andino le siguió, dos décadas más tarde, un impulso integrador proveniente de los países de la cuenca atlántica que tuvo por resultado la constitución del Mercosur.

La finalización de la confrontación entre el este y el oeste representó un cambio estructural del sistema internacional que catalizó el proceso de integración regional en marcha a partir del mayor comercio de bienes y, de manera creciente, del flujo de capitales. El esquema de la Guerra Fría cedió paso a la globalización productiva y a una vigorosa expansión de las tecnologías de la información. Como telón de fondo, la ola neoliberal avanzó sobre el globo con un torrente de prescripciones de reformas y transformaciones económicas, políticas y sociales que inundó casi todos los rincones del planeta, tiñendo las reformas con un aura de progreso y legitimidad. En el caso particular de América latina, ese paradigma fue traducido por John Williamson (1990) en un decálogo de reformas consideradas cruciales por los círculos políticos e intelectuales de Washington. Así, la presión sistémica en dirección hacia las "reformas de mercado" proveniente fundamentalmente de los países industrializados y de los organismos multilaterales de crédito constituyó un denominador común de todos los países del subcontinente.

La influencia ideológica proveniente del nivel sistémico se vio plasmada en la modernización del Estado, que constituyó sin lugar a dudas uno de los aspectos centrales del proceso de reformas estructurales. De acuerdo con la lógica neoliberal, la privatización de empresas públicas y la reducción de empleados estatales cumplían la doble función de mejorar el resultado fiscal y la eficiencia en los servicios, mientras que la administración pública se volvía cada vez más permeable a las decisiones de cuadros tecnocráticos en desmedro de tradicionales bolsones de influencia política.

En el plano político, las reformas de mercado coincidieron (a excepción del caso chileno[4]) con procesos de restablecimiento o afianzamiento de la democracia, lo cual resultaba consistente con el neoliberalismo en boga. A su vez, el marco democrático confirió un renovado ímpetu a la sociedad civil, que se vio traducido en un florecimiento de organizaciones no gubernamentales y movimientos sociales cuya fortaleza, motivación y misión varían ampliamente en función de los casos de estudio.

Por su parte, en la subdimensión comercial el contexto sistémico determinó una puja constante en relación con el modo utilizado para llevar adelante la apertura así como su intensidad y velocidad. Esta tensión entre el modo de apertura multilateral, el bilateral y el regional se fue resolviendo en favor de uno u otro en virtud

---

[4]   Chile se adelantó al resto en la tendencia económica, pero quedó rezagado en la política.

de la variación en la combinación de fuerzas sistémicas
y domésticas. En relación con las fuerzas sistémicas, el
ritmo de los incentivos estuvo marcado por los avances y estancamientos ocurridos en dos instancias de
negociación multilateral: la Organización Mundial de
Comercio (OMC) y el ALCA. El lanzamiento del Área de
Libre Comercio de las Américas (ALCA) en diciembre de
1994 y la posterior creación de la OMC en enero de 1995
coincidieron con el período de apogeo de las reformas
neoliberales en América del Sur y su coexistente ánimo
aperturista. El auge de las negociaciones comerciales en
general y de los acuerdos regionales en particular posi-
cionaron el comercio intrasudamericano como una alternativa atractiva de inserción internacional por diversos
motivos: la mayor simetría en términos del nivel de competitividad de las economías, la cercanía geográfica y la
afinidad cultural, así como la posibilidad de utilizar a la
región como un trampolín para lanzarse a la arena internacional desde una posición de mayor fuerza. Esto último
era además claramente funcional a un posicionamiento estratégico con miras hacia las negociaciones por el
ALCA. Simultáneamente, el regionalismo proporcionaba
una sensación de cierta seguridad dentro de la vorágine
aperturista, ya que confería un espacio de gradualidad en
el camino hacia la liberalización de los flujos comerciales.

El estancamiento de las negociaciones multilaterales a partir de la Ronda del Milenio de Seattle en 1999,
junto con las dificultades económicas experimentadas
por varios países sudamericanos hacia el final de la década, inclinó la balanza hacia la búsqueda de acuerdos
comerciales bilaterales con naciones fuera de la región.
Esta tendencia se extendió en el tiempo y se consolidó
tras el fracaso de las negociaciones de la OMC en Cancún
en 2003 y la casi simultánea devaluación de los objetivos
del ALCA a partir de la cumbre de Miami. Ante el atasco

de las negociaciones comerciales en el plano multilateral, Estados Unidos lanzó una estrategia comercial eminentemente bilateral basada en acuerdos comerciales independientes (y asimétricos) con países de la región (y del mundo) que implicaron un importante cambio a nivel sistémico (da Motta Veiga y Rios, 2008). Esta política del país del norte en un contexto de estancamiento de las negociaciones multilaterales y la pérdida de dinamismo del comercio intra-sudamericano determinó que la dimensión comercial del regionalismo en América del Sur viera erosionado, en términos relativos, su poder centrípeto.

Ello implicó en algunos casos (como por ejemplo, Chile), la firma de tratados de libre comercio bilaterales entre países sudamericanos y países desarrollados. Las dificultades para lograr avances con los países desarrollados por la presencia de temas álgidos como medidas antidumping contra subsidios agrícolas por un lado, y leyes de protección de inversiones extranjeras, o el acceso a licitaciones públicas, por el otro, dejaron ver que los acuerdos comerciales con países en desarrollo presentaban una alternativa a las dificultades con lo países desarrollados. Así, por ejemplo, Brasil optó por firmar acuerdos comerciales con países emergentes fuera de la región, como India y Sudáfrica (da Motta Veiga y Rios, 2008).

Cabe señalar, sin embargo, que los acuerdos comerciales bilaterales implementados por los países sudamericanos durante este período no tuvieron un alcance semejante a los acuerdos regionales que han actuado como pilares de la integración comercial del subcontinente: la Comunidad Andina de Naciones (CAN) y el Mercosur. Más allá de este hecho, resulta innegable la importancia decreciente del comercio intra-sudamericano para los países de la región. El dinamismo de la integración habría quedado entonces más diversificado entre diferentes dimensiones.

En ese sentido, una de las dimensiones de integración que fue cobrando vigor desde comienzos de la década de 2000 ha sido el flujo de capitales intrarregionales. Al respecto, existieron dos cuestiones sistémicas especialmente relevantes: el bajo nivel de las tasas de interés internacionales y el incremento de los precios de las *commodities*, que se vio reflejado en una notable mejora en los términos de intercambio. Ambos factores confluyeron para propiciar un aumento en el volumen de divisas en los países del subcontinente que se tradujo en una acumulación de liquidez de magnitud, posibilitando la expansión de empresas sudamericanas a través de inversiones intrarregionales. De hecho, en algunos casos, como Chile, se establecieron mecanismos de financiación de inversiones internacionales tales como los fondos soberanos de inversión, pensado para cumplir la doble función de ser activos de reserva en el exterior y simultáneamente esterilizar el fuerte ingreso de divisas. En Brasil existen proyectos similares a raíz de los descubrimientos petrolíferos de 2008. Pero ello constituye un indicador de que los gobiernos nacionales consideraron beneficioso volcar parte de esas divisas en el exterior. A este respecto, las naciones vecinas resultan una opción claramente atractiva justamente por las ventajas y externalidades positivas que trae aparejado invertir en el vecindario.

En el contexto sistémico descrito, la falta de instituciones monetarias de carácter regional y de coordinación macroeconómica habría tenido algunos efectos positivos en cuanto a estimular el flujo de capitales entre los países sudamericanos. Las fuertes oscilaciones de las tasas de cambio de algunos países del subcontinente habrían constituido un incentivo significativo para la expansión de empresas de aquellas naciones que hubieran quedado con un tipo de cambio relativamente más bajo.

En efecto, la inexistencia de una política monetaria y cambiaria coordinada entre los socios sudamericanos posibilita a un país tener un tipo de cambio alto en relación con sus socios, mejorando de esa forma su competitividad para la producción y comercio de bienes y, al mismo tiempo, confiriendo solidez a sus cuentas externas. Sin embargo, ello conlleva simultáneamente el efecto no deseado de incentivar el ingreso de capitales para adquirir compañías nacionales a precios reducidos. Si las compañías compradoras de firmas locales fueran de origen de los países socios, entonces la falta de coordinación macroeconómica estaría induciendo la integración regional a través del flujo intrarregional de capitales. De esta forma, las ventajas que acarrea un tipo de cambio elevado para las cuentas externas y para la competitividad de las empresas locales implican simultáneamente una mayor vulnerabilidad frente a políticas ofensivas de expansión llevadas a cabo por competidores externos a través de inversiones transfronterizas.

Estos cambios tanto en el peso de las inversiones intrarregionales como en el modo de inserción comercial ocurrieron paralelamente al desencanto creciente de los ciudadanos de los países sudamericanos con las reformas neoliberales de la década de 1990, identificadas como prescripciones de política provenientes de los países desarrollados. Ello se vio traducido en una continua erosión del sustento político interno de las políticas de apertura que implicaran acuerdos comerciales con países desarrollados, legitimando así la ya mencionada tendencia hacia los acuerdos con los países del sur.

El creciente rechazo de los sudamericanos hacia el establecimiento de acuerdos comerciales bilaterales con los países desarrollados en general y con Estados Unidos en particular no obedecía únicamente a la frustración originada en los resultados de las políticas que estaban en línea con el Consenso de Washington ni tampoco se limitaba a la dimensión comercial. Se trataba además de una reacción contra el unilateralismo implementado a escala global por Estados Unidos a partir de los ataques terroristas en Washington y Nueva York en septiembre de 2001.

La guerra estadounidense contra el terrorismo implicó un fuerte embate contra el multilateralismo en la dimensión política. Ello despertó profundos resquemores entre los países sudamericanos, que advertían una extrapolación a escala global de las tristemente acostumbradas presiones e intervenciones militares, observadas en reiteradas oportunidades a lo largo de la historia de América Latina (Loveman, 2006).

Así, la seguridad recobró en el nivel sistémico el protagonismo que había perdido durante la década de 1990. Ello tuvo, sin lugar a dudas, un impacto significativo en América del Sur, particularmente en aquellos países andinos más afectados por el narcotráfico como Colombia, Perú y Bolivia. La persistencia de grupos armados insurgentes en el primer país constituía, dentro del nuevo paradigma de seguridad posterior al 11 de septiembre, un factor adicional de amenaza para la seguridad estadounidense que ameritaba, de acuerdo con Washington, un mayor involucramiento del país del norte. Por eso, estos países, junto a la Venezuela de Chávez, han sido los blancos más frecuentes de las presiones provenientes del norte.

El reposicionamiento de la seguridad en la agenda internacional no tuvo, sin embargo, un impacto directo significativo sobre las percepciones ni sobre las relaciones entre los países sudamericanos en el sentido del realismo político. Los estados mantuvieron la línea surgida tras el final de la Guerra Fría, caracterizada por la persistencia de un contexto de seguridad regional que posibilitó el surgimiento, desarrollo y subsistencia del regionalismo sudamericano. En este sentido, la sustitución de gobiernos militares por regímenes democráticos y la consolidación de éstos a lo largo del tiempo en todos los países de la región facilitó durante la década de 1980 y 1990 una redefinición en la percepción entre vecinos a través de la progresiva desactivación de hipótesis de conflicto y de la construcción de confianza mutua. Ello es sin lugar a dudas una condición necesaria aunque no suficiente para una profundización del regionalismo en otras dimensiones, tales como la económica o la política.

Esta nueva forma de percibir y abordar la seguridad en el ámbito regional no implicó la ausencia de conflictos sino un cambio en la forma de hacerles frente y de encausarlos a través de vías pacíficas, asumiendo la responsabilidad que le cabe a la región. A modo de ejemplo, la crisis entre Colombia y Ecuador de comienzos de 2008 evidenció la decisión de los miembros del sistema sudamericano de solucionar el conflicto en un marco subregional como el Grupo Río, resucitando el espíritu de Contadora caracterizado por la clara exclusión de Estados Unidos en la resolución de los conflictos regionales. En este contexto, Brasil lanzó su propuesta de creación de un Consejo de Defensa Sudamericano apuntando a generar un espacio institucional subregional de cooperación militar que implicaría un mayor nivel de autonomía en relación con Estados Unidos.[5]

---

[5]   Las políticas brasileñas orientadas a la promoción de un mayor alineamiento sur-sur conjuntamente con una postura más confrontativa con Estados Unidos en la ONU, la OEA y el BID, es consistente con necesidades políticas internas del país sudamericano. En particular, Lula tiene la necesidad de compensar a sectores nacionalistas por la continuación de las reformas orientadas al mercado lanzadas durante la presidencia de Cardoso (véase, *Noticias*, Latin American Program Newsletter, Woodrow Wilson Internacional Center for Scholars, (Spring, 2008), pág. 16-17.

En el caso de que este proyecto efectivamente se concretara, podría ser un primer paso hacia la constitución de una OTAN sudamericana, al tiempo que implicaría una ruptura con la lógica del TIAR, ideado para repeler una agresión de una potencia extra-hemisférica. La nueva lógica estaría orientada a velar por la inviolabilidad territorial de las doce naciones sudamericanas, lo cual se contrapone con la visión de "fronteras flexibles" impulsada por el gobierno de George W. Bush en su guerra global contra el terrorismo (Pignotti, 2008). Por supuesto, Colombia, principal aliado de Estados Unidos en la región, se negó a suscribir esta iniciativa.

Independientemente de que el proyecto llegue o no a implementarse en el corto o en el mediano plazo, su mera existencia habla de un profundo cambio en la percepción entre los vecinos, que han reaccionado de una manera más coordinada y cooperativa ante el renovado ímpetu conferido a la seguridad en el plano sistémico, que por otra parte no parece haber perdido fuerza tras la asunción de Barak Obama a la presidencia de Estados Unidos.

En la práctica, las suspicacias resultantes del unipolarismo estadounidense tanto en materia política como económica constituyeron la sentencia de muerte del ALCA, que se vio finalmente materializada en la cumbre de presidentes de Mar del Plata en 2005, apenas pasados dos años del fracaso de la reunión de la OMC en Cancún, orquestado por los países del sur.

5. Los determinantes internos del regionalismo en América del Sur

Los determinantes sistémicos desarrollados en el apartado anterior constituyen un denominador común para todos los casos de estudio, dado que todos ellos comparten un mismo sistema internacional durante el mismo período histórico. Sin embargo, las reacciones de los actores internos frente a los estímulos provenientes del exterior varían visiblemente. Sin caer en el extremo de un determinismo metodológico, se puede adjudicar *en parte* estas reacciones disímiles ante los mismos estímulos a la presencia de determinantes internos dentro de cada uno de los casos nacionales que influyen no solamente en términos pasivos (respuesta) sino también activos sobre los incentivos y las preferencias de los actores nacionales.

Cabe señalar que la interacción entre los actores domésticos tiene lugar en dos campos: dentro del proceso de formación de políticas públicas y por fuera de éste. Es decir, los intereses y preferencias de los actores los llevan a establecer posiciones y ejercer *lobbies* y acciones concretas tendientes a influenciar las políticas públicas en relación con el regionalismo. Pero ello representa solamente una parte de la economía política del regionalismo sudamericano, dado que explica solamente las acciones materiales de uno de los actores: el gobierno, puesto que este actor es quien implementa las políticas públicas.

Sin embargo, tanto los sectores de la sociedad civil como los sectores empresarios y de negocios pueden interactuar, y de hecho lo hacen, con otros actores de países vecinos en forma independiente del gobierno, es decir, por fuera del proceso de formación de políticas públicas. La cobertura analítica de estos dos campos constituye una condición *sine qua non* para una interpretación correcta de la economía política.

Cada uno de nuestros casos de estudio tiene su propia estructura institucional, en el sentido amplio de este concepto. Las reglas de juego en las dimensiones política, institucional y económica, son establecidas y modificadas a partir de la interacción entre los actores nacionales y, simultáneamente, con el sistema y los actores internacionales. No se trata de reglas estáticas. Una proporción de esas reglas, que varía según cada caso de estudio, es sometida a un ajuste permanentemente en una puja continua de intereses que compiten para adecuarlas a su propio beneficio. Las reglas de juego resultantes de esta puja constituyen nuevos incentivos y restricciones que influencian directa y/o indirectamente las decisiones de los actores del regionalismo en los dos campos analíticos mencionados.

Los determinantes surgidos de esa interacción contribuyen a influir, en diferentes medidas, a canalizar, direccionar o minar (dependiendo de los intereses que hubieran prevalecido), las "fuerzas vivas" que preexisten en la región y que pujan por extender su acción más allá de las fronteras nacionales. Estas fuerzas vivas son las que incitan a los actores que participan del regionalismo a desenvolverse de una manera activa o reactiva.

En efecto, el estudio del regionalismo puede ser abordado como un proceso dinámico bipolar en el que uno de los polos es preponderantemente activo y el otro predominantemente reactivo en cada una de las dimensiones y subdimensiones de análisis. Este eje analítico se centra en quién es el actor que tiene la iniciativa y quién es el actor que responde. El actor que toma la iniciativa puede llevar a cabo acciones con efectos positivos sobre la integración (integrativas) o por el contrario puede implementar acciones con efectos negativos sobre ese proceso (desintegrativas).

Figura 1.1
La dinámica del regionalismo: acción y
reacción de los actores involucrados

Efecto sobre el regionalismo

Positivo   Negativo

Integrativa	Desintegrativa	Estímulo / Propuesta
Receptiva / Colaborativa	Elusiva / Resistente	Respuesta

La reacción de quien percibe el estímulo puede ser colaborativa si adoptara una postura receptiva, o de resistencia o elusión en el caso de rechazar la iniciativa de la parte activa. Es decir, puede responder positivamente (en términos de la integración) al estímulo proveniente de la parte activa o puede responder negativamente a ésta.

De esta forma, las fuerzas intrínsecas de impulsión y atracción presentes en la dimensión política, la dimensión económica y en las subdimensiones comercial (flujo de bienes y servicios), inversiones (flujo de capital), y movimientos migratorios (flujo de trabajo), así como las fuerzas presentes en otras dimensiones más relacionadas con el ámbito de la sociedad civil, tales como el cuidado del medio ambiente, los derechos humanos y las reivindicaciones sociales, van tejiendo a través de distintos lazos entrecruzados el paño que constituye el regionalismo.

Ambas formas de inserción, la activa y la reactiva, resultan complementarias y son igualmente importantes en la conformación del regionalismo, aunque el impacto político interno que cada uno de ellos genera se ve traducido en diferencias fundamentales sobre la economía política del regionalismo. De hecho, resulta razonable esperar un mayor respaldo interno para las políticas activas que para las posiciones reactivas, sobre todo si la naturaleza de estas últimas es receptiva. Ello es consecuencia de que las políticas activas (lanzadas por el actor que toma la iniciativa en la interacción) poseen en general un carácter ofensivo y por lo tanto existe una menor probabilidad de que sean percibidas como una amenaza por los actores internos, quienes tienen comúnmente la posibilidad de interferir en ella negociando el apoyo suministrado al gobierno.

Por el contrario, las posiciones colaborativas (reactivas-receptivas) poseen una mayor probabilidad que las activas de generar resquemores en los ámbitos políticos, empresarios y de la sociedad civil, suscitando posiciones defensivas (elusión o resistencia). Por ello, más allá de las apariencias, la existencia de posiciones colaborativas, condición necesaria para el éxito del regionalismo, requieren de un fuerte liderazgo del actor gubernamental que genere confianza a través de la persuasión de la ciudadanía sobre los beneficios de políticas propuestas por vecinos (o los convenza de que se trata de propuestas autóctonas) y que aglutine a sectores internos relevantes en torno a esa política.

La posición adoptada por los actores políticos argentinos y brasileños en relación con el ingreso de Venezuela al Mercosur proporciona un ejemplo de las diversas reacciones y distintos resultados generados por un mismo estímulo en función del liderazgo del gobierno y las condiciones políticas internas. Si bien contó con un fuerte impulso desde el gobierno argentino, la respuesta favorable del Congreso frente a la solicitud de ingreso de la República Bolivariana de Venezuela al Mercosur debió vencer primero la resistencia de los partidos políticos opositores (véase Escuder e Iglesias en este volumen). De esa forma, la fortaleza política del gobierno argentino hizo posible la respuesta colaborativa frente a la iniciativa venezolana. Por el contrario, Epsteyn (en este volumen) señala que ese mismo estímulo positivo proveniente de Venezuela obtuvo la respuesta opuesta en Brasil, donde el gobierno y las entidades sindicales que se mostraban favorables a la ampliación del Mercosur chocaron con la resistencia de intereses opuestos en el Congreso que mantuvieron bloqueado el ingreso del país caribeño por casi tres años. El Senado de Brasil aprobó finalmente el ingreso a mediados de diciembre de 2009 tras un intenso debate en el recinto (queda pendiente la aprobación por parte del Congreso Paraguayo).

La clasificación entre activo y reactivo no se refiere al país como tal ni a la posición oficial del gobierno sino a las acciones concretas emprendidas por cada actor en cada una de las dimensiones y subdimensiones. En consecuencia, un mismo actor puede emitir señales positivas en una de las dimensiones pero implementar políticas contrarias a las declamadas tanto en esa dimensión como en otras. Éste es el caso del gobierno ecuatoriano, que por un lado emitió una señal política muy significativa al incluir un capítulo sobre la integración latinoamericana dentro de su nueva constitución de 2008 (claramente una iniciativa integrativa), pero por otro reaccionaba defensivamente al imponer salvaguardas a sus socios de la CAN.

La sociedad civil de ese país también ha evidenciado preferencias ambiguas por el simple hecho de que al interior de esta categoría existen actores muy diversos con intereses contrapuestos y muy variados. Así, uno de

los argumentos esgrimidos por las organizaciones sociales que se movilizaron en contra de la firma de un tratado de libre comercio entre Ecuador y Estados Unidos era
que ello hubiera implicado una ruptura definitiva con la
CAN. Sin embargo, otras organizaciones de la sociedad
civil ecuatoriana, tales como Ecuador Decide, ejercen un
lobby en contra de la integración comercial andina (véase
Jaramillo en este volumen).

Siguiendo la misma línea de pensamiento, conviven
dentro de un mismo caso de estudio acciones integrativas impulsadas por el gobierno del país en la dimensión
política, mientras que prevalece una postura elusiva o
resistente en la económica o viceversa. Nuevamente el
caso brasileño aporta un ejemplo sobre esa situación.
El gobierno de Brasil adoptó una política de jerarquiza-
ción del Mercosur apuntando a incrementar el nivel de
autonomía del país en el plano internacional, buscando
hacer valer el peso del bloque frente a las grandes potencias. Sin embargo, ese gobierno y la administración
que lo sucedió se mostraron reticentes para discutir reglas y disciplinas comerciales en el ámbito subregional,
así como a firmar acuerdos de protección de inversiones
con los vecinos. Es decir, en forma simultánea, tienen
lugar políticas que apuntan a realzar la integración regional y otras que tienden a limitarla (véase Epsteyn en
este volumen).

Es frecuente asimismo la coexistencia de una posición integrativa en la dimensión política por parte del gobierno y posiciones elusivas o resistentes por parte de los
empresarios y espacios de la sociedad civil. El capítulo de
Durán y Oyarzún sobre el caso chileno ofrece una clara
muestra de ello en relación con la UNASUR. El gobierno
de Chile se ha mostrado favorable a ese proyecto e incluso
ha contribuido significativamente a fortalecer su legitimidad y visibilidad internacional al convocar a una reunión

de emergencia de UNASUR para abordar la crisis que hizo tambalear al gobierno boliviano en 2008. La contraparte empresaria, por otro lado, se resiste firmemente a avanzar en ese sentido porque considera que la heterogeneidad entre los miembros de la unión torna desaconsejable un regionalismo con objetivos políticos, que trasciendan los aspectos económicos y comerciales. Esta posición es también respaldada por sectores políticos de centro-derecha de la sociedad civil chilena (véanse Durán y Oyarzún en este volumen).

Asimismo, varias organizaciones de la sociedad civil en otros países de la región mantienen la posición opuesta. Tal es el caso de Ecuador Decide, en el Ecuador, u otras organizaciones de la sociedad civil en Perú, que postulan que para el regionalismo sudamericano lo económico es un elemento secundario y dependiente de lo político (véanse los capítulos de Jaramillo y D´Medina en este volumen). Además, importantes organizaciones de la sociedad civil colombiana, como por ejemplo la Red Colombiana de Acción frente al Libre Comercio (RECALCA), que agrupa a sindicatos, ONGs y movimientos indígenas, han asumido una postura activa a favor de la integración regional en el marco de la UNASUR. En el plano comercial, sin embargo, los sindicatos colombianos han adoptado una postura claramente anti-aperturista y, en consecuencia, elusiva-resistente (véanse Garay y De Lombaerde en este volumen).

Cabe agregar que las políticas activas no se limitan al dinamismo en términos de acciones y propuestas políticas, sociales e ideológicas y a la expansión comercial y de inversiones regionales. Una política obstruccionista del regionalismo puede ser también una política activa, aunque al dirigirse en sentido contrario a la integración tiene, obviamente, un impacto adverso sobre el regionalismo. Esta última es considerada, para los propósitos de esta investigación, como una política desintegrativa o activa negativa en términos de su efecto sobre el avance del regionalismo.

El caso venezolano proporciona un ejemplo de este tipo de acciones (véase Serbin en este volumen). Venezuela posee políticas activas en todas las dimensiones, aunque no todas se orientan a fortalecer el regionalismo. En la dimensión política, las políticas venezolanas implementadas por el gobierno apuntan claramente a la integración regional plena, integral y holística bajo el paradigma bolivariano, de manera de ofrecer un contrapeso a la hegemonía estadounidense en el hemisferio.[6] El fuerte impulso a iniciativas como la Alternativa Bolivariana para las Américas (ALBA) y el peso asignado a la Unión de Naciones Sudamericanas (UNASUR) dan testimonio de ello. Por otro lado, Venezuela también ha mostrado una postura activa en la dimensión económica, aunque no siempre favorable al regionalismo. Algunas políticas deben considerarse claramente positivas en términos de la integración subregional, como la promoción de asociaciones estratégicas en compañías como Petrosur y Petroandina, o la compra de bonos al gobierno argentino, que veía limitado su acceso al mercado de crédito internacional luego del default de su deuda en 2002.

Sin embargo, otras políticas activas deben ser consideradas sin lugar a dudas como negativas para el regionalismo. Sobre todo, la política regional desintegrativa venezolana se centra en el plano del flujo de capitales privados. La hostilidad chavista en contra de importantes sectores del empresariado venezolano conjuntamente con la oleada de nacionalizaciones en sectores que van

---

6   En este sentido, existe una similitud con algunos de los objetivos brasileños en el impulso del Mercosur.

desde el cemento, las finanzas y los alimentos hasta la siderurgia, han generado un clima poco amigable para las inversiones extranjeras independientemente de si se trata de capitales de origen sudamericano o extrarregional. De hecho, el gobierno de Chávez ha nacionalizado inversiones de envergadura que afectaron directamente intereses de actores sudamericanos. Tal es el caso de la compañía de acero Siderúrgica del Orinoco (SIDOR), la mayor empresa del sector en Venezuela, que al momento de ser nacionalizada a comienzos de 2008 era controlada por la argentina Techint.

La diferencia entre una política desintegrativa y una elusiva-resistente puede en algunas ocasiones resultar difícil de determinar. ¿Por qué la nacionalización de SIDOR por parte del gobierno venezolano es clasificada como una política desintegrativa en lugar de reactiva de carácter resistente? La diferencia es sutil, aunque conceptualmente relevante. La política de nacionalización tiene lugar una vez que la inversión ha sido realizada, lo cual implica que es una acción *ex-post* de una política integrativa ya efectivizada por otro actor sudamericano, en este caso una empresa privada. En otras palabras, no se trata de resistir o limitar el ingreso de una inversión (ello sería una reacción defensiva) sino que de hecho se expulsa una inversión. En este sentido se trata de una política más fuerte que una reacción. Es una acción fundada en una concepción política y económica que tiene peso propio y que requiere contar con un capital político significativo basado principalmente en la cooperación o aceptación implícita o explícita de otros actores internos relevantes. Ello es lo que le otorga el carácter de política activa en contraposición con una reactiva, y tiene entre sus efectos secundarios la evidente disuasión de nuevas inversiones. Es decir, el efecto negativo sobre la integración tiene un carácter dinámico.

Las acciones desintegrativas no se limitan al caso venezolano. Ecuador también ha dado señales que tienden a expulsar a actores regionales, tales como la suspensión de actividades de Odebrecht (véase Jaramillo en este volumen). Argentina, por su parte, también dio algunas muestras de políticas desintegrativas aunque, paradójicamente, éstas fueron originadas en la sociedad civil. En efecto, el conflicto de la pastera Botnia ubicada a orillas del río Uruguay, cauce que cumple una función limítrofe entre los vecinos rioplatenses, derivó en el corte durante años del paso internacional de mayor circulación entre ambos países, incentivando animosidades y rispideces que perseguían activamente interrumpir el curso de la integración entre los países (véanse Escuder e Iglesias en este volumen).

Los casos que han sido mencionados en este apartado en relación con diferentes acciones integrativas o desintegrativas y a reacciones colaborativas o resistentes son solamente algunos ejemplos entre los innumerables que el lector irá descubriendo a medida que avance en la lectura de los capítulos.

6. Reflexiones finales

Las políticas activas de los actores internos sudamericanos, tanto las integrativas como las desintegrativas, así como las reacciones que suscitaron en sus vecinos, han originado un entramado de intereses que se entrecruzan permanentemente y dan forma a la economía política del regionalismo sudamericano. Los éxitos y fracasos de cada actor sobre la base de sus propios objetivos marcan el pulso de un proceso con idas y vueltas en la coyuntura pero que parece imposible de frenar en el largo plazo. Las dimensiones a través de las cuales se van canalizando las fuerzas vivas del regionalismo irán variando su peso relativo indefectiblemente, pero el proceso encuentra siempre un cauce para seguir adelante.

En efecto, el comercio intrarregional que había motorizado la integración sudamericana durante la década de 1990 comenzó a ceder protagonismo ante los flujos de capitales entre los países del subcontinente durante la década de 2000. A fines de esta década nos encontramos con flujos de capitales erosionados por la crisis económica internacional que impactó con algún rezago sobre las economías de la región. Sin embargo, la dimensión política muestra una actividad creciente, con encuentros frecuentes y regulares entre los presidentes de los países miembro de UNASUR, donde se discuten y zanjan diferencias y conflictos entre los países sudamericanos, y se acuerdan posiciones comunes sobre cuestiones ligadas a la arena internacional.

El regionalismo sudamericano no es un proceso que avance en forma ordenada. No puede serlo dado que se desarrolla de manera descentralizada a partir del accionar de una multiplicidad de actores de la política, la economía y la sociedad civil. Cada uno de ellos persigue objetivos que coinciden solamente en algunas ocasiones. Aquellas veces que no coinciden se origina una puja de intereses, una competencia que tiene lugar en diferentes ámbitos dependiendo de los actores y las dimensiones involucradas. Del resultado de estas pujas se va derivando el desarrollo del regionalismo, que avanza en algunas dimensiones y retrocede en otras de acuerdo con la coyuntura política, económica y social prevaleciente al interior de cada país, y de las condiciones existentes en el escenario internacional.

En el marco de una investigación con un objeto de estudio como el regionalismo, que se presenta como un fenómeno eminentemente multifacético, la economía

política se constituye en un instrumento de extrema utilidad para el análisis. Ello obedece a que la misma lógica
intrínseca de la disciplina abarca la política y la economía, la racionalidad del poder y la de los negocios, y deja
al mismo tiempo espacio para la incorporación de otras
dimensiones relevantes cuya racionalidad se fundamenta
en valores sociales, culturales e ideológicos. De esta forma, a través del enfoque de economía política que adop-
tamos para esta investigación y, en particular, de las categorías y herramientas conceptuales presentadas en este
capítulo, procuramos ofrecer los elementos necesarios
para la realización de un análisis comprehensivo de cada
uno de los casos de estudio que permita arribar a conclusiones integrales, evitando caer en los sesgos derivados
de las aproximaciones parciales.

Cada uno de los siete capítulos incluidos en este volumen presenta un caso de estudio que apunta a ilustrar la
marcha particular que ha tenido el regionalismo sudamericano visto desde la lógica interna de los actores nacionales.
Aunque todos los autores que contribuyeron a esta obra hicieron un uso común de las categorías de análisis ofrecidas
en este capítulo, tanto en relación con la forma de agrupar
a los actores como así también en las dimensiones analiza-
das, cada uno de ellos ha adoptado un abordaje con enri-
quecedores matices sobre la base de su procedencia y las
particularidades de cada caso en distintos escenarios. El libro finaliza con un capítulo englobador que, a la luz de los
casos de estudio, ofrece un análisis que apunta a recoger
conclusiones y reflexiones sobre este proceso incontenible
que vivimos en América del Sur.

Referencias bibliográficas

Bhagwati, Jagdish (1991), *The World Trading System at Risk*, Princeton, Princeton University Press.

Bhagwati, Jadish, Greenaway, David y Panagariya, Arvind (1998), "Trading Preferentially: Theory and Policy," *The Economic Journal*, 108 (Julio de 1998), pp. 1128-1148.

Black, Duncan (1948), "On the Rationale of Group Decision-making", en *Journal of Political Economy*, 56, pp. 23-34.

Blau, Peter (1964), *Exchange and Power in Social Life*, Nueva York, John Wiley & Sons.

Buchanan, James M., Coleman, James (1973), *The Mathematics of Collective Action*, Londres, Heinemann.

Da Motta Veiga, Pedro, Rios, Sandra (2008), "A economia política das negociações comerciais do Brasil", en *Breves Cindes*.

Da Motta Veiga, Pedro (2002), "A Inserção Internacional dos Países do Cone Sul: Opções em um Ambiente de Restrições" Documento CINDES (mayo de 2002).

De Lombaerde, Philippe (2006), *Assessment and Measurement of Regional Integration*, Philippe De Lombaerde (ed.), Routledge/Warwick Studies in Globalisation.

Downs, Anthony (1957), *An Economic Theory of Democracy*, Harper, New York.

Fawn, Rick (ed.) (2009), *Globalising the Regional. Regionalising the Global*, Rick Fawn, Cambridge, Cambridge University Press.

Findlay, Ronald, Wellisz, Stainslaw (1982), "Endogenous tariffs, the political economy of trade restrictions and welfare", en Jagdish Bhagwati (coord.), *Import*

Competition and Response, Chicago, University of Chicago Press.

Gordon, Tullock (1962), *The Calculus of Consent: Logical Foundations of Constitutional Democracy*, University of Michigan Press.

Gowa, Joanne (1994), *Allies, Adversaries, and International Trade*, Princeton University Press.

Grieco, Joseph, Katzenstein Peter J. (1990), *Cooperation among Nations: Europe, America and Non-Tariff Barriers to Trade*, Nueva York, Cornell University Press.

Grossman, Gene M., Helpman, Elhanan (2002), "Integration vs. Outsourcing in Industry Equilibrium", *Quarterly Journal of Economics*, 117 (1), pp. 85-120.

Grossman, Gene M. y Helpman, Elhanan (1995), "The Politics of Free Trade Agreements", *American Economic Review*, 85 (4), pp. 667-690.

Heidrich, Pablo, Trucco, Pablo, Tussie, Diana (2008), "Regionalismo en América del Sur: una mirada desde los incentivos nacionales", *Background paper* (agosto de 2008).

Hirshman, Albert (1980), *National Power and the Structure of Foreign Trade*, Berkeley, University of California Press.

Homans, George (1961), *Social Behaviour: Its Elementary Forms*, Londres, Routledge and Kegan Paul.

Keck, Margaret, Sikkink, Kathryn (1998), *Activist Beyond Borders: Advocacy Networks in International Politics*, Ithaca, Cornell University Press.

Krasner, Stephen (1976), "State Power and the Structure of International Trade", en *World Politics*, 28, pp. 317-347.

Krugman, Paul (1991), "The Move Toward Free Trade Zones", en Policy Implications of Trade and Currency Zones, simposio auspiciado por la Reserva Federal de la ciudad de Kansas, Jackson Hole, Wyoming (agosto de 1991), pp. 7-42.

Lake, David (2009), *Hierarchy in International Relations*, Cornell University Press.

Loveman, Brian (2006), "U.S. Security Policies in Latin America and the Andean Region: 1990-2006", en Brian Loveman (ed.), *Addicted to Failure. U.S. Security Policy in Latin America and the Andean Region*, Maryland, Rowman and Littlefield Publishers.

Mansfield, Edward (1994), *Power, Trade, and War*, Princeton, Princeton University Press.

Mayer, Wolfgang (1984), "Endogenous Tariff Formation", *American Economic Review*, American Economic Association, 74 (5), pp. 970-985.

Noticias (2008), *Latin American Program Newsletter*, Woodrow Wilson International Center for Scholars (primavera de 2008), pp. 16-17.

Olarrega Marcelo, Soloaga, Isidoro (1998), "Endogenous Tariff Formation: The Case of Mercosur", en *World Bank Economic Review*, 12 (2), pp. 297-320.

Olson, Mancur (1965), *The Logic of Collective Action: Public Goods and the Theory of Groups*, Harvard, Harvard University Press.

Pignotti, Darío (2008), "La construcción de la soberanía regional", *Le Monde Diplomatique*, 9 (108) (junio), pp. 8-9.

Putnam, Robert D. (1988), "Diplomacy and Domestic Politics: The Logic of Two-Level Games", en *International Organization*, 42 (verano de 1988), pp. 427-460.

UNCTAD (2007), *Trade and Development Report, 2007*, Nueva York-Ginebra, Naciones Unidas.

Williamson, John (1990), *Latin American Adjustment: How Much Has Happened?*, Washington D.C., Institute for International Economics.

Argentina
El escenario global
como complemento al escenario regional

María Laura Escuder[7]
Gonzalo I. Iglesias[8]

1. Introducción

Argentina y sus principales socios regionales navegan hoy en un delicado contexto internacional marcado por la creciente complejidad y los sucesivos fracasos de las negociaciones comerciales multilaterales, la tendencia secular hacia la proliferación de acuerdos preferenciales de tipo bilateral y, recientemente, las posibles consecuencias de la crisis económica en términos de comercio y la posibilidad de retorno de las prácticas proteccionistas. Dado el enorme impacto político, económico y social de los acuerdos regionales, la elaboración de una estrategia de integración coherente requiere no sólo elevados niveles de consenso, cooperación y coordinación de políticas entre los socios, sino también la oferta de entornos político-institucionales que faciliten la discusión, aprobación e implementación de éstos a nivel doméstico. Requiere, en última instancia, la presencia de actores sociales, políticos y económicos capaces de participar activamente en el proceso de elaboración de políticas públicas y establecer, por fuera de

---

[7] Licenciada en Ciencia Política en la Universidad de Buenos Aires, MSc Environmental Sustainability, University of Edinburgh.

[8] Licenciado en Ciencia Política en la Universidad de Buenos Aires, Master of Public Management, Victoria University of Wellington.

él, las redes empresariales, burocráticas y sociales que constituyen el músculo de la integración regional.

Transcurridas casi dos décadas desde el lanzamiento del Mercosur, pilar indiscutido de la estrategia regional argentina, los actores domésticos han acumulado una significativa experiencia acerca de los costos, los beneficios y los riesgos implícitos en un proceso integración. También, han sufrido importantes mutaciones internas producto de los cambios en la estructura económica, política y social argentina en el transcurso del mismo período; transformaciones cuyas características han influido fuertemente en la intensidad, orientación y modalidad de participación de los actores domésticos en el proceso de integración regional.

En línea con los términos y la metodología de trabajo desarrollados en la introducción de este volumen, el presente caso de estudio se propone el análisis de los determinantes domésticos del regionalismo en la Argentina, con particular foco en las características, preferencias, incentivos y capacidades de los actores domésticos, así como su interacción en el proceso de formación de políticas públicas (FPP).[9]

La adopción de este enfoque tiene al menos tres consecuencias importantes para el estudio de los determinantes del regionalismo. Primero, y de manera algo obvia, independientemente de cuál es el modelo

---

[9] Adicionalmente, y en vista de la singular relevancia que reconocemos en la FPP para el entendimiento de la economía política del regionalismo, recogemos además algunos elementos desarrollados en varios estudios de *public policy* que consideran que la calidad y características particulares (*features*) de las políticas públicas –más allá de su orientación específica– vienen en buena medida determinadas por la naturaleza de los intercambios entre los actores durante el proceso de formulación de políticas. Véanse fundamentalmente, Spiller y Tommasi (2003); Stein y Tommasi (2006), y Stein *et al.* (2005).

específico de integración en el comercio mundial por el que un país ha optado, son los atributos de calidad o características genéricas que ese esquema adquiere en la práctica lo que determina su impacto de largo alcance. Segundo, los factores domésticos desempeñan un papel fundamental en el funcionamiento de los procesos de integración, aún cuando la adopción de una determinada estrategia no pueda ser totalmente capturada por referencia a éstos. Puesto de otra manera, mientras que los factores estructurales, estratégicos o sistémicos pueden en ocasiones dar mejor cuenta de los motivos (*drivers*) que impulsan a los gobiernos a considerar la adopción (e incluso el mantenimiento) de una determinada estrategia de integración, el análisis de los determinantes domésticos todavía es necesario para alcanzar una fiel comprensión del funcionamiento de esas estrategias en la práctica. Tercero, y probablemente el desafío más importante desde el punto de vista práctico, un estudio completo de los determinantes domésticos del regionalismo exige considerar no sólo facultades, horizontes temporales e incentivos de aquellos que participan en el proceso de formación de la política sectorial, sino que debe considerar al mismo tiempo las características más amplias de las políticas públicas y el funcionamiento de las instituciones en un determinado país, esto es, una mirada de equilibrio general. A modo de ejemplo, la dinámica y posicionamiento de los actores domésticos frente al Mercosur tras la devaluación del real en 1999 no puede entenderse sin referencia a la rigidez y escasa adaptabilidad de las instituciones monetarias (la Convertibilidad), o la incapacidad para generar mecanismos de coordinación macroeconómica (formales o no) con Brasil.

Organización del capítulo

Hasta aquí hemos presentado los principales objetivos y discutido algunos aspectos metodológico-conceptuales de esta investigación. Lo que resta de este documento se divide en cuatro secciones, incluyendo la presente.

La sección II resume las principales características del proceso de integración regional en la Argentina en el período 1990-2008. Asimismo, se describen los principales elementos del funcionamiento de las instituciones que sirvieron como marco para la formulación de esas políticas.

En la sección III se describen genéricamente las características, preferencias, incentivos y capacidades de los actores domésticos considerados en este estudio, incluyendo burocracia, empresas y sociedad civil, en relación con las políticas y procesos de integración regional.

Finalmente, en la IV sección discutimos los principales hallazgos, en particular hasta qué punto y cómo esas características genéricas de los actores domésticos pueden contribuir a explicar la evolución del proceso de integración regional en la Argentina.

2. Argentina y las políticas de integración regional, 1990-2008

Junto con la consolidación democrática y las reformas estructurales, el proceso de integración regional constituye uno de logros políticos y económicos más importantes del último cuarto de siglo. Dos décadas después del lanzamiento del Mercosur, la participación argentina en el proceso de integración regional puede exhibir importantes credenciales, incluyendo una transformación

cualitativa de la agenda política y niveles de interdependencia económica sin precedentes con sus socios
regionales.

Así, las disputas geopolíticas y los diferendos territoriales que marcaron la agenda local en relación con el
Cono Sur durante buena parte del siglo pasado cedieron
paso a una "pax liberal", caracterizada menos por los conflictos de naturaleza geoestratégica que por los diferendos de raíz comercial. La cooperación con los países de la
región en áreas como energía, infraestructura o defensa,
tradicionalmente sensibles a vetos de naturaleza geopolítica, constituyen hoy algunas de las áreas más prometedoras y dinámicas de la agenda regional. La intensidad de los
flujos comerciales con la región se multiplicó varias veces
tanto en términos absolutos como de la participación en
los respectivos mercados, constituyendo probablemente
uno de los logros más notables de la política económica
argentina durante el período bajo análisis. Un puñado
de grandes empresas argentinas que había comenzado
a explorar tímidamente los mercados regionales durante
la década de1980 fue capaz de apalancarse en la región
para iniciar un proceso de expansión a escala global,
mientras una miríada de medianas y pequeñas empresas
realizó sus primeras experiencias de exportación abasteciendo los mercados vecinos. Al mismo tiempo, numerosas empresas de origen regional iniciaron y consolidaron
procesos de expansión en el mercado argentino, bien sea
mediante la realización de nuevas inversiones, la compra
de activos locales o la expansión de plantas ya existentes.
Al calor de la fluidez creciente del comercio, la inversión
y la propia iniciativa política del Ejecutivo, las iniciativas
de cooperación en áreas "verticales" como salud, educación, migraciones, trabajo y derechos humanos, entre
otras, fueron cobrando impulso y ganando espacio en la
agenda regional. Finalmente, con mayor o menor grado

de intensidad, las redes regionales de actores (incluyendo burócratas, empresarios, políticos, sindicalistas y otros actores sociales) fueron tomando vida propia más allá del patrocinio y la tutela estatal.[10]

Con todo, y aún cuando estos logros representan un avance significativo respecto de la situación precedente, el Mercosur constituye hoy un proyecto largamente inacabado cuyas carencias desde el punto de vista institucional han tendido a reflejar, antes que modificar, las peculiaridades de los procesos políticos domésticos. De forma similar, la naturaleza del proceso de formación de políticas de integración regional no ha podido escapar a las características generales del proceso de formulación de políticas públicas en la Argentina, marcado por una fuerte volatilidad, baja calidad de la implementación y dificultades para alcanzar acuerdos cooperativos sostenibles. Si bien esto no se ha traducido en *policy reversals* sobre la estrategia "de un compañero regional, focalizado en el nivel mini lateral (concentrado), con un transregionalismo perseguido a través de la acción colectiva regional" (Aggarwal y Espach, 2004), la volatilidad del escenario macroeconómico y político doméstico ha repercutido negativamente sobre la calidad, profundidad y velocidad del proceso de integración.

A continuación, presentamos algunos hechos y tendencias estilizadas en cuanto a la actuación argentina en términos de inversión, comercio, e integración política regional.

---

[10] Tal como se analizará más adelante, éste fue el caso de directivos de ONG y sindicales entre otros que pasaron a ocupar funciones de importancia en distintos ámbitos de la esfera estatal.

Flujos de inversión

Junto con el incremento de los flujos comerciales entre los socios, la atracción de inversiones provenientes de países extrarregionales, particularmente la atracción de inversión extranjera directa (IED), significó sin dudas uno de los objetivos de política fundamentales detrás de la conformación del Mercosur. En efecto, durante el período 1990-2001 los flujos de inversión hacia el país estuvieron fuertemente ligados al desembarco o expansión de empresas americanas y europeas, no sólo en el área de los servicios públicos privatizados sino también en sectores manufactureros fuertemente integrados como la industria automotriz, alimentos y bebidas, o minería y energía. En ese escenario, las inversiones de origen regional ocuparon un espacio relativamente marginal, o limitado a algunas empresas y sectores.[11]

En contraste con esa tendencia inicial, resulta notorio en el período 2002-2007 un incremento de las inversiones provenientes de la región. En particular, resulta llamativo el proceso de compras de activos argentinos por parte de empresas y grupos brasileños (véase Epsteyn en este volumen) que en 2007 dominaron el 30% del mercado de Fusiones & Adquisiciones,[12] aun cuando esas inversiones representan una pequeña porción de la IED realizada por Brasil a nivel global. Este proceso se inició poco después de la crisis argentina de 2001, con la adquisición de los negocios energéticos de la familia Pérez Companc (PeCom) por parte de la estatal Petrobras. A partir de ese momento, los grupos brasileños (incluyendo pesos pesados como

---

[11] Durante este período se destacan, por ejemplo, el activismo chileno en áreas como *retail* o energía, o la temprana entrada de las maltería de origen brasileño.

[12] Anuncios de Inversión 2007, Centro de Estudios para la Producción (CEP), MECON.

Votorantin, Camargo Correa, Gerdau y Ambev) iniciaron un verdadero *raid* de adquisiciones caracterizadas por la amplitud de sectores involucrados (incluyendo calzado e indumentaria, frigoríficos, alimentos y bebidas, construcción, minería, acero, energía y productos agropecuarios) y la calidad de los activos adquiridos, incluyendo empresas con larga trayectoria en el mercado local como Quilmes (bebidas), Loma Negra (cemento) o Alpargatas (textiles). Asimismo, aunque México queda fuera del campo de estudio de esta investigación por no formar parte del sistema sudamericano, al abordar la inversión extranjera en la Argentina no puede dejar de mencionarse el activismo de capitales de ese origen, con la entrada y consolidación en el mercado local de empresas como Telmex y America Móvil en el sector servicios, Cemex en el mercado de la construcción o FEMSA y Bimbo en el mercado de bebidas y alimentos, entre otras.

Sin embargo, y a excepción de un número reducido de empresas lideradas por el Grupo Techint, Arcor, IMPSA, Mastellone o IRSA, el protagonismo inversor de las empresas sudamericanas en el mercado argentino no ha tenido como contrapartida un activismo similar de las empresas locales en los mercados de la región. Como explicamos en la siguiente sección, antes que el producto de limitaciones organizacionales internas o la imposición de barreras de acceso por parte de los países de la región, esa asimetría inversora parece ser en buena medida el resultado combinado de la inestabilidad crónica de la macroeconomía argentina y la relativa debilidad de las políticas de estímulo. Esta situación ha dificultado el acceso al financiamiento por parte de las empresas locales y limitado su capacidad para iniciar procesos de expansión regional a través de adquisiciones o nuevas inversiones. Ante este escenario, algunos conglomerados y grupos inversores de origen local parecen haber concentrado sus esfuerzos de inversión en el mercado interno, particularmente a través de la recompra de activos en sectores regulados, y como contrapartida de la tendencia hacia la desinversión por parte de empresas europeas y norteamericanas tras la crisis de 2001-2002. Esta secuela resulta llamativa, en cuanto podría haberse esperado un activismo regional mayor entre las empresas argentinas como mecanismo para reducir su exposición al riesgo local.

Flujos de comercio

En cuanto a los flujos de comercio, tanto las exportaciones como las importaciones registraron tras la crisis de 2001 una sostenida expansión, con tasas de crecimiento que superaron con creces la dinámica de la economía. Las exportaciones totales argentinas se han prácticamente triplicado desde la salida del régimen de convertibilidad, alcanzando hacia fines de 2008 una cifra superior a los US$ 70.000 millones. Las causas inmediatas de este boom exportador se encuentran en un importante incremento de las cantidades exportadas, impulsadas por un tipo de cambio competitivo, así como por una significativa mejora en los precios internacionales de los productos de exportación argentinos durante el período 2003-2008. Asimismo, la canasta de exportación argentina ha sufrido importantes cambios estructurales, con una disminución en la participación de los productos primarios y un aumento en el peso de las manufacturas de origen agropecuario (MOA) y, en menor medida, de las manufacturas de origen industrial (MOI).

Si bien la región ha contribuido enormemente a apuntalar el desempeño comercial de la Argentina durante las últimas décadas, actualmente es posible observar, en términos históricos, una tendencia hacia una mayor diversificación de los mercados en general, y una menor dependencia de Brasil como destino de exportación en particular. En efecto, mientras el Mercosur dominó los destinos del comercio exterior argentino en la década de 1990, a partir de la devaluación del real brasileño en 1999 y de la devaluación del peso en 2002, se ha producido una importante diversificación de las exportaciones hacia destinos fuera de la región. Según información correspondiente al primer semestre del 2008,[13] el Mercosur contribuye con el 22% de las exportaciones, de las cuales Brasil explica el 19%, mientras que Chile y el resto de la ALADI representan respectivamente un 7%. Por el lado de las importaciones, el Mercosur contribuye con un significativo 36%, de los cuales Brasil explica el 32%, mientras que Chile y el resto de la ALADI contribuyen con menos del 2%. En este sentido, y a pesar de las diferencias cambiarias en favor de la Argentina, la fortaleza exportadora de Brasil explica los sistemáticos déficits comerciales con el Mercosur, sólo parcialmente compensados con los fuertes superávits de intercambio con Chile y el resto de la región. No obstante, la región en general y el Mercosur en particular constituyen aún un destino muy significativo para las exportaciones argentinas, no sólo por los volúmenes sino también por el tipo de bienes exportado, toda vez que más dos tercios de las ventas de las MOI argentinas se destinan a la región, incluyendo un 45% por parte del Mercosur (37% Brasil) y un significativo 10% por parte de Chile y el resto de la ALADI, respectivamente.

---

[13]   Monitoreo del Comercio Exterior Argentino, Primer Semestre de 2008, CEP, MECON.

Integración política

En materia de integración política, los últimos años han estado signados por la proliferación de nuevas instancias de cooperación e integración a nivel regional (UNASUR, Banco del Sur[14]), los intentos por institucionalizar y corregir las asimetrías existentes en los procesos de integración en marcha (Parlamento del Mercosur, Fondo para la Convergencia Estructural del Mercosur), las demandas de incorporación de nuevos actores en el seno del Mercosur (Venezuela y Bolivia) y, en forma concomitante con esos fenómenos, el resurgimiento de la inestabilidad política al interior de algunos estados, junto con la aparición de conflictos y roces de carácter geopolítico entre algunos países de la región (véase Serbin en este volumen).

Originariamente impulsada por Brasil durante el primer mandato de Lula da Silva, la Comunidad Sudamericana de Naciones se propuso crear una institución que le permitiera a Brasil presentarse como el interlocutor de todo el bloque continental en las negociaciones globales. El ex presidente argentino Eduardo Duhalde fue el primer secretario de la Comunidad Sudamericana. En marzo de 2007, esta idea fue retomada por el presidente venezolano Hugo Chávez y se acordó cambiar la denominación al proyecto por UNASUR. La UNASUR está formulada fundamentalmente como un proyecto político en donde el Consejo de Defensa propuesto por Brasil tiene un rol relevante. La creación de este Consejo, en el que la vigilancia de la Amazonia sería una prioridad, no supone una alianza militar convencional, sino un foro para promover el diálogo entre los ministerios de Defensa de la

---

14   Si bien el Banco del Sur está pensado como parte de una estrategia de integración en el aspecto financiero, las arduas negociaciones políticas que precedieron su conformación justifica en cierta medida su inclusión dentro de este apartado.

región, apuntando a crear un mecanismo de integración que permita discutir las realidades y necesidades de defensa de los países sudamericanos, reducir los conflictos y desconfianzas, y sentar las bases para la futura formulación de una política común en esta área (Caro Ruiz, 2008).

Bien sea por razones de orden doméstico (distanciarse políticamente de su predecesor, Eduardo Duhalde) o por razones geopolíticas (no quedar bajo la tutela de Brasil), la idea de una Comunidad de Naciones fue rechazada durante casi todo el mandato del ex presidente argentino Néstor Kirchner. En los términos de los conceptos presentados en la introducción de este libro, la respuesta original del gobierno argentino fue claramente elusiva. Lo cierto es que luego de su relanzamiento bajo el nombre de UNASUR, el gobierno argentino se ha mostrado mucho más receptivo y ha manifestado un alto interés por la institución, probablemente vinculado a su acercamiento ideológico con el presidente de Venezuela y algunos países de la región andina. Tanto es así que Néstor Kirchner fue propuesto por el presidente de Ecuador como candidato para ocupar la secretaría general de la institución, candidatura que fue aceptada. Sin embargo, esta candidatura es fuertemente resistida por Uruguay. El rechazo de Uruguay obedeció principalmente a la posición del ex presidente argentino ante el bloqueo ininterrumpido del puente internacional General San Martín, que ya lleva más de dos años, y también a que la Argentina no ha realizado tareas de dragado en el Canal Martín García. En la reunión de diciembre de 2008 en Costa do Sauípe, Brasil, los presidentes acordaron como fecha máxima el 30 de abril de 2009 (cuando Chile deja la presidencia *pro tempore*) para elegir al secretario general.

En el caso del Mercosur, se observaron avances relevantes en el ámbito institucional como la puesta en vigencia del Protocolo Constitutivo del Parlamento Mercosur, en febrero de 2007, la elaboración de la primera Opinión Consultiva del Tribunal Permanente de Revisión (TPR) y su dictamen en relación con la proporcionalidad de medidas compensatorias aplicadas por Uruguay contra la Argentina en el sector neumático. Del mismo modo, la creación del Instituto Social del Mercosur, del Instituto de Formación y del Observatorio de la Democracia, iniciativas surgidas de la Comisión de Representante Permanente (CRPM), son también ejemplos de avances en el proceso de construcción institucional del bloque (INTAL, 2007).

También ha sido relevante el encauzamiento del problema de las asimetrías hacia el interior del bloque, tema que si bien había acompañado al proceso integrador desde sus inicios, recién pasó a transformarse en un aspecto prioritario de la agenda interna en los últimos años.[15] Así, como resultado de las distintas propuestas e iniciativas presentadas originalmente por los países de menor tamaño relativo, y luego por Brasil y la Argentina, se acordó finalmente la elaboración de un plan estratégico para dar respuesta a algunas de las demandas de las economías más pequeñas del bloque (INTAL, 2007). Muestra de ello es la aprobación del FOCEM (Fondo para la Convergencia Estructural del Mercosur), un instrumento orientado a asimetrías estructurales entre los países y/o regiones de menor desarrollo relativo.

Políticas sectoriales

Si toda política sectorial tiene, a nivel doméstico, su propia Política (con mayúsculas), lo mismo puede decirse de las políticas sectoriales a nivel regional. Con suerte dispar, dependiendo del momento y del sector, la Argentina

---

[15] En 2003 se logra el primer acuerdo para formar un fondo destinado a corregir las asimetrías (Fondo de Convergencia Estructural del Mercosur). A partir del 2006 se encuentra en la agenda del Mercosur un programa para atender el problema de las asimetrías (Terra, 2008).

y sus socios regionales han desarrollado a lo largo de estos años la capacidad de establecer ámbitos de negociación y coordinación en áreas como educación, seguridad,
infraestructura, telecomunicaciones, medio ambiente y
energía, entre otras. En una agenda a menudo marcada
por las discusiones comerciales, esos avances han sido el
resultado de una lenta construcción por parte de los gobiernos, burocracias y organizaciones civiles de los países
de la región, plasmada en la interacción en foros y la participación en negociaciones conjuntas de carácter técnico. En este sentido, distintos foros como el Grupo Río y
las Cumbres Presidenciales han realizado a menudo una
contribución muy importante en materia de cooperación
y articulación de políticas públicas.

En el caso de las políticas sectoriales en materia
educacional, la Argentina y el resto de los países miembro del Mercosur percibieron tempranamente que la
constitución de un espacio educativo común debía ocupar un rol privilegiado en la agenda de integración regional, aun cuando esa percepción ha resultado difícil
de materializar en la práctica. De esta manera, en 1992
comenzó a funcionar orgánicamente el Sector Educativo
del Mercosur (SEM), cuya existencia apunta a la conformación de un espacio educativo común, estimulando la
formación de la conciencia ciudadana para la integración, la movilidad y los intercambios con el objeto de lograr una educación de calidad para los ciudadanos, con
especial atención a los sectores más vulnerables en un
proceso de desarrollo con justicia social y respeto por la
diversidad cultural de los habitantes de la región[16]. Existe
además una red universitaria en el Cono Sur, la cual

---

[16]   Plan del Sector Educativo del Mercosur 2006-2010, www.educacionsu-
       perior.mec.gov.py/v4/documentos/sem/PlanesEstrategicos/PlanEs-
       trategicoSEM2006-2010.doc.

busca a través de la integración universitaria regional contribuir con el avance del conocimiento y defensa de la educación superior pública. Dicha red, la Asociación de Universidades Grupo Montevideo (AUGM), es una organización civil que busca impulsar la integración a través de un espacio académico común ampliado, basado en la cooperación científica, tecnológica, educativa y cultural.[17] Varias de las principales universidades de la Argentina forman parte de esta red.

La educación superior en el Mercosur tampoco ha estado exenta del debate que dominó la década de 1990 respecto a la desregulación y liberalización económica. Durante este período, se sancionó una ley universitaria que establecía la racionalización de la administración universitaria, la diversificación de las fuentes de financiamiento, las limitaciones al ingreso a la universidad pública y la evaluación de la calidad. A partir de la firma del Acuerdo General sobre el Comercio de Servicios (AGCS) en 1994 y a partir del año 1997, con la firma del Protocolo de Montevideo sobre el Comercio de Servicios (que entró en vigencia en 2005), el sector servicios comenzó a formar parte de la agenda comercial de Mercosur (Botto y Peixoto, 2007).

Impulsada por las necesidades de los socios en materia de transporte, logística, telecomunicaciones y energía, la integración en materia de infraestructura ha cobrado una importancia creciente en la agenda regional. El grueso de los proyectos que se encontraban en vigencia durante 2008 estuvieron ligados a la Iniciativa de Infraestructura

---

[17]   Grupo Montevideo: la entidad nació en agosto de 1991, en Montevideo, y está actualmente integrada por diecinueve universidades: siete de la República Argentina; nueve de Brasil; dos de Paraguay; una del Uruguay, que ejerce la **Secretaría Ejecutiva** *pro tempore*. **Más información en www.grupomontevideo.edu.uy.**

Regional (IIRSA),[18] ámbito que actúa bajo el auspicio del BID como un importante proveedor de financiamiento y catalizador de la acción colectiva a nivel regional. En el caso de la Argentina, los proyectos se han centrado en la construcción de un corredor bioceánico central, proyecto que facilitaría el intercambio comercial entre los puertos de los océanos Atlántico y el Pacífico. La construcción del corredor bioceánico está enlazada con el proyecto del túnel de Agua Negra y constituiría una vía interoceánica que conectará los puertos del Pacífico (Coquimbó, Chile) y del Atlántico (Porto Alegre, Brasil) por el paso de la provincia de San Juan (Argentina).[19] Por otra parte, y en función del convenio firmado entre la presidenta chilena Michelle Bachelet y el presidente uruguayo Tabaré Vázquez para la construcción de un corredor bioceánico entre el Puerto de Valparaíso y el Puerto de Montevideo, la Argentina debe construir un puente en línea entre Zárate (Argentina) y Nueva Palmira (Uruguay).[20]

Vinculado estrechamente a lo anterior, y de la mano del retorno de la iniciativa estatal, la cooperación regional en materia de energía y minería constituyó a partir de 2005 una de las áreas más dinámicas del proceso de integración. En este sentido, los acuerdos de cooperación e integración física y minera (como es el proyecto Minero Pascua Lama[21])

---

[18]   Integrada por Argentina, Bolivia, Brasil, Chile, Colombia, Ecuador, Guyana, Paraguay, Perú, Suriname, Uruguay y Venezuela.

[19]   28-julio-2008 "Desafíos en la Integración Regional" en Énfasis Logística online htpp://www.logistica.enfasis.com/notas/9858-desfios-la-integracion-regional, consultado el 26/01/2009.

[20]   28-julio-2008 "Desafíos en la Integración Regional" en Énfasis Logística online htpp://www.logistica.enfasis.com/notas/9858-desfios-la-integracion-regional, consultado el 26/01/2009.

[21]   Este proyecto se hizo posible a través del Tratado Minero entre **Chile y la Argentina**, firmado por los presidentes Eduardo Frei y Carlos Menem el 29 de diciembre de 1997 y que permite la explotación de

y la construcción de gasoductos que cruzan la cordillera, favorecieron un proceso de integración que dejaba de lado los tradicionales conflictos de fronteras con Chile. Sin embargo, a medida que las condiciones de oferta y demanda a nivel doméstico se fueron deteriorando a lo largo de los años, la Argentina se ha visto obligada a imponer restricciones a la exportación de gas hacia Chile, lo cual ha generado importantes fricciones en las relaciones bilaterales. Si bien la Argentina ha buscado remendar esta situación a través de la importación de gas de Bolivia, este país necesita de elevadas inversiones en producción, tanto para atender a la demanda energética argentina actual como la de 2010, año en el cual está prevista la conclusión del Gasoducto del Nordeste que posibilitaría el suministro teórico de 20 millones de metros cúbicos diarios de gas boliviano para la Argentina. Para el corto plazo, la Argentina ha firmado acuerdos en el tema de seguridad energética con Venezuela, a través de la importación de Fuel Oil para la producción de electricidad (una solución más costosa que el gas) en el marco del Plan Energético Nacional 2004-2008 (Costal y Padula, 2008). Por otra parte, el gobierno venezolano ha propuesto proyectos de gasoductos a Colombia, Panamá, Brasil, Argentina y Uruguay. En enero de 2006, en Brasilia, los presidentes de Argentina, Brasil y Venezuela acordaron avanzar con la construcción del Gasoducto del Sur,[22] bajo la dirección de las empresas estatales ENARSA, de Argentina; PETROBRAS, de Brasil; YPBF, de Bolivia y PDVSA, de Venezuela.[23]

---

los yacimientos mineros que se encuentren en más del 70% de la zona fronteriza entre ambos países. Diario *La Nación*, www.lanacion.com. ar/nota.asp?nota_id=84226, consultado el 3 de marzo de 2009.

[22] El gasoducto tenia una longitud de aproximadamente 8.000 kilómetros de largo (sería uno de los más extensos del mundo) y unía el sur de Venezuela con el norte de la Argentina, atravesando Brasil.

[23] Sin embargo, para octubre de 2008, la construcción fue suspendida y el presidente Venezolano planteó una alternativa: el "Proyecto de In-

3. Los actores domésticos

El rol y la modalidad de participación de los actores domésticos en el proceso de integración regional se encuentran, en la Argentina, estrechamente vinculados a dos procesos históricos interconectados y secuenciales: la transición democrática y las políticas de ajuste estructural. Las élites políticas argentinas consideraron la integración regional como un componente táctico de la estrategia interna de consolidación democrática y la consolidación de las reformas económicas. Bajo esta perspectiva, y a través del establecimiento de un sistema de cláusulas y garantías mutuas, la conformación de un bloque político regional impondría a sus miembros un costo elevado en caso de interrupción democrática. De forma similar, el fuerte impulso integrativo del Ejecutivo en la negociación, lanzamiento e implementación inicial del Mercosur a principios de la década de 1990 fue, antes que una estrategia deliberada de construcción regional, un movimiento táctico orientado a consolidar internamente (*lock-in*) las reformas en materia de apertura comercial y económica adoptadas unilateralmente, en el marco de un proceso caracterizado por la fuerte centralización en la elaboración de políticas públicas.

Sin lugar a duda existieron otros factores que contribuyeron a impulsar el desarrollo del Mercosur en la agenda de las élites políticas locales, incluyendo consideraciones no menores de orden geopolítico (como la construcción de un espacio de seguridad a nivel subregional), consideraciones de tipo económico (en particular la

---

tegración Gasífera del Sur". Uno de los principales problemas que se plantearon frente al gasoducto del Sur fue la dificultad de avanzar en la construcción, sin perturbar zonas de gran biodiversidad (BBC Mundo. com "Sin gasoducto al Sur" 1º de octubre de 2008. Disponible en www. news.bbc.co.uk/hi/spanish/business/newsid_7646000/7646941.stm, consultado el 2 de febrero de 2009.

obtención de acceso preferencial al mercado brasileño, la atracción de inversión extranjera directa, y –posteriormente– la posibilidad de negociar favorablemente acuerdos multilaterales y transregionales), y consideraciones de tipo ideológico (tales como el deseo de reforzar los vínculos culturales e históricos con la región).

Sin embargo, aún considerando estos factores, y cómo se verá en profundidad más adelante, la preponderancia de las dos consideraciones tácticas mencionadas anteriormente en la génesis del Mercosur, sumado a las peculiaridades del funcionamiento institucional y otras variables de tipo estructural, tuvieron y aún tienen importantes consecuencias en términos del rol de los actores domésticos en la agenda de construcción regional. Por un lado, a medida que las motivaciones originales del Mercosur (consolidación democrática y consolidación de las reformas económicas) fueron perdiendo *momentum*, también comenzó a declinar el entusiasmo de los líderes políticos por él. En este sentido, el paulatino ocaso del regionalismo como estrategia económica y política durante los noventa parece haber acompañado, paradójicamente, su éxito en términos de los objetivos inmediatos. Por el otro, la fuerte concentración de poder que caracterizó el proceso de formación de políticas públicas durante el período de gestación del Mercosur, fruto de la necesidad de aislar al Ejecutivo y reducir la capacidad de veto del resto de los actores políticos, económicos y sociales, han devenido en un patrón de interacción deficiente entre el sector público y privado, y el relativo desinterés de los actores sociales por la participación en el proceso de integración. En otras palabras, privado de su principal atractivo como herramienta de auto-disciplinamiento político y económico, el Mercosur ha encontrado dificultades para resignificar su propósito y extender su base de apoyo más allá de los presidentes y Ejecutivos de turno.

3.1. Burocracia

En términos institucionales, el rasgo definitorio del proceso de formulación de las políticas de integración regional en la Argentina ha sido la fuerte concentración de competencias e iniciativa política en el Poder Ejecutivo, dominado por un presidente investido de fuertes poderes formales (Malamud, 2005). A lo largo del período bajo análisis, los presidentes han tendido a acentuar la concentración de poder y gozar de altos niveles de autonomía, principalmente a causa de factores constitucionales tales como la autonomía decisoria respecto del gabinete, la capacidad de iniciativa legislativa, la capacidad de emitir decretos, o el poder de veto sobre el Poder Legislativo. Si bien posee significativos poderes formales en el campo de la política exterior y la política comercial de acuerdo con la Constitución, el rol del Poder Legislativo se ha visto en la práctica limitado a un rol reactivo y episódico, caracterizado por la delegación en el Ejecutivo de las potestades en comercio exterior, y una escasa intervención e influencia en el proceso de formación e implementación de las políticas de integración regional (Bouzas y Cabello, 2007; Bouzas y Avogadro, 2002). A ellos se agregan otros factores extra constitucionales como las condiciones de liderazgo del presidente de turno, el poder de influencia sobre el Poder Judicial o, más recientemente, la acumulación de recursos económicos extraordinarios a nivel federal y la capacidad de hacer uso de éstos por fuera de las leyes presupuestarias.

Semejante concentración de recursos políticos en el Poder Ejecutivo podría insinuar un rol preponderante de los actores burocráticos en el proceso decisorio. De hecho, en tal contexto, una burocracia fuerte y técnicamente competente podría contribuir a la calidad de las políticas públicas al darles más estabilidad, insulación y mejorar la calidad general de la implementación. Sin embargo, como veremos, una burocracia fragmentada y débil no ha funcionado como freno para las demandas particulares del sector privado, ni tampoco para las de los funcionarios electos.

La estructura institucional formal

A nivel nacional la estructura institucional formal de apoyo al comercio exterior y los procesos de integración regional incluye al Ministerio de Economía, Obras y Servicios Públicos (MECON), al Ministerio de Relaciones Exteriores, Comercio Internacional y Culto (MRECIC) y a la Presidencia de la Nación. Si bien esta distribución formal de funciones se ha mantenido inalterada durante largo tiempo, la división del trabajo entre los distintos ministerios, secretarías y agencias ha experimentado cambios frecuentes (Bouzas y Soltz, 2004). Entre los ministerios sectoriales, el Ministerio de Infraestructura ha ganado un significativo espacio político y económico en la definición de la agenda regional, fruto en parte de la creciente importancia de sus áreas de competencia en la dinámica del proceso de integración.

El MECON ha sido tradicionalmente el responsable primario de la implementación de la política comercial, compartiendo y coordinando con el MRECIC las actividades de negociación y representación comercial en las esferas multilaterales y regionales. En materia de implementación, sus funciones incluyen la autoridad sobre la fijación de aranceles, impuestos a la exportación, restricciones cuantitativas a la importación, licencias y regímenes especiales de importación, y la administración de los regímenes aduaneros, entre otras atribuciones. La Subsecretaría de Comercio Exterior (SSCE) es la principal responsable del diseño y gestión de la política comercial externa argentina.[24] Siempre en el ámbito del MECON, y con diversos grados de autonomía política y administrativa, la estructura se completa con la Secretaría de Agricultura, Ganadería, Pesca y Alimentación, y con la Secretaría de la Pequeña y Mediana Empresa; así como con otras agencias tales como la Comisión Nacional de Comercio Exterior (análisis e investigación de daños causados a la producción nacional); la Administración Federal de Ingresos Públicos (gestión tributaria interna y aduanera); y el Banco de Inversión y Comercio Exterior (financiación de la inversión productiva y el comercio exterior).

Por su parte, dentro del MRECIC,[25] la Secretaría de Comercio y Relaciones Económicas Internacionales y Asuntos Consulares (SCREI) tiene la responsabilidad de formular y promover las políticas, estrategias y acciones a seguir en materia de negociaciones económicas y comerciales, tanto bilaterales como multilaterales, y de promoción comercial. Para ello cuenta con el apoyo de la Subsecretaría de Integración Económica Americana y Mercosur (SUBIE), de la Subsecretaría de Comercio Internacional y Asuntos Consulares (SURCI), de la Dirección Nacional de Negociaciones y Cooperación Económica Internacional (SUBNE) y del Centro de Economía Internacional (CEI). Tanto la SUBIE como la SURCI cumplen también la función de nexo con el sector privado, atendiendo consultas y reclamos vinculados a la normativa del Mercosur y otros procesos de integración

---

[24] Tiene como funciones: 1) analizar, proponer, administrar y evaluar la política comercial; 2) cooperar en la coordinación de las actividades de promoción de las exportaciones, y 3) participar en los procesos de negociaciones comerciales.

[25] Tiene entre sus competencias el diseño y la ejecución de las actividades de negociación y representación comercial en las esferas multilaterales y regionales.

comercial. Por su parte la SURCI actúa como lazo con los productores, comerciantes y prestadores de servicios y las cámaras que los nuclean. La SURCI coordina las actividades de la Fundación Export.Ar, una entidad sin fines de lucro constituida por los sectores público y privado para promover el comercio exterior argentino. La Fundación Export.Ar es presidida por el ministro de Relaciones Exteriores, correspondiendo la vicepresidencia al Ministerio de Economía. La Fundación posee un Consejo de Administración al que pertenecen como miembros estables el subsecretario de la SURCI (MRECIC) y el secretario de Industria, Comercio y Minería (MECON), mientras que el resto del Consejo es elegido una vez al año y está integrado por representantes del sector privado.

A estos organismos debe sumarse un sinnúmero de instancias subnacionales (tanto provinciales como municipales) cuyo creciente protagonismo no es paliativo para las importantes asimetrías en los recursos disponibles ni las limitadas capacidades de gestión de los organismos de promoción del comercio exterior provinciales y municipales (Tussie, 2003). Esta heterogeneidad se refleja en una alta diversidad de diseños institucionales, con agencias autónomas de promoción mixtas público-privadas en las provincias de mayor desarrollo relativo como Córdoba, Santa Fe y Buenos Aires, y apéndices de carácter exclusivamente estatal en otras provincias.

Fragmentación, descoordinación y burocracias paralelas

Mas allá de la caracterización formal esbozada anteriormente, los rasgos distintivos del proceso burocrático de formación de la política regional en la Argentina vienen dados por la presencia de dos características que cruzan horizontal y verticalmente la gestión de las políticas públicas, incluyendo áreas –como las relaciones exteriores– que gozaron históricamente de un mayor prestigio, influencia y espíritu de cuerpo. Salvo en contados casos, ambas características han limitado severamente la capacidad de los cuerpos burocráticos para influir en la definición de la agenda regional, particularmente en las áreas más sensibles como la política comercial.

La primera de estas características es la pérdida de influencia de los cuerpos burocráticos profesionales *vis à vis* una estructura combinada de funcionarios políticos y burocracias paralelas caracterizada por un alto grados de rotación (Spiller and Tommasi, 2007). Esta "pérdida de influencia" tiene un componente de autocausalidad (*self-reinforcing*): dado que el resto de los actores (empresas, legisladores, la propia gerencia política y otros burócratas) perciben la relativa pérdida de influencia de la burocracia profesional *vis à vis* otros actores con intervención formal o informal en el proceso de decisión, resulta de alguna manera esperable que la demanda de servicios de asesoramiento y/o la gestión de intereses sean crecientemente canalizadas hacia otros actores que cuentan, al menos en principio, con mayor influencia en el proceso político o administrativo.

La segunda característica se refiere a la marcada dispersión, descoordinación y superposición de funciones entre las agencias y oficinas burocráticas encargadas de la negociación e implementación de la política regional, hecho no solo adjudicable a la inestabilidad de los gabinetes y funcionarios políticos, sino también a la debilidad –mencionada anteriormente– de los cuerpos burocráticos profesionales. En particular, tanto la política comercial como la industrial –ambas con fuerte incidencia sobre la calidad del proceso de integración– se han caracterizado por la proliferación de agencias y la superposición de responsabilidades e instrumentos de promoción, en un contexto de baja institucionalidad y escasa coordinación. De

esta manera, aspectos relevantes de la gestión de la agenda regional se encuentran informalmente distribuidos
entre una multiplicidad de agencias y gerentes políticos,
cuya área de incumbencia formal dista frecuentemente
de tener alguna relación.

Estos rasgos han sido extensamente expuestos en la
literatura académica, particularmente en el área de la política comercial, poniendo de relieve los problemas de coordinación derivados de una estructura burocrática fragmentada (Bouzas y Pagnotta, 2003; Bouzas y Soltz, 2004;
Tussie *et al.*, 2003). Siguiendo con Jordana y Ramió (2002),
la Argentina puede ser caracterizada, de acuerdo con la
gestión de la política comercial externa, como un caso de
alta fragmentación institucional y mediana formalización
de coordinación, en donde la coordinación interministerial en materia de política comercial carece de mecanismos formales y ha sido altamente dependiente de las in-
clinaciones personales de funcionarios involucrados.

Con todo, estos patrones de comportamiento no son
patrimonio exclusivo de las áreas burocráticas vinculadas
a la política comercial. En el plano educativo, por ejemplo,
la entrada en vigor del Protocolo de Montevideo sobre el
Comercio de Servicios mostró la existencia de dos visiones burocráticas contrapuestas que, como corolario, condujeron a una parálisis en términos de la implementación
de ese protocolo en el área educativa.[26] Por un lado, el
MECON y Cancillería, sumadas a un Consejo de Rectores
de Universidades Privadas, se encontraban a favor de
la liberalización del mercado de servicios de educación

---

[26] Véase la investigación de Botto y Peixoto (2008), "Las negociaciones de
servicios educativos y de salud en Argentina: desafíos y oportunidades
para la academia" en Mercedes Botto (org.), *Saber y poder en América
Latina. El uso del conocimiento en las negociaciones comerciales internacionales*, Buenos Aires, Prometeo.

superior, aunque sólo en el ámbito de Mercosur. Por el otro, el Ministerio de Educación, las universidades públicas y los sindicatos docentes más importantes del país, junto con otras organizaciones no gubernamentales (ONG), respondieron con una fuerte resistencia ante cualquier iniciativa de incorporación de la educación en los mercados de servicios, ya que podría convertirse en una moneda de cambio (Botto y Peixoto, 2007).

No obstante, y aun cuando la evidencia es fragmentaria y anecdótica, resulta útil notar aquí algunos patrones y desvíos a este comportamiento en el ámbito específicamente burocrático. En primer lugar, el grado de formalidad y profesionalización de los vínculos diplomáticos regionales parece responder no sólo a la dinámica interna, sino que tiende a espejar las condiciones del ámbito de interlocución y el grado de rigor técnico de las negociaciones. Es decir, allí donde se trata con cuerpos burocráticos altamente profesionales e institucionalizados, la burocracia profesional es la encargada de operar como interfase natural. A la inversa, en la medida que las negociaciones exigen menor rigor técnico, los cuerpos burocráticos profesionales tienden a ser remplazados (o circunvalados) por un miríada de funcionarios políticos, asesores y personal contratado que actúan en la práctica como un cuerpo diplomático o burocrático "paralelo". Asimismo, debe notarse cierto grado de heterogeneidad en la participación de la burocracia profesional, dependiendo de si se trata de ámbitos ligados a la negociación o implementación de políticas. Mientras que los ámbitos más directamente vinculados a la implementación de la política comercial (en particular algunas reparticiones dependientes del MECON) muestran altísimos grados de rotación, tanto a nivel de la gerencia política como de los cuadros profesionales (con un alto predominio de las burocracias paralelas), los ámbitos dedicados a la formulación de políticas (MRECIC) han mostrado niveles sensiblemente menores de rotación en la gerencia política, una menor incidencia de las burocracias paralelas y un mayor grado de profesionalidad, estabilidad e influencia por parte del personal de carrera.

Más allá de estos patrones, la coexistencia de una fuerte centralización de competencias en el Ejecutivo y de una alta fragmentación y debilidad burocrática ha favorecido un bajo aislamiento y estabilidad de las políticas comerciales, debilitando tanto la calidad de la elaboración como de la implementación de la política comercial. En términos de insulación, la ausencia de mecanismos de vinculación y coordinación entre organismos hace que los funcionarios públicos sean más vulnerables a los intereses de grupos de presión, especialmente aquellos con mayores recursos y una larga experiencia en relación con las autoridades estatales. En términos de estabilidad de las políticas, la debilidad de los cuerpos burocráticos profesionales y la fragmentación de la burocracia no han ofrecido un control robusto de las iniciativas políticas decididas por los funcionarios electos, otorgando al sistema un componente adicional de volatilidad. Sumado a ello, el cambio frecuente de los ministros y funcionarios políticos de menor rango ha terminado por promover una orientación de corto plazo y cambios frecuentes en las políticas.[27]

3.2. Los sectores económicos y empresarios

La presencia de un sector empresario vibrante, capaz de establecer mecanismos internos de acción colectiva efectivos, capaz de canalizar sus demandas en arenas

---

[27] De acuerdo con un informe realizado por el Centro de Estudios Nueva Mayoría, entre 1983 y 2008 se sucedieron un total de 25 ministros de Economía, lo que representa una relación de 1 ministro cada 338 días. El informe se encuentra disponible en www.nuevamayoria.com.

institucionalizadas, y provisto de los incentivos, reglas y horizontes temporales adecuados, constituye posiblemente la fuerza de integración regional más formidable y, en particular, una fuerza capaz de traccionar la agenda de integración regional en otras áreas como la política y la sociedad civil. La participación del sector empresario en el proceso de formulación de la política regional tiene una incidencia fundamental no sólo en la orientación específica, sino también en la calidad e intensidad del proceso de integración y los beneficios que la sociedad y las propias empresas pueden derivar de éstos. Aun cuando el Mercosur y otros acuerdos regionales de los que la Argentina participa han sido, en la visión de la mayoría de los analistas, el resultado de un proceso político impulsado y dirigido desde los gobiernos (véase Merke en este volumen), también es cierto que la integración regional depende en el mediano y largo plazo de los incentivos, oportunidades y capacidades de los empresarios para incrementar los flujos comerciales y de inversiones entre los socios.

Como se expresó anteriormente, la estrategia de negociaciones comerciales externas durante el período de lanzamiento del Mercosur fue influida significativamente por la necesidad de las élites políticas de consolidar las reformas económicas, buscando "anclarlas" en el bloque regional. Si bien el empresariado argentino constituyó un aliado central de las reformas de mercado en aspectos tales como privatizaciones, desregulación de los mercados, y el objetivo general de estabilización macroeconómica, otros aspectos como la liberalización comercial no gozaron inicialmente de un consenso similar, particularmente entre el empresariado industrial más expuesto a la competencia de los nuevos socios (Guiñazú, 2003).

En la Argentina, la intensidad y el patrón de participación del sector empresarial en los procesos de integración regional pueden ser interpretados a la luz de la interacción de tres factores distintivos: a) las dificultades del sector empresarial para constituirse como un actor colectivo eficaz y creíble; b) un patrón excluyente, informal y elitista de interacción con el sector público, caracterizado por la negociación focalizada alrededor de demandas puntuales y concesiones selectivas a sectores, cámaras o ramas específicas, y c) un entorno macroeconómico y político volátil que contribuyó a disminuir los horizontes temporales de los agentes económicos durante períodos prolongados de la historia reciente. Aun cuando ciertas empresas o sectores empresarios han logrado circunvalar o incluso aprovechar con éxito las características del proceso de formación de políticas, estos tres elementos han tenido importantes consecuencias sobre la participación del sector en el proceso de elaboración de las políticas públicas (caracterizado como "activismo defensivo y ad-hoc") y limitando severamente la capacidad de las empresas argentinas para aprovechar las oportunidades ofrecidas por los procesos de integración regional en marcha. En clave del capítulo introductorio, la interacción entre los tres factores mencionados habría derivado en un sesgo reactivo de naturaleza elusiva o resistente.

La representación empresarial: fragmentación y baja capacidad de acción colectiva

Las políticas de integración regional, al igual que cualquier otra medida de política económica, tienen consecuencias distributivas de singular importancia, creando ganadores y perdedores que inevitablemente tenderán a constituirse en impulsores o detractores de los acuerdos. De esta manera, la implementación de los acuerdos ha tendido con el tiempo no solamente a reflejar la presiones

y tensiones del sector privado entre los sectores orientados a la exportación (para obtener acceso a mercados)
y aquellos que compiten con las importaciones sectores
(por la obtención de protección), sino también las peculiaridades de los patrones de articulación público-privados en laArgentina.

Los intereses y la representación empresarial han
estado tradicionalmente fragmentados y los recursos técnicos con los que han contado las organizaciones sectoriales han sido como regla limitados (Bouzas y Avogadro,
2002). Como era de esperarse, las divergencias entre los
sectores orientados a la exportación y aquellos que compiten con las importaciones han planteado serios problemas de coordinación para estas organizaciones. Estos
problemas han sido especialmente acuciantes en el caso
de la UIA, organización tradicionalmente dividida entre
sectores con intereses ofensivos y defensivos respecto a
la integración regional. No obstante, la UIA ha exigido
protección para sectores que compiten con las importaciones provenientes de la región (particularmente Brasil),
llegando incluso a realizar llamados para la revisión total
o suspensión del Mercosur.

Interacción con el sector público: entre la exclusión, la informalidad y el elitismo

Si la dificultad del empresariado para organizarse
y actuar eficazmente como actor colectivo ha constituido un obstáculo para una canalización articulada de los
intereses empresarios en los procesos de integración, la
propia naturaleza fragmentaria y descoordinada del sector público no ha contribuido a generar un canal fluido e
institucionalizado de interacción entre los sectores privado y público. En términos generales, puede decirse que
la interacción entre el sector público y el sector privado
ha estado marcada por a) la escasa institucionalización

de los mecanismos de consulta durante el proceso de formulación estratégica y b) una incorporación de carácter informal, ad-hoc y elitista durante la etapa de implementación.

Como ya se mencionó, la formulación inicial del proyecto integracionista fue estrictamente dirigida por el gobierno e independiente hasta cierto punto del grado de interdependencia económica pre-existente. A diferencia de los negociadores del gobierno en México y Chile, que elaboraron mecanismos para la incorporación de las empresas en todas las etapas de las negociaciones comerciales, en Brasil y la Argentina el sector empresario fue en gran medida excluido de las negociaciones para el Mercosur. Ello derivó en que los acuerdos alcanzados sufrieron *a posteriori* falta de compromiso por parte de los actores económicos (Schneider, 2005; Gardini, 2006).

No obstante, la participación de las empresas y sectores empresarios ha sido tradicionalmente mayor y más eficaz durante la fase de implementación de los acuerdos. Dado que la formulación de la política comercial ha estado fuertemente centralizada en el Poder Ejecutivo, la apelación por parte de los privados a la intervención presidencial directa y su contrapartida, la apelación de los presidentes, gabinetes de funcionarios políticos a un grupo selecto de empresarios y agrupaciones sectoriales se ha convertido en un rasgo característico y en un elemento estructural del proceso de integración en la Argentina (Bouzas y Avogadro, 2002).

La Argentina carece de mecanismos formales efectivos para encausar la participación del sector privado en el proceso de desarrollo de la política comercial, lo que da preeminencia a los canales informales como medio para transmitir ideas e influenciar las decisiones de política. Frente a la fragilidad de las instituciones públicas y la dispersión del proceso de elaboración/implementación

de políticas, la acción de los *lobbies* y las intervenciones
dirigidas y puntuales tienden a ser la vía predilecta para
influir en la formulación de políticas (Bouzas y Avogadro,
2002). Ciertamente, la informalidad de los canales de comunicación con el gobierno ha contribuido en favor de
las interacciones con los grupos más selectos y poderosos de la comunidad empresarial, capaces de invertir en
el establecimiento de redes de contacto, bien sea dentro
del gabinete o en la miríada de funcionarios políticos
que completan las nóminas a nivel de las secretarías y
subsecretarías que intervienen en la política comercial e
industrial.

Como sugieren algunos autores, este patrón informal
y elitista de relación entre funcionarios oficiales y el sector
privado empresario ha sido funcional para ambas partes
(Bouzas y Cabello, 2006). Por un lado, la preeminencia de
los presidentes ha proporcionado al sector privado una
ventanilla única a través de la cual canalizar sus intereses, lo cual no solo permite un acceso rápido y fluido al
proceso de toma de decisiones, sino que también elude
la necesidad de invertir en el establecimiento de una más
amplia red de influencias o métodos más sofisticados de
persuasión política. De esta manera, la fragilidad de la burocracia y el relativamente bajo nivel de chequeos institucionales han provisto un terreno fértil para la explotación
del vínculo personal e informal como medio de influir en
el contenido de las políticas. La escasa insularidad de los
funcionarios ministeriales ha permitido al sector privado, y en particular aquellos sectores con una orientación
más defensiva, perforar con frecuencia los acuerdos establecidos en las negociaciones, diluyendo el efecto de
éstos y disminuyendo –vía la pérdida de credibilidad– las
oportunidades de obtener acuerdos regionales más amplios, profundos y estables a futuro. Por el otro, estos procedimientos también han resultado atractivos para los

gobiernos en tanto permite disminuir los puntos de veto y la complejidad de las negociaciones, garantizando un acceso directo a los principales actores económicos (individuales o colectivos) con quienes poseen canales establecidos de interacción.

Entre la inestabilidad macro y las carencias micro

Finalmente, y más allá de las características, capacidades y estructuras propias del sector privado en la Argentina, resulta indudable que tanto la modalidad como los resultados de la participación del sector en el proceso de integración regional se han visto fuertemente afectadas por las características generales de las políticas públicas en el país, marcada por fuertes oscilaciones macroeconómicas y la debilidad de los instrumentos de promoción comercial e industrial.

Por un lado, la volatilidad de las políticas y las variables económicas, sumado al patrón de crisis financieras y cambiarias recurrentes, ha obligado a los empresarios locales a enfocar sus esfuerzos de manera prioritaria en la atención de la coyuntura para ponerse a resguardo de las crisis financieras, cambiarias o políticas que sacudieron cíclicamente al país. Este contexto ha empujado a los empresarios hacia un esquema de negocios muy conservador en el que las apuestas a largo plazo permanecen restringidas, afectando la inversión y provocando una acumulación de pérdidas irreversibles de activos empresariales (Kosacoff y Ramos, 2006). Por el otro, y a diferencia de otros socios comerciales en la región, los empresarios argentinos no han gozado de un número relevante de políticas sectoriales e industriales capaces de compensar, al menos en parte, la fragilidad de los entornos macroeconómicos. Si bien la Argentina utilizó una amplia serie de instrumentos para fomentar las exportaciones y atraer inversiones, la política de promoción ha tendido a ser volátil y vulnerable al contexto macroeconómico (Fanelli, 2007; Leiras y Soltz, 2006).

En conjunto, ambas circunstancias han privado al sector empresarial de las condiciones macro y microeconómicas necesarias para iniciar un proceso de expansión a nivel subregional similares a las disfrutadas por las "multilatinas" chilenas, brasileñas y mexicanas (Santiso, 2006). Mientras que las empresas chilenas parecen haber aprovechado las ventajas de un entorno macroeconómico estable en casa y los empresarios brasileños parecen haber contado con un conjunto más agresivo y estable de herramientas de promoción para impulsar sus estrategias de expansión regional, las empresas argentinas han carecido de ambas ventajas para iniciar un proceso similar, aun a nivel subregional. Como consecuencia, sólo un reducido número de empresas parece haber logrado una inserción exitosa en el contexto regional y global, en donde se destacan aquellas asociadas a las actividades agroalimentarias y las provenientes de la reestructuración de la industria de insumos básicos (Kosacoff y Ramos, 2006).

En conclusión, un elemento característico de la economía política en la política comercial argentina es la dificultad para alcanzar un patrón de políticas estable que sea respaldado por una coalición duradera de intereses privados (Bouzas y Cabello, 2006). A esta situación han contribuido tanto las profundas divisiones que existen entre los actores del sector privado (su baja capacidad para actuar como un "actor colectivo"), la propia fragilidad institucional del sector público y la ausencia de un entorno político y económico propicio para la formulación de políticas y estrategias empresariales de largo alcance. Mientras que la fragmentación ha disminuido la capacidad de acción colectiva y limitado el rol de los empresarios en la etapa de formulación de las políticas de integración, la propia

fragmentación del sector público, la ausencia de una burocracia profesional y estable, y la concentración de poder decisorio en los presidentes han tendido a consolidar
un patrón de participación empresarial fundamentalmente orientado a influir en la etapa de implementación
por métodos informales y a través de la construcción de
redes personales. Finalmente, la volatilidad de "las" políticas, "la" política y las variables económicas, han limitado severamente tanto los horizontes temporales como la
capacidad de los empresarios locales para desarrollar sus
estrategias comerciales y de inversión.

3.3. Sociedad civil

Desde comienzos de la década de 1980 y hasta entrada la década de 2000, los cambios que se han producido
en la sociedad civil argentina han sido notorios. Si bien
algunos de ellos se corresponden con tendencias secu-
lares en la región y el mundo, otras contienen elementos
propiamente vernáculos: la transición democrática, las
políticas de ajuste estructural y las crisis políticas y socioeconómicas. Estos procesos contribuyeron a rediseñar
la trama política y social argentina. Tal vez, uno de los más
significativos cambios es la mutación de los esquemas de
representación tradicionales y su pérdida de influencia
relativa frente a los conflictos emergentes. En cuanto a los
procesos de integración sudamericanos, estos cambios
también afectaron la articulación de distintos grupos sociales de la región así como también los impactos producidos como consecuencia de las acciones conjuntas (por
ejemplo las cumbres de los pueblos o las acciones en defensa de los derechos humanos).

En este sentido, la sociedad civil en la Argentina
aparece como el escenario de cambios profundos en la
naturaleza de la representación política, cuyos efectos

sobre el sistema político en general y del regionalismo en particular resultan aún difícil de precisar. La desarticulación de los mecanismos de representación corporativa y concertación sectorial característicos de los sucesivos pactos sociales iniciados en el país durante la década de 1940 y las formas de organización social, así como los ámbitos y estrategias de la acción colectiva, también se han visto modificados (Guiñazú, 2003). Por un lado, la dramática transfiguración, fragmentación, y pérdida de representatividad que ha operado en el seno del sistema de partidos ha dificultado la formación de alianzas y consensos perdurables en el Congreso. Esta situación contribuyó, a su vez, a la progresiva pérdida de incidencia de los partidos políticos en el proceso de formación de políticas públicas. Por el otro, y fruto en parte de la deserción de los partidos políticos como catalizadores y agregadores de las preferencias sociales por excelencia a través del sistema político, los movimientos sociales han emergido como un poderoso factor de veto en el proceso de formación de políticas públicas. El grado de autonomía y sus capacidades para evolucionar hacia una participación más proactiva, institucionalizada y coherente en el proceso de políticas públicas aún está por comprobarse. La aparente efervescencia de la sociedad civil no se produce en un contexto de conquistas sociales, sino como resultado de la desarticulación estatal en paralela fragmentación y debilidad de las organizaciones sociales (Guiñazú, 2003).

Partidos políticos: entre el consenso regionalista y la fragmentación partidaria

La naturaleza del sistema de partidos, las características propias de los partidos políticos, así como el funcionamiento de éstos en la arena legislativa constituyen elementos fundamentales a la hora de definir la "calidad" de las políticas públicas en cuestiones cruciales tales como la orientación general de la política exterior. Aunque no es posible identificar tal cuestión como un diseño institucional óptimo, buena parte de la literatura reconoce hoy que un sistema político con un número relativamente pequeño de partidos o coaliciones partidarias altamente institucionalizadas tiende a favorecer la cooperación intertemporal y una orientación consensual y sostenida de las políticas (Stein y Tommasi, 2006). De la misma manera, las políticas públicas tienden a ser más estables, creíbles y socialmente legítimas cuando los cuerpos legislativos –el ámbito de acción por excelencia de los partidos políticos– poseen la suficiente capacidad técnica e iniciativa política para participar activamente en el proceso de formulación de políticas públicas.

Pocas de estas características están presentes en el funcionamiento del sistema político en la Argentina. En el cuarto de siglo transcurrido desde el retorno de la democracia y los quince desde el nacimiento del Mercosur, tanto el funcionamiento del sistema de partidos como el funcionamiento del Poder Legislativo han sufrido una singular mutación, acompañada por un lento y simultáneo declive en su influencia sobre el proceso de toma de decisiones. Además, la progresiva pérdida de influencia del Congreso Nacional sobre el proceso de formulación y adopción de políticas públicas parece haber disminuido aún más los incentivos y capacidades de los partidos políticos para influir en la agenda política por la vía legislativa.

En términos generales, puede afirmarse que la Argentina presenta hoy un sistema de partidos caracterizado por la combinación de un alto grado de fragmentación, un nivel relativamente alto de desnacionalización y un escaso nivel de orientación programática en los partidos políticos. Sin mediar grandes transformaciones institucionales,[28] el tradicional esquema bipartidista característico del sistema político argentino fue evolucionando progresivamente hacia un multipartidismo. A partir de la implosión de los dos partidos mayoritarios durante la crisis de 2001-2002, el sistema ha convergido hacia un esquema caracterizado por un elevado grado de fragmentación partidaria, la movilidad de las alianzas electorales y una frágil disciplina en el seno de las coaliciones políticas.

Adicionalmente, los principales partidos del país pueden describirse como meras confederaciones de bases de poder subnacionales. Buena parte del comportamiento de los legisladores viene dada por un sistema electoral basado en listas cerradas, con las provincias como distritos electorales. Ello ha permitido que los líderes partidarios provinciales en general, y los gobernadores en particular, desempeñen un rol muy influyente en el proceso de nominación de candidaturas para las elecciones legislativas. En ese contexto, y dado que los legisladores tienen relativamente pocos incentivos para invertir en las capacidades de formulación de políticas del Congreso *vis à vis* las cuestiones partidarias, esto les ha valido el mote de políticos "profesionales" pero legisladores "amateur" (Jones *et al.*, 2002).

Con todo, la apuesta estratégica a la integración regional (especialmente en el ámbito del Mercosur) parece no despertar debate al interior del sistema político. Un repaso rápido de las plataformas electorales, discursos y documentación partidaria correspondientes a la última campaña electoral permite verificar una postura integrativa que se deriva de un llamativo consenso en cuanto a la priorización de las relaciones estratégicas con la

---

[28]   A excepción de la introducción de un tercer senador por la minoría en la reforma constitucional de 1994.

región, enfatizando el Mercosur y la relación bilateral con Brasil.[29] Mas allá de los matices, las apelaciones a cambios de estilo, las habituales alusiones a las asimetrías con el socio mayor, la mayor o menor simpatía con la causa de los dos socios menores, o los llamados a profundizar (institucionalizar) el Mercosur, virtualmente ningún candidato presidencial o partido político con representación en el Congreso manifestó un desafío fundamental al esquema de integración regional. No obstante esta casi uniforme adhesión retórica hacia los esquemas de integración regional, la ya mencionada escasa orientación programática de los partidos políticos argentinos no permite aseverar la fidelidad futura de los líderes y partidos políticos al curso del proceso de integración regional, menos aún de la orientación de la política exterior en general.

Este consenso parece espejar la postura más amplia de la sociedad y los líderes de opinión. De acuerdo con una encuesta encargada por el Consejo Argentino de Relaciones Internacionales (CARI), la visión optimista acerca de la integración regional en general coincide con otra visión optimista acerca del Mercosur en particular. Mientras que el 86% de la población general afirma que integrar el Mercosur es importante, el 91% de los líderes opina en el mismo sentido (CARI, 2006). A pesar de que el bloque regional experimente estancamientos o retrocesos y que la relación entre sus socios no sea siempre la esperada en términos de diálogo y cooperación, tanto líderes como población apoyan la permanencia de la Argentina en el bloque. Los datos de la serie muestran que aunque el Mercosur tenga sus

---

[29] Las plataformas electorales pueden ser accedidas en el sitio Web de la Cámara Nacional Electoral (www.pjn.gov.ar/cne). Para este estudio fueron relevadas las plataformas electorales de las cuatro coaliciones electorales de alcance nacional que explican más del 90% de los votos.

altibajos en cuanto a su funcionamiento, los argentinos lo siguen percibiendo como una institución legítima y como una instancia que quizá ya sea parte de la identidad argentina en política exterior.

Si el Congreso es, por excelencia, el ámbito institucional donde los partidos políticos impulsan sus iniciativas, canalizan las demandas, presiones sociales y participan en el proceso de elaboración de políticas, en el plano de la política comercial y las negociaciones internacionales esa tarea se ha visto dificultada por el lugar marginal que ocupan los Parlamentos en la toma de decisiones, tanto a nivel doméstico como a nivel del bloque. Si bien la Constitución otorga al Congreso competencias claras y específicas en materia de política exterior, en general, y de política comercial en particular,[30] en la práctica, la participación legislativa ha sido marginal y episódica. Por lo general, se ha limitado a la rápida ratificación de las iniciativas del Poder Ejecutivo. Por caso, la incorporación de Venezuela como miembro pleno del Mercosur (todavía pendiente de aprobación parlamentaria en Brasil (véase Epsteyn en este volumen) apenas mereció debate parlamentario, y obtuvo, a instancias del Poder Ejecutivo, una rápida y abrumadora aprobación por parte del Congreso Nacional.

Esto no ha sido impedimento para que el Congreso tomara ocasionalmente un rol activo en la defensa de sectores económicos, en particular cuando esos sectores estaban asentados en un número suficiente de provincias como para que los liderazgos provinciales lograran hacer sentir su sobrerrepresentación en el Senado. En este sentido, el caso paradigmático y recurrente de una posición constantemente elusiva y de resistencia a la integración

---

[30] Incluida la autoridad para fijar derechos de importación y exportación, legislar en materia aduanera y ratificar tratados internacionales.

es el de la industria azucarera, en cuya defensa sancionó una ley que planteaba el mantenimiento de un régimen de protección del sector, generando una fuerte disputa con el Poder Ejecutivo.

Organizaciones de la Sociedad Civil (OSC)

En la Argentina, el advenimiento de la democracia, las políticas de ajuste estructural y las sucesivas crisis económicas, políticas y sociales, han favorecido el surgimiento de distintas Organizaciones de la Sociedad Civil (OSC). El objetivo de éstas es ocupar los "espacios libres", allí donde el Estado se retira o favorecer la participación ciudadana en cuestiones públicas. Por ello, las OSC se han transformado en un actor clave en la construcción de la agenda[31] de los asuntos públicos, aunque es baja su capacidad de intervención en las políticas públicas, tanto a nivel doméstico como regional (Guiñazú, 2003). En este sentido, la participación de las OSC locales en procesos de alcance regional y hemisférico como el Mercosur o las cumbres de las Américas se desarrolló de manera lenta y dificultosa (Serbin, 2001, citado en Guiñazú, 2003) y en muchos casos, su participación se debió a los contactos de las OSC locales con redes a nivel regional.

---

[31] Por otra parte, existen OSC e instituciones que, dentro de un marco institucional regional, buscan el intercambio de experiencias, datos e información que más allá del poder o no incidir en la agenda pública del momento, favorezcan el desarrollo regional. Tal podría ser el caso del Primer Taller Sudamericano de la Iniciativa de conservación de pastizales templados, evento co-organizado por la Unión Mundial para la Conservación de la Naturaleza (UICN), la Fundación Vida Silvestre Argentina y la Administración de Parques Nacionales de la Argentina en la cual participaron especialistas de la Argentina, Brasil, Bolivia, Colombia, Ecuador, Paraguay, Perú y Uruguay. Disponible en www.iucn.org/es/sobre/union/secretaria/oficinas/sudamerica/sur_trabajo/sur_ap/?2583/Primer-Taller-Sudamericano-de-la-Iniciativa-de-Conservacion-de-Pastizales-Templados, Consultado el 12 de marzo de 2009.

Tal es el caso de Poder Ciudadano y Conciencia, organizaciones que han podido crear vínculos interregionales, sobre todo en áreas como educación para la democracia, transparencia y derechos humanos, y han ejercido presión a los gobiernos respecto a algún tema específico. En el caso de Conciencia y Poder Ciudadano, sus vinculaciones regionales les permitieron, por ejemplo, presentar recomendaciones y sugerencias sobre la participación ciudadana ante las cumbres regionales del continente, en temas como participación ciudadana y fortalecimiento de la sociedad civil (Guiñazú, 2003). En este sentido, ambas organizaciones vienen participando desde 1995 en la Red Interamericana para la Democracia (RID), cuyo rol es la promoción de la participación ciudadana.[32] Asimismo, Poder Ciudadano participa del llamado "Acuerdo de Lima" que, integrado por 45 organizaciones de 14 países, está abocado a la capacitación ciudadana y organizaciones para promover elecciones transparentes y el cambio de conductas electorales en la región.[33]

Sindicatos

Durante las décadas de 1980 y 1990, en América latina en general, la experiencia e involucramiento de las centrales sindicales en temas de política exterior era, si existía, muy reciente y por lo general, carecían de canales para influir efectivamente (Botto y Tussie, 2003). En este sentido, el avance de la articulación sindical entre los países del Mercosur fue promovido principalmente por la necesidad de dar respuestas a la agenda oficial (Portella de Castro, 1996).

---

[32] Las seis organizaciones fundadoras fueron: Compañeros de las Américas (Estados Unidos); Asociación Conciencia y Fundación Poder Ciudadano (Argentina); Corporación Participa (Chile); Instituto de Investigación y Autoformación Política (Guatemala) y Departamento de Ciencias Políticas de la Universidad de los Andes (Colombia).

[33] Para más información visite el sitio www.poderciudadano.org.ar.

En 1986 tuvo lugar la creación de la Coordinadora de Centrales Sindicales del Cono Sur (CCSCS),[34] que agrupa las principales centrales del sur del continente y tiene como referencia al Mercosur. En la CCSCS, algunas de las centrales sindicales (PIT/CNT, CUT-Brasil y CGT Argentina) tuvieron participación en diferentes subgrupos –política industrial, política agrícola, transportes y política energética– donde buscaban la integridad de la política industrial a nivel regional (Portella de Castro, 1996).

Sin embargo, al igual que las OSC, los sindicatos no fueron ajenos a las transformaciones producidas en la sociedad argentina. En este sentido, y en parte como respuesta a las diferentes posturas frente a las políticas de ajuste estructural, el movimiento obrero argentino sufrió una serie de divisiones internas,[35] de las cuales muchas no estaban representadas en la CCSCS.

Tal es así que en el caso de la Argentina, la participación sindical en el proceso de integración[36] tuvo lugar a raíz de dos acontecimientos decisivos, uno de carácter regional y otro global: la II Cumbre Sindical del Mercosur, organizada por la Coordinadora de Centrales Sindicales

---

[34] La Coordinadora de Centrales Sindicales del Cono Sur (CCSCS) es un organismo de coordinación y articulación de las centrales sindicales de los países del Cono Sur. Fue fundada en Buenos Aires, en 1986 y contó con el apoyo de la Organización Regional Interamericana de Trabajadores (OIRT).

[35] Tal es así que el movimiento obrero se ha dividido en cuatro corrientes principales: la Confederación General del Trabajo, reconocida como la "CGT oficial", el Movimiento de Trabajadores Argentinos (MTA), que se escindió de la CGT en febrero del 2000, la CTA, creada en 1992 por un núcleo de sindicatos muy afectados por la política de ajuste estructural y finalmente la Corriente Clasista y Combativa (CCC).

[36] La CCSCS no se manifestó sobre los cambios de la Argentina y Brasil en sus cuadros arancelarios (marzo de 1995) y tuvo una tímida actuación en el caso del conflicto del Acuerdo Automotriz (junio de 1995) entre ambos países (Portella de Castro, 1996).

del Cono Sur (CCSCS), en el año 2000 en Florianópolis, Brasil; y el Foro Social Mundial de Porto Alegre, Brasil. Es aquí cuando se comienza a trabajar a favor del "No al ALCA". El peso de las redes regionales y globales fue central: las definiciones de la CCSCS en la II Cumbre Sindical del Mercosur en Florianópolis y en la VI Reunión Ministerial en Buenos Aires desempeñaron un papel decisivo en la activación de las centrales obreras argentinas frente al ALCA (Guiñazú, 2003).

Movimientos sociales: la emergencia de "la calle" como factor de veto

Mientras que buena parte de los (grupos) actores domésticos relevados en este documento parecen haber perdido peso específico en el proceso de toma de decisiones *vis à vis* la institución presidencial (la burocracia profesional, los partidos políticos), una importante excepción a esta regla la constituyen los movimiento sociales. Mientras que este rasgo parece formar parte de una tendencia secular en la región y en el mundo (Ostry, 2002), la especificidad de la experiencia argentina viene dada por la combinación de una marcada anomia política post-crisis 2001-2002, por un lado, y los intentos por cooptar e integrar a los movimientos sociales dentro de la estructura del Estado, por el otro. Mientras que esta estrategia parece hasta ahora haber arrojado beneficios mutuos a ambas partes (las organizaciones sociales han ganado recursos, capacidad e incluso espacios de gestión política en el Estado,[37] mientras que el

---

[37] En los últimos años, los gobiernos han recurrido periódicamente al nombramiento de dirigentes de extracción social (piqueteros, asambleístas, dirigentes de ONG entre otros) en la estructura del Estado como mecanismo de incorporación o apaciguamiento político. Tal es el caso del nombramiento como secretaria de Ambiente de Romina Picolotti, directora ejecutiva de una ONG que apoyaba y asesoraba a la Asamblea de Gualeguaychú, fue un intento por "institucionalizar" el reclamo y darle una solución por una vía estatal.

Ejecutivo ha logrado disminuir el nivel de conflictividad y utilizar políticamente los movimientos), no resulta claro a futuro si esta estrategia resulta viable o deseable.

A modo de ejemplo, si bien este juego de estímulo y cooptación parece haber resultado efectivo como mecanismo para bloquear las negociaciones hemisféricas (reunión del ALCA en Mar del Plata), habría sido insuficiente para desbloquear conflictos regionales como los cortes de rutas en Gualeguaychú (provincia de Entre Ríos, Argentina) derivados del conflicto con la pastera Botnia.[38] Si bien ambos gobiernos se han enfrentado diplomáticamente y han recurrido a diferentes instancias en pos de la resolución del conflicto, lo cierto es que el puente Internacional General San Martín, que une a las localidades de Gualeguaychú con Fray Bentos (Uruguay) ha permanecido bloqueado por la Asamblea de ciudadanos de Gualeguaychú por más de dos años. En este sentido, si bien han habido intentos del gobierno para disuadir a los asambleístas de levantar el corte, lo cierto es que éstos no han obtenido un resultado concreto hasta marzo de 2009, demostrando la limitada capacidad del gobierno para cooptar algunos movimientos sociales, por un lado, y el poder de veto (desintegrativo) de algunos movimientos, por el otro.[39]

---

[38] En abril de 2005, alrededor de 20.000 ciudadanos de Gualeguaychú bloquearon el puente internacional Libertador General San Martín que une a Gualeguaychú con la ciudad uruguaya de Fray Bentos, en protesta por la instalación de la pastera Botnia. El reclamo se centraba en que los gualeguaychenses no habían sido consultados acerca de la instalación de la pastera a orillas del río Uruguay y que verían afectados sus intereses económicos, sobre todo en lo referente al turismo. Este corte afecta no sólo la circulación y el comercio entre Uruguay y la Argentina, sino a la integración regional, ya que el trasporte proveniente de Brasil o Chile debe desviarse para continuar su rumbo.

[39] El actual gobernador de Entre Ríos ha declarado a comienzos de 2009 que la gendarmería acompañará a cualquier ciudadano que desee cruzar el puente, asegurando el derecho a la libre circulación

El presente escenario caracterizado por una institución presidencial con escasos chequeos burocráticos y una sociedad civil sin mediación de los partidos políticos constituye, antes que un aliciente, un factor de riesgo para el proceso de integración. En este contexto es aún difícil vislumbrar hasta qué punto estos movimientos podrán trascender más allá del rol de *"veto player"* y adoptar una agenda positiva.

4. Recapitulación y comentarios finales

En este capítulo hemos intentado llevar adelante una breve descripción y análisis de los determinantes domésticos del regionalismo Sudamericano en la Argentina, con foco en las características, preferencias, incentivos, y capacidades de los actores domésticos en relación con los procesos de integración regional, así como su interacción en el proceso de formación de políticas públicas. En los siguientes párrafos ofrecemos una breve recapitulación de los argumentos expuestos hasta aquí, seguida de algunos comentarios de carácter especulativo orientados a favorecer la discusión.

Como se expresó al comienzo del capítulo, durante los quince años transcurridos desde su lanzamiento, el Mercosur ha constituido el pilar fundamental de la estrategia de inserción regional e internacional de la Argentina. El corolario de esa estrategia ha sido una espectacular transformación de los vínculos de la Argentina a nivel regional y subregional, desde un escenario marcado por la desconfianza recíproca hacia otro caracterizado por una estrecha y creciente interdependencia en materia económica, social y política. Más allá de las deficiencias propias del Mercosur, y aun cuando la posición argentina frente a la conveniencia del mismo *vis à vis* otros modelos de integración fue con frecuencia confusa, cambiante e incluso abiertamente conflictiva, el compromiso estratégico de la Argentina con Brasil y la región puede exhibir hoy suficientes credenciales de éxito y resiliencia.

Con todo, la continuidad de los compromisos con el bloque no ha disimulado ni compensado los rasgos de un proceso de integración que no ha escapado a las características generales del proceso de formulación de políticas públicas en la Argentina, marcado por una fuerte volatilidad, la debilidad de las instancias de coordinación y participación, una escasa capacidad de implementación, y la dificultad para alcanzar acuerdos cooperativos sostenibles entre los actores políticos, económicos, y sociales. Este patrón puede interpretarse como el resultado de al menos tres factores:

En primer lugar, la ausencia de una burocracia fuerte, influyente y técnicamente competente ha limitado la calidad de las políticas públicas, permitiendo la adopción de políticas oportunistas y debilitando la confianza de los actores en cuanto al cumplimiento de los compromisos regionales. Causa pero también efecto de lo anterior, los presidentes fueron y continúan siendo elegidos como los únicos posibles proveedores de decisiones, ejecución, y solución de controversias. Si bien la gestión de intereses particulares u otros procesos sustanciales pueden ser relegadas en el gabinete o el cuerpo de funcionarios políticos designados, en términos generales los cuerpos burocráticos profesionales han permanecido al margen de los procesos decisorios.

En segundo lugar, las dificultades del sector empresario para establecer mecanismos internos de acción colectiva efectivos y canalizar sus demandas en arenas institucionalizadas han influido decisivamente sobre el proceso de formación de expectativas de los agentes económicos y la identificación de prioridades de política por parte de los funcionarios públicos. En ese marco, la intervención de las empresas y asociaciones empresariales locales en el proceso de integración regional ha estado caracterizada por una posición elusiva/resistente, producto de a) la fragilidad de los mecanismos institucionales para incorporar al sector privado en el proceso de formulación de la política regional; b) la dificultad del empresariado para organizarse y actuar eficazmente en forma colectiva, hecho por el cual los intereses y la representación empresarial han estado tradicionalmente fragmentados; c) la escasa inversión en "bienes públicos" y la resultante precariedad los recursos técnicos con los que han contado las organizaciones sectoriales, y d) la volatilidad de las políticas macroeconómicas y frecuentes *shocks* que han limitado significativamente los horizontes temporales de los agentes económicos. De esta manera, la intervención de las asociaciones empresariales ha tendido a ser débil en el proceso de formación y más pronunciado durante el proceso de implementación de los acuerdos regionales, privilegiando la utilización de redes informales de influencia para bloquear ciertas iniciativas u obtener protección.

Finalmente, la sociedad civil aparece con cambios profundos en la naturaleza de la representación política, cuya incidencia sobre el proceso de elaboración de políticas públicas y el regionalismo en particular resulta aún confusa. Por un lado, la dramática transfiguración, fragmentación y pérdida de representatividad que ha operado en el seno del sistema de partidos ha dificultado la formación de alianzas y consensos perdurables en el Congreso, lo que a su vez contribuyó a la progresiva pérdida de incidencia (y capacidad técnica) de los partidos políticos en el proceso de formación de políticas públicas. Por el otro, y fruto en parte de la deserción de los partidos políticos como los catalizadores y agregadores de las preferencias sociales por excelencia en el sistema político, los movimientos sociales emergen como un poderoso factor de veto en el proceso de formación de políticas públicas cuyo grado de autonomía y capacidad para evolucionar hacia una participación más colaborativa o integrativa, institucionalizada y coherente en el proceso de políticas públicas aún esta por comprobarse.

Justo es decirlo, los actores domésticos aparecen en este escenario como víctimas y a la vez victimarios en términos de su participación en el proceso de integración. Por un lado, la volatilidad de las políticas y variables económicas, conjuntamente con la debilidad y pobre calidad de las políticas industriales en Argentina *vis à vis* la desarrollada por otros países de la región (Brasil en particular), han privado a las empresas de las condiciones macro y micro necesarias para iniciar un proceso de expansión a nivel regional o subregional similar a los desarrollados por otras "multilatinas". Por el otro, la escasa insularidad de la burocracia ha permitido al sector privado, y en particular aquellos sectores con una orientación más defensiva, perforar sistemáticamente las normas establecidas en las negociaciones, diluyendo el efecto de los acuerdos previamente alcanzados y disminuyendo –vía la pérdida de credibilidad– las chances de obtener acuerdos regionales más amplios, profundos y estables en el tiempo.

¿Es posible revertir este escenario frente a los nuevos vientos regionalistas?

Somos, en este punto, moderadamente escépticos. Ciertamente, y como hemos intentado mostrar repetidamente a lo largo de este estudio, la participación de la Argentina en el proceso de integración regional ha derivado en un salto cualitativo en los niveles de interdependencia con la región. La intensidad y calidad de los lazos comerciales, de inversión, y políticos resultan hoy incontestablemente mayores que los registrados dos décadas atrás, cuando los presidentes Alfonsín y Sarney sentaban tímidamente las bases bilaterales de lo que, poco tiempo después, constituiría el proceso de integración más ambicioso a nivel sudamericano. Mirado desde esta perspectiva, no resulta inverosímil que los próximos años muestren, antes que un retroceso, una profundización de los vínculos formales e informales de interdependencia con la región, incluso más allá del Mercosur.

Sin embargo, y dado que el entramado institucional ha permanecido mayormente inalterado, resulta igualmente verosímil que los actores domésticos continuarán operando – al menos en el futuro cercano- en un contexto marcado por la incertidumbre y fuerte volatilidad en la políticas públicas. Más aún, tras el colapso de 2001/2002 muchos de los rasgos más negativos del proceso de formación de políticas públicas en Argentina se han visto profundizados: la fragmentación del sistema de partidos se ha acentuado, y con ello la pérdida de influencia del Congreso Nacional sobre las decisiones de política; la circunvalación de la burocracia profesional por parte de la gerencia política es hoy un fenómeno tanto más evidente que en el período de oro del Mercosur; en el marco del proceso de integración regional, la influencia de los sectores empresarios parece orientada cada vez menos a la creación de reglas comunes que a la gestión de intereses particulares y la protección de sectores específicos. El presente escenario de una institución presidencial con escasos chequeos burocráticos y una sociedad civil sin mediación de los partidos políticos constituye, antes que un aliciente, un claro factor de riesgo para el proceso de integración.

En conclusión, si el Mercosur y la miríada de iniciativas regionales de las que la Argentina forma parte hoy han probado ser un proceso deficiente o incompleto desde el punto de vista de la oferta institucional (liderada por los poderes ejecutivos), estas carencias son aún más claras si analizamos el impulso regionalista por el lado de la demanda. No solamente la demanda desde la sociedad por "más y mejor" regionalismo ha sido y es aún frágil; es también dudoso hasta qué punto la creación "desde arriba" de nuevas instancias de participación política y social en las iniciativas de integración regional en curso terminarán por catalizar o impulsar la demanda. Si bien resulta difícil especular hasta qué punto la circunstancias presentes constituyen –o no– un escenario promisorio para el regionalismo en el mediano y largo plazo, la construcción de un proyecto de integración regional efectivo a largo plazo requerirá un desarrollo más armónico de los actores domésticos con incidencia sobre el proceso de formación de la política hacia la región en general y el Mercosur ampliado en particular.

Referencias bibliográficas

Banco Interamericano de Desarrollo (BID) (2002), "Más allá de las fronteras. El nuevo regionalismo en América Latina". Disponible en www5.iadb.org/pdf-Viewer/ViewerSpanish.aspx.

Botto, M.; Peixoto, J. (2007), "La incidencia de la academia en las negociaciones de los servicios de salud y educación en la Argentina: desafíos y oportunidades", en Mercedes Botto, (coords.), *Saber y política en América Latina. El uso del conocimiento en las negociaciones comerciales internacionales*, Buenos Aires, Prometeo, 2007.

Botto, M.; Tussie, D. (2003), "La internacionalización de la agenda de participación: el debate regional", en Diana Tussie y Mercedes Botto (coords.). *El ALCA y las Cumbres de las Américas: ¿una nueva relación público-privada?*, Buenosj Aires, Biblos, 2003.

Bouzas, R. & Ablin, E. (2004), "Argentina's Foreign Trade Strategy: The Curse of Asymmetric Integration into the World Economy", en Aggarwal, V., Espach, R. y Tulchin, J. (eds.), *The Strategic Dynamics of Latin American Trade*, Woodrow Wilson Press-Stanford University Press.

Bouzas, R. & Avogadro, E. (2002), "La elaboración de las políticas comerciales y el sector privado: memorando sobre Argentina" en Ostra, S., Hakim, P. y Taccone, J. J. (eds.), *El proceso de formulación de la política comercial. Nivel uno de un juego de dos niveles.* INTAL.

Bouzas, R. & Cabello, S. (2007), "La formulación de la política comercial en la Argentina: fundamentos estructurales e institucionales de la volatilidad", en Jank, M. S. & Silber, S. D. (eds.), *Políticas comerciales comparadas. Desempenho e Modelos Organizacionais*c San Pablo, Editora Singular.

Bouzas, R. & Pagnotta, E. (2003), *Dilemas de la política comercial externa argentina*, Buenos Aires, Siglo XXI.

CARI (2006), *2006. La opinión pública argentina sobre política exterior y defensa*, Buenos Aires, CARI.

Caro Ruiz, A. (2008) "UNASAUR y el desafío de sentirse sudamericano", programa de las Américas, columna (Washington D. C.: Center for International Policy, 10 de junio de 2008). Disponible en www.americas.irc-online.org/pdf/columns/0806unasur.pdf.

Costal D. Y Padula R. (2008), "La geopolítica de la energía, el gaseoducto del sur y la integración energética sudamericana", Working Paper N° 41, Centro Argentino de Estudios Internacionales. Disponible en www.caei.com.ar/es/programas/integracion/41.pdf.

De La Balse, F. (2008) "Pensar en serio la integración regional", en diario *Clarín*, 12 de octubre de 2008.

Fanelli, J. M. (2007), "Regional Agreements to Support Growth and Macro-Policy Coordination", en Mercosur.

G-24 Discussion Paper N° 46, Nueva Cork-Ginebra, UNCTAD.

Gardini, G. L. (2006), "Government-Business Relations in the Construction of Mercosur", en *Business and Politics*.

Guiñazú, C. (2003), "La sociedad civil en el proceso de integración comercial: el caso argentino", En Diana Tussie y Mercedes Botto, (coords.). *El ALCA y las Cumbres de las Américas: ¿una nueva relación público-privada?*, Buenos Aires, Biblos, 2003.

INTAL (2007), Informe Mercosur N° 12. Período Segundo Semestre 2006- Primer Semestre 2007. Disponible en www.iadb.org/intal/aplicaciones/uploads/publicaciones/e_Informe_Mercosur_12.pdf.

Jones, M. P., Saiegh, S., Spiller, P. T. y Tommasi, M. (2002), "Amateur Legislators-Professional Politicians: The Consequences of Party-Centered Electoral Rules in a Federal System", en *American Journal of Political Science*, 46, pp. 656-669.

Jordana, J. y Ramió, C. (2002), *Diseños institucionales y gestión de la política comercial exterior en América Latina*, Buenos Aires, INTAL - ITD - STA.

Kosacoff, B. y Ramos, A. (2006), Microeconomic Behavior in High Uncertainty Environments: The case of Argentina, Santiago, ECLAC.

Leiras, M. y Soltz, H. (2006), "The political economy of international trade policy in Argentina",

Malamud, A. (2005) "Presidential democracy and the underpinnings of Mercosur: An empirical examination", en *Latin American Research Review*, 40.

Mindreau Montero, M. (2001), "Regionalismo y la nueva económica política internacional: la emergente relación entre estados y mercados en el hemisferio occidental", en Consorcio de Investigación Económica y Social (CIES) PB-41. Disponible en www.cies.org.pe/files/active/0/pb0041.pdf.

Ostry, S. (2002), "Negociaciones comerciales y sociedad civil El proceso de formulación de políticas comerciales a nivel nacional", en la Cuarta Reunión de la Red de Comercio e Integración Banco Interamericano de Desarrollo, Washington, D. C.

Portella De Castro, M. (1996), "Mercosur, mercado de trabajo y desafíos para una acción sindical regional", en *Nueva Sociedad*, Nº 143, mayo-junio de 1996, pp. 158-173.

Santiso, J. (2006), "The emergence of Latin multinationals", en *Latin America Current Issues.* Deutsche Bank Research.

Schneider, B. R. (2005), Business Politics and Policy Making in Contemporary Latin America. Prepared for the Workshop on State Reform, Public Policies, and Policymaking Processes at the Inter-American Development Bank, 28 February - 2 March, 2005. Washington, D. C.

Spiller, P. y Tommasi, M. (2003), "The Institutional Foundations of Public Policy: a Transactions Approach with Application to Argentina", en *Journal of Law, Economics and Organization.*

Spiller, P. T. y Tommasi, M. (2007), *The Institutional Foundations of Public Policy in Argentina*, Cambridge , Cambridge University Press.

Stein, E. & Tommasi, M. (2006), Democratic Institutions, Policymaking Processes, and the Quality of Policies in Latin America, documento mimeografiado, Washington, D. C., Banco Interamericano de Desarrollo.

Stein, E., Tommasi, M., Echevarria, K., Lora, E. & Payne, M. (2005), *The Politics of Policies: Economic and Social Progress in Latin America, 2006 Report*, Inter-American Development Bank.

Terra, M. I., (2008), "Asimetrías y crecimiento económico en el Mercosur", en *Asimetrías en el Mercosur ¿Impedimentos para el crecimiento?*, Serie Red Mercosur Nº 12, capítulo 5. Disponible en www.red-mercosur.org.uy/?q=node/101.

Tussie, D. (2003), "La política comercial en un contexto de federalismo: notas para el estudio del caso argentino", en *Revista Integración y Comercio*, pp. 69-84.

Brasil
El escenario regional
como complemento al escenario global

Juan Claudio Epsteyn[40]

1. Introducción

El fin de la Guerra Fría y la emergencia de un nuevo orden internacional dominado por Estados Unidos transformaron completamente las circunstancias de los países latinoamericanos. Durante la década de 1980 y principios de 1990, estos países fueron recuperando la democracia, al tiempo que abandonaban el modelo de desarrollo basado en la primacía del Estado. La naturaleza cambiante del ambiente externo, marcado por el aumento del proceso de internacionalización de los mercados y el creciente peso de las tecnologías de la información, también tuvo impactos sobre los nuevos modelos económicos adoptados en la región. A nivel hemisférico, las relaciones con Estados Unidos se desprendieron de las tensiones propias del período de la Guerra Fría. En pocos años empezó a consolidarse una nueva era caracterizada por la cooperación apoyada en el fortalecimiento de la democracia y la profundización de los lazos económicos. El predominio casi universal de los valores democráticos allanó el terreno para entendimientos sobre temas políticos y otros nuevos asuntos de la agenda global. En este inédito escenario de la inmediata posguerra fría, para muchos, la agenda de seguridad regional de

40   El Dr. Epsteyn es Profesor del Instituto Brasileiro de Mercado de Capitais (IBMEC) de Rio de Janeiro.

Estados Unidos parecía estar perdiendo relevancia frente a la visibilidad asumida por los asuntos económicos de sus vecinos de América latina (Perry y Primorac, 1994: 111).

En este contexto, la debilidad de las economías latinoamericanas y la persistente inestabilidad macroeconómica facilitaron la aceptación generalizada de las recetas inspiradas en el paradigma neoliberal propuestas por las agencias multilaterales y Estados Unidos. La vertiente hemisférica de este paradigma fue conocida como "Consenso de Washington", que proponía una serie de reformas económicas estructurales, incluyendo privatizaciones, desregulación financiera y disciplina fiscal. Otra de las piezas fundamentales de las reformas fue la apertura comercial de naciones que hasta ese momento habían defendido políticas fuertemente proteccionistas. Así, la liberalización comercial y el restablecimiento de la democracia crearon oportunidades para una aproximación entre los países del continente.

Por otro lado, la crisis del multilateralismo de fines de 1980 estimuló el surgimiento de diferentes formas de regionalismo económico a lo largo del mundo. En el continente americano, Estados Unidos tomó la delantera en este proceso de regionalización del comercio mediante la fugaz "iniciativa de las Américas" de 1990 y, de forma más consistente, a partir del NAFTA. En el Cono Sur, la firma del Tratado de Asunción que dio origen al Mercosur no sólo profundizó el acercamiento iniciado entre la Argentina y Brasil algunos años antes, sino que inauguró el camino del "regionalismo abierto".[41]

---

[41] La CEPAL definió a principios de 1990 al "regionalismo abierto" como un proceso que busca conciliar la interdependencia nacida de acuerdos especiales de carácter preferencial y aquella impulsada básicamente por las señales del mercado resultantes de la liberalización comercial en general. Según la CEPAL, lo que se persigue con el regionalismo abierto es que las políticas explícitas de integración sean compatibles con las políticas tendientes a elevar la competitividad internacional y que las complementen.

En Brasil, la coalición doméstica que apoyó este modelo combinaba dos tipos de visiones diferentes acerca del papel de la integración subregional (Lima y Santos, 2008: 1). Por un lado, estaban aquellos que veían al Mercosur como una plataforma para consolidar la apertura comercial (Pio, 2001: 265). Esta perspectiva, indudablemente, en función de la hegemonía neoliberal y de la evidente crisis del viejo paradigma de inserción internacional, logró afirmarse y ganar legitimidad política y social. Desde una posición diferente, se encontraban los sectores autonomistas para los cuales la integración serviría para potenciar políticamente la región, agregando capacidades nacionales para hacer frente a las restricciones del sistema internacional. A partir de la segunda mitad de la década de 1990, el establecimiento de la Organización Mundial del Comercio (OMC), la transformación del Mercosur en Unión Aduanera y la celebración de la Cumbre de Miami que lanzó el ALCA, fueron los factores que ayudaron a afianzar el consenso doméstico en torno del "regionalismo abierto". A partir de la segunda mitad de la década, entonces, funcionarios del Estado, responsables por la formulación de la política comercial, industrial y de desarrollo, en forma coordinada con segmentos importantes del sector empresarial, pasaron a reconocer la validez de esta nueva forma de regionalismo, así como la conveniencia de las políticas a él asociadas.

En consonancia con el paradigma del "regionalismo abierto", durante la década de 1990, la agenda comercial brasileña se expandió y diversificó de una manera inédita en la historia del país, a través de distintos frentes de negociación intra y extra regional. La diversificación de la agenda comercial de Brasil fue acompañada de interesantes, aunque lentas, transformaciones en la economía política de la política externa brasileña. Hasta principios de la década de 1990, el proceso de formulación y coordinación de la política de negociaciones comerciales era un monopolio casi exclusivo del Ministerio de Relaciones Exteriores (MRE-Itamaraty). En función de su considerable peso político y de su limitado impacto económico, el Mercosur no precipitó inicialmente alteraciones considerables en las percepciones y actitudes de los actores no gubernamentales (empresarios, sindicatos y ONG) frente al nuevo regionalismo (Gardini, 2006; De Oliveira, 2003: 23).

El ALCA, por el contrario, en virtud de la amplitud y la profundidad de los temas cubiertos por el proyecto de integración continental, desencadenó una politización inédita de la política externa brasileña (Lima, 2003a: 96). Fruto de esta politización fue el cuestionamiento del tradicional modelo decisorio aislado que hasta ese momento caracterizaba al proceso de formulación de las posiciones externas del país (Lima, 2000; Veiga, 2007: 129).

De este modo, a partir de la segunda mitad de la década de 1990, la politización en torno del ALCA sentó las bases para una progresiva redefinición de la economía política doméstica del regionalismo. En virtud de los eventuales costos económicos derivados del proceso hemisférico, el sector privado decidió movilizarse, organizarse y unirse para lograr objetivos comunes. Adquirió, de este modo, un protagonismo inédito que le permitió llevar adelante una interesante reevaluación de la manera de interactuar con los agentes estatales. Consecuencia de esta movilización fue el establecimiento de la Coalición Empresarial Brasileña (COB), una organización multisectorial creada para representar unificadamente al empresariado frente al Estado en procesos de negociaciones internacionales. Más tarde, otros grupos sociales también pasaron a reivindicar mayor participación en la formulación de la agenda externa. Así, en forma análoga al sector empresarial, muchos de estos grupos se aliaron en 1998 para establecer la Red Brasileña para la Integración de los Pueblos (REBRIP). El Estado, y el MRE en particular, reaccionó de manera lenta, aunque consistente, a las crecientes inquietudes y demandas provenientes del sector privado. De esta manera, bajo el impulso del ALCA, la cancillería promovió adaptaciones en su estructura organizativa, modificando su cultura de trabajo, además de iniciar alteraciones en el modo de vincularse con los actores sociales y el resto de las agencias y ministerios interesados en la agenda subregional y hemisférica. A pesar de sus limitaciones, la creación de la Sección Nacional del ALCA (Senalca) y de otros fórums análogos, también coordinadas por Itamaraty, permitieron establecer incipientes instancias de interlocución y consulta con diferentes sectores públicos y sociales.El crecimiento del área económica del MRE y el continuo fortalecimiento de su capacidad técnica, a su vez, produjeron externalidades positivas que estimularon un mayor protagonismo del segmento empresarial, así como de algunos ministerios y agencias estatales. De este modo, no resulta exagerado afirmar que el empresariado se convertiría en el interlocutor privilegiado del Estado en lo que respecta a la integración regional y la política de negociaciones comerciales durante el período que coincide con los dos mandatos del presidente Fernando Henrique Cardoso (1995-2002).

Existe consenso sobre la idea de que la asunción del presidente Lula da Silva (2003) no produjo una ruptura en las directrices básicas de la política externa heredada del gobierno anterior. La reasignación de prioridades de la agenda internacional –y el papel asignado a las negociaciones comerciales en esta agenda–, sin embargo, tuvo repercusiones profundas sobre la economía política de la política comercial. En pocos meses, el MRE pasó por una reformulación sin precedentes de su área económica. Las readaptaciones internas del ministerio se dieron en un contexto de notoria recuperación y centralización del poder de decisión sobre la política externa por parte de la corporación diplomática. Nuevos temas extracomerciales, a su vez, ganaron relevancia en la agenda subregional –en el ámbito del Mercosur, fundamentalmente–. Las negociaciones del ALCA y con la Unión Europea, por su parte, no prosperaron, permaneciendo la agenda comercial casi exclusivamente circunscripta al frente multilateral. Con el apoyo técnico del sector agrícola, la diplomacia brasileña logró organizar el G-20 y presentar una agenda positiva de negociación para el ámbito multilateral, generando un gran consenso nacional. A nivel doméstico, sindicatos, ONG y movimientos sociales ganaron protagonismo en el contexto de la redefinición –inducida por el Estado– de la economía política de la política comercial, en función de las nuevas prioridades de representación asignadas por el gobierno. En contrapartida, el empresariado como un todo perdió influencia en el proceso de formulación de la agenda comercial y regional, al tiempo que se diluía su estatus de interlocutor privilegiado adquirido durante los diez años anteriores. El proceso de negociación de la adhesión de Venezuela al Mercosur marcó, en ese sentido, uno de los momentos de mayor conflictividad entre una buena parte de las organizaciones empresariales y los responsables de la definición de la agenda externa.

El objetivo de este capítulo es abordar las características y la evolución del regionalismo sudamericano desde la perspectiva de los diferentes actores domésticos brasileños. Para ello, el trabajo está organizado de la siguiente manera. La segunda sección presenta algunos fundamentos teóricos que sirven de base para la investigación. La tercera sección aborda la consolidación del "regionalismo abierto" en la agenda externa brasileña, que se da durante los primeros años de la década de 1990. Será analizado también en esa sección el proceso de adaptación institucional de la diplomacia al nuevo ambiente internacional caracterizado por la creciente relevancia de los asuntos económicos. En la cuarta sección nos concentraremos en la emergencia del "regionalismo posliberal" a partir del gobierno Lula da Silva (2003), empezando por la discusión de las bases conceptuales de la política externa neodesarrollista y su impacto sobre la política comercial y regional. En la sección 5, abordaremos la respuesta política e institucional del MRE en el contexto del "regionalismo posliberal". Veremos, en particular, el impacto de los cambios políticos y organizativos ocurridos en el MRE con relación a la estructura de vínculos entre el Estado y los actores no gubernamentales. La sección 6 estará dedicada al estudio de esos últimos actores, divididos en tres categorías: 1) sectores empresariales; 2) sindicatos; 3) ONG y movimientos sociales. Estudiaremos, específicamente, los intereses y preferencias sobre el regionalismo sudamericano de cada uno de estos actores, así como la manera en la que se organizan, tanto a nivel doméstico, como internacional, para participar de la agenda regional. En la última sección se presentarán algunas conclusiones finales.

2. Fundamentos teóricos

Este artículo se apoya en algunos presupuestos teóricos no demasiado aprovechados por la mayoría de los estudios del área de las relaciones internacionales que abordan la política externa brasileña y las políticas de integración regional. Al intentar explicar la política exterior de Brasil, y en virtud de la histórica centralización del proceso decisorio relativo a esta política, la mayoría de los estudios académicos de esa área suelen concentrarse en las variables derivadas del sistema internacional, en detrimento de los factores domésticos, sean éstos institucionales, económicos, políticos o sociales.[42]

Desde una perspectiva bastante diferente, los economistas, así como sus seguidores de la ciencia política, incorporan efectivamente variables internas en sus análisis de la política comercial.[43] Sin embargo, tienden a interpretar el proceso de formulación de la agenda comercial a partir de los impactos distributivos que las políticas producen sobre los grupos productivos nacionales. Estos enfoques reconocen que pueden existir límites en la influencia que los grupos sociales ejercen sobre el proceso decisorio, pero, en general, de acuerdo con sus modelos, los actores estatales sólo responden pasivamente a los intereses económicos más organizados. En definitiva, como advirtió originalmente Schattschneider (1935: 7) en su estudio sobre la ley tarifaria *Smoot-Hawley*, los economistas pasan por alto la dimensión político institucional de la economía política de la política comercial.[44] Como argumenta Pio (2001), los principales análisis del proceso de industrialización de los países latinoamericanos revelan que el avance de las estrategias proteccionistas en el continente no se debió a la presión política de los productores locales, como suponen las teorías de la economía política de la protección. El proteccionismo fue una pieza clave de un modelo de desarrollo alternativo –ISI– que fue implementado en los países de la región. En todos los casos, continúa Pio, la opción por una política comercial bastante cerrada se entiende si tenemos en cuenta las elecciones de política económica hechas por los decisores pú-

---

[42]   Caldas (1998), Santana (2000) y Carvalho (2003) son excepciones notables.

[43]   Para una revisión de esta bibliografía véase Lederman (2005).

[44]   Un planteamiento similar aparece en Krugman (1997).

blicos dotados de elevada autonomía en relación con los principales grupos sociales.

A diferencia de los enfoques sistémicos de las relaciones internacionales y de los modelos económicos, nuestro trabajo se asienta en la idea de que los contenidos de las políticas relacionadas con el regionalismo están fuertemente determinados por el proceso político de negociación y construcción del consenso mediante el que se establece el "interés nacional" (Hermann, 2001). En consonancia, con esta perspectiva, compartimos el presupuesto de que los decisores encargados de la formulación y negociación doméstica de las políticas mencionadas –así como las unidades de decisión a las que éstos pertenecen– se encuentran condicionados por la estructura político-institucional del Estado. La estructura estatal, así como las políticas públicas heredadas del pasado, operan estableciendo y regulando los patrones de interacción entre los actores estatales y sociales.[45] Sostenemos, además, que las ideas y marcos conceptuales –agrupados en "paradigmas de decisión" y que poseen una gran resistencia frente a las coyunturas políticas y económicas– (Goldstein, 1994) también deben ser considerados elementos que condicionan el modo mediante el que se construye el "interés nacional" en política externa.

Nuestro estudio también comparte el presupuesto de que en Brasil, la autorización presidencial, por omisión o delegación de poder, es, de hecho, el parámetro regulador de los grados de libertad o autonomía relativa detentados por la diplomacia (Lima, 1994: 32). En sintonía con esta visión, consideramos que en la actualidad una de las cuestiones centrales a tener en cuenta a la hora de examinar la economía política de la política externa brasileña

---

[45]   Para una explicación sobre las características centrales de la perspectiva del Nuevo Institucionalismo, véase Pierson (1993).

en general –incluyendo la política hacia los vecinos sudamericanos– descansa en los atributos institucionales del
MRE, sus recursos de poder, así como en la estructura de
vínculos que pueden (o no) establecerse entre la agencia
diplomática y ciertos actores burocráticos y sociales para
determinada *issue area*. Como sugiere Schwab (1994: 5)
en su clásico estudio sobre la Ley Ómnibus de Comercio
y Competitividad de 1988,[46] al igual que en la mayoría de
los procesos de toma de decisiones, aquel actor que dic-
ta los términos del proceso generalmente dispone de una
voz desproporcionada sobre los resultados. En Brasil, por
omisión o delegación presidencial, este actor ha sido históricamente el MRE.

3. El gobierno de Cardoso y la consolidación del "regionalismo abierto"

Durante el primer mandato del presidente Fernando
Henrique Cardoso (1995-1998), la política externa brasileña consolidó la centralidad asignada al Mercosur, concebido a través del prisma del "regionalismo abierto", como
proyecto más adecuado de inserción económica internacional del país (otros países sudamericanos como Chile,
Colombia y Ecuador siguieron el mismo camino al menos
durante una parte del período de análisis de esta investi
gación: véase Durán y Oyarzún; Garay y De Lombaerde;
y Jaramillo en este volumen). Varios factores ayudaron a
afirmar este camino, como veremos más adelante.

Desde el punto de vista conceptual, el "regionalismo
abierto" conjugaba el "deseo de autonomía", principio

---

[46]   La OTCA estableció los límites y exigencias legislativas para la negociación del NAFTA y la Ronda Uruguay, dictando los términos de la
ratificación de ambos.

tradicionalmente defendido por la diplomacia brasileña (Pinheiro, 2000), con la continuidad de la prioridad asignada al multilateralismo en la agenda externa del país. Así, el universalismo de la década de 1990 se expresó mediante el regionalismo, centrado en el Mercosur, entendido como una fórmula orientada a preservar la autonomía en el contexto hemisférico. Con relación a la política comercial, durante el gobierno de Cardoso, la tradición multilateralista de la política externa brasileña se tradujo en la concepción de Brasil como *global trader*. Esta concepción hace referencia a un país que presenta un elevado grado de diversificación en sus flujos geográficos de comercio, tanto en el origen de sus importaciones como en el destino de sus exportaciones. La idea de Brasil como un comerciante global, sin embargo, también representaba un freno a las posibilidades de comprometer al país en una estrategia de integración profunda con las naciones de su entorno geográfico. En efecto, el peso asignado al multilateralismo en la agenda externa brasileña y el énfasis en la autonomía, derivó en una estrategia elusiva, evitando que Brasil se dispusiera a aceptar la implementación de iniciativas que permitiesen establecer instituciones regionales con autoridad supranacional en el ámbito regional. Así, la dinámica intergubernamental continuó siendo la vía exclusiva de negociación y solución de controversias entre los socios del Mercosur.

Entre los factores que consolidaron el marco referencial del "regionalismo abierto", es posible distinguir dos tipos.

Por un lado, el buen desempeño de las exportaciones brasileñas intra Mercosur, entre los años 1991 y 1997, que crecieron casi un 300%, se constituyó como una evidencia muy sólida sobre los beneficios comerciales derivados de la integración subregional. Este desempeño, indudablemente, contrastaba con el bajo dinamismo de las exportaciones hacia el resto del mundo evidenciado durante toda la década. Otro aspecto que contribuyó a reforzar el argumento acerca de la relevancia económica del bloque se relaciona con las características de las exportaciones brasileñas hacia sus vecinos del Cono Sur. En efecto, la extraordinaria expansión de las ventas externas brasileñas hacia el Mercosur ya se caracterizaba por una pauta exportadora en la que más del 90% de los productos exportados eran de origen industrial, contra el 70% en la pauta de exportación total.

El factor que aseguró la inclinación brasileña por la integración subregional fue, sin embargo, la necesidad de reforzar la posición del país frente a la propuesta del Área de Libre Comercio de las Américas, de diciembre de 1994. La iniciativa norteamericana ayudó, en un primer momento, a generar una mayor disposición de la diplomacia brasileña a hacer concesiones a sus vecinos del Mercosur, a fin de cumplir con el objetivo de crear una unión aduanera para fines de 1994. Desde la perspectiva de Itamaraty, la unión aduanera no sólo fortalecería el poder de negociación de Brasil en las discusiones hemisféricas, sino que también podría convertirse en una plataforma para un proyecto de inserción global, autónoma, a fin de ubicar al país en el mapa de los bloques internacionales (Mello, 2002). Es importante observar que la vocación regionalista demostrada por la diplomacia coincidió con el interés del área económica del gobierno de anticipar la implementación de la Tarifa Externa Común (TEC), como parte del programa de estabilización macroeconómica emprendido ese mismo año. En ese sentido, vale la pena notar que en función de la creciente relevancia del Mercosur para la agenda doméstica del país, las instancias decisorias encargadas de las políticas económicas procedieron a crear cuerpos técnicos especializados para participar de las decisiones del bloque.

La convergencia de intereses entre la diplomacia y el área económica, además, fue decisiva para posibilitar la posterior estrategia basada en la expansión del proyecto subregional hacia otros países sudamericanos. De este modo, durante el transcurso de las primeras reuniones ministeriales del ALCA, bajo el impulso de Brasil, el Mercosur negoció acuerdos preferenciales con Chile y Bolivia en 1996 (véanse Durán y Oyarzún en este volumen) además de un principio de acuerdo de liberalización con la Comunidad Andina en 1998. En la práctica, estos acuerdos se revelaron demasiado complejos y no lograron avanzar según los cronogramas establecidos inicialmente. Por otra parte, la agenda de consolidación y profundización del Mercosur pautada en Ouro Preto tampoco se concretó, en virtud de la emergencia de conflictos comerciales entre sus miembros y de los efectos disgregadores producidos por las crisis financieras de 1997 y 1998. A partir de 1999, con la devaluación del real brasileño, las disputas entre la Argentina y Brasil se intensificaron, revelando, por otra parte, las insuficiencias de la estructura institucional del Mercosur, así como la falta de eficacia de la estrategia intergubernamental utilizada para la solución de controversias. En ese contexto de crisis económica que afectaba a los socios del bloque a fines de la década de 1990, el comercio intrazona inició un proceso de declive, estimulando las presiones proteccionistas de los sectores perjudicados por la integración. Estos problemas colocaron en riesgo la continuidad del proyecto subregional, reforzando la sensación de que el Mercosur había ingresado en un período de crisis y falta de credibilidad.

3.1. El fortalecimiento de la diplomacia económica

Desde fines de la década de 1980, los cambios profundos atravesados por el sistema internacional y la crisis del modelo de desarrollo fueron acompañados por una evolución en la composición de las coaliciones de los encargados de la política externa. Las transformaciones mencionadas también se reflejaron en el debate entre las dos visiones que se disputaban en el MRE. Así, el tradicional grupo nacionalista y defensor del modelo proteccionista fue perdiendo influencia, mientras que un nuevo sector favorable a la apertura económica y al "regionalismo abierto" logró consolidarse hasta ocupar un lugar de preeminencia.[47] Este último grupo era consciente de la necesidad de adaptar las capacidades técnicas e institucionales de la diplomacia a las nuevas exigencias derivadas de la creciente complejización de la agenda económica y comercial. La idea central que motivaba a este sector era que la autonomía nacional sólo sería posible mediante una activa participación de Brasil en las organizaciones internacionales, tanto de naturaleza económica como política. Esta participación, por otra parte, debería apoyarse en una mayor capacitación y especialización del cuerpo diplomático, sumada a una adecuación y modernización del aparato del Estado, fundamentalmente, del propio MRE.

De este modo, frente al nuevo escenario caracterizado por el aumento de la relevancia de los asuntos económicos y ante la legitimidad adquirida por las nuevas ideas de cambio, fueron emprendidas una serie de importantes transformaciones institucionales en la estructura del Ministerio de Relaciones Exteriores. La más significativa de estas adaptaciones internas se inició con la reformulación de la estructura básica que había sido implementada en 1984 para conducir la política comercial en el contexto de las reuniones del GATT anteriores al lanzamiento de la Ronda Uruguay. Fruto de esta reformulación fue la

---

[47] Caldas (1998) explica detalladamente cómo ocurrió este proceso en el transcurso de la participación brasileña en la Ronda Uruguay del GATT.

conformación de la Subsecretaría General de Asuntos de Integración, Económicos y de Comercio Exterior (SGIE), que respetaba y ampliaba la configuración organizativa anterior.[48]

Como explica el embajador José Botafogo Gonçalves, la SGIE fue establecida en 1992 como una respuesta a la consolidación de la importancia del Mercosur en la agenda diplomática brasileña.[49] Estaba subordinada directamente de la todopoderosa Secretaría General de las Relaciones Exteriores (SG) (vicecancillería), que en Brasil dispone de una autoridad que en algunas ocasiones ha sido considerada superior a la del propio canciller (Caldas, 1998). Es importante subrayar que la SGIE fue la instancia clave de formulación y coordinación doméstica de la política regional y de negociaciones comerciales de Brasil desde 1992 hasta junio de 2003. La conformación de la SGIE se inscribe dentro de un proceso modernizador general del MRE y de "adaptación creativa" de la política externa brasileña (Lafer, 1993: 7). Este proceso se consolidó a partir de la breve gestión de Celso Lafer como canciller (en 1992), y continuó de manera interrumpida durante los dos mandatos del presidente Cardoso (1995-2002).

Durante sus casi doce años de existencia, las atribuciones, así como el espacio institucional de la SGIE con respecto a las negociaciones comerciales y procesos de integración regional fueron incuestionables. Para tener una idea de la relevancia que la SGIE pasó a adquirir desde el momento de su creación, basta tener en cuenta que la

---

[48] El MRE está compuesto por subsecretarías generales temáticas, de las que dependen los respectivos departamentos, los cuales cuentan, a su vez, con divisiones específicas. Las subsecretarías generales son las unidades decisorias principales dentro del Ministerio, y dependen directamente del vicecanciller.

[49] Entrevista realizada en mayo de 2008.

mayor parte de las negociaciones vinculadas a las iniciativas regionalistas tuvieron lugar en sus departamentos
y divisiones. No menos importante, todas las instancias
de coordinación interministerial, de interlocución con el
sector privado y la sociedad civil relacionadas con los diferentes procesos de negociación comercial también fueron delegadas a la SGIE. En el transcurso de la década de
1990 y a partir de la ampliación de la agenda extrarregional
del Mercosur, además, la SGIE fue consolidándose como
el punto focal, como el interlocutor incuestionable del país
para las negociaciones comerciales y el regionalismo.

   Durante el período en el que funcionó, las competencias y responsabilidades de la SGIE fueron aumentando paulatinamente a fin de dar cuenta de las crecientes
demandas del sector privado y así mejorar la capacidad
técnica del MRE de enfrentar los desafíos de una agenda comercial cada vez más diversificada y compleja. En
ese sentido, existió desde el año 1992 una preocupación
muy clara de las autoridades brasileñas por promover
un mayor fortalecimiento de la capacidad del MRE en
materia de política económica internacional. Una de las
evidencias más concretas sobre esto fue el establecimiento de la Comisión de Perfeccionamiento de las Prácticas
Administrativas de Itamaraty (CAOPA), en noviembre de
1992, durante la gestión del entonces canciller Fernando
Henrique Cardoso. Una de las decisiones más importantes emanadas de la CAOPA fue la implementación de un
ambicioso proyecto de cooperación, gerenciado por el
Banco Interamericano de Desarrollo, cuya meta era reforzar las capacidades del MRE y, específicamente, las competencias técnicas y organizativas del área económica de
ese ministerio, es decir de la SSGIE.[50]

---

[50]   El Proyecto de Fortalecimiento de la Capacidad Institucional en el
      Área Económica Internacional del Ministerio de Relaciones Exte-

Con la intención de continuar adaptando el MRE a las nuevas exigencias domésticas (del sector empresarial) e internacionales ("nuevos temas" y asuntos de naturaleza jurídico-comercial), el área económica del MRE pasó por diversas reformulaciones (Corrêa, 2001). Entre los años 2000 y 2001, fueron creadas dos nuevas Coordinaciones Generales vinculadas al Departamento Económico: una para el ALCA (COALCA) y otra para los contenciosos comerciales. A partir de esos años, además, la intensificación de las negociaciones del ALCA, de las discusiones con la UE, así como el inicio de la Ronda Doha impulsaron una reestructuración organizativa inédita de la SGIE. En efecto, en el año 2001, dando continuidad al proyecto del BID iniciado en 1995, comenzaron a ser alterados los métodos y la cultura de trabajo dentro de esa instancia, mediante la creación de núcleos temáticos especializados y a partir de la implementación de una metodología de funcionamiento matricial.

---

riores en el Área Económica se inició en 1995 y concluyó a fines de 2002. El emprendimiento abarcaba las áreas de recursos humanos, informática, infraestructura, investigaciones y estudios específicos, inteligencia comercial y hasta la construcción de un nuevo edificio del Instituto Rio Branco, en donde se forman los diplomáticos brasileños. Entre el período 1995 y 2002, se realizaron cerca de 30 estudios e investigaciones, de las que participaron consultores especializados, y cuyo objetivo era subsidiar las negociaciones económicas, relativas a la OMC, Alca, Mercosur, además de aquellas vinculadas a la política agrícola de Estados Unidos.

En 1999, la iniciativa conjunta con el BID fue evaluada por consultores autónomos, que la consideraron como uno de los emprendimientos de modernización administrativa y gerencial más exitosos del sector público.

4. El gobierno de Lula y la emergencia del "regionalismo posliberal"

La amplia victoria alcanzada por el candidato del Partido de los Trabajadores (PT), Luiz Inácio Lula da Silva, en 2003, no provocó cambios profundos en las orientaciones generales de la política externa, aunque generó una reasignación interesante de las prioridades y en los contenidos de esta área. Esta reasignación provocaría impactos de diversa naturaleza sobre el proceso de toma de decisiones relativo a la formulación y conducción de la política comercial y de la estrategia brasileña para la región sudamericana. La adopción de un discurso que enfatizaba los elementos no económicos y las implicancias políticas de las negociaciones comerciales fue una de las novedades más notorias incorporadas por el gobierno del PT a la hora de sentar las bases de su futura agenda internacional (Lula da Silva, 2003: 10). La intención de profundizar el diálogo con otros sectores de la sociedad civil (ONG, movimientos sociales, etc.) a fin de promover la transparencia de los procesos de decisión y ampliar la participación de esos sectores, asimismo, también formó parte de las preocupaciones demostradas desde un principio por el gobierno.

En gran medida, algunas de las innovaciones conceptuales en materia de regionalismo y negociaciones comerciales se beneficiaron de un contexto internacional caracterizado por la existencia de una mayor permisividad con respecto a la incorporación de temas no económicos (sociales, medioambientales, empleo, desigualdad, etc.) en la agenda de negociaciones (Veiga y Rios, 2007: 17). Al mismo tiempo, las metas eminentemente geopolíticas de la estrategia de liberalización competitiva asumida por el gobierno de Bush en el contexto post 11 de septiembre también favorecieron que Brasil se inclinase por una política regional influenciada por criterios clásicos de "balanza de poder" (Araújo, 2008: 55).[51] En ese sentido, el énfasis dado a la voluntad de profundizar la cohesión del Mercosur y ampliar los vínculos con las naciones vecinas debe ser entendido a la luz del aumento de la prioridad dada a la preservación del máximo de autonomía brasileña en el ámbito regional. El incremento de los acuerdos bilaterales negociados por Estados Unidos a partir de 2003 con varios países sudamericanos también intensificó las inquietudes de Brasil. La firma del tratado con Chile (2003), el inicio de las negociaciones con países andinos (2004), así como la implementación del CAFTA (2005), condujeron a la diplomacia brasileña a poner una mayor atención en el avance estadounidense efectivo en el continente (Araújo, 2008: 55). Si bien es cierto que este tipo de preocupación por la autonomía había constituido uno de los aspectos originarios propios de la génesis del proceso que desembocó en el Tratado de Asunción, a partir del gobierno Lula el componente estratégico-político de la integración regional asumiría una relevancia preponderante.

Por lo tanto, este doble fenómeno, que comprende tanto la incorporación de temas extracomerciales en la agenda comercial y regional, así como el refuerzo del componente geopolítico de la integración, operaron cuestionando la dimensión técnica y económica que había ocupado un lugar relativamente relevante en la política externa brasileña para la región durante la década

---

[51] Como señala Araújo (2008: 55): "Sólo después del 11 de septiembre la política de Bush asumió contornos definidos, y en ella la vertiente latinoamericana se concentraba en la intensificación de los lazos comerciales, como manera de garantizar y expandir la influencia norteamericana en esa región [...]. Araújo fue hasta el año 2007 jefe de la División Unión Europea y Negociaciones Extrarregionales (DNI/SGAS) del MRE.

anterior. El evidente descrédito del Mercosur, en su versión neoliberal del "regionalismo abierto", también acentuó esta visión pesimista sobre el énfasis comercial que hasta ese momento había pautado la dinámica del regionalismo (García, 2008: 24). El escepticismo incentivó la búsqueda de otros contenidos y orientaciones que permitiesen revitalizar el debilitado esquema regional, así como entablar y reforzar los vínculos con el resto de los países sudamericanos a partir de criterios diferentes con respecto a aquellos hegemónicos durante los años noventa.

Por otra parte, no podemos dejar de subrayar la importancia adquirida por los condicionantes políticos internos con relación a la elaboración y conducción de la política externa del nuevo gobierno. En ese sentido, la imposibilidad de concretar las propuestas de cambio defendidas durante la campaña electoral en determinadas áreas estratégicas, tales como la política monetaria y fiscal, favoreció la decisión de compensar al electorado a partir de la asunción de una política externa más innovadora y asertiva.[52] Así, el área externa asumiría una función estratégica para la nueva administración, en virtud, fundamentalmente, de su papel de máxima promotora de las credenciales progresistas y nacionalistas defendidas históricamente por el PT. Este rol "compensador" de la política exterior –que pronto asumiría para los críticos del sector empresarial rasgos marcadamente ideológicos

---

[52] Como observan De Oliveira, Onuki y Cândia Veiga (2006: 3): "Frente a una política macroeconómica ortodoxa, y, en consecuencia, de políticas microeconómicas y sociales restringidas, el espacio/grado de libertad para el ejercicio de una política heterodoxa, con resonancia en sectores de izquierda y otras fuerzas nacionalistas, habría sido implementada precisamente en el ámbito de la política externa. Ésta habría figurado, por lo tanto, como una especie de *asset* político, a fin de ampliar las bases de apoyo tanto en el ámbito doméstico como internacional".

y partidarios– (Barbosa, 2008) produjo un impacto decisivo sobre el modo en el que sería establecido y asignado el proceso decisorio relativo a esta área,[53] como veremos más adelante.

4.1. Las bases conceptuales de la política externa del gobierno de Lula

Para comprender las características asumidas a partir de 2003 por la economía política de la política externa brasileña para América del Sur es necesario, antes que nada, examinar brevemente el marco conceptual sobre el que se elaboró la agenda internacional del nuevo gobierno.

Por ello, resulta pertinente prestar atención a los principios sobre los cuales la administración del PT estableció los lineamientos generales, así como las prioridades y límites de su agenda externa. Desde el punto de vista conceptual, los puntos de referencia de la política externa del nuevo gobierno fueron las vertientes de la "Política Externa Independiente" (1961-1964) y del "Pragmatismo Responsable" (1970-1975) (Lima, 2005a). Éstas fueron las perspectivas autonomistas que marcaron la actuación internacional de Brasil durante buena parte del período que

---

[53] Como explica Albuquerque (2005: 86): "Una parte significativa de los cargos del nuevo gobierno del PT fue entregada a partidarios de las tesis nacionalpopulistas, principalmente en los sectores de política social y en los ministerios más volcados al gasto y a los procesos regulatorios. Ya sea en vivienda como en saneamiento, en transportes y en energía –incluso en Petrobras–, ya sea en comunicaciones y en el BNDES, todo el proceso decisorio está centralizado en facciones que comparten la visión nacional populista de la economía. [...] En ese sentido, *la política externa es el área en que la agenda de los 'viejos bolchevistas' se encuentra más a gusto. En efecto, todo el proceso decisorio más relevante en materia de diplomacia económica y política está centralizado en manos de una coalición que comparte esa mezcla particular de concepciones económicas marxistas y nacionalpopulistas*" (lo resaltado nos pertenece).

coincide con el auge del modelo desarrollista. Durante este período, sostiene Lima (2005a: 16), el papel de la política exterior brasileña encontraba respaldo en la idea de que la definición de las amenazas externas y la percepción de los riesgos externos estaban relacionadas esencialmente con vulnerabilidades económicas más que con preocupaciones de seguridad. En sintonía con esta función defensiva, la participación del país en la escena internacional encontraba un elemento de legitimación interno en la idea de que la política externa podía contribuir con el proyecto de desarrollo nacional. Esto condujo a la percepción de que la principal función de la política externa era reducir las vulnerabilidades y "abrir espacio" para las políticas de desarrollo.

Estas ideas servían, además, para apoyar el principio de que en un sistema económico internacional asimétrico y rígidamente controlado por los países desarrollados, el aumento de los vínculos comerciales y políticos entre los países del Sur representaba un elemento fundamental de la estrategia de desarrollo autónomo. La visión general, de inspiración cepalina, que divide al mundo entre el Centro y la Periferia (o Norte y Sur) se nutre fundamentalmente de la percepción acerca de la incompatibilidad entre los intereses económicos de los países dominantes (y desarrollados), y los *latecomers* del mundo en desarrollo. El estructuralismo de la CEPAL y su acento en la noción de que los países latinoamericanos poseen una historia de dependencia en común, así como problemas de desarrollo compartidos, contribuyó, asimismo, con el reconocimiento general de la validez de una única identidad latinoamericana, reforzando asimismo la división Norte-Sur en el continente.

El componente tercermundista de la política externa brasileña, por lo tanto, se orientaba a la creación de condiciones que permitiesen entablar nuevas relaciones de poder en el ámbito internacional. Se trataba de romper la rigidez que imponía el sistema Centro-Periferia, legitimado mediante las instituciones económicas internacionales. En ese sentido, el paradigma dominante proveía las bases conceptuales para el afianzamiento de una identidad tercermundista, además de posibilitar la articulación de un determinado tipo de acción colectiva en los diferentes foros económicos internacionales. La diplomacia brasileña, en particular, abrazó desde un principio esta identidad tercermundista y latinoamericana, intentando minimizar, a través de diferentes tableros y foros internacionales, los efectos adversos derivados del deterioro de los términos de intercambio, así como las medidas proteccionistas crecientemente utilizadas por los países industrializados.

Los elementos soberanistas, tercermundistas y de defensa de un modelo de desarrollo nacional alternativo están presentes entre los primeros puntos del programa de gobierno presentado por el PT en el año 2002, en el contexto de la campaña electoral (PT, 2002). De hecho, el nuevo gobierno rescató estas vertientes, reactualizándolas y acomodándolas al nuevo escenario internacional.

Indudablemente, la decisión de reasumir estas vertientes conceptuales autonomistas por parte del nuevo gobierno debe ser analizada a la luz de la compatibilidad de estos principios con el legado intelectual del PT y de la izquierda en general. No menos importante, las expectativas de cambio del electorado que permitieron la victoria holgada de ese partido en las elecciones de 2002 también representaron un factor central para la disposición oficial en asumir una política externa acorde con estas expectativas. Como fue señalado más arriba, la decisión de innovar en el área externa a través de la adopción de un programa general de actuación internacional congruente con los principios del PT y de otros segmentos de la izquierda ha sido señalada como una manera de compensar la determinación oficial en mantener intacta la ortodoxia macroeconómica (Lima, 2005a).

4.2. Las nuevas prioridades de la política externa y el regionalismo sudamericano

La política de negociaciones comerciales del gobierno de Lula pasó a cumplir un rol muy relevante para el conjunto de la política externa neoautonomista. En ese sentido, a partir del año 2003 se asiste a una subordinación nítida de los objetivos de inserción económica del país a las metas generales de la agenda externa. Entre estas metas se destacaba, en primer lugar, la preservación y ampliación de la autonomía internacional y el fortalecimiento de un papel brasileño más destacado en el mundo. En ese sentido, el nuevo perfil internacional de Brasil ha sido catalogado como de *system-affecting country* (Lima, 2005b: 26), concepto que expresa la preferencia de un país por valorizar las arenas multilaterales y la acción colectiva entre estados con un nivel de desarrollo similar, de manera de ejercer algún objetivo de poder e influenciar sobre los resultados internacionales.

La alta prioridad atribuida a la búsqueda de un asiento permanente en el Consejo de Seguridad de las Naciones Unidas es un reflejo, por ejemplo, del peso preponderante adquirido por el componente político y de proyección internacional en la agenda externa brasileña a partir del gobierno Lula. La pretensión de un rol brasileño más protagónico y reconocido entre las grandes potencias, junto con la subordinación deliberada de los asuntos económicos a una visión geopolítica del mundo, forman parte del rescate del tradicional componente teórico realista y de las vertientes nacionalista y soberanista de la política externa brasileña.[54]

---

[54] Para una discusión acerca de los elementos conceptuales en los que se asentaba el paradigma globalista de la política externa brasileña, dominante entre 1964 y 1987 –el realismo, entre ellos–, véanse Lima (1994) y Pinheiro (2000).

De este modo, en sintonía con el renovado énfasis en la búsqueda de un posicionamiento autónomo y soberano del país, el gobierno del PT decidió reforzar la prioridad dada a la integración de América del Sur –con eje en la profundización del Mercosur– en detrimento de la aproximación con los países desarrollados (especialmente, Estados Unidos). Como ya hemos sugerido, la intención que se encontraba detrás de la iniciativa integrativa de profundizar el Mercosur demostrada por la nueva administración no puede dejar de ser vista, además, a la luz del histórico papel instrumental adquirido por el bloque para las negociaciones del ALCA. Desde esta perspectiva, el Mercosur ya no sería sólo una plataforma para aumentar el poder de negociación de Brasil, un proyecto concebido dentro de los parámetros del "regionalismo abierto", sino que actuaría como una fortaleza defensiva contra las presiones comerciales de los países ricos. A partir de 2003, el concepto de los *building blocks*,[55] afirmado en la Cumbre Ministerial del ALCA de Belo Horizonte (1997) y formalizado en el 2000 durante la "agenda de relanzamiento del Mercosur",[56] se convertiría en el principio ordenador de actuación internacional del país en las negociaciones comerciales con países desarrollados.[57]

---

[55] Concepto según el cual el ALCA sería un acuerdo entre bloques de integración subregionales que conservarían su identidad en el hemisferio.

[56] Decisión 32/00 mediante la cual se reafirma el compromiso de los países del Mercosur de conducir en conjunto sus negociaciones comerciales.

[57] Como señala Araújo (2008: 75): Para efectos de negociaciones internacionales, Unión Aduanera es todo aquel agrupamiento que se presenta como Unión Aduanera. *Parece aquí, una vez más, que se trata de un concepto más político que técnico. Lo que más importa es la disposición a negociar en conjunto que la efectiva aplicación de los instrumentos que caracterizan a una UA* (la traducción y lo resaltado nos pertenecen).

La prioridad asignada al Mercosur por el gobierno de Lula, por otra parte, tuvo un impacto evidente sobre la disposición brasileña a aceptar los costos del liderazgo regional. De esta manera, la propuesta brasileña denominada "Plan de Trabajo 2004/2006" contemplaba la eliminación de los principales obstáculos para la conclusión del área de libre comercio, así como el perfeccionamiento de la Unión Aduanera. También incluía la flexibilización de la posición del país en temas clave como el debate sobre las asimetrías, así como la creación de fondos estructurales y el fortalecimiento institucional del Mercosur. La decisión de incluir recursos del Banco Nacional de Desarrollo Económico y Social (BNDES) para el financiamiento de exportaciones argentinas, proyectos de infraestructura y fondos destinados a la superación de las asimetrías constituye un ejemplo de este nuevo compromiso asumido por Brasil.

Sin embargo, en función, en gran medida, del énfasis colocado en la defensa de un modelo de desarrollo nacional y autónomo, Brasil encontró dificultades para avanzar hacia un proceso de integración profunda (Veiga, 2005a: 3). Así, en consonancia con la importancia atribuida a la necesidad de preservar "espacio" para implementar políticas domésticas, el gobierno de Lula se mostró elusivo a la hora de discutir reglas y disciplinas comerciales en el ámbito subregional (Veiga y Ríos, 2007: 24). A pesar de la retórica, también resistió la posibilidad de consolidar instituciones regionales con algún grado de supranacionalidad que pudiesen superponerse a los objetivos nacionales de desarrollo (Oliveira, Onuki y Cândia Veiga, 2006). Como señalan estos últimos autores, los problemas inherentes a la profundización del Mercosur están íntimamente relacionados con la tensión estructural que existe entre la política nacional-desarrollista y las políticas de integración regional o global, sea de corte

sur-sur o norte-sur.[58] En suma, a pesar del énfasis colocado en la profundización de la opción subregional, el déficit institucional del Mercosur permaneció sin solución
durante el gobierno iniciado en el año 2003, con graves
consecuencias para los problemas relacionados con las
asimetrías entre los países del bloque. El aumento de los
contenciosos comerciales provocados por la determinación argentina en asumir unilateralmente medidas para
proteger algunos segmentos de su industria perjudicados
por las importaciones brasileñas representan un ejemplo
claro de la ineficacia de los mecanismos regionales existentes –o implementados desde 2003– para arbitrar sobre
este tipo de conducta.

La aproximación a otras naciones vecinas también
ganó relevancia en la agenda de integración posliberal.
Así, las discusiones para la suscripción de un acuerdo
preferencial entre el Mercosur y la Comunidad Andina
de Naciones (CAN) adquirieron nuevo ímpetu a partir
de 2003, lo que permitió concluir las negociaciones al
año siguiente. Este renovado interés por la suscripción de
acuerdos Sur-Sur –en los que podemos incluir también las
discusiones con India y Sudáfrica en el marco de la iniciativa IBSA y al acuerdo preferencial con México– obedeció,
en gran medida, a la exigencia de presentar alternativas
frente a las dificultades enfrentadas por las negociaciones con los países desarrollados. No obstante, teniendo

---

[58]   Como sugieren los autores: "El aparato conceptual del nacional-
       desarrollismo se centra en la idea de la intervención estatal y de la
       industrialización inducida. Se comprueba, en este esquema, la com-
       binación del énfasis en los grados de libertad en los instrumentos de
       formulación de política industrial y el rechazo a compromisos inter-
       nacionales que limiten esos instrumentos con políticas comerciales
       restrictivas, contrarias a la profundización de la abertura comercial.
       Reglas sobre inversiones extranjeras directas, compras gubernamen-
       tales y derechos de propiedad intelectual son algunos de esos com-
       promisos restrictivos".

en cuenta el alcance limitado –en términos económicos (Rios e Iglesias, 2005)[59] –de todos los acuerdos o iniciativas Sur-Sur sellados desde 2003, es necesario subrayar la relevancia extracomercial y política que permeaba este tipo de estrategia.

Aún así, otros aspectos, no necesariamente comerciales, pasaron a ganar relevancia en la agenda integracionista –transporte, infraestructura física, energía, cooperación científica y técnica, temas sociales, etc.–, respetando los componentes básicos del paradigma neoautonomista de la política externa del gobierno. Estas innovaciones, que han sido englobadas dentro del concepto general de "integración multidimensional" (Cebri y Cindes, 2007; Lima y Santos, 2008), se originaron en el objetivo declarado de superar la condición de Unión Aduanera y su perfil "comercialista" propio de la década anterior. A grandes rasgos, la meta general, según esta concepción "posliberal" asumida por el gobierno, sería transformar la región en un "área de convergencia de políticas activas en el ámbito industrial, agrícola, social y científico tecnológico", según las propias palabras del presidente Lula (2003). De acuerdo con los defensores de este modelo (Lima y Santos, 2008: 7), la integración multidimensional expresaría una visión política de la región en función de la existencia de recursos geoeconómicos y

---

59   Como explican los autores: "El acuerdo entre el Mercosur y la Comunidad Andina es bastante desequilibrado en términos de las ganancias de acceso a mercados para los dos bloques: mientras el Mercosur ofrece la abertura completa en cinco años para aproximadamente el 90% del valor de comercio, los andinos solamente comenzarán a abrir sus mercados para la mayoría de los productos exportados por Brasil a partir del sexto año de vigencia del acuerdo. Los entendimientos con la India y Sudáfrica, por su parte, han producido acuerdos de preferencias tarifarias muy limitados tanto en términos de número de productos abarcados, como de porcentajes de márgenes de preferencias otorgadas y recibidas".

capacidades existentes (población, recursos materiales, energía, alimentos y agua) que tienden a volverse escasos. Esta perspectiva también se nutre de una valorización del peso internacional de la región, que contribuiría a ampliar la multipolaridad del sistema global, abriendo más espacio de actuación para países como Brasil. De conformidad con esta visión poscomercial del Mercosur y de América del Sur, la "integración multidimensional" propone la ampliación de las políticas públicas regionales, más allá de aquellas estrictamente comerciales (Lima y Santos, 2008: 6).

La iniciativa de profundizar la integración con otros países sudamericanos mediante la construcción de una Comunidad Sudamericana de Naciones (CSN) –posteriormente rebautizada Unión de Naciones Sudamericanas (UNASUR)– también debe ser entendida a partir de los objetivos políticos y de refuerzo del poder de negociación regional que pasaron a guiar los lineamientos generales de la política externa brasileña.[60]

El fortalecimiento democrático y el perfeccionamiento de las instituciones regionales, así como también el desarrollo de una infraestructura física eran los presupuestos centrales trazados por la CSN como eje para profundizar la integración sudamericana. En esa lógica se inscribe el objetivo del gobierno de Lula de retomar el proyecto de Integración de la Infraestructura Regional Sudamericana (IIRSA), propuesto en 2000 por la administración Cardoso durante la reunión de jefes de Estado de América del Sur. La idea de avanzar en la integración de los sistemas de energía, transporte y comunicaciones "sobre las bases de experiencias

---

[60] Lanzada el 9 de diciembre de 2004, en el marco de la III Reunión de Presidentes de América del Sur, en la ciudad de Cuzco, CSN reúne los doce países de la región.

bilaterales, regionales y subregionales existentes" es vista como una manera de reemplazar la integración pautada únicamente por criterios económicos, característica del regionalismo abierto (García, 2008). El tema energético, en particular, asumió una importancia destacada en el contexto del regionalismo posliberal. Así, a partir de la realización de la I Cumbre Energética Sudamericana, celebrada en abril de 2007 en la Isla Margarita, las autoridades buscaron elevar la cuestión energética como uno de los principales ejes de la integración regional. Durante el encuentro, se decidió la creación de un Consejo Energético Sudamericano, conformado por los ministros de Minas y Energía de los países signatarios y responsable por delinear una estrategia energética sudamericana. Temas vinculados al desarrollo económico y social de la región como "las condiciones de seguridad ciudadana", "el trabajo digno" y "el fenómeno migratorio" también se encontraban en debate en el ámbito de la CSN. Efectivamente, desde el año 2003, también se tornó evidente el énfasis inédito adquirido por la agenda social y ciudadana del Mercosur y de la región. La proliferación de iniciativas extracomerciales en el contexto subregional, con un claro componente político y social, permite comprobar este cambio en los objetivos y contenidos de la política externa brasileña relativa al bloque. Asimismo, el cambio de prioridades de la integración también trajo aparejado una alteración en la economía política doméstica del regionalismo, lo que promovió un mayor protagonismo –fuertemente inducido por el Estado– de las *constituencies* asociadas a estas nuevas prioridades regionales, así como de sus representantes en el sector público (ministerios, agencias, secretarías, etc.).

En efecto, los cambios en los contenidos y objetivos de las negociaciones comerciales y de la política externa para la región llevaron al gobierno a promover una reevaluación de la estructura de vínculos entre el Estado y las diferentes coaliciones económicas y sociales que desde la década anterior se habían organizado para participar del debate. De este modo, tuvo lugar una progresiva aproximación entre algunas agencias del Estado –entre las cuales el MRE asumiría un papel promotor y coordinador– y ciertos segmentos –públicos y sociales– con intereses y preocupaciones extracomerciales (sindicatos, ONG, ministerios, etc.). El acercamiento entre el MRE y determinados movimientos sociales, además de agencias del Estado –como el Ministerio de Desarrollo Agrario (MDA)–,[61] por ejemplo, estimuló, a su vez, la búsqueda de la profundización de otros temas de la agenda del Mercosur.

La admisión inducida de otros sectores de la sociedad civil, por otra parte, tuvo como consecuencia el deterioro del estatus privilegiado que había logrado establecer el sector empresarial a lo largo de la segunda mitad de la década de 1990,[62] con algunas excepciones que serán abordadas más adelante. Junto con la erosión de influencia del empresariado, sus interlocutores del sector público (agencias y ministerios más permeables a sus demandas) también perdieron protagonismo –basado eminentemente en una influencia de naturaleza técnica/temática– conquistado durante esa misma etapa. Esto se

---

[61]   Por primera vez el Ministerio de Desarrollo Agrario (MDA) comenzó a intervenir activamente en todas las reuniones consultivas relativas a las negociaciones comerciales, mediante la presentación de propuestas concretas, y a partir de un seguimiento directo y permanente de las negociaciones. La celebración de un Seminario Internacional sobre Agricultura Familiar y Negociaciones Internacionales, realizado en el Palacio de Itamaraty en agosto de 2003 representa una evidencia de este nuevo protagonismo adquirido por el MDA y sus *constituencies* de la sociedad civil.

[62]   *Valor Econômico*, 07/11/2003.

tornó evidente, en un primer momento, con respecto a las negociaciones con los países del Norte –ALCA, fundamentalmente–, pero también en el contexto de negociaciones con algunos países vecinos (como la adhesión de Venezuela al Mercosur), procesos de los que el sector empresarial fue apartado de las decisiones.

El ALCA, en ese sentido, cumpliría un papel catalizador con relación a los cambios experimentados por la correlación de fuerzas de las coaliciones público-privadas. Así, luego de un intenso y visible debate interburocrático que se extendió durante los años 2003 y 2004, los Ministerios de Hacienda (MH), de Agricultura, Pecuaria y Abastecimiento (MAPA) y de Desarrollo, Industria y Comercio (mdic) terminaron perdiendo preponderancia en el proceso decisorio de formulación de las estrategias comerciales y regionales, frente al MRE (Correio Braziliense, 04/11/2003). Esta redistribución de poder dentro del aparato del Estado tuvo efectos muy importantes sobre el proceso político de construcción del "interés nacional", así como sobre el frágil marco institucional establecido a mediados de la década de 1990 para coordinar la política comercial, concretamente, la Cámara de Comercio Exterior (Camex).[63] De este modo, los conflictos interministe-

---

[63] La creación de la Camex, en 1995, en el ámbito de la Presidencia de la República, tuvo por objetivo introducir una solución a los problemas institucionales derivados de la fragmentación de instancias decisorias. Con el establecimiento de la Camex, en particular, se pretendía avanzar en la coordinación de las actividades y de la toma de decisiones, a fin de promover la formulación de una política de mediano plazo para el comercio exterior. El nuevo órgano colegiado, sin embargo, fue establecido como una instancia de naturaleza eminentemente consultiva, sin que le fueran otorgadas responsabilidades ejecutivas; bajo el nuevo sistema, los ministerios continuaron preservando sus atribuciones específicas en materia de comercio exterior, y en definitiva, el nuevo diseño institucional instituido con la Camex configuraba un sistema

riales ocurridos durante esos dos años en torno de la manera en la que el país debería elaborar las propuestas para el ALCA precipitaron un quebrantamiento flagrante de las atribuciones de la Camex, agencia formalmente encargada de consensuar la posición de los diferentes ministerios en lo relativo a la política comercial. Junto con la Camex, los foros consultivos (Senalca, Seneuropa) y la mayor parte de los grupos interministeriales temáticos –a excepción de las instancias y mecanismos de interlocución relativas a la OMC– perdieron preponderancia,[64] en forma paralela al proceso de desgaste en el que comenzó a sumirse la Coalición Empresarial Brasileña (Bonomo, 2006). En ese sentido, como será analizado posteriormente, a partir del 2003 se asiste a una creciente fragmentación del empresariado organizado y a la disolución de la representatividad adquirida por la ceb desde la segunda mitad de la década de 1990. El elemento aglutinador central de las principales organizaciones de representación empresarial pasó a ser, eminentemente, la crítica sistemática a la política externa del gobierno, considerada "ideológica" y poco compatible con los intereses del sector privado.[65]

---

eminentemente disperso. En ese sentido, en la actualidad, este aspecto vinculado a las características institucionales de la Camex se ha mantenido prácticamente inalterado. Como explica un representante de la entidad entrevistado: "La Camex no es nada más que la suma de las posiciones de los siete ministerios que la componen. Si algún ministerio no sigue el tema que le interesa con la debida atención, es muy probable que pueda convertirse en rehén de la evaluación realizada por el resto de los ministerios. *Es típicamente una relación de poder"* (lo resaltado nos pertenece).

64 *Valor Econômico*, 20/06/2005

65 *Valor Econômico*, 30/07/2007.

5. Proceso decisorio de la política externa posliberal: el papel del MRE

En virtud del peso fundamental que posee el MRE en el proceso de formulación de la política externa, comercial y regional de Brasil, como consecuencia del elevado nivel de autonomía que este ministerio detenta dentro del aparato del Estado y frente a la sociedad, este trabajo se concentrará en la evolución experimentada por la agencia diplomática a partir de la transición brasileña hacia el "regionalismo posliberal".

En esta sección analizaremos, específicamente, algunos de los cambios en la estructura organizativa del MRE ocurridos a partir del gobierno Lula, a fin de entender su impacto sobre el proceso decisorio de la política externa. Veremos cómo, gracias a estos cambios, Itamaraty recobraría su papel histórico de construir con un muy elevado nivel de autonomía el "interés nacional", particularmente para las cuestiones relativas a las negociaciones extrarregionales y los aspectos estratégicos de los procesos de integración regional.

La centralización política derivada de las transformaciones impulsadas por la nueva coalición dominante del MRE tuvo como consecuencia la restitución de la autonomía decisoria perdida durante la década anterior.[66]

---

[66]   Como explica Veiga (2007: 130), "la redefinición de la estrategia fue concebida e implementada por un "núcleo de poder" en que el Ministerio de Relaciones Exteriores, esencialmente por medio del Ministro y del Viceministro, desempeñó un papel destacado, legitimado por la posición adoptada por el propio Presidente. Hubo un proceso de concentración de poder en la toma de decisiones en torno de ese núcleo [...], y los demás ministerios perdieron poder, específicamente en el proceso de formulación de esas estrategias" (la traducción es nuestra). El diario *Valor Econômico* capturó este proceso de concentración de poder en el MRE de esta manera: "Irritado, según uno de los asesores, Lula llamó a los ministros para determinar un discurso único sobre el

Esta pérdida de autonomía había sido consecuencia de la necesidad de contar con el subsidio técnico de otras agencias del Estado y del sector privado frente a la creciente complejización de la agenda comercial y regional. A partir de 2003, las alteraciones organizativas al interior del MRE serían clave para consolidar la recuperación de la autonomía en materia de política externa y negociaciones comerciales.

El ímpetu integrativo derivado de la necesidad de reforzar la cohesión del Mercosur para enfrentar las negociaciones del ALCA y la meta de profundizar las alianzas políticas con los países vecinos impulsaron una reformulación organizativa sin precedentes al interior del MRE.[67] Así, mediante la expresa convalidación presidencial, el nuevo secretario general de Itamaraty (vicecanciller), Samuel Pinheiro Guimarães, fuerte crítico de la política externa del gobierno de Cardoso y enemigo acérrimo del ALCA,[68] tuvo vía libre para llevar adelante una serie de alteraciones políticas e institucionales dentro del Ministerio, con el objetivo de reorganizar la estructura de poder hasta ese momento vigente. En ese senti-

---

ALCA. *El presidente avisó a los ministros descontentos que el tono de la política externa debe ser aquel adoptado en el palacio de Itamaraty"* (lo resaltado nos pertenece).

[67] *Estado de São Paulo*, 04/05/2003.

[68] En el año 2001, Samuel Pinheiro Guimarães había sido exonerado de la Dirección del Instituto de Investigaciones de Relaciones Internacionales del MRE por el entonces canciller Celso Lafer en función de sus críticas al ALCA. *Valor Econômico* (10/04/2001). Para Guimarães (1999: 119) "el ALCA forma parte de una operación estratégica americana de amplio alcance, con objetivos políticos, económicos y militares de largo plazo [...] Los principales objetivos políticos de lo que se podría llamar la "estrategia de Miami" serían, desde el ángulo externo, consolidar la influencia norteamericana sobre los Estados de la región, garantizando su apoyo en disputas de Estados Unidos con otras potencias [...]".

do, la creación de la Subsecretaría General de América
del Sur (SGAS), mediante el decreto Nº 4.759 del 21 de
junio de 2003, representó indudablemente un punto de
inflexión clave en el proceso de adaptación institucional
de Itamaraty a las nuevas prioridades y contenidos de la
política externa posliberal.

El canciller Celso Amorim (2003) explicaba las razones que llevaron al establecimiento de la SGAS con estas
palabras:

[...] al haber creado la Subsecretaría General de
América del Sur, no sólo quisimos dejar clara la prioridad
dada a América del Sur en el conjunto de la política externa, sino que también hemos atribuido a esa Subsecretaría
las grandes negociaciones comerciales de las que Brasil
participa, a excepción de la negociación multilateral,
que continúa a cargo de la Subsecretaría económica. Yo
creo que esto también demuestra una cierta lógica, es
decir, nosotros vamos a participar de las negociaciones
del ALCA, de las negociaciones con la Unión Europea, a
través de la óptica del Mercosur y de América del Sur. De
ahí el hecho de que hayamos atribuido al Subsecretario
de América del Sur la orientación general de estas negociaciones. Agradezco nuevamente al Secretario General,
quien ha sido, obviamente, incansable en la instrumenta-
lización de estas reformas.

Como explica Lima (2003b: 53) –y como también
sobresale en el discurso de Amorim–, la creación de una
Subsecretaría específica para América del Sur representó la victoria de las tesis del Secretario General del
Ministerio, en estrecha sintonía con las posiciones expresadas por el Ministro de Relaciones Exteriores y, por lo
tanto, con la postura oficial del gobierno de Lula sobre ese
tema. En contrapartida, la institucionalización de la SGAS
también marcó el desplazamiento de la coalición interna
del MRE alineada con la idea del "regionalismo abierto", y

más permeable con respecto a la opción de profundizar la integración económica con los países desarrollados. Este grupo era liderado por el hasta entonces titular del área económica del ministerio y principal negociador brasileño, Clodoaldo Hugueney, quien vería algunas de sus atribuciones fuertemente reducidas a partir de los cambios promovidos por el Secretario General.[69] Hasta el establecimiento de la SGAS, el grupo encabezado por Hugueney, quien concentraba todos los frentes de negociación y contaba con el respaldo del empresariado y los ministerios sectoriales que conforman la Camex, estuvo en condiciones de evitar el endurecimiento extremo de la posición brasileña frente al ALCA, postura representada por el Ministro y el Vicecanciller. La centralización del proceso decisorio del ALCA derivado de la conformación de la SGAS y el desmembramiento del área económica marcaron un punto de inflexión en el debate brasileño de las negociaciones hemisféricas y regionales, con consecuencias directas sobre la economía política doméstica de la integración regional.

En gran medida, la importancia atribuida a la SGAS puede ser evaluada si se considera que se trataba de la primera vez que el MRE creaba una instancia tan poderosa para tratar todos los temas –políticos, económicos y comerciales– de una única región geográfica (véase gráfico 4). Para ello, como el mismo Amorim menciona en su discurso, la SGAS absorbió una buena parte del poder de la antigua SGIE[70], pasando a monopolizar todas las negociaciones comerciales intra y extra regionales, a excepción de las discusiones del ámbito multilateral. Según Macedo Soares, primer titular de la SGAS y para quien la

---

[69]   *Valor Econômico*, 16/05/2003.

[70]   Véase sección 3.1.

nueva subsecretaría "representó un cambio conceptual sin precedentes", "el Mercosur es un elemento clave en la integración regional; negocia en conjunto y, por lo tanto, representa una coherencia administrativa que la SGAS se ocupe de esos temas".[71]

De acuerdo con la opinión de un diplomático consultado, el ALCA se convertiría, de hecho, en la principal fuente de legitimación política de Itamaraty frente al nuevo gobierno del PT. De ahí la necesidad del MRE, según el entrevistado, de concentrar lo máximo posible el control del proceso decisorio doméstico del ALCA en manos del ministerio[72] –y de su nueva Subsecretaría política, directamente subordinada al viceministro–.[73] De esta manera, según reveló el diplomático, las negociaciones del ALCA fueron encaradas por las instancias de la SGAS mediante una óptica temático-política,[74] apoyada en la necesidad de promover el bloqueo de los temas considerados "sensibles" (principalmente propiedad intelectual e inversiones) por las autoridades del Ministerio y sus aliados políticos y sociales. El veto a la negociación de estos temas sensibles, por otro lado, debía realizarse de manera

---

[71]   *Gazeta Mercantil*, 08/05/2003.

[72]   Entrevista telefónica 27/09/2007. El entrevistado reveló que la prioridad principal del MRE a partir del inicio del nuevo gobierno era "aumentar el control político del ALCA" (frente a otras agencias del Estado). En palabras del entrevistado, el "control del ALCA respondía a una necesidad política del MRE".

[73]   Según el diplomático entrevistado: "La transferencia del DNI a la SGAS representaba un aumento del control político de la Secretaria General y del Gabinete sobre las negociaciones comerciales más delicadas desde el punto de vista político –ALCA y Mercosur-UE".

[74]   En una entrevista realizada en octubre de 2007 a Pedro Motta Veiga, consultor permanente de la CNI, el especialista mencionó que a partir de 2003 Itamaraty decidió interrumpir de forma abrupta y unilateral el intercambio de información sobre asuntos técnicos relativos a las negociaciones del ALCA.

coordinada junto al resto de los países del Mercosur, principalmente, Argentina. Como reconoce Araújo, negociador de la SGAS, la finalidad de la diplomacia brasileña era transformar al Mercosur en un "instrumento de acción combativa" (*sic*)[75] (Araújo, 2008: 59) cuyo objetivo último era eliminar el ALCA[76] (Araújo, 2008: 57-58). Esta manera de asumir el ALCA, al retirar de la agenda doméstica las discusiones técnicas con otros ministerios y grupos empresariales, contribuyó con la centralización decisoria del proceso político de establecimiento de la posición brasileña en las negociaciones con Estados Unidos.

Los asuntos internos del Mercosur y las negociaciones extrarregionales del bloque fueron abordados, a su vez, a partir de una perspectiva asentada en criterios de "balanza de poder", en la que los objetivos económicos fueron relegados a un segundo plano. Este enfoque se apoyaba, ante todo, en la necesidad de reforzar la cohesión interna del Mercosur (con énfasis en el eje Brasil-Argentina) para aumentar el peso internacional del bloque frente a

---

[75] Como expone Araújo: "[...] Si bien es cierto que sin el Mercosur no habría sido posible cambiar el curso de la negociación hemisférica, *sin la estrecha asociación con Argentina habría sido, obviamente, imposible mover al Mercosur y transformarlo en instrumento de acción combativa*. La confirmación de que el Mercosur es, esencialmente, el eje Brasil-Argentina tal vez nunca fue tan visible. Esa asociación necesitaba ser consolidada cada semana, casi cada día." (la traducción y lo resaltado nos pertenece).

[76] En palabras de Araújo: "No pretendemos aquí explicar todo el desarrollo del proceso que, entre enero de 2003 y junio de 2004, llegó a inviabilizar la concreción de un área hemisférica. Importa resaltar, sin embargo, que la ejecución de las posiciones brasileñas en ese proceso no habría sido posible sin el Mercosur. Este bloque regional –muchas veces injustamente considerado, incluso hoy, un estorbo para la capacidad brasileña [...] de negociar acuerdos comerciales ventajosos– *fue el instrumento fundamental para que Brasil se defendiera de una de las más serias amenazas a su capacidad de acción internacional y finalmente la eliminase*" (la traducción y lo resaltado nos pertenece).

las grandes potencias. El vínculo entre la cohesión interna del Mercosur y su influencia externa nunca había sido tan evidente. Como dejó claro el Ministro Amorim "no se puede pensar en el Mercosur interno y creer que no tiene una cara externa común".[77]

La responsabilidad de las negociaciones en el ámbito de la OMC -esfera casi exclusiva de negociación comercial, de acuerdo con las prioridades y necesidades políticas del gobierno Lula- fue delegada al área económica del MRE, es decir, a la SGIE. A partir de la reorganización implementada con el establecimiento de la SGAS, sin embargo, la SGIE desmembrada pasaría a denominarse Subsecretaría General de Asuntos Económicos y Tecnológicos (SGET). Así, en el poderoso Departamento Económico (DEC) dependiente de la la SGET (el cual se mantuvo inalterado) permanecieron concentradas todas las capacidades técnicas -así como los recursos humanos- relativos a las negociaciones comerciales y temas afines, consolidados durante la década de 1990, y especialmente desde la restructuración ministerial del año 2001.[78]

En virtud de la intención de fragmentar las responsabilidades sobre las negociaciones comerciales en dos subsecretarías separadas y funcionalmente diferentes, la remodelación político-institucional de la estructura interna del MRE tuvo como consecuencia el debilitamiento de la metodología matricial de trabajo que había caracterizado desde el año 2001 a las funciones de la SGIE y a su Departamento Económico.[79] Consultado sobre los

---

[77] *Valor Econômico*, 09/10/2003.

[78] Véase sección 3.1.

[79] Véase la entrevista realizada por el diario *Folha de São Paulo* a Marcos Jank, entonces presidente de Icone Brasil, "Para analista, falta coordenação à diplomacia", del 26/07/2005. En la entrevista, el especialista

cambios introducidos mediante la SGAS, así como sobre su impacto sobre la política de negociaciones comerciales, el embajador Roberto Abdenur señaló que "la nueva instancia representa la expresión concreta, material y más flagrante posible del proceso de ideologización del MRE".[80] Para el embajador José Botafogo Gonçalves, quien fue titular de la SGIE entre 1995 y 1997, la nueva estructura es "un claro reflejo de las desorientaciones actuales de la política externa brasileña".[81]

5.1. Centralización decisoria y representación de intereses

La reformulación institucional al interior del MRE –y la consecuente concentración decisoria respecto de la mayor parte de los frentes de negociación intra y extra regionales por parte de una única subsecretaría no especializada en negociaciones comerciales– no pasó inadvertida; de hecho, en función de sus consecuencias centralizadoras sobre el proceso de formulación de las posiciones negociadoras brasileñas, provocó fuertes críticas del resto de los ministerios integrantes de la Camex, fundamentalmente el MAPA y el mdic (*Estado de São Paulo*, 09/11/2003). Al ser indagados sobre la nueva estructura organizativa ministerial creada para las

---

subraya el problema de la falta de participación de las divisiones del área económica en las negociaciones regionales, en función de la compartimentación de las áreas con atribuciones sobre política comercial.

[80]   Entrevista realizada en Río de Janeiro en mayo de 2008. Abdenur fue vicecanciller durante el período 1993-1995 y embajador en Washington entre 2004 y 2006.

[81]   Entrevista realizada en Río de Janeiro en mayo de 2008. Botafogo ocupó cargos en el área económica del MRE desde la década de 1960. Durante la década de 1990, fue titular de la SGIE, Ministro de Industria y Comercio, director de la Camex, representante máximo de Brasil ante el Mercosur y embajador en Buenos Aires.

negociaciones comerciales y su impacto sobre el proceso decisorio doméstico, los representantes del MRE respondieron sucintamente que "no existe fragmentación de responsabilidades, ya que la coordinación pertenece al ministro Amorim".[82] Con respecto a las alegadas dificultades creadas para la participación del sector privado, la respuesta fue que "[...] se encuentra plenamente garantizada a través de la Senalca".[83]

En gran medida, la pérdida de influencia decisoria de los grupos interministeriales temáticos establecidos durante la segunda mitad de la década de 1990[84] y el progresivo debilitamiento de algunas de las instancias de interlocución y consulta existentes (Senalca, Seneuropa, además de otros canales informales) fueron el resultado del nuevo régimen de interlocución público-privada mediante la que la SGAS pasó a encarar los frentes de negociación a su cargo, así como otros aspectos de los procesos de integración regional. En el mismo sentido, la erosión de los accesos privilegiados establecidos por el sector empresarial con el MRE también debe ser entendida a la luz del achicamiento del área económica de ese ministerio, incluyendo la absorción de gran parte de sus responsabilidades por parte de la SGAS. Vale la pena señalar que desde la segunda mitad de la década anterior, la expansión de las capacidades de la SGIE fue conducida, en gran me-

---

[82] *Correio Braziliense*, 04/11/2003.

[83] *Correio Braziliense*, 04/11/2003. A partir de 2002, la Senalca había comenzado a realizar reuniones para discutir la posición brasileña en todos los frentes de negociación de los que Brasil participaba, lo que refleja la ampliación de sus funciones.

[84] Los Grupos Interministeriales Temáticos fueron creados en función de la necesidad de contar con la participación técnica de otras agencias del Estado en la formulación de la agenda brasileña para las negociaciones del Alca. Para conocer su origen y características, véase Veiga (2007: 130).

dida, en virtud del avance y profundización de la agenda hemisférica y multilateral y del consecuente incremento de las demandas y necesidades del sector privado. Desde su creación, y como se hizo particularmente evidente a lo largo de 2003 y 2004 en el marco de las reuniones internacionales del ALCA, la nueva Subsecretaría para América del Sur demostraría ser mucho menos permeable que la antigua SGIE a las demandas de las principales asociaciones representativas del empresariado.

Para las negociaciones e iniciativas en el ámbito sudamericano, la diplomacia y otras áreas del gobierno también pasarían a adoptar una posición más refractaria con respecto a los intereses de las grandes entidades representativas del sector empresarial. La excepción con respecto a esto último estuvo dada, desde un principio, por el establecimiento o la intensificación de vínculos y canales de diálogo informales entre Itamaraty y algunas grandes empresas nacionales –energía y construcción civil, fundamentalmente– con intereses económicos en la región. Mediante el apoyo de algunos órganos del Estado, particularmente el BNDES y el MRE, tales empresas fueron incentivadas a aumentar y reforzar sus inversiones en Sudamérica. En lo que se refiere al MRE, señalan Ribeiro y Lima (2008: 47), estas compañías suelen acudir frecuentemente al Ministerio para resolver diversos problemas que surgen en sus actividades en el exterior, desde el relevamiento de información sobre países hasta la solución de controversias, pasando por el asesoramiento relativo a cuestiones de regulaciones y seguridad jurídica de los países. Para ello, agregan los autores, el MRE cuenta con embajadas y consulados y con su capacidad de acceder a las instancias políticas más relevantes en los países, a fin de elevar soluciones.

Otro órgano que a partir de 2003 pasó a convertirse en un instrumento destacado para el conjunto de la política

externa brasileña para América del Sur es el BNDES. En
efecto, tanto algunos proyectos de la iniciativa IIRSA como
el Fondo para la Convergencia Estructural del Mercosur
(FOCEM), así como otras medidas destinadas a superar
las asimetrías en el ámbito regional, fueron puestos bajo
la responsabilidad financiera del Banco. Para tratar de estos temas, el BNDES creó un departamento íntegramente
dedicado a tratar los temas relacionados con la integración sudamericana. La entidad se distinguió, en particular, en el fomento de la inserción y el fortalecimiento
de empresas de capital nacional en la región, a través del
apoyo a inversiones o proyectos específicos con potencial
para aumentar las ventas brasileñas. En este caso, las empresas más favorecidas fueron aquellas ya consolidadas
en el mercado nacional, dotadas de proyección internacional y exportadoras de bienes y servicios de infraestructura, como Odebrecht, la cual participa en casi todas las
principales operaciones en América del Sur financiadas
por el Banco.

El *holding* Odebrecht representa, indudablemente,
un ejemplo emblemático de una transnacional brasileña
beneficiada por la política externa del gobierno de Lula.
Algunos datos ayudan a entender esta situación: la compañía está entre los tres principales grupos industriales de
Brasil, ocupa la 16ª posición entre las mayores compañías
latinoamericanas, actúa en 18 países de cuatro continentes, desde donde exporta a 60 países. Esto hace de ella la
multinacional más internacionalizada del país, con una
alta proporción de ventas realizadas desde el exterior[85] y
un 50% de trabajadores que se encuentran fuera de Brasil.
Si bien es cierto que el mercado doméstico aún continúa
siendo prioritario para la empresa, el 34% de su factu-

---

[85]   En el sector de ingeniería, particularmente, el 70% de los ingresos provienen del exterior.

ración bruta proviene de operaciones externas.[86] La importancia adquirida por América del Sur para Odebrecht merece una atención especial y puede comprobarse si se observa la evolución del ingreso bruto derivado de sus actividades en la región (gráfico 3). Entre 2003 y 2007, este ingreso creció un 163%, pasando de 2.073 a 5.443 millones de reales, casi el doble del crecimiento experimentado por la facturación bruta en Brasil (aumento del 88%), y muy por encima del incremento registrado en otras regiones: África (45%), Estados Unidos (41%) y Europa (29%). Una parte significativa de la expansión de la compañía en América del Sur se ha concentrado en Venezuela. En efecto, Odebrecht se convirtió en la mayor empresa brasileña con presencia en ese país y las operaciones en Venezuela están entre las más importantes de la compañía fuera de Brasil. En la actualidad, el *holding* participa en cinco grandes contratos en Venezuela: la construcción de un puente sobre el Río Orinoco (US$ 900 millones); una línea de metro en la región de Los Teques (US$ 800 millones) y la línea 3 del metro de Caracas (US$ 400 millones-78 millones aportados por el BNDES); una central hidroeléctrica en Tocoma (US$ 968 millones); y el proyecto de irrigación de El Diluvio, en Maracaibo (US$ 1.000 millones). Además de las actividades en infraestructura, la compañía Brasken, controlada por Odebrecht, participa de un megaproyecto petroquímico en asociación con Pequiven, perteneciente a PDVSA, que prevé la creación de dos unidades petroquímicas para la fabricación de polipropileno y polietileno, por un valor de 3.500 US$ millones.[87]Existe un claro interés en que las inversiones

---

[86]   Informe Anual 2007.

[87]   Respecto de las actividades de Odebrecht en Ecuador y su particular situación debido a medidas gubernamentales, véase Jaramillo en este volumen.

brasileñas crezcan en la región, señalan Ribeiro y Lima, aunque esto no se debe, resaltan, a la percepción de la importancia económica de tales inversiones. Es el resultado, en realidad, de una visión geopolítica que atribuye a los vecinos sudamericanos el papel de socios estratégicos de Brasil y que destina a esos países esfuerzos especiales en el sentido de fomento a la integración económica, argumentan los autores. El sector público, sin embargo, aún no ha logrado adoptar una visión estratégica con relación a las inversiones brasileñas en Sudamérica, y carece, además, de un conjunto coherente de políticas públicas para apoyo y promoción de tales inversiones (Ribeiro y Lima, 2008: 36). La resistencia demostrada por la diplomacia brasileña a la posibilidad de negociar acuerdos de protección de inversiones con países vecinos –en función del peso que se otorga a la necesidad de preservar la autonomía del país para desarrollar políticas públicas– representa una clara expresión de esta falta de visión estratégica acerca de la trascendencia económica asumida por la creciente regionalización de las empresas nacionales. Según alegan los diplomáticos, no obstante, los empresarios no han demostrado demasiado interés por este tipo de mecanismo para proteger sus inversiones en los países sudamericanos.

6. Los actores no gubernamentales

6.1. El sector empresarial

Durante la segunda mitad de la década de 1980, en el contexto de los primeros pasos asumidos por los gobiernos de Argentina y Brasil para promover la integración bilateral, el sector empresarial se mantuvo al margen de las discusiones oficiales entabladas entre los dos países.

Esto era consecuencia, tanto de la pasividad inercial del empresariado como de la falta de compromiso del Estado en propiciar cambios que pudiesen fomentar la participación de la sociedad civil (Gardini, 2006). Además, durante el período mencionado, tampoco existían incentivos concretos que impulsaran al sector productivo a intentar influenciar de cerca las posiciones del gobierno e institucionalizar su participación.[88] El peso de la dimensión eminentemente política que inicialmente dio origen a la iniciativa integrativa subregional, así como la ausencia de riesgos económicos evidentes derivados del intercambio de preferencias tarifarias, son las razones que motivaron esta falta de interés del sector privado en las negociaciones oficiales que concluyeron en el Tratado de Asunción de 1991. Para Brasil, por otra parte, la vertiente sudamericana del regionalismo aún no había adquirido la trascendencia estratégica que pasaría a tener a fines de la década de 1990 –y, fundamentalmente, a partir de 2003–. En consecuencia, durante el período mencionado el empresariado tampoco demostró preocupaciones concretas por el resto de los vecinos del Cono Sur.

Desde fines del año 1992, las negociaciones de la Tarifa Externa Común (TEC) y el inicio del proceso de institucionalización del Mercosur estimularon una mayor preocupación e interés, no sólo de ciertos grupos empresariales puntuales, sino también de algunas centrales sindicales. Este proceso, a su vez, condujo al Estado a tender algunos canales de consulta e interlocución. Gracias a ello, los empresarios comenzaron a involucrarse más directamente en las actividades de Subgrupos Técnicos

---

[88]   De hecho, el proceso de los primeros años de Mercosur es mencionados habitualmente como casos de no participación del sector privado, así como de resistencia del Estado en favorecer esa participación. Véase Gardini (2007).

del bloque, lo que fortaleció la interacción y las consultas entre los actores estatales y los sectores empresariales. A nivel del Mercosur, el Protocolo de Ouro Preto creó un organismo consultivo de representación de la sociedad civil, denominado Foro Consultivo Económico y Social (FCES).[89] El FCES es el único órgano del Mercosur que cuenta con representantes no gubernamentales, y también es el único mecanismo formal de consulta público/privado. Su misión es la de emitir recomendaciones y no cuenta, por consiguiente, con poder decisorio. A pesar de la instauración del FCES y de la mayor participación de actores no gubernamentales en los subgrupos técnicos del Mercosur, en los hechos la intervención del sector privado se dio desde el comienzo de una forma poco consistente e institucionalizada respetando, asimismo, el tradicional patrón sectorialista de representación de intereses propio de las décadas anteriores. Las organizaciones de empresarios y sindicatos acudían a los encuentros formales, en calidad de "invitados" y "observadores" (Veiga, 2006). En suma, las consultas entre los representantes gubernamentales y el sector privado en las instancias de diálogo eran esencialmente informales y raramente favorecieron la creación de rutinas de coordinación

---

[89] El FCES está constituido por sindicatos, entidades empresariales, consumidores, profesionales y otros sectores. En el Foro participa igual número de representantes de cada Estado Parte y su órgano superior es el Plenario, que tiene carácter resolutivo. Los objetivos del Foro son: cooperar "activamente" para promover el progreso económico y social de la región; dar seguimiento, analizar y evaluar el impacto social y económico derivado de las políticas destinadas al proceso de integración; proponer normas y políticas económicas y sociales en materia de integración; realizar investigaciones, estudios, seminarios o eventos sobre cuestiones económicas y sociales relevantes para el Mercosur; y finalmente establecer relaciones y realizar consultas con instituciones nacionales o internacionales públicas o privadas para el cumplimiento de sus objetivos.

y monitoreo de las negociaciones. De todas maneras, estas insuficiencias no provocaron debates o controversias domésticas ya que durante toda la década de 1990 la coalición público-privada que defendía el Mercosur fue bastante sólida.[90] Vale la pena agregar que en diciembre 2004, durante la Cumbre de Ouro Preto, fue creado el Foro Consultivo de Municipios, Estados Federados, Provincias y Departamentos del Mercosur, a fin de estimular la incorporación de las unidades subnacionales en los debates del bloque.

Además del FCES, la creciente percepción del empresariado de que la no movilización acarrearía costos produjo la emergencia de mecanismos adicionales de participación independientes de los canales oficiales. Éste es el caso de la Asociación de Empresas Brasileñas para la Integración en el Mercosur (ADEBIM), establecida en 1991 con la finalidad de integrar a los empresarios de la región, fomentar la internacionalización de las compañías brasileñas y elevar recomendaciones al gobierno. La entidad representa en la actualidad a unas 300 empresas de todos los tamaños y sectores. En 2002, en virtud de la creciente importancia económica adquirida por América de Sur, ADEBIM decidió ampliar su radio de acción regional y alteró su nombre a Asociación de Empresas Brasileñas para la Integración de Mercados. Entre sus funciones actuales están el asesoramiento y apoyo de empresas en el campo de la exportación e

---

[90]   En una investigación conducida entre 2000 y 2001 por Amaury de Souza se realizaron entrevistas a 149 personalidades que forman parte de la "comunidad brasileña de política externa". El 64% de los entrevistados respondió que era favorable al fortalecimiento del Mercosur y el 91% consideraba que la existencia del bloque es benéfica para Brasil. Las entrevistas incluyeron a autoridades gubernamentales, congresistas, empresarios, representantes de grupos de interés, líderes de ONG, académicos y periodistas.

importación en el ámbito regional. También realiza seminarios sobre comercio exterior e integración regional con especialistas brasileños y extranjeros.

Los empresarios brasileños también decidieron promover la asociación con sus pares de Argentina, Uruguay y Paraguay. En ese contexto se inscribe la fundación del Consejo Industrial del Mercosur, establecido en 1993 por las entidades representativas empresariales de los cuatro países del bloque, con el objetivo de debatir temas de interés de estos sectores y transmitir propuestas a los gobiernos. Otro ejemplo más reciente de asociativismo regional es el Consejo de Fabricantes de Autopartes del Mercosur, creado en 2004 con la finalidad de promover los intereses de ese sector, además de estimular los procesos de complementación industrial en el ámbito subregional y proveer información a los gobiernos a fin de corregir los factores que perjudican la competitividad de las empresas representadas.

Fue a partir del lanzamiento del ALCA, no obstante, que los empresarios demostraron una mayor predisposición para superar el modelo sectorialista y jerarquizado de representación de intereses que había prevalecido durante el período ISI. Así, el temor por lo que podría transformarse en un nuevo proceso de apertura comercial, en este caso, en el marco de una negociación propuesta por Estados Unidos, constituyó un incentivo importante que condujo al sector empresarial a movilizarse y organizarse con el objetivo de lograr influenciar el proceso decisorio de elaboración de las posiciones negociadoras del país (Santana, 2000: 71; Carvalho, 2003: 369). De este modo, en 1996, bajo el liderazgo de la Confederación Nacional de Industria (CNI) fue establecida la Coalición Empresarial Brasileña (ceb), con el objetivo inicial de consensuar las posiciones de los diferentes sectores empresariales en las reuniones internacionales pautadas en el cronograma del

ALCA. La principal novedad institucional aportada por la ceb era su naturaleza multisectorial, ya que congregaba a varios segmentos de la industria, de la agricultura y de servicios en una única organización horizontal dedicada totalmente al tema de las negociaciones comerciales (Veiga, 2007: 132). La ceb representaba, en ese sentido, la primera experiencia empresarial para romper con la tradición sectorialista que desde los años treinta había caracterizado la manera mediante la que el sector productivo brasileño se organizaba para vincularse con el Estado. Se trataba, en definitiva, de propiciar una participación coordinada y unificada de los empresarios en los procesos de negociación internacional e intentar reducir la tradicional "tutela" del MRE. A partir de su creación, la ceb pasaría paulatinamente a ganar legitimidad y a convertirse, para el Estado, en un interlocutor social privilegiado, en una voz reconocida del sector empresarial para los temas relativos a las negociaciones comerciales.[91]

Resulta interesante observar, sin embargo, que la principal novedad y ventaja de la ceb –concretamente, su naturaleza multisectorial y su representatividad amplia y unificada– terminó constituyéndose como uno de sus principales obstáculos para su pretensión inicial de lograr cierta autonomía *vis à vis* las posiciones defendidas por los actores estatales. En última instancia, estos

---

[91]   Celso Lafer (2004: 1) resume la relación sinergética creada entre la cancillería brasileña y el empresariado organizado durante su gestión con estas palabras: "Durante el período 2001-2002 en que en encabecé Itamaraty, el gobierno se benefició de la asociación establecida con la Coalición Empresarial Brasileña. Esta Coalición opera a partir de la CNI y funciona como un punto focal abierto a todo el sector productivo nacional. La CEB contribuyó con la formulación de posiciones negociadoras gracias a la calidad de sus posicionamientos y la comprensión que tuvo del papel que posee esta asociación público-privada relativa al encauzamiento de los desafíos de las negociaciones comerciales internacionales en donde Brasil está participando".

obstáculos acabaron favoreciendo, incluso, la aparición de conflictos intersectoriales que precipitaron la creación de organizaciones de representación paralelas por parte de los segmentos disconformes con las posturas oficiales de la entidad.[92]

La coexistencia, dentro de la ceb, de segmentos marcadamente defensivos (elusivos/resistentes: industrias dependientes de la protección), e intereses ofensivos con inclinación por la liberalización comercial, terminó haciendo prevalecer la posición del primer grupo. Estos sectores defensivos apoyaban, al igual que el gobierno, un desarrollo más gradualista en las negociaciones del ALCA. Como demostró por primera vez Schattschneider (1935: 127-128) uno de los elementos más marcantes de la economía política de la protección se relaciona con la existencia de un desequilibrio crónico de representación entre los sectores beneficiados por las tarifas y aquellos que pagan su costo (ya sea por el elevado precio de las importaciones o por la imposibilidad de utilizar la reducción tarifaria como moneda de cambio en las negociaciones internacionales). Teniendo en cuenta la escasa influencia relativa demostrada por los sectores de la ceb con intereses ofensivos en el contexto de las negociaciones con los países desarrollados, podríamos decir que este elemento básico de la economía política de la protección se manifestó sin ambigüedades durante los primeros años en que actúo la organización.

---

[92] En 1999, por ejemplo, como consecuencia de la percepción de que el espacio de la ceb estaba resultando insuficiente, la Confederación Nacional de Agricultura (cna), la Asociación Brasileña de Agribusiness (Abag) y la Organización de las Cooperativas Brasileñas (OCB) decidieron crear el Foro Permanente de Negociaciones Agrícolas Internacionales, cuyo objetivo era coordinar la posición del sector frente al gobierno en todo lo relativo a las negociaciones comerciales (Carvalho, 2003: 371-372).

El predominio de la actitud de resistencia condujo al sector agrícola, notablemente interesado en impulsar un posicionamiento más enérgico y ofensivo de Brasil en los diferentes frentes de negociación comercial, a buscar canales alternativos de interlocución dentro del Estado, a fin de canalizar sus demandas con mayor efectividad. De esta manera, la Confederación Nacional de Agricultura (cna) decidió articular sus posiciones de un modo cada vez más directo con el Ministerio de Agricultura, a fin de contrabalancear los elementos más defensivos de otros órganos de la burocracia estatal. La ceb y la CNI, por su parte, también profundizaron sus vínculos con Ministerio de Industria,[93] tradicionalmente más permeable a las demandas del sector industrial. A grandes rasgos, todas las grandes organizaciones de representación empresarial lograron reforzar los canales informales establecidos con el MRE.

A partir del gobierno de Lula, sin embargo, se produjo una evidente disolución del espacio privilegiado adquirido por la ceb durante los dos mandatos del presidente Cardoso. En efecto, como señala Veiga (2006), desde 2003, el sector empresarial ciertamente perdió la posición relativamente favorecida, frente a los nuevos actores, que obtuvieron un mayor acceso a la política comercial en el nuevo gobierno. Este tema será abordado más adelante.

6.1.1. El fin del consenso sobre el Mercosur y la evolución de las preferencias empresariales

A partir de fines de 1990 y principios del nuevo siglo, varios factores contribuyeron con la progresiva alteración de las preferencias de un segmento importante del

---

[93] El Ministerio de Industria, Comercio y Turismo fue convertido en 1999 en el Ministerio de Desarrollo, Industria y Comercio Exterior.

sector empresarial con relación a la política comercial, el Mercosur y la región sudamericana.

En primer lugar, debemos mencionar el deterioro económico sufrido por los socios comerciales brasileños del Mercosur (Argentina, principalmente), y el consecuente aumento de los contenciosos comerciales, junto a los límites, cada vez más notorios, para avanzar con la profundización del bloque. El período que corresponde al momento más agudo de la crisis Argentina, en particular, coincidió en Brasil con el inicio del resquebrajamiento del consenso empresarial sobre la prioridad asignada al Mercosur en la agenda externa brasileña. A partir de los años siguientes, esta insatisfacción con el bloque se intensificaría rápidamente. Como sintetiza un documento de la CNI de 2004:

"[Estaría] en marcha un cambio en la percepción del sector empresarial brasileño con relación a los beneficios del Mercosur para el proceso de integración internacional del país [y prevalece] un sentimiento de irritación con el bloque, alimentado por las repercusiones del contencioso comercial intrabloque y por la visión de que la necesidad de negociar en conjunto la agenda externa ha sido responsable por las dificultades de hacer avanzar los principales acuerdos de los cuales Brasil está participando."[94]

En definitiva, una parte del empresariado anteriormente favorable a la iniciativa subregional comenzó a defender la idea de que el Mercosur debería volver a constituirse en un Área de Libre Comercio, a fin de liberar al país de la obligación de negociar acuerdos comerciales en conjunto con sus socios.[95]

---

[94]   Citado en Markwald (2005: 29) la traducción nos pertenece.

[95]   *Valor*, 15/10/2002.

Desde luego, el fin del consenso sobre el Mercosur no puede dejar de verse a la luz de otros factores vinculados a la evolución de la agenda comercial externa del país. En efecto, otro de los elementos relevantes que produjo el cambio de posición de un segmento del empresariado tiene que ver con la ampliación del "menú" de negociaciones comerciales. Así, el lanzamiento de las negociaciones Mercosur-Unión Europea (1999) y la inauguración de la Ronda Doha (2001) consolidaron, al agregarse al ALCA, lo que se dio en llamar la "triple negociación comercial". Estas opciones significaban nuevas oportunidades económicas para un sector importante de los exportadores, que pasó a presionar por posturas más agresivas en el contexto de las discusiones con los países desarrollados. Posteriormente, a partir del gobierno de Lula, las grandes negociaciones extrarregionales con estos países se estancaron. Por consiguiente, durante 2004 y 2005, años que coinciden con la parálisis del ALCA, los impasses de las discusiones con la UE y las dificultades de consensuar posiciones con los países desarrollados en la OMC, estos intereses comenzaron a considerar el Mercosur como un "lastre" que restringía la flexibilidad de la diplomacia comercial brasileña de avanzar en la suscripción de acuerdos ambiciosos (Jank, 2004).[96]

---

[96]   Marcos Jank, entonces presidente del Instituto de Estudios de Comercio y Negociaciones Internacionales (ICONE), resumía el sentimiento empresarial con estas palabras: "Es importante aclarar que soy de la generación "mercosuriana", que hasta ahora siempre creyó que el bloque regional era el mejor camino para la integración de nuestros países a la economía mundial [...] El hecho es que [ahora] el costo económico del Mercosur político se está tornando excesivamente alto para una buena parte de la industria brasileña. No cabe duda de que la voluntad política es un ingrediente fundamental para la deseable mayor integración de los pueblos de América del Sur. Pero sin incentivos económicos e institucionales claros, los empresarios no van a invertir en la integración de las cadenas productivas".

Los cuestionamientos empresariales también se hicieron sentir por el lado de las negociaciones comerciales Sur-Sur. El acuerdo firmado entre el Mercosur y la CAN, por ejemplo, constituye un ejemplo del cambio de posición de este sector frente a la política comercial del gobierno. El acuerdo fue bastante criticado por la CNI, que en una carta enviada al Ministro Amorim se quejaba del "esfuerzo brasileño hecho para acomodar sensibilidades [de los otros socios del bloque] relativas a reglas y mecanismos de difícil operación por parte del sector privado, lo que genera un elevado costo de aprovechamiento de las concesiones y beneficios negociados".[97] Entre los años 2005 y 2008, las constantes dificultades de consensuar posiciones con la Argentina en las negociaciones de Doha, la voluntad de Venezuela de postergar su compromiso con los aspectos comerciales de su incorporación al Mercosur y la oposición paraguaya a la eliminación de la cobranza múltiple de la TEC no hicieron más que reforzar este tipo de percepción negativa sobre la Unión Aduanera.

El factor más relevante que contribuyó con la transformación del debate de la política comercial y regional, no obstante, se origina en el cambio estructural experimentado desde 2002 por los patrones de comercio e inversión de Brasil y con el avance de la integración económica internacional del país. Impulsado, en gran medida, por las desvalorizaciones cambiarias de 1999 y 2002, la recuperación del precio de los *commodities* y el aumento de la competitividad del sector agrícola, a partir del año mencionado tuvo lugar un fuerte aumento de las exportaciones brasileñas (véase gráfico I). De este modo, luego de una década de bajo crecimiento, las ventas externas

---

[97]   *Valor*, 23/07/2004.

pasaron a adquirir una trascendencia económica inédita para el país. Esto estimuló, a su vez, el surgimiento de nuevos intereses ofensivos con demandas cada vez más directas y estructuradas sobre la agenda de negociaciones comerciales del gobierno.

El ejemplo más claro de este cambio de actitudes fue indudablemente el activismo político asumido por el sector agrícola, fundamentalmente a partir de la creación del Instituto de Estudios de Comercio y Negociaciones Internacionales (ICONE), en 2003.[98] ICONE representó, de hecho, una prueba concreta de la evolución experimentada por los exportadores agrícolas del país. A partir de entonces, las posiciones de los sectores de mayor dinamismo del sector mencionado comenzaron a contar con una organización que, gracias a su *expertise* en el campo de las negociaciones comerciales, pasó a contribuir cada vez más directamente en la formulación de las posiciones negociadoras de la diplomacia económica brasileña, en el ámbito multilateral, fundamentalmente.

6.1.2. Los intereses empresariales brasileños en América del Sur

Fruto del crecimiento de las exportaciones y de las inversiones brasileñas en América del Sur (gráfico 2 y cuadro 1) (véase Escuder e Iglesias, y D´Medina en este volumen), la región empezó a adquirir, a partir de 2003 y 2004, una gran relevancia estratégica para el empresariado brasileño, especialmente para el sector industrial. El interés por la región demostrado por la industria contrasta con la escasa importancia atribuida a ese espacio geográfico por el sector agrícola, cuyos intereses se

---

[98] Los financiadores del Instituto son las entidades exportadoras de carnes (ABIEC), las industrias de Caña de Azúcar (ÚNICA), sectores del Agribusiness (ABAG), productores de Aceites Vegetales (ABIOVE), la FIESP y la Asociación Brasileña de Industrias de Trading (ABECE).

concentran eminentemente en los mercados de los países desarrollados.

Según un estudio realizado por la CNI (2007), durante el bienio 2005-2006, América del Sur fue destino de casi el 20% de las exportaciones brasileñas. La Argentina absorbió el 44% del total exportado hacia la región, seguida de Chile, Venezuela y Colombia. Según datos del mdic, las ventas brasileñas hacia América del Sur se incrementaron un 36% entre 2004 y 2005, un 26% entre 2005 y 2006, un 19% entre 2006 y 2007 y un 12% entre 2007 y 2008, pasando de US$ 15.808 millones en 2004 a US$ 36.020 millones en 2008. El volumen de las exportaciones del país hacia el Mercosur, en particular, creció un 32% entre 2004 y 2005, un 19% entre 2005 y 2006, un 24% entre 2006 y 2007 y un 18% entre 2007 y 2008, pasando de los US$ 8.935 millones en 2004 a US$ 20.468 millones en 2008. Como pone de manifiesto el mencionado estudio de la CNI, las exportaciones del país hacia sus vecinos sudamericanos se concentran en los productos manufacturados (3/4 del total exportado hacia la región), mientras que esos productos son responsables por sólo el 38% de las ventas hacia el resto del mundo. Esta pauta de exportación hace de la región sudamericana un espacio geográfico muy relevante para el sector industrial.

El crecimiento de la inversión extranjera brasileña en los países vecinos también adquirió un nuevo dinamismo a partir de los primeros años del siglo XXI (cuadro 1). De esta manera, el proceso de internacionalización de empresas nacionales –iniciado en 1997 aunque mucho más expresivo a partir de 2004– elevó al país a la posición de mayor inversor externo entre los países en desarrollo, adquiriendo además el primer puesto entre los países latinoamericanos. En 2006, por ejemplo, la participación brasileña en las inversiones sudamericanas alcanzó el

76,8%.[99] Como señalan Lima y Ribeiro (2008), América del Sur fue uno de los destinos preferidos por las inversiones brasileñas, en áreas tan variadas como petróleo y gas, siderurgia, máquinas y equipos, alimentos, etc. Si bien es cierto que la Argentina ha sido el principal destino regional, en función del tamaño de su mercado y de las facilidades relacionadas con la integración en el ámbito del Mercosur (véase Escuder e Iglesias en este volumen), también se observa un creciente interés de las compañías brasileñas por los mercados de los países andinos.El cuadro 3 enumera las empresas brasileñas con un mayor nivel de internacionalización en América del Sur. Los datos de ese cuadro permiten comprobar que existe una alta diversificación de sectores brasileños con negocios en la región, de entre los cuales se destacan los hidrocarburos, la minería, la siderurgia, el sector automotriz, el comercio minorista, las telecomunicaciones, la electricidad y las bebidas. La presencia brasileña en laArgentina merece ser destacada (cuadro 4). En efecto, Brasil ha sido protagonista de algunas de las mayores adquisiciones de activos argentinos realizadas por extranjeros Cepal (2007). Los ejemplos más significativos son:

- La adquisición de la petrolera Pecom (Pérez Companc) por Petrobras en 2002 (US$ 1.127 millones).

- La compra del 85,3% de Swift por Friboi en 2005 por US$ 200 millones, mediante la primera operación de financiamiento para internacionalización de empresas realizada por el BNDES, que otorgó US$ 80 millones.

---

[99]   Ese año, las inversiones brasileñas en el exterior fueron de US$ 28.000, superando el total de inversiones recibidas por el país.

- La compra de la cementera Loma Negra por la constructora Camargo Correa en 2005 (US$ 1.025 millones)
- La compra del control de Quilmes por AmBev, en 2006 (US$ 1.250 millones).

Resulta interesante señalar que la creciente importancia económica de Sudamérica para el empresariado brasileño coincidió con la centralidad asignada a la región por el gobierno de Lula. Si bien en un principio la visión del empresariado y la del gobierno parecían converger, no tardó en emerger un debate bastante controversial sobre la manera en la que el país debería interactuar con su entorno geográfico. Así, mientras que la CNI y la FIESP[100] pasaron a demandar iniciativas para mejorar o preservar el acceso a mercados (negociaciones comerciales) y para resguardar las inversiones brasileñas en la región (acuerdos de protección de inversiones), el gobierno prefirió colocar estas demandas en un segundo plano, priorizando otros aspectos no económicos de la integración, como se ha señalado en la sección 4.2. Consecuencia de las fuertes controversias emergidas del debate, la política externa oficial para América del Sur pasó a ser el blanco central de las críticas provenientes de una buena parte del empresariado y de la prensa. Los cuestionamientos empresariales *vis à vis* la política comercial y la estrategia oficial para la región son de tres tipos:

1) Incongruencia de la política comercial con relación a la nueva inserción internacional del país y subordinación de los objetivos económicos a la política externa "neotercermundista". La falta de pragmatismo, de objetivos definidos, el exceso de retórica, la ideologización de las decisiones y la reactivación de posiciones anti-norteamericanas suelen

---

[100]   Federación de Industrias del Estado de San Pablo.

formar parte de este tipo de críticas (Barbosa, 2008). Para los empresarios, es justamente en América del Sur en donde muchos de estos aspectos de la política externa oficial se observan con mayor claridad. La expansión de la agenda temática mediante la incorporación de asuntos extracomerciales también provocó debate sobre la alegada pérdida de foco de la política externa en los procesos de integración con los vecinos. La CSN y la Unasur, en particular, son consideradas como iniciativas que expresan una heterogeneidad de visiones sobre objetivos y alcances de la integración, al tiempo que limitan las posibilidades de ampliar el libre comercio entre los países sudamericanos. Con relación al Mercosur, la expansión de la agenda social y política, en detrimento de las medidas destinadas a acentuar la integración comercial, también provoca críticas entre los empresarios.

Predomina la idea, además, de que la diplomacia brasileña, a fin de garantizar el liderazgo regional del país, es excesivamente tolerante con respecto a las medidas restrictivas y unilaterales de algunos vecinos políticamente afines al gobierno brasileño.[101] Más recientemente, en octubre de 2008, por ejemplo, la decisión del gobierno ecuatoriano de suspender las actividades de Odebrecht fue vista en Brasil por muchos sectores como un claro ejemplo de los límites a las pretensiones del gobierno de Lula de mantener un liderazgo pasivo frente a los vecinos que optan por políticas económicas nacionalistas (véase Jaramillo en este volumen).

---

[101] Argentina, Bolivia son casos que produjeron polémica sobre la manera en la que el gobierno Lula se relaciona con los países vecinos gobernados por presidentes de izquierda o centroizquierda. La aceptación brasileña de la propuesta argentina del Mecanismo de Ajuste Competitivo y de otras medidas proteccionistas impuestas por Buenos Aires fueron, por ejemplo, muy criticadas por la industria brasileña en 2005. En Bolivia, la decisión de Evo Morales de reabrir en 2005 los contratos de provisión de gas firmados con Petrobras y la virtual expropiación de dos refinerías también causó polémica en Brasil, en función, fundamentalmente, de la tibia respuesta del gobierno.

2) Poca transparencia y marginación del empresariado del proceso de formulación doméstica de las posiciones negociadoras, con excepción de la OMC. La CNI en particular cuestiona el "acceso insuficiente a la información y el plazo exiguo para consultas", así como la "limitada participación del sector en la discusión de las estrategias de negociación".[102]

3) Ausencia de resultados económicos significativos derivados de las negociaciones comerciales y escasa atención brindada a la suscripción de nuevos acuerdos preferenciales con los mercados económicamente relevantes. Se cuestiona, además, la decisión del gobierno de concentrar toda la agenda ofensiva en la OMC, así como la prioridad asignada a las alianzas con los países en desarrollo. La CNI ve con preocupación el hecho de que "los objetivos económicos no reciban la debida prioridad en el posicionamiento del gobierno brasileño frente a los diferentes procesos negociadores",[103] y agrega: "Sin dejar de considerar la dimensión política inherente a toda negociación comercial, el sector empresarial entiende que la definición de objetivos y la evaluación de oportunidades deben estar pautadas esencialmente por criterios económicos". La entidad también se queja de que "no está claro para el sector empresarial lo que se pretende de los acuerdos, cuáles son los costos y beneficios considerados para evaluar cada proceso negociador, las metodologías a ser adoptadas y los modelos de integración que se espera obtener".

6.2. Los sindicatos

Al igual que en el caso del empresariado, durante la segunda mitad de la década de 1980, los sindicatos brasileños tampoco tomaron parte en las negociaciones que

---

[102]   *Valor*, 28/06/2004.

[103]   *Valor*, 28/06/2004.

concluyeron en el Tratado de Asunción. Esto no significa que no tuvieran interés en la región. Dos de las mayores confederaciones sindicales del país, la Central Única de los Trabajadores (CUT, vinculada al PT) y la Central General de los Trabajadores (cgt), por ejemplo, fueron socias fundadoras de la Coordinadora de Centrales Sindicales del Cono Sur (CCSCS), creada en 1986. La CCSCS, sin embargo, fue establecida con el objetivo de estructurar a nivel internacional la lucha contra las dictaduras remanentes de algunos países latinoamericanos y para denunciar la deuda externa. Tal vez por este motivo, la integración regional no ocupó inicialmente un sitio demasiado relevante en la agenda externa sindical. Las discusiones de la TEC y las iniciativas de profundización del bloque, no obstante, incentivaron una mayor participación de los sindicatos brasileños en el Mercosur. Resulta importante subrayar que durante el período que coincide con el "regionalismo abierto", la CUT y la cgt mantuvieron una postura propositiva frente a la integración subregional. Impulsaron, de hecho, propuestas integrativas relacionadas con la implementación de una política productiva regional, además de demandar una mayor institucionalidad del bloque, así como políticas sociales a nivel subregional. También se interesaron por las relaciones externas del Mercosur, el ALCA, fundamentalmente, proyecto al que se opusieron desde su lanzamiento. Durante la segunda mitad de la década de 1990, uno de los mayores logros de las asociaciones de trabajadores del Mercosur fue la creación del FCES. Otra victoria fue, indudablemente, la Declaración Sociolaboral (dsl)[104] del Mercosur, de diciembre de 1998, documento que poco después dio origen a la Comisión Socio Laboral (csl).

---

[104] La dsl es un instrumento jurídico de carácter declaratorio y no vinculante, que establece un compromiso entre los Estados para la aplicación de un conjunto de derechos básicos y universales, de forma

A partir del año 2003, tras la victoria del PT, los sindicatos brasileños –la CUT en particular– consideraron que había llegado el momento propicio para alterar el modelo neoliberal de integración, hasta ese momento hegemónico. Ese año, la CCSCS propuso, mediante un documento preparado para la Cumbre del Mercosur, celebrada en Montevideo, varias demandas que incluían temas relacionados con la generación de empleo, la distribución de la renta, la valorización de los derechos sociales y humanos, la definición de las bases para las relaciones externas del bloque, además de cambios en el plan institucional del Mercosur (Portela, 2007: 8). También se hacía referencia a la necesidad de fortalecer el FCES, a fin de reforzar la participación social en los organismos decisorios del bloque. En esa misma ocasión, la CUT se destacó al lograr que el Ministerio de Trabajo brasileño impulsara la aprobación del "Plan de Trabajo 2004/2006", que reunía un conjunto de ambiciosas acciones y medidas tendientes a avanzar hacia la construcción de un mercado común. Las entidades sindicales también se manifestaron desde 2003 sobre las relaciones externas del bloque y sobre América del Sur. Apoyaron, concretamente, la ampliación del Mercosur (el acuerdo entre el Mercosur y la CAN de 2003, además de la adhesión de Venezuela), así como la creación de la Comunidad Sudamericana de Naciones (CSN) y la UNASUR. Todas estas iniciativas son vistas como una manera de avanzar en la "asociación económica, comercial y política en el continente sudamericano" (CCSCS, 2005). Continuaron, además, enfrentando el ALCA y los de TLCS impulsados por Estados Unidos, aunque no mostraron la misma postura de resistencia en relación con el acuerdo Mecosur-UE. En contraste con las entidades

independiente con respecto a la aplicación de las normas laborales nacionales.

empresariales brasileñas más importantes, los sindicatos son ampliamente favorables a que el Mercosur preserve la unidad en las negociaciones comerciales externas.

A pesar del logro de algunos de sus objetivos –esto último resultado, en gran medida, de la afinidad política entre los sindicatos y el gobierno Lula– una gran parte de las reivindicaciones de los sindicatos brasileños no se concretaron. Con el apoyo del Ministerio de Trabajo, por ejemplo, lograron articular una Conferencia Regional de Empleo en 2004, que derivó en la creación de Grupo de Alto Nivel de Empleo dos años más tarde. En contraste, los planes sociales y laborales más ambiciosos formulados desde 2003 para el Mercosur no alcanzaron las expectativas iniciales de los sindicatos (CCSCS, 2008). Como asevera la CCSCS (2008): "El peso atribuido a la dimensión sociolaboral por parte de los presidentes en sus declaraciones, no se refleja, en la práctica, en el tratamiento de los temas por parte de los organismos sociolaborales y decisorios del Mercosur". El caso de la csl es ilustrativo. Como explica Portela (2007), la csl, instancia cuya función es garantizar el cumplimiento de los derechos sociolaborales, todavía no es una herramienta de presión y muchas de sus propuestas aún no han sido llevadas a la práctica. Esto se debe, fundamentalmente, a la falta de compromiso o indiferencia de las agencias estatales competentes. Con respecto al objetivo de ganar una mayor influencia en los niveles oficiales de decisión del Mercosur (el FCES, concretamente) los resultados tampoco han logrado satisfacer las metas de las entidades que componen la CCSCS. Como reclama la organización (Sur Sindical: 2006: 18):

"En sus diez años de existencia, el FCES ha sido consultado por los gobiernos sólo en tres oportunidades y ninguna en los últimos cuatro años. Nuestras recomendaciones no han tenido respuestas directas. En definitiva, es el Órgano de Consulta del Mercosur, que no es consultado".

A diferencia de sus pares norteamericanos, como la AFL-CIO y Change To Win, que han demostrado una capacidad muy notoria para dificultar o bloquear acuerdos comerciales, los sindicatos brasileños no poseen una influencia demasiado relevante con respecto al regionalismo y la política comercial en general. Tampoco parecen tener influencia como para resistir, a través del veto, iniciativas concretas impulsadas por los actores gubernamentales. Esto se aplica plenamente al período del "regionalismo abierto", etapa durante la cual no asumieron posturas proteccionistas y tampoco lograron evitar o limitar el énfasis predominantemente comercial que pautaba los procesos de integración. Si bien es cierto que a partir de 2003 fueron capaces de articular algunas de sus demandas, como vimos, en función de la convergencia de posiciones con el partido gobernante, continuaron dependiendo de la voluntad e iniciativa del gobierno, que en muchos casos no cumplió con sus expectativas. Una razón que explica este bajo perfil de los sindicatos brasileños con relación al regionalismo es, como señala Portela (2007: 11), el hecho de que el tema de la integración continúa sin formar parte de las prioridades nacionales de los sindicatos de los países del Cono Sur.

6.3. ONG y movimientos sociales[105]

De forma análoga a la evolución experimentada por las organizaciones empresariales, las ONG y movimientos sociales brasileños se incorporaron al debate de las negociaciones comerciales (e indirectamente al debate del regionalismo) bajo el impulso del ALCA (Veiga, 2006: 24).

---

[105] Muchos de las ideas y argumentos presentes en esta sección fueron proporcionados por Fátima Mello, secretaria ejecutiva de la REBRIP, a través de una entrevista realizada en noviembre de 2008.

La novedad más notable con relación a los cambios en las prioridades y en las alianzas de las ONG durante el período del "regionalismo abierto" fue la conformación de la Red Brasileña para la Integración de los Pueblos (REBRIP), en 1998. La Red debe su existencia a la efervescencia política producida un año antes en el contexto de la Reunión Ministerial de Belo Horizonte. Se trata de una organización bastante heterogénea que congrega a ONG, sindicatos, movimientos sociales y asociaciones profesionales autónomas, con diversos intereses y orígenes. Actúa como un "polo de articulación y divulgación de iniciativas sociales frente a los tratados de regulación financiera y comercial, entre los cuales se incluyen la OMC, el ALCA, y otros acuerdos bilaterales y entre regiones, como el acuerdo Mercosur-UE".[106] Se benefició desde un principio del apoyo material y financiero de la CUT, que ya contaba, como se señaló anteriormente, con la experiencia adquirida en función de su interés por el Mercosur. De hecho, la CUT, al igual que otras organizaciones de trabajadores, se manifiesta sobre diversos temas relacionados con las negociaciones comerciales por medio de la REBRIP. Desde su creación, la Red también ha sabido aprovechar sus vínculos políticos con la Alianza Social Continental (ASC),[107] organización de la cual es miembro activo y que le ha permitido mantener un diálogo fluido –así como coordinar posiciones– con otros movimientos internacionales afines a sus objetivos.

---

[106]   www.REBRIP.org.br. Consultado en noviembre de 2008.

[107]   La ASC se constituyó en 1997 en Belo Horizonte. Es un movimiento integrado por organizaciones sociales, redes temáticas y organizaciones sectoriales de todo el continente. Se conformó para intercambiar información, definir estrategias y promover acciones conjuntas. Su acción se centró en enfrentar el ALCA y todas las diferentes modalidades del "libre comercio". Desde entonces la ASC ha sido el núcleo promotor de las "Cumbres de los Pueblos".

6.3.1. El regionalismo en la agenda de la REBRIP

Durante la década pasada, en contraste con las organizaciones sindicales, las discusiones vinculadas al Mercosur o al regionalismo –procesos considerados meramente extensiones de las políticas neoliberales implementadas a nivel nacional– ocuparon un espacio bastante relegado en la agenda de las ONG, situación que no se ha modificado demasiado en la actualidad.[108] De hecho, durante la fase del "regionalismo abierto", a diferencia de los sindicatos, las ONG –individualmente y luego agrupadas en la REBRIP– prefirieron asumir una política de resistencia (REBRIP, 2007) que no fue acompañada de la elaboración de propuestas propositivas que pudieran competir con la integración comercial.

Uno de los factores que explica el peso relativamente secundario que la REBRIP le asigna al tema de la integración subregional es la pauta de su agenda de trabajo, cuya formulación depende de las prioridades de las organizaciones que conforman la Red. Efectivamente, durante los últimos diez años, en función de los temas que componen su agenda, se ha venido concentrando casi exclusivamente en las negociaciones de Brasil con los países desarrollados: ALCA, Mercosur-UE, y desde 2001, la OMC. En ese sentido, el período de mayor movilización y visibilidad de la REBRIP fueron los años 2001 y 2002 (REBRIP, 2007), que coinciden con el inicio de la Ronda Doha y el comienzo formal de las negociaciones del ALCA,[109] es decir, con la consolidación de la "triple negociación comercial". En

---

[108] De las dieciocho publicaciones presentes en su sitio web (acceso en diciembre de 2008), sólo una está dedicada íntegramente al tema de la integración subregional.

[109] El momento de mayor protagonismo de la REBRIP fue durante el período que coincide con la organización de la campaña contra el ALCA, en 2002, que derivó en la realización de un plebiscito nacional. Ese año, además, la REBRIP asumió la Secretaría General de la ASC.

función de sus prioridades, los tópicos de la economía internacional que más atraen su atención suelen ser la vinculación entre comercio y salud pública y otros asuntos que forman parte de los intereses ofensivos de los países desarrollados en las negociaciones comerciales (compras gubernamentales, inversiones, servicios, agricultura, etc.). No por casualidad, el ALCA –en virtud del peso de la agenda OMC *plus* impulsada por Estados Unidos– fue el gran catalizador de la movilización de las ONG brasileñas. La metodología de trabajo de la REBRIP se apoya en la existencia de Grupos de Trabajo temáticos (GTS) que elaboran estudios sobre los asuntos bajo su competencia, así como documentos de posición que suelen ser divulgados públicamente por Internet y dirigidos al gobierno. Vale la pena agregar que la Red se ha opuesto a todas las negociaciones comerciales que involucran a países desarrollados y de las que Brasil participa, siendo la OMC, desde 2005, su foco central de actuación. Recientemente, por ejemplo, celebró, junto a otros grupos sociales, el colapso de las discusiones de Doha (REBRIP, 2008).

La ausencia de amenazas evidentes con relación a los temas que más concentran la atención de la REBRIP en la dinámica de los procesos de integración subregional explica la atención tangencial brindada al regionalismo. De hecho, en la actualidad, la REBRIP aún encuentra dificultades para incorporar la agenda de integración de América del Sur –ya sea mediante el Mercosur o a partir de otras iniciativas regionales– de una manera no reactiva. En efecto, todavía predomina la visión que defiende, fundamentalmente, un modelo de regionalismo pautado por la oposición y la resistencia a la integración de cuño neoliberal, impulsada por Estados Unidos o los gobiernos aliados.[110] A

---

[110] En palabras de Fátima Mello, directora ejecutiva de la REBRIP (2006: 8): "Al hablar de la integración de nuestra región apuntando a los in-

fin de ganar credibilidad, no obstante, durante los últimos dos años la REBRIP se ha estado esforzando por superar el perfil eminentemente reactivo y crítico característico de la época en la que se destacó en su combate frente al ALCA. La creación de un GT para la Integración Regional (gti), coordinado por entidades miembro de la Red, representa, en ese sentido, una evidencia de esta voluntad de dotar de mayor consistencia sus propuestas relativas al regionalismo. En el caso específico del Mercosur, desde 2003, los GTS de la REBRIP han logrado participar activamente en instancias decisorias específicas, como por ejemplo, la Reunión Especializada sobre Agricultura Familiar (REAF)[111] y la Reunión Especializada de la Mujer (REM).

Desde luego, esta predisposición por mantener una postura más integrativa no puede dejar de ser visto a la luz de la evolución de la coyuntura política sudamericana de los últimos años. Para la Red, esta coyuntura se caracteriza por el quiebre de la hegemonía del neoliberalismo, fenómeno acompañado de la emergencia de movimientos de resistencia a las políticas conservadoras y, especialmente, de la ascensión de gobiernos populares (REBRIP, 2007). En ese sentido, es importante subrayar que en Brasil, el gobierno de Lula estimuló el acceso de los movimientos sociales brasileños a las instancias decisorias relacionadas con la política comercial, externa y regional. De este modo, desde 2003, la REBRIP (así como otras organizaciones sociales) logró profundizar el diálogo con diferentes agencias y ministerios. Fue invitada a tomar parte, por ejemplo, del Consejo

---

tereses de nuestros pueblos, nos estamos oponiendo a las estrategias de Estados Unidos para la región, y estamos afirmando que es posible tener una alternativa a la globalización capitalista a través de esta integración".

[111] Foro destinado al fortalecimiento de las políticas volcadas al desarrollo de la agricultura familiar en el ámbito del Mercosur, creado mediante una resolución del gmc en noviembre de 2004.

Consultivo del Sector Privado (Conex) de la Camex.[112] Más recientemente, fue formalmente admitida para integrar el FCES, instancia que la REBRIP aún considera insuficiente a la luz de sus aspiraciones de participación. El MRE, en particular, asumió la delantera en este proceso de acercamiento entre el Estado y la sociedad civil no empresarial, como vimos, mediante una intervención activa de diplomáticos de la SGAS en eventos organizados por ONG y movimientos sociales. También ha sido frecuente la presencia del canciller Amorim en encuentros políticos celebrados por la REBRIP y otras organizaciones de la sociedad civil.[113] Como explica Fátima Mello, directora ejecutiva de la REBRIP, para la Red el MRE es el canal principal de contacto con el gobierno; por esta razón, la Red apoya firmemente el papel que este Ministerio desempeña como articulador y árbitro entre los diferentes intereses domésticos del país, agrega Mello. Otros ejemplos notables sobre la ampliación de los canales de participación: el MDA,[114] que pasó a representar los intereses de los pequeños agricultores y otros grupos interesados en el tema de la agricultura familiar y la seguridad alimentaria (el GT Agricultura de la REBRIP, por ejemplo); el Ministerio de Cultura, para ONG preocupadas por la relación entre los acuerdos comerciales y la producción cultural nacional; y la Secretaría General de la Presidencia, instancia que desde 2003 ha fomentado la participación de

---

[112] El CONEX fue establecido en enero de 2006. Cuenta con veinte representantes del sector privado que se reúnen cada tres meses para elaborar sugerencias o peticiones que son dirigidas a los ministros de la CAMEX.

[113] El canciller Celso Amorim participó, por ejemplo, de la IV Asamblea General de la REBRIP, celebrada en septiembre de 2007. Para Fátima Mello, secretaria ejecutiva de la Red, la presencia de Amorim "significó la culminación de un proceso de diálogo entre las organizaciones de la sociedad civil y el MRE".

[114] Ministerio de Desarrollo Agrario.

la sociedad civil en diversos asuntos de la agenda internacional, como por ejemplo, la Cumbre Social del Mercosur y
otras iniciativas regionales.

Resulta interesante resaltar que la REBRIP reconoce,
no obstante, que a pesar de haber aumentado su capacidad de incidencia, de movilización y de monitoreo de
las negociaciones, "el conjunto de acciones emprendidas
aún no es suficiente para alterar la correlación real de
fuerzas que existe en la sociedad brasileña, que se refleja
en las prioridades de la política comercial y en la estructura de la formulación de las posiciones del gobierno"
(REBRIP, 2007).

Como explica Fátima Mello, el punto de inflexión que
marca el inicio del cambio de posición de la REBRIP frente al tema del regionalismo sudamericano se remonta a la
IV Cumbre de las Américas, celebrada en 2005 en Mar del
Plata. El encuentro paralelo de la Cumbre de los Pueblos,
convocado por la ASC, simbolizó, para muchos de los movimientos sociales del continente, la "derrota del ALCA",
como consecuencia de la "movilización y luchas de resistencia de los pueblos de la región".[115] Desde ese momento,
los organizaciones sociales y ONG hemisféricas, incluyendo la REBRIP, se vieron en la necesidad de empezar
a "construir alternativas soberanas de integración de los
pueblos",[116] proceso que tuvo su momento de síntesis en
la Cumbre Social para la Integración de los Pueblos, celebrada en Cochabamba, Bolivia, en diciembre de 2006.[117]

---

[115] Declaración final del Seminario "UNASUR: intereses en disputa" (13
de marzo de 2008), firmada por unas veinte organizaciones de varios
países del continente, entre ellas, la REBRIP.

[116] Ídem anterior-

[117] Celebrada en paralelo a la II Cumbre de Jefes de Estado de la Comunidad Sudamericana de Naciones. El objetivo de la Cumbre Social de los
Pueblos era "fortalecer los mecanismos de seguimiento, incidencia y
disputa sobre los rumbos de la CSN".

A partir de ese encuentro, la metodología de las cumbres paralelas se convirtió, para las organizaciones que forman parte de la ASC, en una práctica habitual de seguimiento y monitoreo de los encuentros oficiales.

Desde la óptica de la REBRIP, los proyectos regionalistas posliberales patrocinados por Brasil, Venezuela y Bolivia (CSN-UNASUR, alba[118] y tcp[119]), así como las iniciativas específicas asociadas a estos proyectos, tales como el Banco del Sur, son avances positivos. Estas alternativas constituyen "herramientas para alterar la inserción de nuestros países en el mercado capitalista internacional y en la geopolítica mundial" (ASC, Campaña Brasileña contra el ALCA/OMC, REBRIP, 2006). Se defiende, de este modo, la idea de "[...] un proyecto de integración regional contrahegemónico, de oposición a la agenda que el gobierno de Estados Unidos (y otras potencias) tiene para la región, de afirmación de un proyecto regional que incorpore las aspiraciones populares y nacionales". (ídem, 2006). Conforme a lo establecido en la reunión de Cochabamba, los movimientos sociales del continente comenzaron evaluar la necesidad de elaborar propuestas políticas puntuales frente a las iniciativas de integración asumidas por los gobiernos progresistas. En el caso de la REBRIP (2007), se admite que "el problema de la necesidad de que reaccionemos en torno de iniciativas concretas, que están en curso en la región, nos coloca la responsabilidad de actuar en un nivel totalmente nuevo y distinto en relación con el período anterior, cuando analizábamos las cuestiones a distancia y en frío". Pese al optimismo manifestado frente a las opciones posliberales, algunas propuestas concretas de integración en el ámbito

---

[118] Alternativa Bolivariana de las Américas.
[119] Tratado de Comercio de los Pueblos.

sudamericano, tales como la Iniciativa de Integración de la Infraestructura de América del Sur (IIRSA) y, en menor medida, los proyectos de integración energética (como el Gasoducto del Sur), son observados con cierta cautela por algunas de las organizaciones que componen la REBRIP. Esto se debe, fundamentalmente, a las eventuales repercusiones sociales y medioambientales negativas asociadas a estos proyectos. Es importante mencionar que, pese al interés demostrado por el tema de la infraestructura física y la integración energética, la REBRIP reconoce que aún debe debatir estos temas con mayor profundidad (REBRIP, 2007). Ello resulta difícil, agrega Mello, porque el tema IIRSA provoca bastante disenso entre las ONG que componen la REBRIP.

En suma, las propuestas de la REBRIP sobre integración en el ámbito sudamericano continúan estando bastante permeadas por una actitud de resistencia apoyada en una visión crítica a los proyectos asociados al "libre comercio" de inspiración estadounidense. Ello, no obstante, dificulta la incorporación del tema del regionalismo en la agenda de la organización, y se constituye como un obstáculo para la construcción de propuestas técnicas capaces de alterar o complementar las políticas oficiales. Como reconocen los coordinadores de la Red (2007):

> Aún persisten dificultades para absorber la agenda de integración en la pauta de los foros, redes y movimientos sociales, dada la aún poco clara relación entre la dinámica regional y las luchas sectoriales y nacionales. Ello se refleja en la dificultad para constituirnos en un espacio nacional común, acogido por todos, para procesar la evolución de la dinámica regional. [...] Algunas cuestiones de fondo permanecen pendientes y necesitan ser debatidas más ampliamente: si la integración regional es vista por nosotros como alternativa real al neoliberalismo y al imperialismo, ¿qué modelo de integración queremos?

7. Conclusión

En América del Sur, los primeros años de la década de 1990 trajeron consigo la emergencia de una nueva forma de integración regional, compatible con el contexto internacional de la inmediata posguerra fría y con la revisión de la inserción internacional de los países de la región. En Brasil, el paradigma del "regionalismo abierto", con el Mercosur como plataforma no excluyente de acción internacional, fue incorporado rápidamente en la agenda externa del país, generando un sólido consenso público-privado. Hasta la segunda mitad de esa década, el Estado, y particularmente la cancillería, preservó un papel protagónico con respecto a las discusiones relativas a los procesos de integración regional y las negociaciones a ellos asociadas. Durante ese período, el sector privado y los sindicatos intervinieron en el debate sólo de manera circunscripta, respetando, asimismo, la modalidad sectorialista de representación de intereses propia del antiguo modelo ISI. Los movimientos sociales y ONGs, aún incipientes, poco estructurados y fragmentados, por su parte, tuvieron una participación insignificante. Prefirieron mantener una posición de resistencia pasiva frente a la integración de cuño neoliberal.

A partir de la segunda mitad de la década de 1990, la profundización del Mercosur con base en los principios del regionalismo abierto, el establecimiento de la OMC y, especialmente, el lanzamiento del ALCA, propiciaron en Brasil una progresiva transformación de la economía política de la integración. De este modo, bajo el estímulo de estos factores, entre los cuales el ALCA se destacaría desde un principio, agencias y ministerios pasaron a reivindicar una mayor participación en la definición de la política exterior y comercial. El MRE por su parte, decidido a preservar el monopolio de las negociaciones internacionales, promovió una serie de reformas para adecuarse a los nuevos desafíos surgidos de la expansión temática y la consecuente complejización de la agenda económica externa. El empresariado, encabezado por los sectores más defensivos –y motivado por el temor al ALCA– también buscó redefinir su manera de interactuar con la burocracia estatal. Para ello, se organizó mediante la creación de la ceb, entidad que cumpliría el papel de punto focal del sector frente al Estado para todo lo relativo a negociaciones comerciales y procesos de integración regional. Siguiendo los pasos del empresariado, sindicatos, movimientos sociales y ONG también pasaron a reclamar espacio en las discusiones, y se unieron, mediante la REBRIP, para intervenir más estructuradamente en el debate. A pesar de los cambios asumidos por el Estado, por el sector privado empresarial, sindicatos y demás grupos de la sociedad civil, el consenso en torno del Mercosur y de los principios del regionalismo abierto se mantuvo muy sólido durante casi toda la década de 1990.

A partir de fines de esa década y principios del nuevo siglo, este consenso, así como la coalición heterogénea que lo había sustentado, comenzaron a resquebrajarse como consecuencia de varios factores. En primer lugar, los intereses más ofensivos y competitivos del empresariado exportador, liderados por el agronegocio, empezaron a cuestionar la rigidez impuesta por las reglas del Mercosur a las negociaciones externas de Brasil. Pasaron a demandar del gobierno, asimismo, posturas más ofensivas en las discusiones con los países desarrollados. En forma paralela, las crisis recurrentes del bloque subregional y la intensificación de las disputas comerciales entre sus socios también contribuyeron con el descrédito de la Unión Aduanera y de su perfil eminentemente "comercialista".

A diferencia de otros países sudamericanos como Bolivia, Venezuela, Ecuador y Argentina, en Brasil, el gobierno progresista iniciado en 2003 no llevó adelante una reevaluación de las bases económicas del modelo de desarrollo consolidado en los años noventa (véanse Escuder e Iglesias; Jaramillo, y Serbin en este volumen). Si bien tampoco se produjo una ruptura en la estrategia de inserción internacional del país, algunas de las políticas asociadas a la integración regional pasaron por una redefinición. De la mano de la política externa autonomista asumida por el nuevo gobierno, ganó fuerza rápidamente la idea de un regionalismo alternativo, concebido como opción superadora de las experiencias de integración de la década anterior. Así, la nueva coalición favorable a esta modalidad de integración con los países vecinos conjugaba una visión crítica del neoliberalismo con el anhelo de un liderazgo brasileño activo en el ámbito sudamericano. El Estado fue el primero en llevar adelante adaptaciones para adecuarse al cambio de paradigma del regionalismo. De este modo, el MRE pasó por una reformulación de su estructura organizativa, a fin de dar cuenta de las nuevas prioridades de la política externa brasileña para América del Sur. Ante la reevaluación de los contenidos de la agenda integracionista y la consecuente incorporación de temas tales como pobreza, ciudadanía, derechos humanos, etc., ONG y movimientos sociales críticos de la integración liberal conquistaron nuevos espacios de participación en el ámbito nacional e internacional. Con el respaldo del gobierno, estos sectores ganaron fuerza mediante el estrechamiento de vínculos con otros actores políticos y sociales de la región y a partir de la celebración de cumbres paralelas. Esto ayudó a afianzar el cambio del eje temático del regionalismo propuesto por el gobierno, al tiempo que produjo una disminución del énfasis comercial de la integración. A pesar del protagonismo adquirido por sindicatos, ONG y otros segmentos de la sociedad civil, muchos de los objetivos centrales de estos grupos no se concretaron, en función, fundamentalmente, del escaso peso relativo que el regionalismo ocupa en sus agendas externas.

Paradójicamente, la reducción del énfasis comercial de la integración fue concomitante con un proceso inédito de expansión de la performance exportadora de Brasil, resultado, asimismo, del cambio estructural atravesado por la economía del país. En América del Sur, el fuerte crecimiento de las ventas brasileñas de bienes industrializados, así como un aumento sin precedentes de las inversiones de empresas nacionales en las naciones vecinas, trajeron consigo la complejización de la agenda regional. Desde el punto de vista del sector privado, la emergencia de gobiernos defensores de políticas económicas nacionalistas capaces de afectar los intereses económicos brasileños en algunos de estas naciones puso en evidencia la necesidad de reevaluar la naturaleza de los vínculos establecidos por Brasil con algunos de sus vecinos. El aumento de las divergencias entre el gobierno y el sector privado en torno de los objetivos y prioridades de la política externa para la región contribuyó con la polarización entre dos visiones que defienden posiciones bastante contrapuestas del regionalismo.

A la luz de la forma que ha adquirido el regionalismo posliberal y de la evolución de las posturas asumidas por Brasil frente a sus vecinos sudamericanos, podemos concluir que el Estado –y en particular, la diplomacia– continúa siendo el principal motor y sustentador de la integración. Los actores no gubernamentales –sectores económicos, así como ONG y movimientos sociales– aún poseen un papel reducido con respecto al regionalismo. En el caso brasileño, es muy relevante el hecho de que el peso que mantiene el Estado en el proceso de formulación e implementación de las políticas regionales se constituye como un límite frente a la posibilidad de que puedan consolidarse instituciones supranacionales con capacidad de definir directrices estratégicas. Esto es consecuencia, por otro lado, de que el Estado no ha logrado asociar estrechamente los intereses económicos o las preferencias de los movimientos sociales a las iniciativas de integración regional. A pesar de que los sectores industriales se han internacionalizado, convirtiéndose de hecho en actores con preferencias y demandas concretas sobre políticas de integración en el ámbito regional, el Estado aún carece de una visión estratégica acerca de la relevancia económica asumida por la región.

Bibliografía

Albuquerque, J. A. G. (2005), "Economia política e política externa no governo Lula: as três agendas de um ativismo inconseqüente", *Plenarium*, año 2, N° 2, pp 84-93, noviembre, Brasilia, Câmara dos Deputados.

Amorim, C. (2003), "Discurso do Min. Celso Amorim na Cerimônia de Posse do Subsecretário-Geral da América do Sul", Brasilia, Palácio Itamaraty, 21 de julio.

Araújo, E. H. F. (2008), "O Mercosul: negociações extra-regionais", Fundação Alexandre Gusmão/MRE.

Barbosa, R. (2008), "A política externa do Brasil para a América do Sul e o ingresso da Venezuela no MERCOSUR", en *Interesse Nacional*.

Bonomo, D. Z. (2006), "A mobilização empresarial para a tríplice negociação comercial: ALCA, MERCOSUL - União Européia e OMC (1994-2004)", disertación de maestría en Relaciones Internacionales-Programa San Tiago Dantas, Pontifícia Universidade Católica de São Paulo.

Caldas, R. (1998), "Brazil in the Uruguay round of the Gatt: the evolution of Brazil's position in the Uruguay round, with emphasis on the issue of services (strategies and policies for the global political economy)", en *Ashgate Publishing*.

Carvalho, M. I. V (2003), "Estruturas domésticas e grupos de interesse: a formação da posição brasileira para Seattle", en *Contexto Internacional*, vol. 25, Nº 2, julio/diciembre, Río de Janeiro.

CCSCS (2008), "Propuesta para un Instituto de Trabajo del Mercosur", julio.

CCSCS (2008), "Sur Sindical. Especial 20 aniversario", Montevideo, diciembre.

CCSCS (2005), "El Mercosur después de Ouro Preto: las prioridades del movimiento sindical", Montevideo, febrero.

Cebri y Cindes (2007), "Força Tarefa: O Brasil na América do Sul", en *Informe Final*, junio.

Cepal (2007), "Evolución y composición de los flujos de inversión extranjera en América del Sur bajo la óptica de las principales empresas inversionistas", Cepal-Oficina Brasil.

Confederação Nacional da Indústria (2007), "Os interesses empresariais brasileiros na América do Sul", Brasilia.

Confederação Nacional da Indústria (2006), *Informe anual*.

Corrêa, L. F. de S. (2001), "A Agenda Econômico-comercial e Reformas no Itamaraty", en Carta Internacional, julio.

García, M. A. (2008), "A Opção Sul-Americana", en *Interesse Nacional*, año 1. Nº 1.

Gardini, G. L. (2007), "Who invented Mercosur?", en *Diplomacy & Statecraft*, vol. 18, Issue 4.

Gardini, G. L. (2006), "Government-Business relations in the construction of Mercosur", en *Business and Politics*, 8:1, pp. 1-28.

Goldstein, J. (1994), *"Ideas, interests and American Trade Policy",* Ithaca, Cornell University Press.

Guimarães, S. P. (1999), *Quinhentos anos de periferia: uma contribuição ao estudo da politica internacional*, Editora de la Universidade Federal do Rio Grande do Sul.

Hermann, M. G. (2001), "How decision units shape foreign policy: a theoretical framework", en *International Studies Review*, vol. 3, Nº 2.

Iglesias, R. (2008), "Algunos elementos para caracterizar los intereses brasileños en la integración de la infraestructura en América del Sur", en *Integración & comercio*, Nº 28.

Jank, M., Nassar, A. M. y Tachinardi, M. H. (2004), "Brasil, potência agrícola mundial", en *Cadernos Adenauer*.

Krugman, P. (1997), "What should trade negotiators negotiate about", en *Journal of Economic Literature*, vol. 35. Issue 1.

Lafer, C. (2004), "Participação ampla na formulação de posições de negociação e de políticas internacionais", en *Pontes entre o comércio e o desenvolvimento sustentable*, vol. 1, Nº 0, junio-julio.

Lederman, D. (2005), *The Political Economy of Protection. Theory and the Chilean Experience*, California, Standford University Press.

Lima, M. R. S. (2005a), "Autonomia, não-indiferença e pragmatismo: vetores conceituais da política exterior", en *Latin American Trade Network*, escrito Nº 21, abril.

Lima, M. R. S. (2005b), "A política externa brasileira e os desafios da cooperação sul-sul", en *Revista Brasileira de Política Internacional*, año 48, Nº 1,. Brasilia, IBRI.

Lima, M. R. S. (2003a), "Na trilha de uma política externa afirmativa", en *Observatório da Cidadania*, pp. 94-100, Río de Janeiro, IBASE.

Lima, M. R. S. (2003b), "As Américas na política externa do governo Lula", en *Anuario Social y Político de América Latina y el Caribe*, año 6, Caracas, Flacso-Unesco-Nueva Sociedad.

Lima, M. R. S. (2000), "Instituições democráticas e política exterior", en *Contexto Internacional*, vol. 22, Nº 2.

Lima, M. R. S. (1996), "Brazil's response to the new regionalism", en Mace, G. y Thérien, J. P. (orgs.), *Foreign policy and regionalism in the Americas*. Boulder-Londres, Lynne Rienner, 1996.

Lima, M. R. S. (1994), "Ejes analíticos y conflicto de paradigmas en la política exterior brasileña", en *América Latina Internacional*, Buenos Aires, vol. 1, Nº 2.

Lima, M. R. S. y Santos, F. (2008), "O interesse nacional e a integração regional", en *Papéis Legislativos*, año 2, Nº 1, abril, OPSA.

Lula da Silva, L. I (2003), "Pronunciamento do presidente da República, Luiz Inácio Lula da Silva, na sessão solene de posse no Congresso Nacional", Brasilia-DFm 1º de enero.

Mello, F de C. (2002), "Política externa brasileira e os blocos internacionais", en *Perspectiva*, vol.16, Nº 1, San Pablo.

Oliveira, A. J., Onuki, J. y Cândia Veiga, P. (2006), "Política Externa e negociações comerciais", en *Revista Brasileira de Comércio Exterior*, Nº 87, junio.

Partido dos Trabalhadores (2002), "Política externa para integração regional e negociação global", Programa de Governo.

Perry, W. y Primorac, M. (1994), "The inter-American security agenda", en *Journal of Interamerican Studies & World Affairs*, vol. 36.

Pierson, P. (2003), "When Effect Becomes Cause: Policy Feedback and Political Change", en *World Politics*, vol. 45, N° 4.

Pio, C. (2001), "A construção política da economia de mercado no Brasil: estabilização e abertura comercial (1985-1995)", tesis de doctorado, Instituto Universitário de Pesquisas do Rio de Janeiro (IUPERJ).

Portela, M. S. (2007), "El sindicalismo frente al Mercosur". Análisis y Propuestas, en Fundación Friedrich Ebert, noviembre.

REBRIP (2007), "Balanço do período 2005-2007. Roteiro para avaliação e debate", septiembre.

REBRIP, Campaña Brasileña contra el ALCA/OMC y Alianza Social Continental (2006), "Integración en América Latina: apuntes para debatir la integración de los pueblos", en *Cuadernos de formación*, N° 3, noviembre.

Ribeiro, F. J y Lima, R. C. (2008), "Investimentos brasileiros na América do Sul: desempenho, estratégias e políticas", en *Informe Final*, FUNCEX.

Rios, S. P. y Iglesias, R. M. (2005), "Anatomia do boom exportador e implicações para a agenda de negociações comerciais do Brasil", en *Revista Brasileira de Comércio Exterior-Fundação Centro de Estudos do Comércio Exterior*, año 19, N° 85.

Santana, H. R. P. (2000), "Área de Livre Comércio das Américas (ALCA): determinantes domésticos e política externa brasileira", disertación de Maestría en Relaciones Internacionales, Pontifícia Universidade Católica do Rio de Janeiro.

Schattschneider, E. E. (1935), *Politics, pressure, and the tariff: a study of free private enterprise in pressure politics as shown in the 1929-1930 revision of the tariff*, Nueva York, Prentice-Hall.

Schwab, S. C. (1994), *Trade-offs: Negotiating the Omnibus Trade and Competitiveness Act*. Harvard, Harvard Business Publishing.

Shaffer, G., Sánchez, M. R. y Rosenberg, B. (2006), "Brazil's response to the judicialized WTO regime: strengthening the state through diffusing expertise", en *ICTSD South America Dialogue on WTO Dispute Settlement and Sustainable Development*. Working draft, San Pablo, Brasil.

Souza, A. (2002), "A agenda internacional do Brasil: um estudo sobre a comunidade brasileira de política externa", CEBRI, Rio de Janeiro, 2002.

Tachinardi, M. H. (2003a), "Amorim estréia na CUT o debate doméstico", en *Gazeta Mercantil*, 7 de febrero.

Tachinardi, M. H. (2003b), "Itamaraty ouve a sociedade civil", en *Gazeta Mercantil*, 23 de marzo.

Tachinardi, M. H. (2003d), Sociedade civil e funções na ALCA, en *Gazeta Mercantil*, 17 de septiembre.

Veiga, P. M. e Iglesias, R. M. (2002), "A institucionalidade da política brasileira de comércio exterior". En: Armando Castelar Pinheiro, Ricardo Markwald y Lia Valls Pereira (orgs.), *O Desafio das Exportações*, Río de Janeiro, Banco Nacional de Desenvolvimento Econômico e Social.

Veiga, P. M. y Rios, S. (2007), "O regionalismo pós-liberal na América do Sul: origens, iniciativas e dilemas", CEPAL, División de Comercio Internacional e Integración, Santiago de Chile, julio.

Veiga, P. M. (2007), "Política comercial no Brasil: características, condicionantes domésticos e policy-making", en *Políticas Comerciais Comparadas: Desempenho e Modelos Organizacionais*, vol. 1, San Pablo, Editora Singular.

Veiga, P. M. (2006), "Formulação de políticas comerciais no Brasil: A mudança do padrão de relacionamento entre o Estado e a sociedade civil", en *Revista Brasileira de Comércio Exterior*, Nº 86, enero-marzo.

Veiga, P. M. (2005a), "A política comercial do Governo Lula: continuidade e inflexão", LATN, serie, escrito 19, abril.

Veiga, P. M. (2005b), "Brazil and the G-20 group of developing countries. Managing the challenges of WTO participation: case study 7, WTO, diciembre.

Yee, A. S. (1996), "The causal effects of ideas on policies", en *International Organization*, vol. 50, Nº 1, invierno.

Noticias de diarios

Correio Braziliense, "Alencar critica o Itamaraty", 04/11/2003.

Estado de São Paulo, "Lafer promete "restrições simétricas" aos EUA", 13/12/2001.

Estado de São Paulo, "Itamaraty confirma Botafogo na embaixada em Buenos Aires", 20/11/2001.

Estado de São Paulo, "Alca provoca mudanças no Itamaraty", 04/05/2003.

Estado de São Paulo, "Quem manda nas negociações sou eu", 14/10/2003.

Estado de São Paulo, "Itamaraty reformado causa desencontro", 09/11/2003.

Estado de São Paulo, "Estratégia para Alca será definida pelo próprio Lula", 11/11/2003.

Folha de São Paulo, "Amorim diz que não só empresário deve ser ouvido", 21/09/2003.

Folha de São Paulo, "Para analista, falta coordenação à diplomacia", 26/07/2005.

Valor Econômico, "Lafer substitui diretor de instituto do MRE", 10/04/2001.

Valor Econômico, "Sociedade será ouvida nas discussões com UE", 23/07/2001.

Valor Econômico, "Palocci reclama de proposta 'minimalista' dos EUA na Alca", 15/04/2003.

Valor Econômico, "Itamaraty tem novo negociador para Alca", 16/05/2003.

Valor Econômico, "Brasil tenta esvaziar debate da Alca com acordo entre EUA e Mercosul", 27/05/2003.

Valor Econômico, "Sociedade civil deve ampliar participação", 09/06/2003.

Valor Econômico, "Empresários pedem empenho na ALCA", 07/11/2003.

Valor Econômico, "O diálogo governo-setor privado", 28/06/2004.

Valor Econômico, "O Brasil como referência para outros países", 07/01/2005.

Valor Econômico, "Fiesp quer criar nova representação", 20/06/2005.

Valor Econômico, "Itamaraty quer acelerar acordos do Mercosul fora da região", 10/05/2007.

Valor Econômico, "Setor privado cobra política externa ativa", 30/07/2007.

Gráfico 1
Exportaciones brasileñas según grandes
segmentos de valor agregado (1990-2008).
En millones de dólares

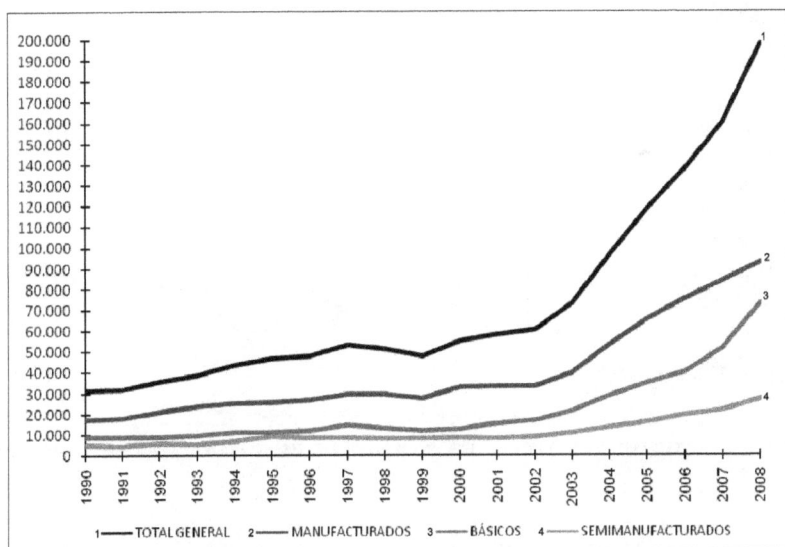

Fuente: MDIC/SECEX

Gráfico 2
Exportaciones brasileñas a América del Sur según
grandes segmentos de valor (1990-2008).
En millones de dólares

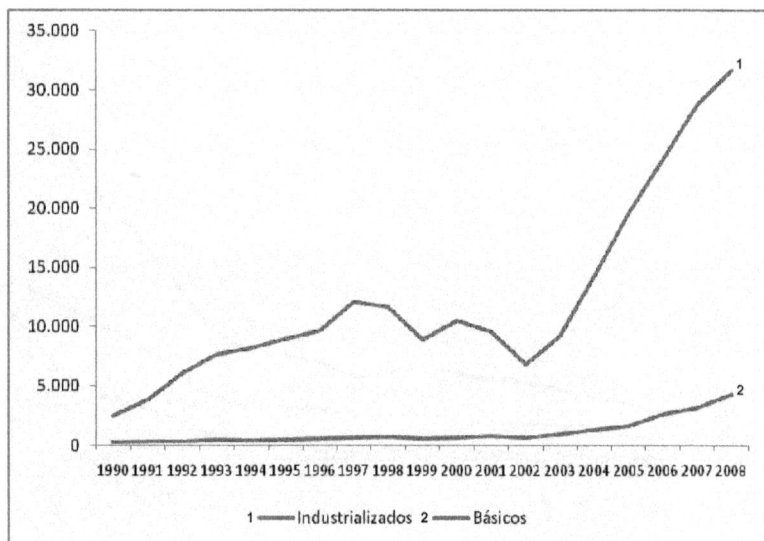

Fuente: MDIC/SECEX.

Gráfico 3
Odebrecht. Evolución del ingreso bruto por área geográfica, excluyendo Brasil (2003-2007). En millones de reales

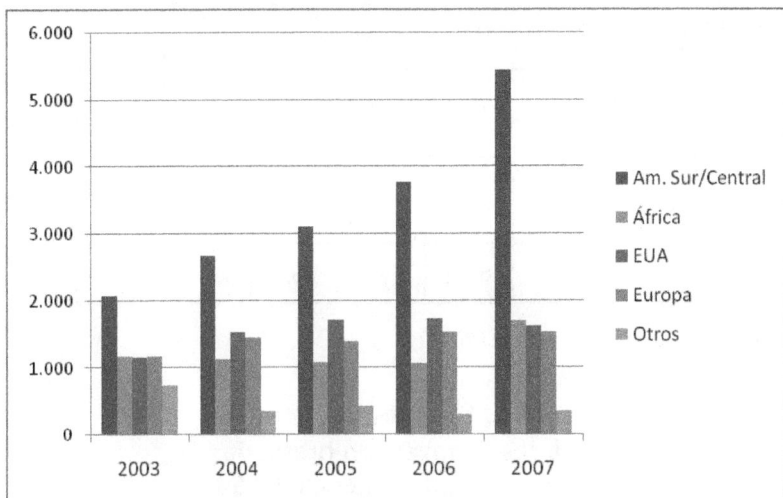

Fuente: Odebrecht.

Obs.: incluye todos los negocios de la organización Odebrecht, incluyendo ingeniería y construcción, petroquímica e inversiones en infraestructura.

Cuadro 1
Evolución de la participación de la inversión brasileña en el extranjero (en porcentajes)
Años seleccionados

	1970	1980	1990	2000	2005	2006
Mundo	0,1	0,7	0,3	0,2	0,3	2,3
Países en desarrollo	27,5	11,6	5,2	1,7	2,2	16,2
América latina y el Caribe	44,8	40,8	-	4,6	7,0	57,4
América del Sur	70,6	87,3	56,2	28,9	21,1	76,8

Fuente: Ribeiro y Lima (2008).

Cuadro 2
Flujos de inversión brasileña hacia países de América del Sur.
En millones de dólares

País	2007	%	2008	%
Argentina	528	5	620	4
Chile	689	6	547	3
Uruguay	229	2	483	3
Venezuela	73	1	183	1
Colombia	0	0	173	1
Perú	14	0	26	0
Bolivia	4	0	3	0
Ecuador	1	0	0	0
Total Am. Sur	1.538	13	2.034	12
Resto del mundo	10.107	87	15.276	88

Fuente: Banco Central de Brasil.

Cuadro 3
Principales multinacionales brasileñas
con presencia en América del Sur

Empresa	Sector	Países donde tiene inversiones
Petrobras	Hidrocarburos	Todos menos Chi.
CVRD	Minería	Arg., Chi., Col., Per. y Ven.
Gerdau	Acero	Arg., Chi., Col., Per., Uru. y Ven.
Usiminas	Acero	Asoc. con Techint en Arg. y Ven.
Camargo Corrêa Cimentos	Cementos	Arg.
Votorantim Cimentos / Metais	Cementos, minería	Bol., Col., Per.
Tigre	Material de Construcción	Arg., Bol., Chi. y Par.
Santista (Camargo Corrêa)	Textiles	Arg., Chi.
Klabin	Papel y celulosa	Arg.
Friboi	Alimentos	Arg.
Weg	Motores industriales	Arg., Chi., Col. y Ven.
Marcopolo	Carrocerías p/ autobuses	Col.
Randon	Autopartes	Arg.
Sabó	Autopartes	Arg.

TAM	Transporte aéreo	Par.
Grupo Synergy	Transporte aéreo	Col.
Itaú	Banca y serv. financieros	Arg., Chi. y Uru.
Odebrecht	Ing. y construcción	Varios
Queiroz Galvão	Ing. y construcción	Varios
Camargo Corrêa	Ing. y construcción	Varios
Andrade Gutierrez	Ing. y construcción	Varios

Fuente: Cepal (2007).

Cuadro 4

Principales adquisiciones realizadas por empresas brasileñas en Argentina.
En millones de dólares

Año	Empresa adquirida	Empresa que adquiere	Sector	Valor*	Control accionario actual
2002	Pecom (P. Companc)	Petrobras	Hidrocarburos	1.127	59%
2005	Swift Armour	Friboi	Alimentos	200	85%
2005	Loma Negra	Camargo Corrêa	Cemento	1.025	100%
2006	Quilmes	AmBev**	Bebidas	1.250	100%
2007	Alpargatas	Camargo Corrêa	Calzados	85	60%
2007	Quickfood	Marfrig	Alimentos	141	70%
2008	AcerBrag	Votorantim Metais	Siderurgia	-	53%

Fuentes: elaborado por el autor a partir de datos de la Cepal (2007) y de noticias de diarios y revistas.
Obs.: * el año y el valor se refieren a la operación principal de compra; ** AmBev pertenece a una multinacional extranjera.

Gráfico 4

Estructura del MRE para la política externa regional y
las negociaciones comerciales (2003-2007)

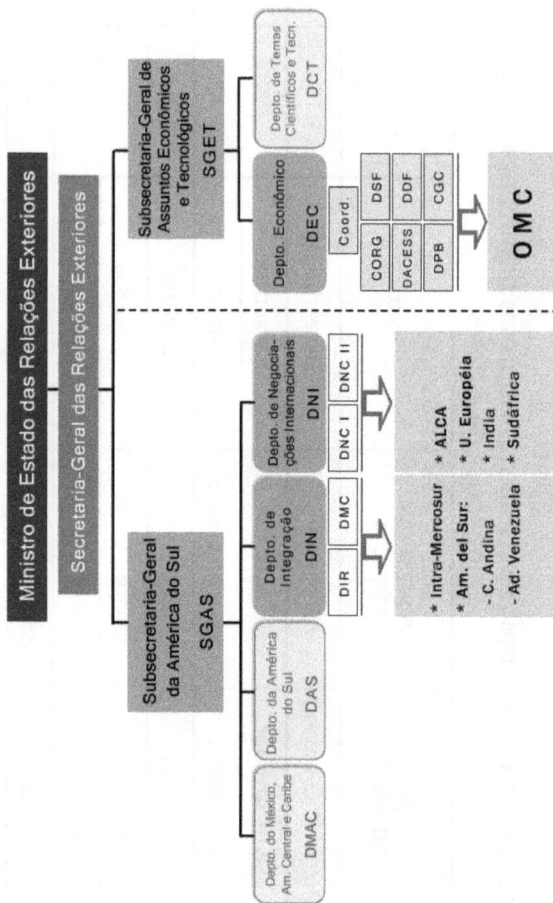

Fuente: elaborado por el autor sobre la base del decreto Nº 4759 del 21/06/03 y en el organigrama disponible en el sitio web del MRE.

CHILE
EL ESCENARIO REGIONAL COMO COMPLEMENTO A LOS TRATADOS DE LIBRE COMERCIO

Roberto Durán S.
Lorena Oyarzún S.
Instituto de Ciencia Política
Pontificia Universidad Católica de Chile

1. Introducción

El finiquito del esquema bipolar a mediados de la década pasada y los posteriores efectos de la globalización desde el último tercio de esos años tuvieron repercusiones de todo tipo en los procesos de cooperación regional en el ámbito latinoamericano. Algunos presagios esperables se confirmaron, especialmente los referidos al incremento del flujo del intercambio comercial. Otros fueron, en cambio, hechos relativamente inesperados, tales como la extensión y consolidación de los regímenes políticos democrático-representativos, los que –exceptuando Cuba y un par de intentos regresivos– han permanecido incólumes en estos últimos 18 años, hitos inéditos en la historia política contemporánea de América latina. Asimismo, los efectos de la primera (1989-1996) y de la segunda (1998-2008) fase de la globalización han interpuesto reformas que han puesto al día a determinadas estructuras socioeconómicas y socioculturales de estos países, acercándolos a los complejos procesos de la política y el comercio mundial.

En el caso sudamericano, contrariamente a los augurios de quince años atrás, el volumen del comercio intrarregional se ha triplicado desde entonces, acrecentándose la preeminencia del modelo de mercado y multiplicándose la red comercial de casi todas las economías de la región. Durante el período 1998-2003, un número nada desdeñable de gobiernos sudamericanos sellaron acuerdos de facto en materia macroeconómica, consensuando algunos lineamientos monetarios referentes al tipo de cambio y respecto de algunos procedimientos financieros bi y multilaterales. Con todo, no se exhiben resultados equivalentes en determinadas políticas fiscales, no obstante los visibles esfuerzos desplegados en ese mismo período por algunas economías, concretamente en favor de un gasto fiscal equilibrado. Ciertamente, en el mediano plazo ello debería haber redundado en un mejoramiento sustancial de la productividad global y sectorial, en la medida en que las condiciones generales del comercio y la economía internacional se hubieran mantenido inalterables. Pero todos sabemos que ello no es ni será así desde mediados del año 2008.

Ya avanzando desde 2008 en esta nueva crisis económico-financiera, la aserción *céteris paribus* de la economía y del comercio mundial han cambiado en sus bases. Aunque continúe siendo ideal propiciar políticas comerciales menos proteccionistas y más abiertas al comercio internacional, es evidente que las urgencias de todas y de cada uno de las economías van a alterar la lógica del comercio internacional durante un período aún incierto. Por lo mismo, los antecedentes disponibles recalcan que las implicaciones de esta situación comprometerán la estabilidad económico-financiera internacional en forma bastante más profunda e integral que la supuesta al inicio de la crisis. Éste es un supuesto esencial en las implicaciones que derivarán de nuestro estudio.

El contexto de una denominable "Regional Governance" se ha ido perfilando en términos de una creciente interdependencia. Por lo pronto, son claramente observables dos fenómenos simultáneos, esto es, integración y fragmentación. Desde mediados de la década de 80 emerge un nuevo estilo en los vínculos regionales, entendido como una "serie de relaciones formales/informales no sólo entre Estados, sino también entre actores no-estatales, en particular la sociedad civil y empresas privadas" (Söderbaum, 2003: 1).[120] A diferencia de experiencias anteriores, este nuevo estilo no es hermético ni excluyente, por cuanto se establecen relaciones comerciales norte-sur que conviven sin mayores reparos con el multilateralismo global, al mismo tiempo que estimulan el desarrollo de nuevos ámbitos de cooperación regional.

Es así como la Organización Mundial de Comercio (OMC) registra desde el año 2004 más de trescientos acuerdos bilaterales y multilaterales de comercio preferencial, los cuales abarcan cerca del 60% del comercio mundial. El regionalismo es una opción para enfrentar los desafíos de la sociedad internacional, en sus más diferentes variedades.[121] Otro rasgo en este sentido es el surgimiento de las regiones como actores relevantes y relativamente autónomos, estableciendo nexos con sus homólogas del sistema internacional, de manera informal o institucionalizada (Hettne, 2003).

Aunque la supeditación estructural de los procesos regionales a la lógica de la política mundial es indesmentible, esta relativa autonomía del ámbito regional

---

[120] La traducción nos pertenece.

[121] El regionalismo se basa en *la región*. Russett (1967), señala la relación con la proximidad geográfica entre los miembros. Entre éstos hay una fuerte interdependencia económico-comercial y una relativa homogeneidad socio-cultural. Algunos autores distinguen cinco variedades de regionalismo: regionalismo suave, conciencia regional e identidad, cooperación regional entre Estados, integración económica y cohesión regional (Hurrell, 1995). La integración regional es uno de los varios fenómenos que abarca el marco conceptual del regionalismo como fenómeno de la política internacional (Oyarzún, 2008).

permite vislumbrar en mejor forma la incidencia de los factores internos en la ejecución de las políticas exteriores de los países. En efecto, los factores político-sociales y/o socio-económicos que influyen en los lineamientos diplomáticos, políticos y comerciales de cada país son más detectables al tenor de las características institucionales e históricas de cada proceso regional. De esta forma, la consolidación del régimen democrático-representativo, las implicaciones ecológicas y medio-ambientales de las políticas industriales, las implicaciones socio-políticas de las migraciones, el control de la corrupción pública y privada, las falencias financieras, la escasez energética y las limitaciones de recursos infraestructurales son factores que configuran el diseño del regionalismo sudamericano. En esta línea se inscriben dos recientes proyectos regionales, Petroamérica[122] y la Iniciativa para la Integración de la Infraestructura Regional Sudamericana (IIRSA).

Este capítulo ausculta la pluralidad de factores sociales y políticos que inciden en las posturas del regionalismo sudamericano por parte de Chile. Se observa un acusado rol que en esta materia merece la burocracia estatal, del mismo modo que un papel preponderante de entidades empresariales de todo tipo. También se atisba algún tipo de influencia por parte de organizaciones y organismos de la sociedad civil chilena, los que de una u otra forma están afectados por los efectos omnicomprensivos

---

[122] Proyecto impulsado por el gobierno de Venezuela entre el 2005 y 2007, inicialmente destinado a coordinar las empresas estatales sudamericanas productoras de gas, petróleo y derivados. Las condiciones impuestas por la crisis internacional de 2008 y el brusco descenso en el precio internacional del petróleo desde entonces, indudablemente van a poner en cuestión la viabilidad de esta proposición. De hecho, desde este año ya no figura en la agenda prioritaria del comercio exterior venezolano.

de la globalización en la estructura y funcionamiento de la sociedad. Para ello se esbozan canales y procedimientos, que dan cuenta de cuán relevante es el papel de estos actores en los temas internacionales, en particular en aquellos que en forma más directa tocan a sus intereses. Los vínculos entre estos actores y las instancias institucionales del Estado configuran un proceso esencialmente dinámico, cuyas implicaciones mediatas e inmediatas explican la prevalencia del *statu quo*. Así las cosas, estos vínculos se definen en un contexto que privilegia por sobre todo el consenso, en todos los planos y ámbitos que tocan estos vínculos.

Ciertamente, un plano de gran coincidencia es el intercambio comercial de la economía chilena. Consciente o inconscientemente, hay un tácito acuerdo que abarca a casi tres cuartos de los actores sociales, políticos y económicos del país respecto de mantener y acrecentar la diversificación de mercados y exportaciones. Un muy reciente estudio de opinión pública –sobre el cual nos extendemos más adelante– destaca esta estrategia como una vía racional y eficiente de inserción internacional, toda vez que tal incorporación es imprescindible y del todo pertinente para con los intereses nacionales. En cierto modo, esta aseveración es concebida al tenor de los positivos resultados que ha devengado esta estrategia en el crecimiento económico del país. Sería interesante comparar esta percepción con la que habría hacia los próximos años, una vez superada la actual crisis económico-financiera internacional. También sería pertinente indagar en qué sentido y/o en qué proporción esta percepción deriva de contactos recurrentes de estos actores con grupos o entidades homólogas en otros países.

Asimismo, incide en esta percepción la autonomía del comercio exterior chileno, experiencia casi única en el contexto sudamericano. En el mismo sentido que la estructura del sistema económico mantiene desde hace 28 años la autonomía del Banco Central en los temas de política monetaria y cambiaria, la relativa prescindencia del aparato institucional del comercio exterior respecto de la burocracia estatal durante el mismo lapso de tiempo ha permitido que los vínculos económico-comerciales internacionales del país circulen por los expeditos carriles de políticas comerciales pragmáticas y flexibles. Por cierto, diversos sectores empresariales suelen mostrar reticencia respecto de estas autonomías, habida cuenta que podrían pactarse acuerdos que desmedren sus estatus al interior de le economía chilena. Esa es una opinión no compartida por las PyME, las cuales ven en esa autonomía de lo exterior la oportunidad que se les cierra internamente.

De los datos suministrados de una encuesta efectuada en noviembre de 2008 se extrae información que da cuenta de cuán pertinente es la percepción de determinados actores respecto del rol que tiene o debería tener Chile frente a la cooperación e integración sudamericana. En suma, este estudio pretende contribuir en la actualización y profundización del conocimiento sobre los factores endógenos que condicionan y/o determinan la estrategia chilena frente al regionalismo sudamericano, en el sentido de analizar cómo y por qué se acrecienta o no la autonomía del comercio exterior chileno y cómo ello influye en su competitividad al insertarse en la economía internacional.[123]

---

[123] La autonomía se entiende como la facultad de una nación de decidir, optar y obrar por sí misma, considerando su interrelación con la estructura y el funcionamiento del sistema político internacional (Puig, 1980: 42-43).

2. Estilos y estrategias de la inserción internacional de Chile

El regionalismo latinoamericano

Además del contexto histórico y de sus particularidades idiosincrásicas, el acercamiento de Chile hacia las sociedades latinoamericanas se explica por sus peculiaridades geográficas, por la forma en que se configuran sus instituciones estatales, así como también por los resultados de sucesivas y variadas políticas de desarrollo económico-social. No obstante significativas resistencias, la integración regional ha sido generalmente evaluada como una herramienta indispensable para lograr una inserción exitosa en la economía internacional, en la medida en que ello disminuiría la vulnerabilidad de su comercio exterior. En esto, Chile no se diferencia de los restantes países sudamericanos (Sunkel, 1998).

En rasgos generales, diversos historiadores coinciden en atribuir tres etapas a la integración latinoamericana.[124] La primera está asociada a los movimientos anticolonialistas del siglo XIX.[125] La etapa siguiente se sitúa después de la Segunda Guerra Mundial, muy marcada por la presencia de la CEPAL y el reforzamiento del interamericanismo. Una tercera fase sería la iniciada con la caída del

---

[124] A diferencia de los autores que identifican sólo dos fases, en esta perspectiva incorporamos los intentos no consolidados de la época postindependencia, en la cual los recién independizados Estados-nación privilegiaban la unidad política y no la integración económica.

[125] Algunos ejemplos los encontramos en los intentos de Simón Bolívar al crear la "Gran Colombia" en 1819, referida a las antiguas colonias de Venezuela, Nueva Granada, Panamá y Ecuador. También ocurre otro tanto con la convocatoria del Congreso Anfictiónico de Panamá (1824-1826). Si bien estas instancias no se consolidaron, son indudablemente una manifestación inicial de integración regional o de regionalismo, en su acepción política y diplomática.

socialismo real y la entronización de la globalización. Esta última es la que tiene mayor incidencia en el denominado "nuevo regionalismo", el cual facilita la presentación de nuevos proyectos de cooperación regional y subregional (Oyarzún, 2009).

Entre fines de la década de 1980 y la primera mitad de la de 1990, un número importante de países sudamericanos afianzaron políticas de apertura de sus respectivas economías, multiplicando sus mercados exportadores y diversificando el origen de los bienes de importación. Este aperturismo daba cuenta de la incidencia que cobraba la estrategia de internacionalizar sus respectivas economías, acorde con los buenos resultados exhibidos por algunos países que los habían precedido en esta postura.

Sin desmedro de mantener tales políticas, desde hace un tiempo varios gobiernos y sectores sociopolíticos de importancia de la región sudamericana han procurado aunar esfuerzos tendientes a solidificar los procesos de cooperación e integración económico-comercial. De esta forma, las políticas comerciales de esos países han redoblado su orientación hacia el comercio intrarregional, sin perjuicio de propender en la misma dirección con bloques económico-comerciales extrarregionales.

Recientes estudios de opinión pública aplicados en los países de América del Sur revelan que sus respectivas clases políticas y élite socioeconómica sostienen crecientemente que la inserción a la economía mundial es más viable por medio de acuerdos de integración regional o subregional,[126] por cuanto "la gran mayoría (82%

---

[126] El Programa de Naciones Unidas para el Desarrollo (PNUD) y el Instituto para la Integración de América Latina y el Caribe (INTAL) exploraron percepciones y expectativas sobre la integración regional, realizando entrevistas y estudios de opinión a diversos líderes, políticos, empresarios y académicos latinoamericanos durante 1998-1999. Para mayor información véase: "América Latina a principios del Siglo XXI: integra-

de los encuestados) los consideran positivos o muy positivos para sus intereses nacionales y sólo el 7% los percibe negativos" (PNUD y BID, 2001: 29). Otra investigación reveló que gran parte de los ciudadanos del continente son indiferentes ante los procesos de integración, "pareciera que estamos en una región donde cada vez cada cuál está más sólo".[127] Al preguntárseles qué país latinoamericano prefieren para reforzar la cooperación y/o integración regional, nuevamente una mayoría de entrevistados escoge a Brasil y, en forma decreciente, a la Argentina, México y Venezuela.[128]

Para ilustrar el rol de la diplomacia y de los agentes económico-comerciales de Chile hemos optado por constreñir el período de estudio al quehacer de los gobiernos democrático-representativos, analizando los tres gobiernos de la *Concertación de Partidos por la Democracia*.[129]

Cabe señalar que la instauración del régimen militar (1973-1989) provocó profundos cambios en la economía chilena, sustrayendo el tradicional papel del Estado en las actividades productivas, al mismo tiempo que se liberalizaron unilateralmente los flujos de comercio e inversión.[130]

---

ción, identidad y globalización. Actitudes y expectativas de las elites latinoamericanas", disponible en www.iadb.org/intal/aplicaciones/ uploads/publicaciones/e_INTALITD_IE_2001_integracion_identi-dad_globalizacion.pdf (consultado el 17 de abril de 2008).

[127] (Latinobarómetro, 2007: 3).

[128] (Ibíd., 5).

[129] Coalición de centroizquierda que surge a mediados de los años ochenta en oposición al régimen militar. La integran hasta hoy en día el Partido Demócrata Cristiano (DC), el Partido Socialista (PS), el Partido por la Democracia (PPD) y el Partido Radical Social Demócrata (PRSD)

[130] En 1974 se promulgó el Decreto-Ley 600 que liberalizó el régimen de inversiones extranjeras, contrariando la filosofía del Pacto Andino. Ello obliga a Chile a retirarse del acuerdo a fines de 1976. A medida que adquirían relevancia la liberalización de la economía y se imponía un nuevo marco de referencia en el comercio exterior del país, emergieron

Las reconocidas carencias democráticas y la violación sistemática de los derechos humanos por parte del régimen castrense fueron a la par de estas innovaciones económico-sociales. En el ámbito internacional, la estrategia adoptada se destacó por una excesiva ideologización frente al bloque de países socialistas y una nula inadaptación a los requerimientos de la *détente* de entonces. Ello le valió la enemistad política y diplomática de tres cuartos de los países democrático-representativos. Con todo, la diplomacia y las políticas comerciales de corte pragmático ostentadas por parte de países como la República Popular China, la neutralidad de algunos gobiernos asiáticos y africanos y el mantenimiento del comercio bilateral con Estados Unidos y varios países europeo-occidentales (algunos de éstos extremadamente críticos de la gestión dictatorial del gobierno militar) impidieron que el régimen militar chileno fuera del todo estigmatizado en la comunidad internacional.

En la década de 1970, las relaciones vecinales se caracterizaron por la desconfianza y se centraron en la problemática limítrofe. El diferendo con Argentina por el Canal Beagle o la reivindicación marítima de Bolivia son manifestaciones de la compleja situación vecinal. Posteriormente, en los ochenta, el régimen militar enfrentó una severa crisis económica, que sumado al creciente rechazo ciudadano por la ausencia de las libertades básicas propició la articulación de las primeras protestas ciudadanas (Wilhelmy y Durán, 2003).

---

nuevos actores socioeconómicos, varios de ellos afincados en grandes conglomerados, sumamente influyentes hasta hoy en día. La presencia e incidencia de estos nuevos actores fueron esenciales en el diseño e implementación del estilo que adopta la política exterior del régimen militar después de la crisis financiera de 1981-1982. Básicamente, ésta consistía en privilegiar los nexos bilaterales en una versión netamente comercial, en el claro entendido que tales nexos estaban exentos o desprovistos de cualquier significación política o diplomática.

Basándonos en Colacrai y Lorenzini (2005), identificamos algunos *rasgos identitarios* y *fuerzas profundas* que han condicionado la formulación de la política exterior chilena, entre ellos, la estabilidad institucional, el presidencialismo, los procesos políticos democráticos, el factor territorial y el estilo civil-pragmático de la diplomacia.[131] En Chile, la homogeneidad de su población, su angosta geografía, que permite un mayor control del territorio, y la presencia de fuerza políticas organizadas han contribuido en gran medida a mantener la estabilidad institucional.[132] El peso determinante de la figura presidencial en la definición de la política exterior es otro rasgo identitario o fuerza profunda del país. Un tercer rasgo distintivo es la democracia, entendida como el régimen heredero de las revoluciones liberales del siglo XVIII, con poderes políticos independientes, derechos y garantías fundamentales y universales, elecciones libres y periódicas de gobernantes, diversidad de partidos políticos con posibilidad de alternancia y principio de legalidad.[133]

Ahora bien, los gobiernos *concertacionistas* han asumido como parte esencial de su política exterior el tenor de la Declaración sobre la Protección de la Democracia, aprobada en la Asamblea de la Organización de Estados

---

[131] Wilhelmy y Durán (2003) exponen que la dictadura militar privilegió un estilo diplomático que combinó rasgos de nacionalismo y una dosis superlativa de realismo.

[132] Por ejemplo, la primacía electoral y política del Partido Conservador durante los veinticinco años que siguen a la consolidación de la independencia favoreció la estabilización del sistema político chileno (Colacrai y Lorenzini, 2005: 47).

[133] Durante los tres primeros cuartos del siglo XIX, en Latinoamérica no predominaban regímenes políticos caracterizados por altos grados de libertad pública, de tolerancia ideológica, sin olvidar la carencia de políticas económicosociales equitativas sustentadas por gran parte de sus gobiernos, la mayoría de éstos sumidos en la inestabilidad y en los regímenes de excepción.

Americanos celebrada en Santiago en 1991, al inicio de la transición y posterior consolidación democrática.[134] Con todo, prevalecen en el espíritu de esta política exterior una especial relevancia por la soberanía territorial.[135] La tradición legalista y el apego irrestricto al Derecho Internacional y al Derecho de los Tratados es un rasgo clara y definitivamente identitario de la política exterior chilena.[136]

Política exterior en democracia: los gobiernos de Aylwin, Frei y Lagos (1990-2006)

La normalización del régimen político en Chile fue el gran hito de los noventa, marcando un punto de inflexión reflejado en los estilos diplomáticos. Los actores que se integraron y participaron de la conducción política del país privilegiaron la reinserción de Chile en el sistema

---

[134]   Las acciones más recientes de Chile en ese ámbito se han concentrado en el sistema multilateral de Naciones Unidas (ONU) donde el país desplegó sus esfuerzos para respaldar la creación del Consejo de Derechos Humanos de la ONU y convertirse en uno de sus miembros. El Consejo de Derechos Humanos (CDH) fue creado en el año 2006 en reemplazo de la Comisión de Derechos Humanos, en el marco del proceso de reformas de Naciones Unidas. El CDH está formado por cuarenta y siete miembros, destacando el nuevo mecanismo de examen periódico universal por medio del cual se estudiará la situación de los derechos humanos en los 192 Estados miembro de las Naciones Unidas.

[135]   Recordemos que Chile ha sido uno de los países más activos en promover las discusiones sobre derecho del mar. Fue el primer país que proclamó soberanía y jurisdicción nacionales en las 200 millas en la zona económica exclusiva. Paralelamente, junto a Ecuador y Perú crearon en 1962 la Comisión Permanente del Pacífico Sur (CPPS).

[136]   Muñoz (1984) identifica dos estilos diplomáticos; el civil-pragmático reconocido por basarse en el derecho internacional y privilegiar a diplomáticos de carrera; el otro, denominado pretoriano-ideológico, presenta una fuerte impronta ideológica (anticomunista) y utilizar canales personales directos.

internacional de post Guerra Fría, concentrándose en recomponer las relaciones bilaterales, regionales y globales
que se habían deteriorado durante muchos años. Aunque
la transición pacífica hacia la democracia fue recibida con
agrado por una comunidad internacional que desborda-
ba optimismo ante el fin de la confrontación Este-Oeste,
los sucesivos gobiernos chilenos debieron esforzarse por
demostrar estabilidad y un normal funcionamiento de las
instituciones del país. Esto no sólo porque la Constitución
política era una herencia de la dictadura, sino porque
también su máximo representante se mantuvo al mando
del Ejército, y posteriormente formó parte del Congreso
en su calidad de *senador vitalicio* hasta su detención en
Londres en 1998.[137] Pese a estas dificultades, Chile dismi-
nuyó su vulnerabilidad recuperando gradualmente influencia en el escenario internacional.

> "Si la Cancillería chilena era un problema para el gobierno
> militar, en los noventa y en los primeros años de la década
> siguiente, el servicio exterior pasó a ser, en lo político, un
> cargo prestigioso" (Fermandois, 2005: 508).

El primer gobierno posterior a la dictadura fue liderado por el presidente demócrata cristiano Patricio Aylwin
(1990-1994). "En los hechos, representó a cabalidad el papel del *pater familias* que ansiaba el Chile post-Pinochet,
que quería cambiar en forma ordenada" (Fermandois,
2005: 498). Durante su mandato se reactivó la profesionalización de la diplomacia chilena y se adoptó el multilateralismo como mecanismo estratégico de la política
exterior en los niveles global, hemisférico y subregional.

---

[137] Algunos de los aspectos más controversiales de la Constitución de 1980
se referían a la implantación de senadores vitalicios y designados, en la
actualidad esos cupos han sido eliminados. Sin embargo, todavía no se
ha reformado el sistema electoral binominal, que subvalora a las mino-
rías políticas.

Se diversificaron los lazos con la región Asia-Pacífico con el objetivo de lograr la incorporación de Chile al Foro de Cooperación Económica del Asia Pacífico (APEC), entidad a la cual se ingresó en 1994, convirtiéndose en uno de los tres países latinoamericanos miembros del grupo.[138]

En el ámbito vecinal, la administración Aylwin favoreció la búsqueda de soluciones a los temas pendientes en materia limítrofe con Argentina y Perú, al mismo tiempo pretendió mejorar las complejas y difíciles relaciones bilaterales con Bolivia (Wilhelmy y Durán, 2003).

En la esfera económico-comercial se continuó con la tónica aperturista del comercio exterior, acorde con el mantenimiento del modelo económico-productivo adoptado por el régimen militar y en consonancia con las políticas preconizadas por el BID, el Fondo Monetario Internacional, el Banco Mundial y una pléyade de instituciones financieras transnacionales.

El segundo gobierno de la Concertación fue encabezado por otro personero demócrata-cristiano, Eduardo Frei-Ruiz Tagle (1994-2000). En política exterior se reestrenó un renovado estilo de diplomacia multilateral, la que hizo gala con el ingreso de Chile al Consejo de Seguridad de Naciones Unidas. El momento no podía ser más propicio, por cuanto eran años en los que el Secretario General y otros experimentados funcionarios internacionales hacían ímprobos esfuerzos para afiatar la desgastada institucionalidad de la Organización a una realidad mundial y regional profundamente transformada por los efectos de la globalización del comercio internacional y por la mundialización de los medios de comunicación. Al igual que la administración Aylwin, la presidencia de Eduardo Frei siguió las procelosas aguas de un eventual Tratado

---

[138]   Los otros dos socios latinoamericanos son México y Perú que se asociaron a APEC en 1993 y 1998, respectivamente.

de Libre Comercio con Estados Unidos. Se intentó negociar un vínculo especial, consistente en incorporar a Chile en el Tratado de Libre Comercio de América del Norte (TLCAN-NAFTA).

Intentando reeditar los exitosos pasos de la diplomacia mexicana tres años antes, la estrategia del gobierno chileno no pudo concretar felizmente esa negociación. Por un lado, el Congreso estadounidense había aprobado con muchas reservas la incorporación de México, y sus parlamentarios no estaban en condiciones de hacer otro tanto por otra economía latinoamericana. Por otro lado, la diplomacia chilena no logró hacer un "*lobby*" efectivo y eficaz en los medios gubernamentales y en el Congreso estadounidenses, aunque a ello se habría sumado el menguado mercado interno y la poco destacable cifra exhibida por el PIB de entonces, inclinando desfavorablemente a la clase política de Estados Unidos frente a las pretensiones chilenas.

Ciertamente, el acercamiento hacia Canadá fue mucho más exitoso. En ese entonces, la diplomacia canadiense intentaba desplegar una postura autónoma respecto de Estados Unidos, habida cuenta que las características hegemónicas de la política exterior y de los intereses político-estratégicos estadounidenses en los vínculos bilaterales con Canadá. Ello era y sigue siendo un factor fuertemente resentido por la clase política canadiense y la búsqueda de nuevos ámbitos de trabajo e influencia bi y/o multilateral ha sido y constituye un objetivo primordial en la política exterior de ese país. La incorporación de México al acuerdo NAFTA y la creciente influencia de Canadá entre los países caribeños y centroamericanos desde la década de 1970 abrían la oportunidad de asumir un rol propio en los circuitos de la política interamericana. Asimismo, su reconocido estatus de nación comprometida con la paz internacional, así como el incremento real de ayuda financiera y de asistencia técnica a sociedades pobres y subdesarrolladas otorgaban a Canadá una nueva imagen internacional. Así, tuvo lugar una convergencia en los intereses de dos países que pugnaban por mayor presencia y un mejor estatus en la política internacional. En tal contexto, las negociaciones tendientes a celebrar un TLC bilateral sellaban esas coincidencias. El acuerdo se firmó en 1996, constituyéndose en el primer TLC de Chile con una economía desarrollada, el primero de Canadá con un país sudamericano y el primer acuerdo suscrito al tenor de los Acuerdos de Marraquech de 1994, esto es, en el más claro espíritu del libre comercio que preconiza la Organización Mundial del Comercio.

Ese mismo año se firmó el Acuerdo de Asociación con el Mercosur, proceso que concitó un fuerte interés de algunos actores domésticos, particularmente de agricultores grandes y medianos, algunos sindicatos, partidos políticos y bancadas parlamentarias y, por primera vez, la postura pública de movimientos ecológico/medio-ambientalistas:[139]

---

[139] Las fracasadas negociaciones del TLC con Estados Unidos entre 1993 y 1994 fueron agriamente debatidas por diversos actores internos, en forma activa e insistente en diversos medios de comunicación. Gran parte del empresariado, particularmente la Sociedad de Fomento Fabril (SOFOFA), respaldaron la postura del gobierno de Frei, *contrario sensu* de los representantes de los partidos políticos de oposición. Más bajo perfil tuvo la Sociedad Nacional de Agricultura (SNA), sin sustentar una posición definida ante los posibles beneficios o perjuicios que implicaba un eventual TLC con Estados Unidos. Con todo, la postura de la SNA respecto del ingreso de Chile al Mercosur fue más tajante: oposición radical. Ello obligó al gobierno chileno a negociar con las economías del Mercosur la exclusión del sector agropecuario chileno por diez años. Por su lado, los grupos ecologistas irrumpen durante las negociaciones del acuerdo con Canadá y estarán presentes en negociaciones posteriores. El protagonismo de estos grupos sentó las primeras bases de una concepción más consensuada y menos burocrática en los asuntos externos de Chile. Este predicamento volverá evidenciarse durante los años 2004 y 2005-2006, con motivo de la firma del TLC con Corea del Sur y del Acuerdo de Cooperación y Asociación con la Unión Europea.

El movimiento ecologista chileno había logrado un mayor grado de desarrollo y capacidad de acción dentro de la institucionalidad política. Dentro de este movimiento, las posturas con respecto al TLC con Estados Unidos presentan notables diferencias. Mientras el segmento mayoritario se oponía al TLC basándose en la creencia que reforzaría el modelo económico chileno basado en la exportación de recursos naturales, para otros este tratado podía ser una oportunidad, al igual que había ocurrido en México, de potenciar el marco institucional chileno de protección medioambiental (Porras, 2003: 47).

El tercer gobierno de la Concertación fue encabezado por Ricardo Lagos, de reconocida militancia izquierdista. Aunque algunos adeptos al régimen militar se mostraron reticentes ante el regreso al poder de un estadista socialista, a poco andar se diluyeron las aprensiones. La administración Lagos promovió los efectos de la globalización al interior del mercado y de la sociedad, forteleciendo políticas públicas tendientes a realizar un "mercado con rostro humano", sin descuidar el fomento a la iniciativa privada y la competencia. Nuevamente, el Estado volvía por sus fueros mediante políticas y posturas de subsidio en lo económico-productivo, al mismo tiempo que incrementaba la inversión social a fin de propender y garantizar la igualdad de oportunidades.[140] Durante su gobierno se concretó el Acuerdo de Asociación con la Unión Europea (2002), cata-

---

[140] En el ámbito político-social emergió una esfera más abierta y progresista, impulsándose, por ejemplo, una reforma sustancial al Código Civil, a fin de legalizar las separaciones matrimoniales, las cuales existían de hecho y desde un largo tiempo. Se promulgó una ley de divorcio, más acorde con la realidad de muchísimos hogares y familias. Paralelamente, se efectuó una profunda reforma judicial, que ha ido desde entonces modernizando los procedimientos judiciales y la administración del Poder Judicial. Finalmente, se sentaron las bases para reformar los servicios de salud pública, haciéndolos más equitativos y otorgándoles mayores recursos financieros.

logado como de última generación. Correspondió también a esta administración concretar el escurridizo Tratado de Libre Comercio con Estados Unidos (2003).

Las condiciones generadas por los atentados en Washington y Nueva York en septiembre de 2001 pusieron de relieve los vínculos bilaterales chileno-estadounidenses. Aunque implícitamente se reconoció la hegemonía político-estratégica de Estados Unidos, se generaron también ámbitos de autonomía que realzaron las prioridades multilateralistas de la diplomacia chilena y el fomento de algunos principios centrales y tradicionales de la política exterior del país. Esto se vio reflejado en el voto de Chile en el Consejo de Seguridad en marzo de 2003, con motivo de una votación ante la propuesta de Estados Unidos sobre una "guerra preventiva" en Irak (Navia, 2006; Wilhelmy y Durán, 2003).

3. Acuerdos, asociaciones y TLC: ¿regionalismo como sinónimo de política comercial?

Del unilateralismo a los acuerdos comerciales selectivos

Los temas comerciales producto de la interdependencia y la globalización han adquirido un papel protagónico en el regionalismo sudamericano. No ajenos a lo que sucedía en el contexto económico mundial donde diversos actores negociaban asociaciones por medio de acuerdos bilaterales y con bloques comerciales regionales, Chile adoptó una postura integrativa en América del Sur y decidió participar del nuevo regionalismo. En este escenario, Chile optó por complementar su estrategia unilateral con la suscripción selectiva de acuerdos comerciales preferenciales en un marco de regionalismo abierto. Sin embargo, esta decisión significó modificar una estrategia que se venía aplicando desde tiempos de la dictadura y que había generado amplio consenso sobre sus ventajas, al reconocer que esa práctica estimuló la diversificación de mercados y productos, acelerando el crecimiento de las exportaciones.

Para un país con características geográficas, políticas y socioeconómicas de rango medio como Chile, la política y la estrategia multilateral constituyen una prioridad. Al igual que países con rasgos similares, es en el plano multilateral en el cual es más viable una defensa racional y efectiva de sus intereses políticos y económico-comerciales. Las relaciones bilaterales, en cambio, reflejan en mayor medida las asimetrías de poder de negociación, tamaño de mercado y de información. Del mismo modo, en el marco multilateral participan las principales economías con las que se relaciona el país, no se produce desviación de comercio y se reducen los costos de transacción, ya que los miembros han aceptado reglas comunes y un mecanismo de solución de controversias vinculante (Sáez y Valdés, 1999). Chile ha participado activamente de los foros multilaterales comerciales. Desde sus inicios en 1947 formó parte del Acuerdo General sobre Aranceles y Comercio (GATT) y también de la Organización Mundial de Comercio (OMC). Sin embargo el desequilibrio en los términos de intercambio entre países desarrollados y en vías de desarrollo ha provocado un estancamiento en las rondas de negociaciones multilaterales, particularmente al no existir acuerdo en temas como las subvenciones a los productos agrícolas y los derechos de propiedad intelectual. Como resultado de estas dificultades, el regionalismo y los procesos de integración regional se han transformado en una vía alternativa de inserción en la economía global.

Entre las distintas opciones de inserción distinguimos la liberalización unilateral,[141] acuerdos con Estados

---

[141] Como lo adelantamos, esta opción fue escogida por Chile en el advenimiento del régimen militar. De esta forma, el mercado nacional se abre al mundo sin mediar ningún tipo de reciprocidad, por cuanto se realza

Unidos, con zonas extrarregionales e integración subregional (Scott, 2008; Smith, 2004). Ante la fuerte competencia de las economías de la Unión Europea, Japón y China, entre otros, Estados Unidos apuntó a fortalecer su hegemonía sobre la región a través de una activa articulación de acuerdos. A principio de los noventa el país del norte planteó una estrategia hemisférica que debía concretarse a través del Área de Libre Comercio de las Américas (ALCA). Sin embargo, frente a las dificultades en el avance de este proyecto, se iniciaron paralelamente negociaciones bilaterales con algunos países de la región. La tercera estrategia (vinculación con socios extrarregionales), una de las más atractivas para los países sudamericanos en general y particularmente para Chile, apunta principalmente a la UE[142] y la APEC. Finalmente, la cuarta alternativa es la integración regional: a través de la acción conjunta se busca conseguir mayor autonomía y poder de negociación para lograr una mejor inserción en la economía global.

Entre los objetivos de la política comercial chilena se destaca la idea de abrir y consolidar su presencia en una pluralidad de mercados externos, en la medida en que ello fortalece las exportaciones y garantiza un flujo estable de divisas y un clima favorable para con las inversiones extranjeras. Éste es el marco de referencia del denominado "regionalismo abierto", el cual pasa por alto

---

una estrategia comercial que privilegia la diversificación de productos y mercados, además de otras medidas que han susceptible la inversión extranjera, sin ningún tipo de discriminación. A grandes rasgos, este predicamento ha sido seguido escrupulosamente por los gobiernos concertacionistas desde 1990. Durante la administración de Lagos se establecieron algunas medidas tributarias a la inversión extranjera, decisión que no alteró posteriormente el volumen ni la calidad de tales inversiones.

[142] La Comunidad Andina (CAN) y el Mercado Común del Sur (Mercosur) negocian acuerdos bilaterales con la Unión Europea desde el último tercio de los años noventa.

la disyuntiva de qué países o economías debería privilegiar el comercio exterior chileno. Es, en los hechos, un nuevo estilo de "desarrollo hacia afuera", abarcando una pluralidad de productos de exportación, sin limitar tal política a ningún país sudamericano o latinoamericano en particular.[143] Con todo, la prédica tiene un límite, por cuanto son precisamente los mercados regionales los de mayor interés comercial en lo inmediato. Ello se deriva de que, al igual que afirma Epsteyn (en este volumen) para el caso brasileño, la producción exportada hacia las economías latinoamericanas es la que ostenta un mayor valor agregado.

Chile es el caso más notorio de un país que ha logrado un buen ritmo de desarrollo basado en una estructura exportadora en la que prevalecen las exportaciones basadas en recursos naturales (aunque ha sido incapaz, por otra parte, de renovar durante la década actual los rápidos ritmos de crecimiento que caracterizaron a dicho país en 1990-1997). [...] Cualquiera que sea la estrategia de exportaciones que se siga, un elemento de consenso es la necesidad de estrategias más activas de ciencia y tecnología (Ocampo, 2008: 15).

Chile es hoy en día uno de los países con más suscripciones de acuerdos comerciales en el mundo. Ha firmado TLC, acuerdos de asociación y acuerdos de complementación con diversos países. También es miembro asociado del Mercosur y de la CAN. Ahora bien, el cuadro 1 siguiente permite apreciar la diversidad de acuerdos firmados por Chile.

---

[143] Algunos autores destacan la relevancia de la cercanía geográfica para entablar este tipo de acuerdos: "La información empírica más reciente indica que dos países que mantienen una frontera común comercian un 82% más que dos países similares que no comparten límites [...] la dimensión política tampoco ha estado ausente para explicar formación de acuerdos regionales (Sáez y Valdés, 1999: 89).

CUADRO 1

Acuerdos de Libre Comercio de Chile			
País o grupo de Países	**Tipo de Acuerdo**	**Fecha de la firma**	**Entrada en vigencia**
P-4 (1)	Acuerdo de Asociación Económica	18 de julio de 2005	08 de noviembre de 2006
Unión Europea (2)	Acuerdo de Asociación Económica	18 de noviembre de 2002	01 de febrero de 2003
Canadá	Tratado de Libre Comercio	05 de diciembre de 1996	05 de julio de 1997
Corea	Tratado de Libre Comercio	15 de febrero de 2003	01 de abril de 2004
China	Tratado de Libre Comercio	18 de noviembre de 2005	01 de octubre de 2006

Costa Rica (TLC Chile - Centroamérica)	Tratado de Libre Comercio	18 de octubre de 1999	14 de febrero de 2002 (Protocolo Bilateral)
El Salvador (TLC Chile Centroamérica)	Tratado de Libre Comercio	18 de octubre de 1999	03 de junio de 2002 (Protocolo Bilateral)
Guatemala (TLC Chile-Centroamérica)	Tratado de Libre Comercio	18 de octubre de 1999	Próximo a iniciar tramitación parlamentaria
Honduras (TLC Chile-Centroamérica)	Tratado de Libre Comercio	18 de octubre de 1999	28 de agosto de 2008
Nicaragua (TLC Chile-Centroamérica)	Tratado de Libre Comercio	18 de octubre de 1999	Protocolo bilateral en negociación
Estados Unidos	Tratado de Libre Comercio	06 de junio de 2003	01 de enero de 2004
México	Tratado de Libre Comercio	17 de abril de 1998	01 de agosto de 1999

EFTA (3)	Tratado de Libre Comercio	26 de junio de 2003	01 de diciembre de 2004
Panamá	Tratado de Libre Comercio	27 de junio de 2006	07 de marzo de 2008
Perú	Tratado de Libre Comercio	22 de agosto de 2006	Falta concluir tramitación parlamentaria
Colombia	Tratado de Libre Comercio	27 de noviembre de 2006	Falta concluir tramitación parlamentaria
Japón	Tratado de Libre Comercio	27 de marzo de 2007	03 de septiembre de 2007
Ecuador	Acuerdo de Complementación Económica N° 32	20 de diciembre de 1994	01 de enero de 1995
Mercosur (4)	Acuerdo de Complementación Económica N° 35	25 de junio de 1996	01 de octubre de 1996

Bolivia	Acuerdo de Complementación Económica N° 22	06 de abril de 1993	07 de julio de 1993
Venezuela	Acuerdo de Complementación Económica N° 23	02 de abril de 1993	01 de julio de 1993
India	Acuerdo de Alcance Parcial	8 de marzo de 2006	17 de Agosto de 2007
Cuba	Acuerdo de Alcance Parcial	21 de agosto de 1998 (5)	28 de agosto de 2008
Australia	Tratado de Libre Comercio	30 de julio de 2008	Fin de negociación
Malasia	Tratado de Libre Comercio		En proceso de negociación
Tailandia	Tratado de Libre Comercio		GEC terminado
Turquía	Tratado de Libre Comercio		En proceso de negociación
Vietnam	Tratado de Libre Comercio		Comienzo de negociaciones

(1) Pacífico-4, integrado por Chile, Nueva Zelanda, Singapur y Brunei Darussalam.

(2) Los países miembro de la Unión Europea son: Alemania, Austria, Bélgica, Dinamarca, España, Finlandia, Francia, Grecia, Italia, Irlanda, Luxemburgo, Países Bajos, Portugal, Reino Unido y Suecia, Chipre, Eslovaquia, Eslovenia, Estonia, Hungría, Letonia, Lituania, Malta, Polonia, Rumania, Bulgaria República Checa.

(3) La Asociación Europea de Libre Comercio (EFTA) está integrada por: Islandia, Liechtenstein, Noruega y Suiza.

(4) El Mercado Común del Sur está integrado por Argentina, Brasil, Paraguay, Venezuela y Uruguay. Chile participa como país asociado.

(5) La fecha sólo se refiere al cierre de las negociaciones.

FUENTE: DIRECON, Dirección de Relaciones Económicas Internacionales, Ministerio de Relaciones Exteriores, Santiago 2008.

Chile y sus relaciones con el Mercosur

Los gobiernos de Argentina, Brasil, Paraguay y Uruguay suscribieron en 1991 el Tratado de Asunción, instrumento jurídico que dio vida al Mercado Común del Sur. En la actualidad se encuentra en proceso de ratificación el Protocolo de Adhesión de Venezuela, de ser aprobado éste el gobierno de Caracas se convertirá en el quinto miembro pleno[144] (véanse Serbin, Escuder e Iglesias y Epsteyn en este volumen). La relación de Chile con este bloque subregional ha tenido distintas etapas. Desde los primeros años de vida sus miembros invitaron al gobierno de Santiago a convertirse en parte del Mercado Común del Sur, y en 1996 firmaron el Acuerdo de Complementación Económica Nº 35 Chile-Mercosur, que se esperaba fuese el primer paso para la incorporación plena.

Pese a que algunos actores sociopolíticos chilenos apostaron por una integración profunda, reconociendo no sólo la pertenencia geográfica, sino también la posibilidad de implementar una estrategia para afirmar la independencia y autonomía a través de la integración regional, primó la resistencia sobre la base de la incertidumbre y la desconfianza. Amplios sectores consideraron que el Mercosur era débil en su institucionalidad, en sus mecanismos de resolución de controversias, su capacidad para neutralizar los efectos de las disparidades cambiarias sobre flujos comerciales y de inversión, y también se cuestionó el que los aranceles externos fuesen superiores a los de Chile (Fermandois, 2005; Peña, 2001).

Si bien las negociaciones con el Mercosur no concluyeron en la incorporación plena, abrieron una vía institucional a través del Congreso a los distintos grupos de

---

[144] En abril de 2006, Venezuela se retiró de la Comunidad Andina y pasó a integrar el Mercosur.

interés domésticos para pronunciarse sobre la política comercial chilena. El gobierno de Frei sometió el acuerdo de
asociación a la ratificación del Poder Legislativo.[145] En este
escenario, destacó la postura del gremio agropecuario, representado por la Sociedad Nacional de Agricultura (SNA),
la cual mostró una fuerte resistencia a concretar un acuerdo con el bloque del Cono Sur, temiendo un devastador
impacto al competir con algunos de los más importantes
productores agropecuarios del mundo (Porras, 2003).

Bajo la administración del presidente Ricardo Lagos se
intentó demostrar una vocación latinoamericanista más integrativa por parte del gobierno chileno, intentando consensuar
la incorporación plena del país al Mercosur. Desde la perspectiva gubernamental, tal asociación permitiría una plena
inserción en la economía y, aunque existían problemas de
compatibilidad entre las estructuras comerciales, se sugirió la
incorporación al acuerdo en *dos velocidades*, es decir, mante-
niendo la autonomía de su política comercial hasta alcanzar
una real convergencia con sus socios. Si bien la propuesta chilena obtuvo una acogida receptiva/colaborativa por parte de
los países miembro de Mercosur, ésta no convenció a los actores domésticos en Chile propiamente tal, "particularmente [a]
los legisladores representantes de los distritos rurales, los que
con más fuerza hicieron saber su descontento [...] Al tenor de
la cifras sustentadas por la SNA, el déficit en el balance comercial del agro había trepado de 72 millones de dólares en 1995 a
300 millones en 2000" (Porras, 2003: 62).[146]

---

[145] Las autoridades chilenas también dimensionaron la relevancia de desarrollar estrategias y regulaciones tendientes a controlar la influencia
desmedida de determinados grupos de interés. En tal sentido, hubo
disposiciones específicas de las superintendencias de valores y segu-
ros, así como la de bancos e instituciones financieras.

[146] La administración Lagos incluyó en las negociaciones del TLC Chile-
USA a representantes de la sociedad civil mediante la creación de un
Consejo Asesor. En la práctica, su injerencia fue casi nula.

Con todo, Chile y los países miembro del Mercosur tienen intereses comerciales, principios diplomáticos y problemas comunes por resolver. Desde esa perspectiva se comparte la necesidad de generar soluciones eficientes e innovadoras ante las desigualdades en la distribución del ingreso, ante la falta de participación de la ciudadanía, la escasa transparencia en el ámbito público, la creciente deslegitimidad de los partidos políticos, además de la ausencia de probidad pública y la inseguridad ciudadana. Del mismo modo, se comparten preocupaciones sobre la estabilidad política por la región sudamericana, toda vez que la mayor interdependencia que deriva de la globalización convierte los problemas regionales en propios. "Quizá sea éste uno de los principales intereses estratégicos que los convoca a trabajar juntos"[147] (Peña, 2001: 304).

> La real prioridad estratégica que representan las relaciones de Chile con el Mercosur incorpora elementos que van más allá de la coyuntura con sus Estados parte. Entre estos, se destacan los beneficios de la integración física, la integración minera, interlocución comercial, la coordinación para adoptar estrategias conjuntas, aspectos sociales y culturales, y relaciones económico-comerciales [...] la carta Democrática y la Declaración de Mercosur como zona de paz, constituyen instrumentos que contribuyen al desarrollo político y económico de la región y de Chile en particular (Web MINREL, Santiago, 2008).

Otro dato no menor es que la base exportadora del comercio exterior chileno continúa dependiendo fuertemente de materias primas (cobre, frutas, salmón, etc.). Esta realidad también puede acercar posiciones con los

---

[147] Otros temas de interés mutuo hacen referencia al seguimiento del proceso político que se está generando en Cuba y las consecuencias que podría tener en la región, del mismo modo, destaca la relación del ABC, Mercosur y México (Peña, 2001).

países del Mercosur al momento de adoptar, por ejemplo, una postura concertada en el seguimiento de las negociaciones comerciales de la Ronda de Doha. Chile y más de una veintena de países en desarrollo abogan por la liberalización de los mercados desarrollados respecto de sus exportaciones agro-pecuarias.[148]

Chile se encuentra ante una alternativa fundamental: optimizar sus actuales posibilidades exportadoras hacia el gran mercado estadounidense y el resto del mundo y, además, disponer de un acceso favorable al mercado de capitales de Nueva York, o bien realizar una mejoría en su industrialización, que eleve significativamente su capacidad de autoabastecimiento de bienes industriales y le abra un mercado externo de crecientes posibilidades para las exportaciones industriales que esa orientación le permitirá (Jaguaribe, 2005).

Los diferentes gobiernos que se han sucedido desde el inicio de los años noventa han desarrollado una amplia estrategia de inserción hacia los mercados mundiales, acordando, firmando y ratificando múltiples acuerdos comerciales, con todo tipo de megabloques económicos y directamente con una extensa cantidad de países. En más de un sentido, la opinión pública, las entidades gubernamentales y los sectores socio-políticos influyentes de Chile entienden o suponen que el regionalismo es una

---

[148]   El G-20 fue establecido el 20 de agosto de 2003, en las etapas finales de los preparativos para la V Conferencia Ministerial de la OMC, celebrada en Cancún entre el 10 y el 14 de septiembre del 2003. Se enfocaron los temas agrícolas, uno de los tópicos centrales de la Agenda de Desarrollo de Doha. Actualmente está integrado por veintitrés países miembro : cinco de África (Egipto, Nigeria, Sudáfrica, Tanzania y Zimbabwe); seis de Asia (China, India, Indonesia, Pakistán, Filipinas y Tailandia) y doce de América latina (Argentina, Bolivia, Brasil, Chile, Cuba, Ecuador, Guatemala, México, Paraguay, Perú, Uruguay y Venezuela). Véase www.g-20.MRE.gov.br/members.asp.

vía –probablemente la más óptima– para acceder a un mejor estatus internacional, más allá de que se trate de un modelo gestado por un régimen políticamente autoritario, relativamente modificado en sus implicaciones sociales una vez reinstaurada la democracia representativa en 1990.

Inicialmente, la dimensión política de la cooperación regional había sido relegada al tenor de una política exterior centrada en promover los intereses económico-comerciales del país. No obstante, a partir de mediados de la década de 1990 esa tendencia se opaca en el espectro de una estrategia más amplia, denominada *multilateralismo abierto*. Esta, sin desmedro de los imperativos objetivos del comercio exterior, realza la necesidad de insertarlos en un marco de referencia más comprehensivo, en el cual los ingredientes políticos y diplomáticos configuran nuevamente la tónica de la diplomacia multilateral chilena. Es en ese contexto que cabe auscultar la incidencia –probable o real– de nuevos actores en la formulación y/o ejecución de las políticas comerciales.

4. América del Sur como prioridad: desde el Mercosur, la CAN, el intento de UNASUR y otras peripecias

En marzo del año 2006 se inició el cuarto gobierno de la Concertación y el primero en Chile a cargo de una mujer como jefa de Estado: la militante socialista Michelle Bachelet (2006-2010). Considerando el tamaño relativo de la economía nacional y la persistencia de determinados problemas sociales que arrastra el país hace décadas, la administración Bachelet ha definido los objetivos de la política exterior enfatizando nuevamente la promoción del multilateralismo, la intangibilidad de los tratados, la solución pacífica de controversias y la promoción del derecho internacional humanitario. Así, los lineamientos centrales que hoy relacionan a este país con la comunidad internacional son los propios de una nación democrático-representativa que combina en forma relativamente eficiente los fundamentos del ideal republicano y los preceptos de un modelo económico-productivo que promueve internacionalmente el libre comercio (Bachelet, 2005).

Un elemento distintivo, al menos en el plano discursivo, es la declarada intencionalidad de esta administración de mirar hacia la región, priorizando el ámbito vecinal.[149] En este sentido, el discurso de Bachelet es claramente integrativo. Se planteó como objetivo estratégico la promoción de una identidad regional común, reconociendo que se comparten intereses, objetivos y limitaciones. Del mismo modo, especial prioridad es el destino de las exportaciones de productos chilenos con alto valor agregado, además de la inversión de capitales privados nacionales. Paralelamente, se abre el debate sobre políticas e intereses para las áreas de la energía, de la mediana y pequeña minería y el mejoramiento de la infraestructura vial. En este contexto, la integración regional pasa a ser una opción válida y pertinente para incrementar la competitividad y las ventajas comparativas del comercio exterior chileno.

---

[149] Desde la administración Lagos ya se percibían indicios de acercamiento hacia la región, principalmente con el Mercosur. Recordemos que el Director General de Política Exterior del Ministerio de Relaciones Exteriores es, desde entonces, el Coordinador Nacional de Chile en el Mercosur-Político, en el Grupo de Río, en la cumbres iberoamericanas y presidente del Grupo Convocante de la Comunidad de Democracias en representación de Chile.

Aunque se reconocen las dificultades que enfrentan los lazos vecinales, se enaltece la importancia del diálogo permanente y la cooperación bilateral, propiciando por todos los medios el fortalecimiento de medidas y procedimientos de confianza mutua. Pese a algunos esfuerzos el camino es difícil, la administración Bachelet, por ejemplo, ha debido enfrentar la demanda ante la Corte Internacional de Justicia que interpuso el Gobierno de Perú contra el Estado de Chile desconociendo la frontera marítima común (ver los capítulos de Jaramillo y D´Medina en este volumen). Aunque el Estado chileno ha sido claro en afirmar que no existen méritos ni fundamentos para plantear una controversia sobre el tema –postura respaldada por todos los actores domésticos– la mandataria chilena ha mantenido las relaciones con el vecino país en un marco de serenidad, ya que según señaló "Perú y Chile debemos avanzar hacia una relación inteligente, en la cual la demanda no nos debe desviar del rumbo de integración y amistad en el cual tenemos que perseverar. Lo que nos une es mucho más que lo que nos separa" (Bachelet, 2008b).

En esta línea se han concretado proyectos de trascendencia en el proceso integración de América del Sur. Con Argentina se inició la primera *Fuerza Combinada Cruz del Sur* para operaciones de paz, lo que refleja el cambio cualitativo que se ha producido en las relaciones bilaterales desde los años noventa, período de acercamiento entre ambos países que buscaron recomponer las ásperas relaciones de décadas anteriores caracterizadas por la desconfianza y el conflicto. En la actualidad, se intenta avanzar desde la cooperación hacia la asociación. Con Bolivia, país con el cual formalmente sólo hay relaciones consulares, se han hecho ingentes esfuerzos a favor de un mayor y mejor entendimiento con el gobierno del presidente Evo Morales. Un logro concreto en este ámbito ha sido la habilitación del corredor bioceánico Bolivia-Brasil-Chile.

El 23 de mayo de 2008 los gobernantes de los doce Estados independientes de América del Sur, Argentina, Bolivia, Brasil, Colombia, Chile, Ecuador, Guyana, Paraguay, Perú, Surinam, Venezuela y Uruguay, firmaron el Tratado Constitutivo de la Unión de Naciones Sudamericanas (UNASUR).[150] Este nuevo proyecto regional entrará en vigor una vez sea ratificado por nueve Estados, superada esa etapa adquirirá personalidad jurídica independiente. En el proceso de construcción de esta iniciativa Chile ha colaborado activamente, logrando que el proceso de integración sea gradual y flexible, promoviendo la concertación política y el papel preponderante de los Estados. El gobierno y la cancillería han argumentado que la participación en este esquema es coincidente con la promoción de los procesos de integración que son respetuosos con los modelos de desarrollo de cada uno de los integrantes del bloque, compatibles además con la estrategia nacional de regionalismo abierto.

La administración Bachelet ha destacado los beneficios de convertirse en miembro, esperando diluir los temores de algunos actores domésticos que desconfían de "socios inestables y poco serios". En este sentido, han sostenido que la membresía en UNASUR no sólo se enmarca dentro de los objetivos prioritarios de la política exterior del país, sino que también fortalece el compromiso con el multilateralismo sudamericano. Aunque la creación de la *Unión* es un tema emergente, y hasta hace poco casi enteramente desconocido para la sociedad chilena, la reciente crisis en Bolivia colocó en la agenda de los medios de comunicación y de la opinión

---

[150]   Sus orígenes se remontan a la Declaración de Cusco (2004), que dio nacimiento a la Comunidad Sudamericana de Naciones.

pública nacional el debate sobre UNASUR y del grado de conveniencia en formar parte del bloque sudamericano.[151]

Estos acontecimientos generaron, como era de suponer, un intenso debate en el país. Líderes políticos y parlamentarios, principalmente senadores vinculados a la centro-derecha y de los sectores más conservadores de la Concertación, criticaron la acción diplomática del gobierno, incluso cuestionando la presencia de Chile en UNASUR. Ello ponía de relieve que la percepción de algunos partidos políticos y/o grupos de interés frente a este proyecto regional tiene un fuerte componente ideológico-identitario.

En este sentido, el Senador Sergio Romero, perteneciente al partido Renovación Nacional, consideró que el Presidente Hugo Chávez pretende, a través de la utilización de UNASUR, obviar la acción de la entidad regional de la OEA, que está llamada a reestablecer los procesos democráticos, cuando éstos son vulnerados –como en el caso de lo que ocurre en Venezuela– y también a actuar en situaciones de intervencionismo indebido, como sucede en Bolivia (Romero, 2008).

Ahora bien, en lo que toca al rol asumido por otros actores en el impulso o consolidación del regionalismo, hay ciertamente apreciaciones encontradas. Así, los empresarios han defendido mayoritariamente la apertura comercial y una postura eminentemente

---

[151] Chile, que ejercía durante el 2008 la presidencia *Pro-Tempore* de UNASUR, convocó a una reunión de emergencia con doce jefes de Estado y de Gobierno, a fin de abordar la compleja situación interna en Bolivia, frente a una hipotética interrupción de su régimen democrático-representativo. Por medio de la "Declaración de La Moneda", la Unión de Naciones Suramericanas dio un fuerte apoyo al gobierno democráticamente electo del presidente Evo Morales, estableciendo dos misiones para investigar la violencia política acaecida en el departamento boliviano de Pando y otra para cooperar en una mesa de diálogo entre el gobierno de ese país con la oposición.

pragmática respecto de su rol en los procesos de co-operación e integración regionales. Con todo, ante requerimientos sobre cuál región debería ser prioritaria para Chile o cuáles debieran ser los socios comerciales de mayor conveniencia, emergen puntos de vista disímiles. Estas diferencias se explican sectorialmente, pero además dependen del grado de presencia o la relevancia que implican los nexos internacionales para tal o cual empresa o grupos de empresas. Ello además del volumen y/o giro comercial de éstas y su involucramiento real con el comercio exterior del país.

Para la Confederación de la Producción y Comercio de Chile (CPC)[152] la idea de abrirse al mundo e insertarse a los distintos mercados –incluyendo los latinoamericanos y sudamericanos– es una oferta que es positivamente evaluada. Surgen matices al momento de sugerir una integración más profunda con bloques existentes o en construcción, como la CAN, Mercosur o UNASUR. En la mirada de la CPC, es la extensa cantidad y heterogeneidad de las coaliciones y acuerdos regionales lo que confunde el panorama. Por lo mismo, para esta entidad y otras asociaciones empresariales chilenas, las tensiones generadas por los liderazgos presidenciales en la región sudamericana profundizan esta confusión, por cuanto no se sabe a ciencia cierta qué gobierno está claramente a favor o en contra del libre comercio. En consecuencia, los empresarios de la CPC se inclinan por estimular nexos con aquellos países en los cuales se verifica una efectiva gobernabilidad político-institucional y en los

---

[152] Organismo cupular del empresariado chileno. Reúne a los principales sectores productivos del país y está integrada por la Sociedad Nacional de Agricultura, la Cámara Nacional de Comercio, Servicios y Turismo, la Sociedad Nacional de Minería, la Sociedad de Fomento Fabril, la Cámara Chilena de la Construcción y la Asociación de Bancos e Instituciones Financieras

que, además, suelen mantenerse las reglas del juego del comercio internacional.

> Chile al final no aceptó entrar al Mercosur porque tenía que subir los aranceles [...] Chile no puede irse a un lado por entrar simplemente a un acuerdo porque no le conviene, nosotros hemos basado nuestro desarrollo en los últimos años en la apertura del comercio exterior, más que en un modelo de economía cerrada con aranceles altos o semicerrada, y de esa manera más del 90% de nuestro comercio está constituido con países con los cuales tenemos libre comercio, entonces uno comprende inmediatamente con eso que no es posible entrar (Alarcón, 2009).[153]

En suma, en la visión de la CPC y de las principales asociaciones empresariales chilenas, el principal escollo en la promoción del regionalismo sudamericano radica en la desconfianza que genera la ingobernabilidad institucional de varios países, toda vez que ello desdibuja los compromisos con el libre mercado y de desdice de la mínima seguridad legal para con las inversiones extranjeras. En cuanto a la percepción de la CPC sobre la Unión de Naciones Sudamericanas, Alarcón (2009) señala que puede ser una instancia positiva para generar diálogo entre los Estados que la componen, pero la heterogeneidad política de sus gobiernos y los consiguientes disensos de intereses comerciales y otros dificulta la consecución de acuerdos viables. Ello explicaría que no pocos de los intentos multilaterales terminen siendo meros acuerdos bilaterales. Así, entidades dependientes de la CPC implementan diversos comités bilaterales con sus pares en

---

[153] Entrevista a Alejandro Alarcón, presidente de la Comisión Política Económica de la CPC. Efectuada en Santiago de Chile, en el marco de la investigación doctoral de Lorena Oyarzún, *CAN, Mercosur y UNASUR en los procesos de integración latinoamericanos ¿Más de lo mismo?*, Universidad Autónoma de Barcelona, 2009.

Perú, Bolivia, Argentina, Brasil, Ecuador y otros países. Una excepción es la Asociación de Bancos, entidad muy comprometida en la Federación Latinoamericana de Bancos (FELABAN).

En lo que toca a la Sociedad Nacional de Agricultura (SNA), ciertamente esta entidad también reconoce que para su sector es fundamental abrirse al comercio mundial. Consideran que la integración y/o la cooperación sudamericana serían beneficiosas –en la medida en que abrirían oportunidades comerciales en sociedades de gran consumo de bienes agropecuarios como la República Popular China o la India–, hasta ahora no se vislumbran las condiciones para reforzarlas. Nuevamente, en su fundada percepción, las sucesivas e imprevistas alteraciones en las reglas del juego inciden en la desconfianza, además de producir un enorme daño en la imagen internacional de la región. Con todo, hay logros puntuales.

> Me acuerdo de haber ido a Paraguay a hacer un acuerdo con los productores de sésamo, el sésamo no tiene por donde salir, entonces cuando llega a China, que tiene el mayor consumo, les cobra prácticamente 120% de arancel. Chile como no produce tiene cero arancel, entonces les propuse traerlo, elaborarlo y empaquetarlo, lo mejoramos y lo mandamos con cero arancel, me miraron raro, pero ya hicimos el acuerdo y ya se está enviando, entonces ese tipo de cosas se tienen que implementar (Schmidt, 2009).[154]

La visión del presidente de la Confederación Nacional de la Pequeña y Mediana Empresa

---

[154] Entrevista a Luis Schmidt, presidente de la SNA. Realizada en Santiago de Chile en el marco de la investigación doctoral de Lorena Oyarzún, *CAN, Mercosur y UNASUR en los procesos de integración latinoamericanos ¿Más de lo mismo?*, op. cit.

(CONAPYME), Iván Vuskovic, es significativamente más integrativa. Vuskovic señaló que para su sector es fundamental que Chile se inserte plenamente en un sistema de cooperación con los países de América del Sur. Esta demanda ha sido planteada en distintas instancias de reunión con las autoridades de gobierno, solicitando reforzar los vínculos regionales, ya sea en el Mercosur o la CAN, pero de manera plena y no sólo como miembro asociado. Para el representante de la CONAPYME, los pequeños empresarios tienen más posibilidades de establecer relaciones comerciales con los países vecinos que con otros distantes geográficamente. Asimismo, al tener niveles de desarrollo similares, es más factible exportar productos con mayor valor agregado.

> El mercado natural para nuestros productores nacionales, los productores chilenos, es justamente la región, para todos los productos, pero particularmente para los productos con algún grado de elaboración y, en ese sentido, esa debería ser nuestra apuesta, más que la exportación de materias primas deberíamos tratar de exportar productos con valor agregado, y eso se puede hacer, yo creo, con más facilidades y con más posibilidades de éxito aquí en la región (Vuskovic, 2009).[155]

Sin embargo, reconoce que dentro del gremio empresarial existen intereses contrapuestos y que hasta ahora han tenido mayor peso las demandas de aquellas empresas que ejercen mayor peso e influencia en la implementación de la política comercial del país.

Por su parte, en el ámbito de la sociedad civil, concretamente en el sector ambientalista, también se

---

[155] Entrevista a Iván Vuskovic, presidente de CONAPYME. Realizada en Santiago de Chile en el marco de la investigación doctoral de Lorena Oyarzún, *CAN, Mercosur y UNASUR en los procesos de integración latinoamericanos ¿Más de lo mismo?, op. cit.*

advierten matices sobre la relevancia y efectos del regionalismo sudamericano. Para el representante internacional de la red de acción Patagonia Sin Represas,[156] Juan Pablo Orrego, la integración latinoamericana y sudamericana es una utopía, pese a la existencia de organizaciones de integración como la Comunidad Andina o el Mercado Común del Sur. Una de las características de los grupos ambientalistas es no considerar fronteras nacionales. "A nivel de las organizaciones de la sociedad civil una de las cosas que buscamos y que hacemos en la práctica es integrarnos [...] tenemos la Red Latinoamericana (LAR) contra las grandes represas" (Orrego, 2009).[157] Desde su perspectiva una integración profunda en América del Sur sería beneficiosa en términos económico-comerciales y también energéticos, al compartir insumos.

Para Manuel Baquedano, director del Instituto de Ecología Política,[158] la integración en el área del medio ambiente está bastante más avanzada que en otras esferas de la sociedad chilena. Los ecologistas participan en iniciativas como el Programa Cono Sur Sustentable o la Alianza Social Continental, donde existen coordinaciones sectoriales en relación con la infraestructura,

---

[156]   Grupo de organizaciones y de ciudadanos de Chile y el mundo que se han unido en la defensa de la Patagonia chilena. Véase www.patagoniasinrepresas.cl.

[157]   Entrevista a Juan Pablo Orrego, representante del área Internacional de Patagonia Sin Represas. Efectuada en Santiago de Chile en el marco de la investigación doctoral de Lorena Oyarzún, *CAN, Mercosur y UNASUR en los procesos de integración latinoamericanos ¿Más de lo mismo?, op. cit.*

[158]   El Instituto de Ecología Política es una organización no gubernamental que opera desde 1987 en el área de medio ambiente. Sus ámbitos se acción incluyen educación para la sustentabilidad, investigación, fortalecimiento de la sociedad civil, campañas de educación y acciones legales en defensa del medio ambiente y las personas.

el agua, la energía. Si bien admiten que en la actualidad existe mayor espacio para plantear sus reivindicaciones ante los tomadores de decisión y que su sector ha participado con derecho a voz (no voto) en las negociaciones con Estados Unidos, Canadá y con la Unión Europea, aún no se reconoce la relevancia de incorporar a éstos a la agenda.

Una de sus críticas a los actuales proyectos de integración sudamericana, específicamente al modelo de integración de Chile, es que sólo aborda la dimensión económica. Para los ecologistas es fundamental integrar a los pueblos y ciudadanos de la región.

Yo estoy en el partido verde chileno y nosotros estamos hablando con los verdes de la sociedad para formar una sola fuerza, estamos hablando con los venezolanos, argentinos para conformarnos como una sola fuerza en la región. [...] lo que no es normal para nosotros son las expectativas que se colocan con respecto a los instrumento de integración [...] Si Chile tiene que ir por la integración bolivariana o la integración del Mercosur nosotros lo relativizamos. Consideramos que efectivamente son lugares donde se van articulando políticas, pero si no vemos un modelo de desarrollo distinto en esa integración, yo no pongo muchas expectativas en ella (Baquedano, 2009).[159]

---

[159] Entrevista a Manuel Baquedano, director del Instituto de Ecología Política. Realizada en Santiago de Chile en el marco de la investigación doctoral de Lorena Oyarzún, *CAN, Mercosur y UNASUR en los procesos de integración latinoamericanos ¿Más de lo mismo?*, *op. cit.*

5. El cotejamiento empírico. La sociedad chilena frente al regionalismo sudamericano

En una encuesta de opinión pública aplicada en todo el país en noviembre del año 2008, se interrogó a los entrevistados sobre la participación de Chile en la política mundial en relación con varios aspectos, que entre otros incluyeron la contribución de Chile a la expansión y consolidación de la democracia representativa en otros países de la región, la protección de fronteras y límites, el conocimiento sobre organismos regionales y el apego de Chile a éstas últimas. Además de la opinión vertida sobre los grados de acuerdo o desacuerdo sobre las líneas seguidas por la política exterior del país, también se recogieron opiniones referidas a las prioridades y/o preferencias que deberían enfatizarse. Merece especial atención la percepción de la ciudadanía sobre los vínculos vecinales, esto es, las relaciones de Chile con Argentina, Bolivia y Perú, en los últimos diez años.

5. 1. Cuán activa es la diplomacia chilena en los asuntos mundiales

El gráfico 1 indica las respuestas de los entrevistados al ser consultados sobre la conveniencia de una participación activa de Chile en los asuntos mundiales *versus* la mantención de una posición distante al respecto.

Gráfico 1
¿Qué es mejor para el futuro de Chile, tener participación activa en asuntos mundiales, o mantenerse alejado de los asuntos mundiales?

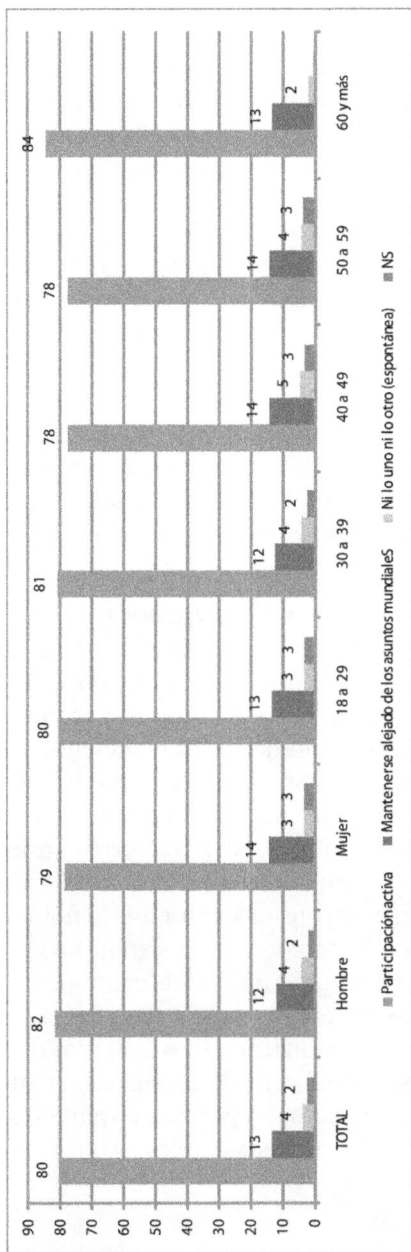

	TOTAL	Hombre	Mujer	18 a 29	30 a 39	40 a 49	50 a 59	60 y más
Participación activa	80	82	79	80	81	78	78	84
Mantenerse alejado de los asuntos mundiales	13	12	14	13	12	14	14	13
Ni lo uno ni lo otro (espontánea)	4	4	3	3	4	5	4	2
NS	2	2	3	3	2	3	3	—

Un 80% de los encuestados señala que lo más conveniente para Chile es tener una participación activa en el desarrollo de los asuntos mundiales y tan sólo un 13% considera que lo mejor para el país es mantenerse al margen de todo ello. Pese al tamaño relativo del país y su lejanía geográfica con regiones más avanzadas, los encuestados se inclinan en forma mayoritaria por que Chile asuma un rol creciente en los asuntos globales de la política internacional, sin exhibir diferencias significativas entre los resultados totales y los grupos etarios o el sexo de los entrevistados. Ciertamente, estas apreciaciones serían el resultado de los casi treinta años de inserción internacional de Chile, iniciada comercialmente en la década de1980 y amplificada diplomática y políticamente desde la redemocratización política del país al inicio de la década de 1990.

Objetivos de política exterior

La encuesta también registró la opinión respecto de los objetivos de la política exterior, resaltando la importancia que merecen algunas políticas ecológicas y las medidas de protección del medio ambiente. De hecho, un 98% de los entrevistados afirmó que proteger el medio ambiente es "muy importante/algo importante" como objetivo de la política exterior. Éste es un fenómeno reciente en la sociedad chilena y es un rasgo transversal y crecientemente consensuado en la opinión pública del país. En ello ha tenido y tiene significativa incidencia su difusión en diferentes medios de comunicación. También destacan las obligaciones en que incurre la economía chilena en virtud de determinados acuerdos de libre comercio con sociedades más desarrolladas, del mismo modo que la intensa labor desplegada durante años por ONG comprometidas con estos tópicos y, en menor escala, la pertinencia con la que han recogido estos temas algunos partidos y movimientos políticos.

La importancia atribuida a la promoción y presencia de productos chilenos en diversos mercados extranjeros, los intereses sociales, culturales y patrimoniales de los chilenos en el extranjero y el estímulo a la inversión extranjera son otros temas transversales en la sociedad chilena, con diferentes grados de consenso. Así, para un 96% de los encuestados la promoción de la venta de productos chilenos en el extranjero es "muy importante/algo importante", opinión similar respecto de la atracción de la inversión extranjera.

En otro acápite, la protección de las fronteras terrestres y marítimas, tema de relevancia creciente y estrechamente ligado a la relación con los vecinos, despierta preocupación en la opinión pública chilena. Un 96% de los entrevistados indica como "muy importante/algo importante" la protección de las fronteras terrestres y marítimas de Chile.

En cuanto a la promoción de la integración regional, resulta notoria la percepción positiva que merece entre los encuestados conjuntamente con el papel que le cabe al comercio exterior y a la diplomacia chilena en ese punto. Al comparar los temas anteriores con los referidos a la integración regional, estos últimos tienen menor peso entre los entrevistados. Si bien un 78% considera que es "muy importante" la integración y/o la cooperación regional como objetivo de la política exterior, sólo un 55% considera "muy importante" ayudar y/o promover la democracia a otros países. La encuesta refleja la centralidad que los chilenos otorgan a los temas asociados a la seguridad, el medio ambiente y, en menor medida, el desarrollo comercial, así como una clara satisfacción con la conducción de la política exterior, al menos en términos relativos con otras políticas públicas incluidas en la encuesta.

Una de las secciones de la encuesta se refiere a la opinión sobre el panorama ofrecido por la realidad latinoamericana en general y, particularmente, la relación que Chile guarda con la región. Así, queda al descubierto el reconocimiento de los chilenos de que ha habido progresos en la región así como su optimismo con relación a su futuro. En efecto, un 67% señala que la región está en mejor estado que hace diez años; un escueto 20% sostiene que la situación es hoy (2008) peor que hace diez años; y un porcentaje menos relevante de encuestados (10%) señala que la situación no ha cambiado (mención espontánea). Respecto al futuro, disminuye el porcentaje de entrevistados que optan por la mención "mejor" (61%), pero se mantiene una visión optimista sobre la región en la próxima década. Así, una proporción de los entrevistados señala que las condiciones se mantendrán sin variación (16%), mientras la categoría "peor" para los mismos próximos diez años cae a un 18% (situándose dentro del margen de error).

Gráfico 2
Situación retrospectiva y futura de América Latina

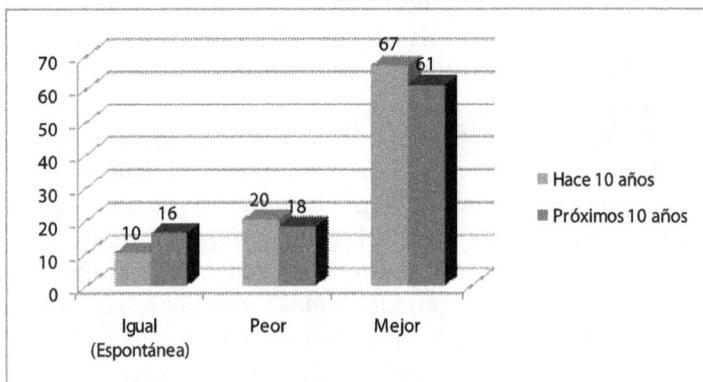

Asimismo, la encuesta revela que los encuestados tienen preferencia por los países de América Latina más lejanos de sus fronteras, especialmente si se trata de representar la región en instancias multilaterales de envergadura, como en el caso del Consejo de Seguridad de Naciones Unidas. En ese sentido, ante la pregunta: "Si el Consejo de Seguridad de Naciones Unidas pudiera tener un nuevo asiento para representar a América Latina en su conjunto, ¿qué país debe ocupar ese asiento?", un 45% de los encuestados señala que el país representante debe ser Brasil, mientras un disminuido 19% opta por México y sólo un 12% se manifiesta a favor de Argentina. Al igual que en otras preguntas del cuestionario, los chilenos muestran una mayor preferencia por Brasil y México, por encima de países fronterizos, como son los casos de Argentina, Perú y Bolivia.

Gráfico 3
País preferido para representar a la región en el Consejo de Seguridad

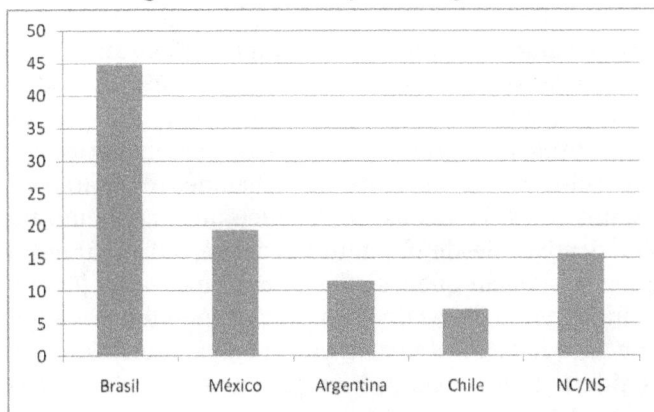

Gráfico 4
Relación de Chile con América latina

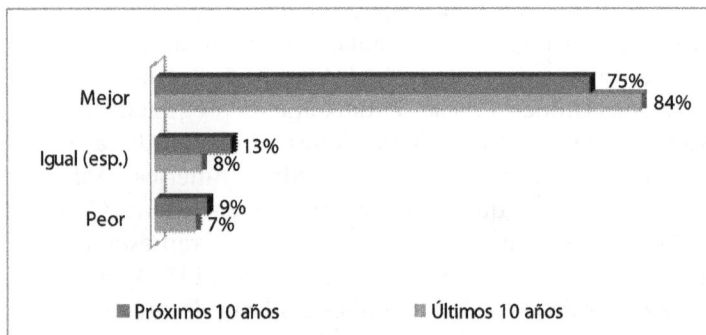

Mejor	75% / 84%
Igual (esp.)	13% / 8%
Peor	9% / 7%

■ Próximos 10 años   ▨ Últimos 10 años

Otro punto central para entender la percepción de la opinión pública acerca del regionalismo tiene que ver con la percepción de las relaciones de Chile con los países de América latina, contemplándose una evaluación retrospectiva (últimos diez años) y otra prospectiva (próxima década). En lo que cabe para los últimos diez años, un 84% de la muestra considera que las relaciones de Chile con el resto de Latinoamérica son "mejores", un 7% señala que son "peores" y un 8% las evalúa como "iguales", mientras que la percepción prospectiva difiere: por lo pronto, disminuye el porcentaje de encuestados que sostiene que las relaciones mejorarán en los próximos diez años; se produce un incremento no significativo (desde el punto de vista estadístico) entre quienes señalan que las relaciones empeorarán (9%); y se incrementa desde un 8% a un 13% quienes sostienen que tales relaciones se mantendrán iguales en la década venidera. Todo parece indicar que en este acápite los encuestados hacen suyo el adagio respecto que "todo tiempo pasado fue mejor".

6. Algunas consideraciones finales

El tenor de esta investigación pone de relieve cuán relevante es y ha sido la diplomacia multilateral para los países de rango intermedio, ya sea para aquellos que tiendan a ubicarse en la cota mediano-superior de la estratificación internacional o aquellos cuyos indicadores de crecimiento o desarrollo socioeconómico los sitúan próximos a aquellas sociedades más desfavorecidas de la comunidad internacional, varias de las cuales bordean la cota mediano-inferior de una realidad mundial profundamente estratificada. Privilegiando el uso de recursos diplomáticos y comerciales en favor del multilateralismo de estas dos últimas décadas, estos países se han ido incorporando al ámbito de mayor competitividad en la política internacional globalizada. Las alianzas bilaterales o entre bloques de países en acuerdos comerciales, por ejemplo, imponen exigencias cualitativas, profesionales y técnicas a las que pocos países de rango intermedio acceden con éxito.

Ésta ha sido la tónica de la política comercial de Chile. Por un lado, se aprovechó a fondo la experiencia acumulada durante años de expansión comercial. La estrategia implementada desde 1983 –reforzada desde 1990 en adelante– redundó en una pericia negociadora cuya evidencia empírica está a la vista en la pléyade de acuerdos bilaterales de libre comercio y otros de índole multilateral. En seguida, se sacó un favorable partido para con la imagen internacional del país a partir de las implicaciones de una redemocratización política y social altamente consensuada desde 1990. Finalmente, los gobiernos postautoritarios han mantenido incólumes las bases del modelo neoliberal de desarrollo, privilegiando los equilibrios macroeconómicos vigentes hace veintiséis años. Así las cosas, la acción de la diplomacia política y comercial chilenas estuvieron favorecidas por condiciones comerciales –mundiales y regionales– que no fueron sustancialmente alteradas para con el comercio exterior chileno durante más de un cuarto de siglo. La profesionalización de la diplomacia y de estrategia comercial, así como la paulatina incorporación de otras instancias del Estado y de la sociedad en los asuntos exteriores del país, han redefinido algunas percepciones y prioridades en la política exterior de Chile, algo particularmente palmario desde 1995.

Con todo, los negociadores chilenos reunieron –antes y después de los efectos de la crisis asiática de 1996-1998– la *expertise* para tallar en los *networks* altamente competitivos de un comercio mundial globalizado, rasgos aún más diversificados y extendidos durante esta década. Hoy en día estamos frente a una realidad diferente que obliga a un creciente remozamiento del sistema financiero mundial, habida cuenta de los embates de la crisis económico-financiera iniciada en los primeros meses de 2008. Una vez superado o neutralizado el grueso de esta crisis, habrá que cotejar cómo sorteó –o no sorteó– ese episodio la política comercial y la diplomacia chilenas.

Al allegar nuevos grupos sociales y estatales al debate sobre el estilo diplomático y la política comercial del país, los partidos políticos han quedado a la zaga de este proceso. Por ejemplo, varias organizaciones ciudadanas han sido más asertivas al incorporar la dimensión de los derechos humanos y la aplicación del derecho humanitario en las prioridades de la política exterior chilena. Algo parecido sucede con los temas referidos a la cooperación y la integración sudamericana, especialmente si se observan las cotidianas pautas informativas de los medios de comunicación social. Ello da cuenta de la ilegitimidad de algunas instituciones tradicionales del régimen político, pero también realza la incidencia de nuevos actores sociales y políticos. No es hipotéticamente fuera de lugar suponer que estas nuevas instancias reformularán la esencia de la política exterior en un mediano plazo, en el claro entendido que ésta se diseñe y se ejecute en el marco de una política pública.

Una interesante conclusión deriva de la relevancia que otorga la opinión pública chilena a la cooperación regional y a los intentos integracionistas, ello en el contexto de las prioridades de la política exterior del país. Desde luego, llama la atención que los encuestados perciban que la forma racional de conectar al país con los diferentes circuitos de la política internacional sea a través del comercio exterior. Se infiere que la profundización de este proceso va en consonancia con una mayor diversificación de las exportaciones nacionales o una mayor apertura hacia las importaciones. Esto último también se entiende como una positiva predisposición hacia las facilidades otorgadas y otorgables a la inversión extranjera. Se trata de una acepción que está claramente en las antípodas de las que sustentan gobiernos y actores sociopolíticos en otros países de la región. Así entendida, una buena u óptima percepción sobre la cooperación y los esfuerzos integracionistas vienen a ser el producto y la experiencia acumulada de años de la política comercial, la cual subsume a otros aspectos, derivados de la diplomacia, de los temas energéticos o de la seguridad regional.

Finalmente y como es también el caso en otros países del entorno, en la óptica de la muestra encuestada hay una apreciación diferenciada respecto de cómo aproximarse hacia los países vecinos y cómo hacer otro tanto con el resto de la región. Los datos revelan gran desconfianza hacia un par de países limítrofes, habida cuenta de que con éstos hay temas aún pendientes en materia de soberanía territorial. No queda claro si la positiva predisposición de los encuestados respecto de una nación económica y geográficamente significativa en la región es para compensar eventuales alianzas de "vecinos complejos" o un reconocimiento objetivo de su relevancia diplomática y comercial. Es analíticamente relevante que los encuestados evalúen ámbitos de cooperación regional o subregional al tenor de una buena o una mala relación vecinal. Será necesaria una nueva aplicación del cuestionario, a fin de cotejar nuevas hipótesis de trabajo en este plano.

Referencias

Bachelet, Michelle (2008a), Mensaje de S.E. la Presidenta de la República con el que inicia un proyecto de Acuerdo que aprueba el Tratado Constitutivo de la Unión de Naciones Suramericanas, suscrito en la ciudad de Brasilia, República Federativa de Brasil, el 23 de mayo de 2008, mensaje Nº 533-356, Nº de Boletín 6035-10-

—— (2008b), Mensaje presidencial del 21 de mayo de 2008. Disponible en: www.gobiernodechile.cl/viewEjeSocial.aspx?idarticulo=23439&idSeccionPadre=119 (consultado el 24 de septiembre de 2008).

—— (2007a), Conferencia de prensa conjunta de S.E. la presidenta de la República, señora Michelle Bachelet Jeria, con los presidentes de Bolivia y de Brasil, La Paz, 16 de diciembre de 2007. Disponible en www.minrel.gov.cl/webMinRel/home.do?sitio=1 (consultado el 24 de septiembre de 2008).

—— (2007c), discurso de S.E. la presidenta de la República de Chile, señora Michelle Bachelet Jeria, en la sesión plenaria de la XXXI Cumbre del Mercosur, Río de Janeiro, Brasil, 19 de enero de 2007. Disponible en www.minrel.gov.cl/webMinRel/home.do?sitio=1 (consultado el 14 de octubre de 2008).

Bachelet, Michelle (2005), "Programa de Gobierno de Michelle Bachelet 2006-2010". Disponible en www. michellepresidente.cl/download/bachelet.006.pdf (consultado el 17 de julio de 2008).

CEPAL (2007), "Balance preliminar de las economías de América Latina y el Caribe". Disponible en http://www.eclac.org/cgi-bin/getProd.asp?xml=/publicaciones/xml/3/31993/P31993.xml&xsl=/de/tpl/p9f.xsl&base=/tpl/top-bottom.xsl (consultado el 18 de julio de 2008)

CEPAL (1994), *El regionalismo abierto en América Latina y el Caribe. La integración económica al servicio de la transformación productiva con equidad*, Santiago de Chile, CEPAL.

Colacrai, Miryam (2008), "Los aportes originarios de la Teoría de la Autonomía, genuina contribución a las Relaciones Internacionales desde una perspectiva latinoamericana (sudamericana)", borrador para la discusión presentado en el Seminario ABC, 27-29 de agosto de 2008, Universidad Nacional de Rosario, Argentina.

Colacrai, Miryam y Lorenzini, María Elena (2005), "La política exterior de Chile: ¿excepcionalidad o continuidad? Una lectura combinada de "fuerzas profundas" y tendencias", en *Confines* (agosto/diciembre), pp. 45-63.

Delvin, Robert y estevadeordal, Antoni (2001), *¿Qué hay de nuevo en el regionalismo de las Américas?* Disponible en www.iadb.org/intal/aplicaciones/uploads/publicaciones/e_INTALITDSTA_DT_07_2001_devlin-estevadeordal.pdf (consultado el 25 de julio de 2008).

Durán, José y maldonado, Raúl (2005), "América Latina y el Caribe: la integración regional en la hora de las definiciones", en *Serie Comercio Internacional* Nº 62, Santiago de Chile, CEPAL.

Fermandois, Joaquín (2005), *Mundo y fin de mundo. Chile en la política mundial 1900-2004*, Santiago de Chile, Ediciones Universidad Católica de Chile.

Hachette, Dominique (2005), "El regionalismo latinoamericano o aventuras integracionistas continentales", documento de trabajo Nº 23, Pontificia Universidad Católica de Chile.

Held, David y Mcgrew, Anthony (2003), Globalización/Antiglobalización. Sobre la reconstrucción del orden mundial, Buenos Aires, Paidós.

Hettne, Björn. (2003), "The new regionalism revisited", en Fredrik Söderbaum y Timothy Shaw (eds.), *Theories of new regionalism*, Nueva York, A Palgrave Reader, pp. 22-42.

Hirst, Mónica (comp.) (1987), *Continuidad y cambio en las relaciones América Latina-Estados Unidos*, Buenos Aires, GEL Editores.

Hirst, Mónica *et al.* (2004), *Imperio, estado e instituciones. La política internacional en los comienzos del siglo XXI*, Buenos Aires, Altamira, fundación OSDE.

Hurrell, Andrew (1995), "Regionalism in theoretical perspective", en Louis fawcett y Andrew hurrell (eds.), *Regionalism in World Politics. Regional organization and international order*, Oxford, Oxford University Press, pp. 37-73.

Jaguaribe, Helio (2005), "El proyecto sudamericano". Disponible en www.foreignaffairs-esp.org (consultado el 12 de mayo de 2008),

Ibañez, Josep (1999), "El nuevo regionalismo latinoamericano en los años noventa". Disponible en www.reei. org (consultado el 7 de enero de 2008).

Keohane, Robert O. (2004), "Entre la visión y la realidad: variables en la política exterior latinoamericana", en Joseph Tulchin (ed.), *América Latina en el nuevo sistema internacional*, Barcelona, Bellaterra, pp. 287-295.

Keohane, Robert y Nye, Joseph (2000), "Globalization: What's new? What's not? (and so what)", Foreign Policy, pp. 104-119, primavera.

LATINOBARÓMETRO (2007), *Oportunidades de cooperación regional: integración y energía. Datos Latinobarómetro 2006*, Santiago de Chile, Centro Cultural La Moneda 24 de abril.

Maira, Luis (2003), "La gobernabilidad y la globalización", documento presentado para Diálogo sobre Gobernabilidad, globalización y desarrollo, Fundación la Caixa, realizado en Barcelona los días 30 y 31 de octubre de 2003, pp. 80-93.

Minrel (2008), *Unión de Naciones Sudamericanas y Chile*. Disponible en www.mirel.gov.cl/webMinrel/home.do?sitio=1 (consultado el 10 de octubre de 2008).

Muñoz, Heraldo (comp.) (2000), *Globalización XXI. América Latina y los desafíos del nuevo milenio*, Santiago de Chile, Aguilar.

—— (1984), "Las relaciones exteriores del gobierno militar chileno", en Juan Carlos PUIG (comp.), *América Latina: políticas exteriores comparadas*, Buenos Aires, GEL, pp. 353-391.

Navia, Patricio (2006), "Chile: continuidad y cambio". Disponible en www.nuso.org/docesp/navia_final.pdf (conosultado el 15 de abril de 2008).

Mesquita Moreira, Bruno y Blyde, Juan (2006), *Chiles's integration. Is there room for improvement?* Disponible en
www.iadb.org/intal/aplicaciones/uploads/publicaciones/i_INTALITD_WP_21_2006_Moreira_Blyde.pdf (consultado el 26 de agosto de 2008)

Ocampo, José (2008), "El auge económico Latinoamericano", en *Revista de Ciencia Política*, 28 (1), pp. 7-33.

Oyarzún, Lorena (2008), "Sobre la naturaleza de la integración regional. Teorías y debates", en *Revista de Ciencia Política*, 28 (3), pp. 95-113.

—— (2009), "Unión de Naciones Suramericanas: ¿integración en la región?, inédito.

Peña, Félix (2001), "El Mercosur y Chile: en procura de nuevos horizontes para una relación natural y necesaria". Disponible en www.cebri.org.br/pdf/78_PDF. pdf (consultado el 10 de junio de 2008).

PNUD y BID (2001), "América Latina a principios del Siglo XXI: integración, identidad y globalización. Actitudes y expectativas de las elites latinoamericanas". Disponible en www.iadb.org/intal/aplicaciones/ uploads/publicaciones/e_INTALITD_IE_2001_integracion_identidad_globalizacion.pdf (consultado el 17 de abril de 2008).

Porras, José (2003), "La estrategia chilena de acuerdos comerciales: un análisis político". Disponible en www. CEPAL.org/publicaciones/xml/7/14247/lcl2039e. pdf (consultado el 27 de abril de 2008),

Puig, Juan Carlos (1980), *Doctrinas internacionales y autonomía latinoamericana*. Caracas, Instituto de altos Estudios de América Latina de la Universidad Simón Bolívar.

Ramos, Joseph y Ulloa, Alfil (2003), "El Tratado de Libre Comercio entre Chile y Estados Unidos", en *Revista de Estudios Internacionales*, 36 (141), pp. 45-68.

Rodrick, Dani (2000), "How far will international economic integration go?", en *Journal of Economic Perspectives*, 14 (1), pp. 177-186.

Romero, Sergio (2008), En artículo de prensa elaborado por el departamento de prensa del Senado de la

República de Chile: "Senador Romero: UNASUR no nació para reemplazar a la OEA". Disponible en www.senado.cl/prontus_senado/antialone. html?page=http://www.senado.cl/prontus_senado/ site/edic/base/port/portada.html (consultado 10 de octubre de 2008).

Russett, Bruce (1967), *International regions and the international system: a study in political ecology*, Chicago, Rand-McNally.

Sáez, Sebastián y Valdés, Juan Gabriel (1999), "Chile y su política comercial lateral", en *Revista de la CEPAL*, 67, pp. 81-94.

Sberro, Stephan y Bacaria, Jordi (2002), "La integración de América Latina. Entre la referencia europea y el modelo estadounidense". Disponible en www.foreignaffairs-esp.org/2002/2.html (consultado el 5 de octubre de 2007).

Scott Palmer, David (2008), "América Latina: estrategias para enfrentar los retos de la globalización", en *Nueva Sociedad*, 214 (marzo-abril), pp. 104-111.

Smith, Peter (2004), "Opciones estratégicas para América Latina", en Joseph Tulchin y Ralph Espach (eds.), *América Latina en el nuevo sistema internacional*, Barcelona, Bellaterra, pp. 66 -114.

Söderbaum, Fredrick. (2003), "Introduction: theories of new regionalism", en Fredrik Söderbaum y Timothy Shaw (eds.), *Theories of new regionalism*, Nueva York, A Palgrave Reader, pp. 1-21.

Stiglitz, Joseph. (2002), *El malestar en la globalización*, Buenos Aires, Taurus.

TRATADO CONSTITUTIVO DE UNASUR (2008), disponible en www.comunidadandina.org/UNASUR/tratado_constitutivo.htm (consultado el 1º de junio de 2008).

Tussie, Diana. (2003), "Regionalism: Providing a substance to multilateralism?, en Fredrik Söderbaum y Timothy Shaw (eds.), *Theories of new regionalism*, Nueva York, A Palgrave Reader, pp. 99-116.

Wilhelmy, Manfred y Durán, Roberto (2003), "Los principales rasgos de la política exterior chilena entre 1973 y el 2000", en *Revista de ciencia política*, XXIII (2), p. 273-286.

Sitios consultados en INTERNET

www.bcentral.cl/esp/
www.direcon.cl
www.eclac.org
www.gobiernodechile.cl
www.g-20.MRE.gov.br/index.asp
www.minrel.gov.cl
www.prochile.cl
www.senado.cl

Colombia
El escenario regional como complemento de escenarios bilaterales

Philippe De Lombaerde[160] *y Luis Jorge Garay*[161]

1. Introducción

La formulación e implementación de la política de integración regional en Colombia, como en otros países, son determinadas por factores externos e internos. El peso relativo de las dos categorías de determinantes depende de una serie de factores estructurales y coyunturales. Entre los determinantes externos encontramos, por ejemplo, el peso económico y político relativo de los socios comerciales, los regímenes supranacionales (globales y regionales) vigentes, la coyuntura económica y política en el mundo y en la región, etc. El enfoque que privilegia los factores externos es conocido como el enfoque sistémico (Krasner, 1976) o estructural (Kébabdjian, 1999). Los determinantes internos incluyen, entre otros: el "interés nacional", el comportamiento y el peso de los grupos de interés, las coaliciones políticas en el poder, la estructura económica, la estrategia de desarrollo, etc. Aunque en las economías periféricas, como la colombiana, los determi-

---

[160] Associate Director, United Nations University-Comparative Regional Integration Studies (UNU-CRIS), Bruges, mail: pdelombaerde@cris.unu.edu.

[161] Associate Research Fellow, United Nations University-Comparative Regional Integration Studies (UNU-CRIS), Bruges. Los autores agradecen los comentarios de los editores a una versión anterior del documento.

nantes externos son muy importantes, existen siempre márgenes de maniobra para la formulación de políticas de manera autónoma o semiautónoma.

Este capítulo se aproxima a la identificación de factores determinantes externos de carácter estructural y se detiene en los determinantes domésticos de las políticas de integración regional y comercio exterior en Colombia, en un contexto en el cual la informalidad ha sido mencionada como característica fundamental de la concertación entre gobierno nacional y grupos de interés (Díaz, 1997: 22). A nivel de lo doméstico tomaremos como punto de referencia obligada el programa de apertura que se inicia en el gobierno de César Gaviria (1990-1994).[162] Presentaremos el mapa de los intereses y demás determinantes domésticos al iniciar este proceso y mostraremos cómo este mapa se ha ido desarrollando (consolidando o reconfigurando) hasta el día de hoy. En materia de integración regional, cuatro temas han dominado la agenda colombiana en el ámbito americano, a saber: la profundización y (posterior) crisis de la Comunidad Andina, la firma del Tratado de Libre Comercio (TLC) entre Colombia, México y Venezuela (G-3) (véase Serbin en este volumen), la negociación del ALCA, y la negociación del TLC entre Colombia y Estados Unidos. La dinámica de la economía política de la integración regional se ha desarrollado alrededor de estos cuatro temas.

El capítulo está organizado por tipo de actores influyentes en los procesos de toma de decisiones de acuerdo con los lineamientos generales planteados en el capítulo

---

[162] Las reformas lanzadas en el gobierno de Carlos Lleras Restrepo (1966-1970), incluyendo las reformas institucionales y la promoción de exportaciones, y el Programa de Modernización e Internacionalización de la Economía Colombiana lanzado por el gobierno de Virgilio Barco Vargas (1986-1990), prepararon el camino para el proceso de modernización y apertura iniciado en 1990-1994.

introductorio (véanse Tussie y Trucco en este volumen). Después de un esbozo en la segunda sección sobre algunas cuestiones conceptuales complementarias a las presentadas en ese capítulo, en la en la sección 3 analizaremos el papel de los determinantes externos de carácter estructural y de los determinantes a nivel doméstico en la secciones 4 hasta 6. En cuanto a los actores económicos y empresarios tratados en la sección 4, distinguiremos entre las asociaciones empresariales y sectoriales, por un lado, y las empresas grandes, por otro. El papel que juega la sociedad civil es estudiado en la sección 5, donde nos enfocamos en los sindicatos (y otros movimientos sociales) y los partidos políticos. Las burocracias estatales son tratados en la sección 6. La sección 7 presenta las conclusiones.

2. La economía política de la integración regional: elementos conceptuales complementarios

2.1. Determinantes externos y relaciones internacionales[163]

Hace ya un tiempo que el campo de las relaciones internacionales ha estado en auto-examen dentro del propósito de encontrar nuevos enfoques conceptuales más acordes y representativos del proceso de globalización.

La primera tradición más renombrada es la *liberal*, que separa artificialmente la esfera económica de la esfera política, bajo el supuesto de que cada una de ellas opera de acuerdo con una lógica particular y principios propios. Todas las formas de liberalismo –desde Smith hasta los neoclásicos modernos– pregonan la libre acción de

---

[163] Esta sección se sustenta fidedignamente en Garay (1999).

las fuerzas del mercado y el mecanismo de precios como la forma de organización más eficiente de las relaciones económicas domésticas e internacionales.

La esencia del liberalismo reside en una concepción crítica del Estado, al postular que las soluciones a través del mercado son las "naturales" –eficientes y transparentes– y que en la evolución del mercado reside la base del desarrollo.

Como una derivación de la perspectiva liberal emergió la tesis de la estabilidad hegemónica, que parte del reconocimiento de que una economía mundial abierta y liberal requiere para su florecimiento y desarrollo de la presencia de un poder hegemónico o dominante, de la preeminencia de la ideología liberal y de la congruencia de un propósito social. La hegemonía es percibida como un tipo especial de poder requerido para el ejercicio de ciertas funciones en el contexto de un sistema amplio carente de una autoridad formal. Una de las ventajas de esta tesis reside en enfocar las relaciones políticas internacionales en la organización y administración del sistema mundial y en reconocer un papel para el Estado-nación. Sin embargo, no hace énfasis suficiente en factores de índole doméstica, al mercado y otros elementos decisivos en la competencia.

La segunda tradición que sin ser estrictamente marxista conserva algunos de sus conceptos distintivos sobre realidad social y es la denominada tesis del "sistema mundial moderno". Este sistema es concebido como "una unidad bajo una división del trabajo y múltiples sistemas culturales", que opera según un conjunto de reglas económicas y en el que sus partes se relacionan funcionalmente para configurar una "estructura integral". Los componentes del sistema son determinados por el sistema en su conjunto. En este contexto, como lo señala Wallerstein (1974: 387-415), no hay tal cosa como el desarrollo nacional independiente del funcionamiento del sistema mundial.

El funcionamiento del sistema es caracterizado por la extracción de plusvalía y la transferencia de riqueza de los países dependientes de la periferia a los centros imperiales. En este sentido, como lo argumenta Giddens: "Los argumentos de Wallerstein envuelven una amalgama de funcionalismo y reduccionismo económico. [...] La existencia de regiones semi-periféricas es explicado con referencia a las "necesidades" del sistema mundial. [...] Más grave aún es su tendencia marcada a relegar el impacto de factores políticos y militares en el proceso de cambio social en el mundo moderno" (Giddens, 1987: 168-169).

Una variante en el marco del enfoque materialista puede ser asociada con la denominada genéricamente como "la economía política de las relaciones internacionales". Esta variante busca comprender cómo los problemas internos de un país, en un escenario mundial en permanente cambio, se relacionan con los de otros países, máxime cuando se trata de un país relativamente "hegemón" con respecto a aquellos pertenecientes a su órbita de influencia inmediata, tanto en el caso de procesos inacabados e imperfectos de globalización como aun de modelos de globalización diferentes al neo-liberal prevaleciente.

La tercera tradición denominada realista, surgida después de la Segunda Guerra Mundial como una crítica al idealismo y utopismo de décadas anteriores, propone diferenciar entre realidad objetiva y realidad deseada como requisito para comprender el papel del poder real en las relaciones internacionales. Sin embargo, su particular percepción del poder real tiende a ser de carácter exclusivamente "comportamentalista", funcionalista y subjetivista, al considerar a los agentes tomadores de decisiones como los elementos más decisivos e importantes en las relaciones internacionales.

Si bien esta tradición realista ha influido por varias décadas a estudiosos y practicantes –policy makers– de las relaciones internacionales en la escuela anglosajona, también ha sido objeto de severas críticas en el ámbito académico.

En general podría afirmarse que si bien en las dos últimas décadas se ha avanzado en corregir vacíos y fallas de tales tradiciones todavía no se ha logrado desarrollar un verdadero esquema teórico y conceptual para el estudio integral y comprensivo de las relaciones internacionales. Avanzar en ese propósito exige la comprensión de los principales cambios estructurales ocurridos en la economía política mundial con la globalización. Uno de ellos es la transformación de la lógica y la naturaleza de los Estados-nación: de un Estado soberano e independiente como representante del interés nacional en un sistema internacional regulado por un balance entre las racionalidades políticas de los mayores poderes, se transita a un sistema mundial cada vez menos sustentado en Estados-nación autocentrados y más determinado por la configuración de organizaciones efectivas con intereses y ámbitos de acción entrecruzados en los más diversos espacios desde el local y nacional al regional, transnacional y global. Este proceso es descrito como el tránsito de un orden westphaliano tradicional a un orden postwestphaliano en reproducción bajo una diversidad de variantes a través del tiempo y de espacios en la práctica real.

2.2. Determinantes domésticos[164]

Para aproximarse a los determinantes domésticos de la integración regional, es oportuno, antes que todo, observar la gran variedad de esquemas de regionalismo o integración regional existentes en el mundo. Con el riesgo de simplificar demasiado, en un extremo del espectro se

---

[164] Esta sección se basa en De Lombaerde (2000).

encuentra el esquema de integración "profunda" y multidimensional (ejemplificado por la UE), caracterizado por
una importante institucionalización supranacional, que
incluye diversas áreas de política y la movilización de recursos financieros importantes, con un impacto tangible
en las realidades económicas y políticas de la región y de
los países integrantes. En el caso de la UE el tema de la
gobernanza regional se ha vuelto más importante incluso que el tema de la integración regional (Sbragia, 2008)
y, por esta razón, existe una rica literatura teórica sobre
la economía política de las instituciones regionales (por
ejemplo, supranacionales). En el otro extremo se encuentran los esquemas que son esencialmente compromisos
de integración comercial, aunque las organizaciones regionales pueden haber incursionado en otras áreas (pero
con recursos muy limitados), y que implican que el relacionamiento comercial deba ser compatible con la alineación de la política exterior de los países integrantes.
En estos casos, la economía política doméstica de la integración regional se ajusta más que todo a la economía
política de la política comercial.

El caso de Colombia, en el contexto de la integración andina, está (todavía) más cercano al último caso
(los casos de Chile, Ecuador y Perú incluidos en este volumen también estarían cercanos a esta perspectiva).
Es por esta razón que se privilegian en esta sección los
factores domésticos detrás de la agenda comercial de
la integración regional. Con este modelo se captan ade-
cuadamente los determinantes internos de la política de
integración regional en Colombia. Es claro, sin embargo,
que en Sudamérica en general, el regionalismo parecería
estar adquiriendo un lugar más importante y de carácter
más político en la estrategia de relacionamiento internacional, ya que con las nuevas iniciativas en materia de infraestructura, energía, seguridad y finanzas la economía

política de la integración regional podría desarrollarse hacia un modelo más complejo en el futuro.

Frey y Weck-Hannemann (1996: 154-155) clasificaron los determinantes internos de la política comercial en dos categorías. En la primera, ubican los factores reducibles a "fallas" de información e inteligencia para que los agentes económicos puedan "entender" los beneficios del libre comercio. Reconocen, sin embargo, que probablemente estos factores explican sólo una pequeña parte de la protección otorgada en el mundo. En la segunda categoría, la más importante, consideran los factores relacionados con las imperfecciones de los mercados. Dentro de esta categoría encontramos, por un lado, los motivos a favor de la intervención del Estado basados en las nuevas teorías del comercio o en el argumento del arancel óptimo, y, por otro, las argumentaciones relacionados con la problemática de la distribución de las ganancias del comercio (por ejemplo, la compensación de los sectores perjudicados por la apertura). Es frente a la problemática de la distribución que se movilizan las fuerzas políticas (como, por ejemplo, los gremios) para influir en la toma de decisiones a nivel gubernamental. Para Kébabdjian (1999: 52), este último grupo de factores conforma la explicación "institucional" de la política comercial.

En la nueva economía política de la política comercial, el papel de los grupos de interés está ligado a las deficiencias del modelo del votante mediano (*median voter*). Según este modelo, el votante mediano (es decir, el que define la mayoría) apoyaría el libre comercio, puesto que, de acuerdo con el principio de optimalidad de Pareto, los inicialmente perjudicados por la apertura siempre pueden ser compensados con los recursos provenientes del efecto neto sobre el bienestar del país. Sin embargo, en una democracia donde una regla directa de mayoría simple determina las decisiones políticas de un congreso o asamblea, el modelo del votante mediano no funciona si no se cumple una serie de supuestos restrictivos (Frey, 1991).

Baldwin (1976) ha considerado algunas de las modificaciones y extensiones necesarias para llegar a un modelo más realista:

- los perdedores de una reducción arancelaria, es decir, los productores domésticos de los bienes importados, no necesariamente reciben compensación;
- los posibles ganadores tienen menos incentivos que los perdedores para participar en las elecciones, para informarse y para organizar y apoyar grupos de presión;
- los posibles perdedores pueden estar mejor representados en el Parlamento que los posibles ganadores;
- el intercambio de votos (*logrolling*) puede afectar el resultado de una votación por mayoría;[165]
- la protección, en forma de aranceles, es una fuente de ingreso para los gobernantes; las alternativas pueden tener costos políticos o dificultades técnicas importantes.

Adicionalmente puede presentarse el fenómeno del universalismo (Winters, 1994; Bilal, 1998b: 6-9). Cuando se está ofreciendo protección específica (que toma la forma de un bien privado) como componente de un paquete de medidas, los políticos pueden optar por adherirse a la coalición que apoya el paquete y apoyar la protección para todos, pero incluyendo medidas a favor de su propio distrito electoral o su electorado básico.

En las circunstancias descritas se organiza un mercado político donde se ofrece y se demanda protección. Entre los agentes que ofrecen protección encontramos los políticos, los burócratas, los partidos políticos, etc. Entre los que demandan protección sobresalen grupos de electores, empresas, grupos de interés, partidos políticos, etc.

---

[165] Véanse también: Cuevas (1998: 172-173) y Bilal (1999: 4-6).

Las actividades de *lobbying* (que tienen un costo, y son, además, directamente improductivas) pueden maximizar las ganancias de los involucrados, apropiándose de las rentas (*rent seeking*) o los ingresos monetarios relacionados con la protección (*revenue seeking*) (Krueger, 1974).

Para la explicación de la formación y el comportamiento de los grupos de interés frente a los temas de la política comercial, vale la pena referirse a los modelos neoclásicos del comercio por su capacidad de predecir con claridad y precisión los efectos de la apertura sobre la (re-)distribución de los ingresos. El modelo de factores específicos (Samuelson, 1971; Jones, 1971) y el modelo de Heckscher-Ohlin (Heckscher, 1950; Ohlin, 1933; Stolper y Samuelson, 1941; Samuelson, 1948, 1949) muestran el papel crucial que desempeña la movilidad (intersectorial) de los factores de producción. Cuando los factores son móviles entre sectores (no entre países), los grupos de presión se organizarán por factores (gremios suprasectoriales que defienden los intereses de los capitalistas, sindicatos "cúpula" que representan los intereses de los trabajadores, asociaciones de terratenientes, etc.); es decir, esta situación se acercaría al análisis marxista y la lucha entre las clases. Sin embargo, cuando los factores son específicos (no móviles entre sectores), los grupos se organizarán por sectores económicos. En este caso los intereses de los empresarios de un sector guardan cierta coincidencia con los intereses del sindicato del mismo sector; ambos grupos pueden tener interés en la protección de su sector. La organización y el peso político relativo de los distintos grupos determinarán la orientación de la política comercial. En un desarrollo interesante del modelo de Heckscher-Ohlin, Rogowski (1989) muestra cómo en modelos con tres o más factores, la formación de coaliciones entre factores puede orientar la política comercial en una u otra dirección.

A medida que los modelos Heckscher-Ohlin-Samuelson (HOS) no resultan válidos, o sólo parcialmente válidos, el análisis de la economía política de la apertura se vuelve más complejo. Las nuevas teorías del comercio, en la medida que sean aplicables al caso colombiano, no son tan claras en la predicción de los efectos del comercio sobre la distribución del ingreso. Entre otras cosas, porque no predicen la localización geográfica de las actividades industriales. El importante papel que desempeñan las externalidades en las nuevas teorías (los efectos de aglomeración, por ejemplo) puede interpretarse como un factor de inercia en la localización geográfica de muchas actividades económicas, aun en condiciones de apertura, con las consecuencias correspondientes para la estructura productiva y los salarios en los países del Sur. Las teorías sobre crecimiento económico y cambio técnico son quizá más relevantes desde la perspectiva de la economía política porque predicen la dirección de los cambios en las demandas relativas de los factores de producción.

Ahora bien, a nivel del grupo de presión, el proteccionismo tiene el carácter de un bien público y se presenta el problema del *free rider*. De acuerdo con Frey y Weck-Hannemann (1996: 162), existen tres condiciones bajo las cuales es más probable que se constituyan grupos de interés:

- cuando el grupo se ha formado por otras razones o por iniciativa del gobierno;
- cuando los miembros del grupo obtienen bienes privados de la organización (por ejemplo, información);
- cuando el grupo tiene un tamaño reducido, lo cual disminuye el costo de la organización y mejora la posibilidad de sancionar eficazmente a los *free rider*.
- Generalmente, los grupos de presión se forman más fácilmente por el lado de los que favorecen la protec-

ción (los productores del sector) que por el lado de los oponentes (los consumidores dispersos).

A nivel de la oferta de protección, diferentes aspectos son importantes: el peso relativo de la política comercial dentro del conjunto de temas alrededor de los cuales gira el debate político y sobre el cual se organizan las consultas (elecciones), el sistema electoral y de gobierno, los perfiles y objetivos ideológicos de los partidos, la maximización de la posibilidad de ser reelegido por parte de los políticos, las restricciones presupuestales y de la balanza de pagos (Frey y Weck-Hannemann, 1996: 163-164).

La burocracia también es un actor importante al lado de la oferta. En la función objetivo de los burócratas entran variables como el poder, el prestigio, el tamaño del sector a su cargo, la producción de normatividad, la permanencia en el cargo, la fluidez de las relaciones con su clientela, el presupuesto, etc.[166]. La organización ´sectorial` de las burocracias hace suponer un sesgo proteccionista en su actuación, que puede dominar el interés colectivo. El modelo burocrático se basa en Downs (1967) y en la teoría de captura (*capture theory)* de Stigler (1971).[167] Se presenta un problema de principal-agente, cuando hay un control (político) deficiente sobre los burócratas.

Juárez Anaya (1993: 6-9) hace referencia al enfoque centrado en el Estado cuando existe algún grado de autonomía a nivel de los políticos o burócratas para defender el interés común frente a los intereses particulares.[168] Cuando

---

[166] Véase, por ejemplo, Frey (1991: 226).

[167] Sobre los logros y deficiencias de la teoría de la burocracia, véase Cuevas (1998: 179-189). Un enfoque alternativo es el del "*congressional dominance*" (Weingast y Moran, 1983; Weingast, 1984).

[168] Es necesario precisar sin embargo, que la existencia de una autonomía a nivel de la burocracia (es decir, una independencia frente a los grupos de interés) no garantiza necesariamente que los burócratas de-

estos últimos predominan, se trataría de un enfoque centrado en la sociedad.[169] Este enfoque coincide aparentemente con la explicación institucional de Kébabdjian (1999).

En cuanto a la demanda de protección, se presenta el problema del *free rider*, el cual se intensifica con el número de empresas con intereses similares. Los sectores que cuentan con pocas empresas serán más efectivos en su *lobbying* que los sectores grandes. Esto es consistente con la lógica de la acción colectiva de Olson (1992). De Melo, Panagariya y Rodrik (1993) se refieren al *"preference-dilution effect"*. No solamente el tamaño del sector es relevante para el problema del *free rider*; también es relevante la distribución del interés entre las empresas. Una distribución muy sesgada puede favorecer el *lobbying* de las empresas más interesadas.

Aunque se trata de una teoría muy influyente, ha sido cuestionada tanto con base en consideraciones teóricas como empíricas (Bilal, 1998a: 36). Debido a la propiedad de la no rivalidad en el consumo del bien público (la protección), un aumento en el número de empresas no necesariamente disminuye los beneficios de la acción colectiva, pero sí disminuye el costo (la contribución) de cada empresa beneficiada (Chamberlin, 1974). Se ha mostrado también que la contribución a la provisión del bien público puede disminuir la incertidumbre relacionada con el comportamiento de las demás empresas (Austen-Smith, 1981). Otro cuestionamiento del modelo de los grupos de presión de Olson es presentado en el modelo aditivo

---

fenderán el interés colectivo. Esto será solamente así cuando exista un control administrativo eficaz o un "residuo de altruismo" (en las palabras de Cuevas, 1998: 179), de lo contrario, la autonomía servirá a los intereses propios de los burócratas.

[169] Según Juárez Anaya, este enfoque encuentra su origen en un trabajo de Schattschneider (1935).

(*adding machine model*; Caves, 1976). Según este modelo, un sector industrial compuesto por un gran número de empresas, dispersas geográficamente, puede ser más eficaz en el *lobbying*, porque puede "sumar" apoyo político en un mayor número de distritos electorales. Este modelo se vuelve poderoso en combinación con el supuesto según el cual el objetivo del gobierno es maximizar la posibilidad de su reelección (Downs, 1957).[170]

Por otra parte, es importante anotar que pueden existir economías de escala en el *lobbying*. Así, al menos en principio, los sectores grandes con empresas grandes tendrían una ventaja sobre otros.

3. El contexto internacional

3.1. La instauración de un esquema de regionalismo abierto[171]

Un reordenamiento internacional fue desarrollándose en el marco de una nueva etapa de globalización de las economías impulsada por países poderosos desde los sesenta, y especialmente los setenta y ochenta ante la crisis mundial del petróleo, la consolidación de bloques económicos en competencia y la reproducción de tensiones en el ámbito comercial y tecnológico entre países líderes y bloques como Estados Unidos, la Comunidad Económica Europea y Japón.

A diferencia de lo argumentado desde ciertas ópticas –como es el caso de la perspectiva neoliberal radical–, la globalización es un proceso dialéctico, contradictorio, desigual, heterogéneo, discontinuo, asincrónico de naturaleza

---

[170] Acerca de los grupos de presión y la búsqueda de rentas, véase, también Cuevas (1998: 191-202).

[171] Esta sección se sustenta esencialmente en Garay (1994) y en De Lombaerde y Garay (2008).

estructural de largo plazo que se desarrolla bajo el papel catalizador del(os) país(es) "eje-centro de gravedad" del sistema en su conjunto y se reproduce en las diferentes esferas de acción, expresión, reflexión y comportamiento de las sociedades inter-nacionales: la económica, la política y la cultural. Si bien el proceso comprende las diferentes esferas como un todo, de manera integral y comprensiva, se caracteriza por la recreación de una identidad propia-diferencial de cada una de las esferas, por la diferenciación entre las dinámicas reproducidas a nivel de cada una de ellas y por la asincronía del proceso entre espacios: multilateral, transnacional, regional, nacional y local.

Este reordenamiento dio lugar a un nuevo regionalismo abierto en los ochenta y especialmente en los noventa en diversas zonas del mundo a través de la institución y consolidación de bloques regionales en competencia.

El nuevo regionalismo corresponde a un modelo neoliberal de integración entre países con diferentes niveles de desarrollo.[172] El modelo trasciende la liberación del comercio de bienes, servicios y factores productivos. Abarca, además, el tipo de instituciones y políticas, al igual que las reglas y normas necesarias para el funcionamiento del mercado integrado bajo los postulados neoliberales.

No menos importante, la dimensión política adquiere tanta relevancia como la dimensión de liberación de mercados, en respuesta a la estrategia defensiva de países dominantes para fortalecer su hegemonía o poder e influencia en las regiones correspondientes. Como subraya el Banco Mundial (2000): "La seguridad, el poder de negociación, la cooperación y el efecto candado son posiblemente los motores políticos más importantes para la

---

[172] Un concepto alternativo es presentado en el "enfoque del nuevo regionalismo", representado por Hettne, Söderbaum y otros. Véase, por ejemplo, Hettne *et al.* (1999) y Söderbaum y Shaw (2002).

integración. Algunas veces estos motivos tienen una apa-
riencia de racionalidad económica".

Los *nuevos bloques* o áreas regionales no pueden ser
asimilados a meras zonas de libre comercio, ni a zonas cerradas hacia adentro. Su razón de ser va más allá de la mera
conformación de mayores zonas comerciales para trascender a la configuración de un espacio geopolítico y económico desarrollado hacia afuera en concordancia con la renovación de la competencia internacional en sentido amplio y de
cara a la reestructuración geopolítica a nivel mundial.

Se trata de espacios regionales orientados bajo los
intereses y condicionamientos dominantes de un(os)
país(es) eje-centro catalizador en el área o bloque regional, tal como es el caso de Estados Unidos en el hemisferio
americano. Aunque, evidentemente, también existen otros
condicionantes fundamentales que pueden alterar drásti-
camente la naturaleza y la dinámica del espacio económico como son, entre otros, los relacionados con la aplicación
de políticas estratégicas de índole comercial y productiva
por parte del país(es) eje-centro catalizador del bloque regional y de otros líderes a nivel del sistema internacional.

Entre los propósitos de un bloque regional se destacan los de adquirir un mayor poder de negociación y una
presencia más decidida del bloque o del nuevo espacio
geopolítico y económico a nivel mundial (véase Epsteyn
en este volumen) –frente a otros espacios regionales– y
mejorar la competitividad productiva como bloque para
afrontar en mejores condiciones la agudización de la
competencia comercial y de capitales en el nuevo escenario de la economía internacional.

Ahora bien, la conformación de un bloque regional no
se produce de manera automática sino más bien discrimi-
natoria, diferencial y gradual en consideración a razones
estratégicas de índole geopolítica, económica y comercial
impuestas por el(los) país(es) eje-centro catalizador del

bloque en su carácter de "hegemón o cuasi-hegemón" del bloque y a la satisfacción de condicionamientos por parte de los demás países miembro –periféricos– del bloque en términos del grado de avance en la instauración del modelo económico, institucional y político imperante en el(los) país(es) eje-centro catalizador.

Y, además, con la peculiaridad de que antes que producirse una irrestricta liberalización global e indiscriminada del espacio económico, por lo general tiende a imperar una concepción estratégica de carácter sectorial para adecuar la competencia al proceso de transformación tecnológica dominante y a la evolución de nuevas formas de organización y de especialización productivas en un contexto cada vez más internacionalizado.

3.2. El papel de Estados Unidos: hacia un nuevo planteamiento sobre el espacio económico en el hemisferio americano

La década de 1980 marcó un cambio sustancial en la posición tradicional de Estados Unidos como la nación líder más fervorosamente entusiasta en favor de un sólido e irrestricto régimen multilateral no discriminatorio, para ir adoptando una actitud pragmática más conciliadora entre un sistema multilateral predominante con un esquema de regionalismo abierto y de política unilateral activa.

A nivel geopolítico la administración Reagan avanzó en ese sentido adoptando la concesión de ventajas comerciales preferenciales como fórmula alternativa a los programas de ayuda otorgados a ciertos países en el marco de la lucha contra el comunismo, los que a propósito implicaban erogaciones presupuestales de alguna relevancia para el fisco estadounidense. Sus realizaciones fueron la formalización de la Iniciativa para el Caribe mediante la cual se le otorgó libre acceso al mercado estadounidense

a todos los bienes caribeños excepto aquellos conside-
rados como "sensibles" para los intereses domésticos de
Estados Unidos, y la negociación e implementación del
Tratado de Libre Comercio con Canadá.

Luego, con la desactivación de la Guerra Fría, los
riesgos y temores suscitados por la eventualidad de un escenario de Fortaleza Europea (Bouzas, 1991: 6) y con una
relativa pérdida de liderazgo internacional de Estados
Unidos, las administraciones Bush y Clinton profundizaron en la integración con países del hemisferio, por una
parte, con la iniciación de negociaciones de un tratado de
libre comercio (TLC) con México y con la propuesta de la
Iniciativa Bush para las Américas y, por otra, con la puesta en vigencia del Tratado de Libre Comercio de América
del Norte (TLCAN) y con el lanzamiento del proyecto del
Área de Libre Comercio de las Américas (ALCA).

Con referencia al ambiente doméstico no debe olvidarse que a comienzos de la década de 1980 en Estados Unidos
ya se había alcanzado una apreciable toma de conciencia
pública sobre las cuestiones comerciales, los grupos de presión habían adquirido mayor recepción en el Congreso, la
política partidista en su conjunto tendía a ser menos proclive
en favor del libre comercio, se observaba un déficit comercial sin precedentes –especialmente con países clave como
Japón y los asiáticos de reciente industrialización–, se agu-
dizaba la utilización de "prácticas desleales" de comercio en
buen número de países y, como consecuencia, el Congreso
decidía asumir progresivamente una mayor injerencia en el
diseño y seguimiento de la política comercial.[173]

En medio del proceso de reconfiguración del espacio
a nivel mundial, a comienzos de la década de 1990 el gobierno estadounidense planteó la Iniciativa Bush para las

---

[173] Para un análisis general del tema, véase Krueger (1995).

Américas, con el propósito de promocionar un nuevo esquema de cooperación con los países de América latina y el Caribe. La Iniciativa constituyó el primer planteamiento integral sobre las relaciones hemisféricas realizado por Estados Unidos desde la Alianza para el Progreso, pero en contextos y con propósitos sustancialmente diferentes.

Posteriormente, a fines de 1994 se complementó la Iniciativa con el Plan de Acción para las Américas aprobado en la Cumbre de las Américas, con la presencia de 34 jefes de Estado. En este contexto se estipuló el compromiso de promover la prosperidad a través de la integración y el libre comercio, preservar y fortalecer los valores e instituciones democráticos en las Américas, erradicar la pobreza y la discriminación en la región, garantizar el desarrollo sustentable y la preservación del ambiente natural y garantizar la seguridad del hemiserio. Dentro de sus propósitos fundamentales sobresale el de la creación de un área de libre comercio en el hemisferio americano (ALCA), partiendo del reconocimiento de la presencia de diferentes dinámicas regionales de integración.

Aquí resulta evidente cómo, para entender la posición de Estados Unidos frente al regionalismo, no basta con observarla desde la óptica de los intereses económicos de sus empresas, sino también desde la óptica de su geoestrategia a nivel mundial y de la economía política doméstica de su estrategia comercial internacional.

En este sentido, vale la pena resaltar las estrategias regionales y globales de Estados Unidos no pueden ser entendidas simplemente en términos económicos, ya que como lo ha afirmado Phillips (2002: 8): "Los intereses de Estados Unidos en la región se definen de manera mucho más robusta por la agenda de seguridad y preocupaciones sobre la democracia. Los asuntos clave en la agenda de seguridad: drogas, inmigración, el medioambiente, terrorismo e insurgencia, petróleo y energía, requieren entonces de un enfoque que permita aumentar el poder de Estados Unidos en las áreas de particular interés, y el vehículo con el cual se busca este objetivo es precisamente el proyecto hemisférico. [...] En efecto, es importante reconocer que los componentes comercio e inversión fueron inicialmente de orden secundario en el proceso de las Cumbres, y se volvieron centrales en el proyecto hemisférico especialmente como resultado de las presiones y el interés de los países latinoamericanos. Existe evidencia (no confirmada) de que el comercio fue incorporado en la agenda de la primera Cumbre de las Américas sólo un par de meses antes de esa reunión, pero pruebas mucho más sólidas a favor de este argumento se encuentran en el dominio de los asuntos no comerciales en la retórica presidencial alrededor del proceso hemisférico".

Un ejemplo de ello es cómo, en 1992, mediante el Acta de Preferencia Comercial Andina, se provee al Ejecutivo estadounidense de la autoridad necesaria para otorgar acceso libre de aranceles a importaciones de productos provenientes de países andinos (excluida Venezuela) hasta por un plazo de diez años[174] en calidad de correspondencia por su lucha contra la producción y tráfico de drogas de uso ilícito, pero con la posibilidad de extenderla, tal y como ha ocurrido hasta la actualidad en el caso de Colombia, por ejemplo.

De cualquier forma, especialmente desde la década de 1990, el nuevo regionalismo en el hemisferio americano ha estado influido de manera decisiva por la estrategia

---

[174]   Se excluyen los productos particularmente sensibles a la competencia de importaciones subregionales (tales como textiles y prendas de vestir sujetos a los acuerdos textiles, atún, azúcar y melazas, ciertos artículos de calzado). Además, se tiene como requisito de origen el que por lo menos un 35% del valor agregado sea generado en uno o más países beneficiarios o, complementariamente, en uno o más de los países de la Iniciativa para la Cuenca del Caribe.

de Estados Unidos en su carácter de país hegemón o cuasi-hegemón, en la medida en que sus intereses geopolíticos y económicos predominantes han sido un factor determinante en la selectividad, gradualidad y diferenciación en el proceso de conformación del bloque regional tanto a nivel de los países miembro –México, Chile, países de Centroamérica, Perú y Colombia– como en el modelo específico de integración adoptado –esto es, TLC del tipo "nueva generación"–.

Este regionalismo ha sido caracterizado por una multiplicidad de acuerdos, lo cual es incluso más prominente que en otros continentes (el llamado *spaghetti bowl*), por un lado, y con los cambios cualitativos en los contenidos de los acuerdos regionales, por otro. En América latina se nota la estrecha relación con los procesos de reformas económicas y políticas, los cambios radicales en los regímenes de la IED y la difusión del modelo de regulación económica del TLCAN.

Desde el punto de vista comercial, se puede decir que el nuevo regionalismo en el hemisferio se caracteriza actualmente por la coexistencia y la relación entre tres modelos básicos de integración:

1. El primer modelo que ha sido impulsado por Estados Unidos desde comienzos de los noventa al punto de haber logrado preponderancia en el hemisferio, está representado por el conjunto de los TLC de tipo TLCAN, de "nueva generación", entre Estados Unidos (y en menor medida México) y América del Norte, Chile y países de América Central, algunos países andinos (Perú y Colombia, aunque este último no ha sido ratificado por el Congreso de Estados Unidos), al punto de que Estados Unidos se ha erigido como el "país eje" de un sistema hemisférico predominante de "eje-rayos" de TLC de nueva generación.

2. El segundo modelo lo conforman los TLC de "primera generación" en Sudamérica, especialmente entre el Mercosur y la CAN; y las uniones aduaneras parciales e imperfectas en Centroamérica (MCCA), Sudamérica (CAN y Mercosur) y la Comunidad del Caribe (CARICOM).

3. El tercero está configurado por los procesos interregionales que varios países y grupos regionales han venido avanzando con regiones fuera del hemisferio, como los TLC –aunque no de nueva generación– firmados entre México, Chile y el Mercosur con la UE, la iniciación de negociaciones paralelas, no conjuntas, de unos TLC de nueva generación entre Perú y Colombia con la Unión Europea (UE), entre otros.

3.3. La apertura, reforma estructural y el regionalismo abierto en Colombia[175]

Desde mediados de los ochenta no solamente se comenzó a transitar hacia la instauración y consolidación de regímenes democráticos en el hemisferio americano, sino también a afrontar un serio programa de apertura y de reforma estructural de sus sistemas económicos con la pretensión de intentar adecuar a los países para afrontar en mejores condiciones la nueva realidad del mercado internacional y al ordenamiento económico en proceso de configuración.

Dentro de las razones determinantes a nivel doméstico para la implantación de tales reformas económicas en países latinoamericanos sobresalen algunas como el agotamiento del modelo tradicional de desarrollo, la agudización de desequilibrios endémicos, la progresiva pérdida de competitividad de sus aparatos productivos, su creciente marginamiento del escenario internacional y la persistencia de una severa crisis de endeudamiento externo.

---

[175]   Esta sección se basa en Garay (1991; 1994).

Ahora bien, aunque la economía colombiana no se vio enfrentada a una crisis fiscal, de balanza de pagos y de endeudamiento externo del tipo de la observada en la mayoría de los países del área desde comienzos de la década del ochenta, tuvo que aplicarse un decidido programa de ajuste para corregir en el corto plazo importantes desequilibrios a nivel macroeconómico, despejar el panorama cambiario en una perspectiva de mediano plazo y progresar en el restablecimiento de relaciones normales con el sistema financiero internacional en su estatus de país buen deudor que, sin recurrir a la reestructuración de su deuda externa, pueda mantener acceso al mercado bajo la modalidad crediticia convencional.

Hacia 1989, en concordancia con la reconfiguración del espacio económico mundial y la recomposición de bloques regionales y ante la necesidad de proseguir con un conjunto de reformas estructurales para adecuar la economía nacional y preparar su inserción al nuevo escenario internacional, se inició la elaboración de la política de apertura y de modernización del sector público, que se pusieron en práctica desde comienzos de 1990.

Luego, en diciembre de 1990, el Congreso Nacional aprobó, a iniciativa del gobierno de Gaviria –posesionado en agosto de ese año–, un paquete integral de reformas estructurales con clara orientación de mercado, tendientes a liberalizar, desregular y eliminar distorsiones en la economía, específicamente en los mercados financiero, laboral y cambiario. Además, se dispuso una amnistía cambiaria y tributaria a la repatriación de capitales, y se introdujeron modificaciones a los regímenes tributario y de tratamiento a la inversión extranjera (Garay, 1991: 382-388).

En lo referente a la política cambiaria se liberaron las operaciones cambiarias de bienes y servicios; se legalizó la tenencia de activos en el exterior; se declararon exentos de controles administrativos los ingresos de divisas por concepto de servicios prestados en el exterior; y se autorizó a bancos comerciales y entidades financieras para participar en el mercado de divisas.

En materia de tratamiento del capital extranjero se incorporaron los siguientes principios básicos de política: la igualdad de trato de la inversión independientemente de su nacionalidad, la universalidad de sectores elegibles al capital extranjero –excepto en actividades de defensa nacional y de disposición de basuras tóxicas– y la automaticidad de la autorización a inversiones foráneas; se amplió el límite de remisión de utilidades al exterior al 100% del capital registrado el año anterior; se establecieron condiciones para que las utilidades que superen el límite de giro puedan ser registradas como inversión directa (De Lombaerde, 1997; De Lombaerde y Pedraza, 2005).

En febrero de 1990, como paso inicial del programa de modernización de la economía colombiana, se redujo el nivel arancelario promedio del 43,4% al 37,4%; se restringió a 11 el número de escalas arancelarias cuando previamente existían 23; se rebajó la dispersión arancelaria del 17,2% al 13,1%; se bajó la protección efectiva promedio del 47,1% al 41,8%; se recortó en dos puntos porcentuales la sobretasa a las importaciones y en otros tres puntos en septiembre, cuando originalmente era del 18% sobre el valor CIF; se trasladaron 861 ítems arancelarios al régimen de libre importación, llegándose así a la liberalización del 77% del universo arancelario, con la peculiaridad de que en octubre de 1990 se desmontó la regulación cuantitativa de las importaciones para el 97% del universo arancelario, exceptuándose bienes del sector agropecuario –que serían liberados en la primera parte de 1991– y otros por razones de control fitosanitario y de la lucha contra el tráfico de estupefacientes.

Posteriormente, el 27 de agosto de 1991 el gobierno optó por eliminar la gradualidad del proceso de desgravación arancelaria, adoptándose a partir de esa fecha la estructura del arancel prevista en un comienzo para 1994. Así, se redujo el arancel promedio al 6,9%; se recortó al 8% la sobretasa al valor CIF de las importaciones; se rebajó al 25% la protección efectiva promedia; se fijaron cinco niveles arancelarios, y se consolidó la liberalización de importaciones para la casi totalidad del universo arancelario –el 98,5%–.

De esta forma, ya hacia 1992 Colombia había avanzado en el proceso de apertura y reforma estructural en la línea del Consenso de Washington: marco de referencia del modelo económico del nuevo regionalismo impulsado por Estados Unidos. Componente básico del modelo económico de apertura de tipo neoliberal consistía en la instauración del esquema de regionalismo abierto, abandonando el modelo de desarrollo hacia adentro sustentado en una estrategia de sustitución de importaciones –imperante en América latina desde los sesenta–.

Entre los propósitos básicos de la estrategia gubernamental sobresalían la profundización de las relaciones económicas y políticas con Estados Unidos con la celebración de una tratado de libre comercio, una vez adelantadas las negociaciones entre Estados Unidos y México –que culminaron en agosto de 1992–, y con la diversificación de tratados con otros países del hemisferio como México con la negociación del TLC de nueva generación con Venezuela como tercer miembro del denominado G3.

Así mismo, el reforzamiento de las relaciones geopolíticas con Estados Unidos y la reiteración del papel de Colombia como su aliado tradicional por excelencia, tenía entre sus objetivos asegurar la aceptación por parte de Estados Unidos del principio de la corresponsabilidad en el combate contra el cultivo, procesamiento y tráfico de drogas de uso ilícito, lo que se logró con la aprobación del Acta de Preferencia Comercial Andina (ATPA).

Con la aprobación del Plan de Acción de las Américas, Colombia se constituyó quizás en uno de los principales países defensores del proyecto de constitución del ALCA, sin dejar de insistir en su pretensión de concretar un TLC con Estados Unidos –lo que apenas logró hacia 2004 con la iniciación de negociaciones, pero sin que todavía haya sido ratificado el Tratado por el Congreso estadounidense a pesar de haberse culminado sus negociación en 2007–, y buscó reforzar su alianza con ese país en el combate contra las drogas de uso ilícito, lográndose la consecutiva extensión del trato arancelario preferencial y la aprobación desde fines de los noventa de programas de cooperación con alto contenido militar –como el Plan Colombia y el posterior Plan Patriota– al punto de haberse erigido por unos años como el segundo país receptor de cooperación militar estadounidense, después de Israel.

Aceptada la prioridad indiscutible de la relación con Estados Unidos en el marco del nuevo regionalismo abierto, no dejaba de brindar especial importancia al propósito de permanecer en la Comunidad Andina de Naciones y, especialmente en algunos períodos, de profundizar la integración andina bajo los lineamientos de un regionalismo abierto –en claro contraste con la visión estratégica de integración económica hacia adentro que marcó el proceso andino desde la constitución del Pacto Andino en 1969–. La importancia de la CAN para Colombia ha residido en al menos dos campos: el político ante la especial vulnerabilidad en términos sociales de las poblaciones fronterizas y de seguridad territorial en las fronteras por la presencia de grupos armados ilegales y narcotraficantes, aparte de buscar evitar un aislamiento político y geoestratégico en el contexto regional, especialmente desde fines de los noventa y comienzos de esta década ante la progresiva elección de gobiernos con diversos grados de orientación hacia la gama denominada centroizquierda/izquierda, con particular énfasis en países de la región andina: Venezuela, Bolivia y Ecuador, según orden cronológico; y el económico en la medida en que el mercado andino es el primer mercado de las exportaciones no tradicionales de bienes con elevado valor agregado, lo que lo convierte en mercado estratégico para un buen número de ramas de la producción colombiana (una situación análoga ocurre para los otros casos de estudio que integran este volumen).

Sin duda, desde la década de 1990 Colombia fue reforzando su relación geoestratégica con Estados Unidos alrededor del combate contra el narcotráfico, primero con el otorgamiento de las preferencias arancelarias, luego con la aprobación del Plan Colombia y posteriormente con el Plan Patriota, complementándolo con el reforzamiento de la lucha contra la insurgencia ante la consideración de los grupos ilegales armados en Colombia como terroristas internacionales por parte de las autoridades responsables estadounidenses. Ello al punto de que Colombia llegó a ser considerada durante la administración Bush como el principal socio estratégico de Estados Unidos en la región; lugar que hoy es diputado por México, entre otras razones por los graves problemas de seguridad y narcotráfico en algunos estados mexicanos limítrofes con el país del Norte.

En medio del surgimiento desde fines de los noventa de gobiernos no sólo no alineados bajo la égida de Estados Unidos sino más bien críticos de su papel en la región, especialmente en el caso de los países andinos (excepto Perú) con el liderazgo del gobierno de Chávez, el gobierno colombiano se vio precisado a priorizar acciones para eludir la ruptura de relaciones políticas y comerciales y al menos lograr mantener, si no superar un

precario equilibrio con los gobiernos venezolano y ecuatoriano por razones tanto de soberanía y seguridad fronteriza como de índole económica y comercial, y, al mismo
tiempo, buscar mejorar sus relaciones con otros países de
América latina: Brasil y México, a fin de evitar quedar "aislado" en el contexto regional.

Algunas de estas razones, a propósito, parecen haber
sido las que han llevado a los gobiernos de Venezuela y
Ecuador a no haber "roto" relaciones comerciales con
Colombia, no obstante algunos difíciles episodios diplomáticos con el gobierno de Chávez a raíz del movimiento
de grupos guerrilleros y paramilitares colombianos en el
área fronteriza, que incluso han motivado la ausencia de
un embajador venezolano en Colombia durante varios
meses (en 2008), y a pesar de la ruptura de relaciones diplomáticas decretada por Ecuador ante el bombardeo en
territorio ecuatoriano de un campamento de la guerrilla
de las FARC por parte de las fuerzas militares colombianas
(a comienzos de 2008) (véase Serbin en este volumen).

En estas circunstancias, resalta la prioridad brindada
en los noventa a la celebración de acuerdos comerciales
extra-andinos, como México, en el marco del nuevo regionalismo impulsado por Estados Unidos, al punto de
haber llegado el gobierno colombiano a promover en
1992 una reforma de la CAN que podría debilitar y hasta
eventualmente transformar el esquema integracionista
andino, consecuente con la autorización de la realización
de acuerdos comerciales con terceros países por parte de
uno(s) pero no todos los países andinos miembros.

Así, resulta evidente que en los noventa Colombia
privilegió la relación con Estados Unidos dentro de una
estrategia de regionalismo abierto con la reiteración de la
vigencia de convenios integracionistas como la CAN y la
celebración de acuerdos comerciales de diversa índole con
terceros países, tales como un acuerdo de libre comercio de

"primera generación" con Chile, un TLC de "nueva generación" con México y Venezuela –G3– y, entre tanto, con el apoyo a la negociación del ALCA (objetivo impulsado por el gobierno estadounidense) y la permanente búsqueda de negociación de un TLC de "nueva generación" con Estados Unidos. Ya en la década de 2000 se firma un acuerdo de "primera generación" entre la CAN y el Mercosur, y se adelantan negociaciones de TLC de "nueva generación" con Estados Unidos y Canadá y, recientemente, de un acuerdo de corte de "nueva generación" con la Unión Europea, sin que todavía se haya ratificado ninguno de ellos.

4. Los sectores económicos y empresarios

4.1. Del modelo de crecimiento hacia adentro al regionalismo abierto

Bajo el modelo de crecimiento hacia adentro sustentado en la estrategia de sustitución de importaciones que imperó en América latina desde los cincuenta y sesenta hasta mediados de los ochenta se reprodujo un ambiente propicio a la consolidación de una especie de universalismo entre los agentes económicos y los sectores público y privado sobre un unanimismo (al menos relativo) alrededor de la imperancia ineluctable o institucionalización legítima de la protección del mercado doméstico a la competencia externa. Si bien no dejaban de subsistir contradicciones y diferencias de intereses entre algunos agentes y sectores de la producción, la garantía del usufructo de niveles suficientes de protección a la producción doméstica y del adecuado abastecimiento de materias primas y equipos requeridos por el aparato productivo constituía una condición determinante para la consolidación y legitimación de un universalismo alrededor del proteccionismo.

Ahora bien, en la transición hacia un modelo de regionalismo abierto de tipo neoliberal surgen serias contradicciones y conflictos de intereses entre sectores productivos y sectores de servicios al "romperse" con el *statu quo* consistente en una plena garantía de protección suficiente para todos y al "abrirse" posibilidades de ganancias o pérdidas ante la irrupción de competencia externa a la producción doméstica y la inserción a nuevos mercados externos. En estas circunstancias se "quiebra" el universalismo consensuado alrededor de la protección a ultranza y se da cabida a una etapa de serias pugnas de intereses hasta que se logran imponer los más poderosos a favor del nuevo modelo abierto a la competencia externa, pero sin que necesariamente se llegue a un unanimismo alrededor del regionalismo abierto de tipo neoliberal. En este ambiente competitivo se da lugar a la reproducción de prácticas como el lobby para la coordinación, gestión y tramitación de intereses particulares.

Este proceso fue observado en Colombia desde fines de los ochenta y agudizado en los noventa con la apertura de la economía y la adscripción al modelo de regionalismo abierto impulsado por Estados Unidos, habiéndose impuesto intereses de agentes económicos y sectores con una posición más "ofensiva" en la inserción a nuevos mercados y en la apertura a la competencia externa en razón de su adecuado nivel de competitividad en términos internacionales o de su clara orientación exportadora, y con una relativa supeditación de agentes y sectores con una posición más "conservadora y defensiva" consistente en el mantenimiento con el menor riesgo posible de los mercados cautivos. Este último es el caso de buen número de agentes y sectores especializados en el abastecimiento del mercado doméstico y en la exportación al mercado andino, con una baja apertura a terceros mercados, especialmente de países desarrollados.

4.2. Las asociaciones empresarias y sectoriales

Aunque la literatura teórica y empírica a nivel internacional[176] parte generalmente de un esquema en el cual los intereses se organizan por industrias o sectores, la observación del caso colombiano sugiere que no deben subestimarse los grados de movilidad de los factores. La importancia de organizaciones "cúpula" como la Asociación Nacional de Empresarios de Colombia (ANDI),[177] la Asociación Nacional de Comercio Exterior (ANALDEX)[178] y el Consejo Gremial Ampliado (CGA) es un indicio que el factor capital se organiza y se manifiesta más de manera horizontal (intersectorial, por factores) que de manera vertical (sectorial).[179] Por lo tanto, el modelo HOS (y la visión clasista) parecería más aproximado que el modelo de factores específicos para analizar el caso colombiano. La existencia de los grandes grupos económicos en Colombia, con intereses en diferentes sectores, fortalecería este argumento. Aunque la diversificación y la movilidad son dos conceptos diferentes, sí resultan conducentes al mismo tipo de comportamiento.

Colombia se ubica, por consiguiente, al lado de países como México o Chile, donde el papel de las organizaciones "cúpula" o intersectoriales son importantes, a diferencia de países como Argentina o Brasil donde no parece ser el caso (Schneider, 2004: 20).

---

[176] Véase, por ejemplo, Frey y Weck-Hannemann (1996).

[177] Anteriormente, Asociación Nacional de Industriales. Véase anexo 1 y http://www.andi.com.co.

[178] Previamente, Asociación Nacional de Exportadores. Véase anexo 2 y http://www.analdex.org.

[179] Durante las negociaciones del TLC Colombia-Estados Unidos, Luis Carlos Villegas combinaba además las presidencias de la ANDI y del CGA.

Obviamente, esto no quiere decir que los intereses sectoriales no sean relevantes. Existen y han existido conflictos de interés entre sectores con vocación exportadora y sectores que compiten con las importaciones, entre industriales y comerciantes, y entre productores de bienes transables y productores de bienes no transables (Martínez Ortíz, 1986: 58-62; Sáenz Rovner, 1992: 112,133-134; Echavarría, 1999: 127-129). Según Juárez Anaya (1993: 28-29), las reformas comerciales a partir del gobierno del presidente Lleras Restrepo, diversificaron las exportaciones y dispersaron los intereses gremiales. Esto, a su vez, facilitó la política de apertura de los noventa. Es esta diversidad de intereses sectoriales que podría explicar el relativo inmovilismo del sector gremial frente a temas de importancia estratégica como, por ejemplo, las negociaciones CAN-Mercosur.

Ahora bien, es esta misma situación caracterizada por conflictos de interés entre los grupos de industriales de diferentes sectores que abre espacio para que las cúpulas gremiales como la ANDI puedan desempeñar un papel como intermediario. Es decir, antes de acudir al gobierno, a los empresarios les puede resultar más conveniente intentar conciliar sus intereses previamente. Los organismos como la ANDI evitan de esta manera el debilitamiento de la posición negociadora de los empresarios frente al Ejecutivo y la sociedad, ante los riesgos de su división interna.

Hay opiniones divergentes sobre el peso político relativo de los gremios. Juárez Anaya se posiciona en la línea de Urrutia (1983), y compartida por Romero (1995: 436), según la cual la influencia de los gremios sobre la política de las últimas décadas habría sido relativamente moderada.[180] Sin embargo, esta posición no es necesaria-

---

[180]   Para Luis Gustavo Flórez, presidente de Fedemetal, los cambios importantes que se dieron en los años noventa en cuanto a la dinámica

mente incompatible con la percepción de la mayoría de los autores de que durante el resto del siglo el *lobbying* frente a la política comercial ha sido uno de los objetivos más importantes de los gremios de la producción y, además, que el *lobbying* ha sido muy eficaz en este campo (Echavarría, 1999; Sáenz Rovner, 1992; Vesga, 1992: 251).

Según Juárez Anaya (1993), los gremios han estrechado sus vínculos con el Estado durante el Frente Nacional, y este vínculo tiene un carácter preferencial puesto que otros grupos sociales, como por ejemplo los sindicatos, no han logrado tal cercanía.

Juárez Anaya describe la proliferación de los grupos con intereses económicos particulares a partir de los años cuarenta, y reconoce que su influencia ha sido muy importante (pero no ilimitada) en las políticas gubernamentales y múltiples sus canales de acceso al poder público. Destaca a la ANDI como organización de gran importancia (Juárez Anaya, 1993: 16). La influencia de esta organización explica, al menos parcialmente, el sesgo a favor de la industrialización de la política económica colombiana en la postguerra.[181] Se supone que los gremios fortalecieron su posición como intermediarios preferenciales sociales y económicos durante el gobierno de Carlos Lleras Restrepo (1966-1970).

El autor destaca, además, a Asocaña y Asocolflores como gremios que en los años ochenta y noventa han

---

interna de los gremios y a sus actividades, han sido tales que "[...] [e]l trabajo de ´lobby´ se ha terminado, hoy en día es sinónimo de pasado, y con los empresarios se está trabajando con otro tipo de instrumentos: en materia de capacitación, desarrollo tecnológico y estrategias de competitividad. Aunque es un trabajo incipiente, apunta a un mejoramiento institucional en la línea en que los gremios puedan facilitar una concertación más sana y transparente" (Flórez, 1995: 458).

[181] Se observará que el *lobbying* a favor de los intereses industriales en sí mismo no da claridad sobre la orientación de las políticas apoyadas (proteccionistas o aperturistas).

logrado una gran efectividad en su *lobbying* en temas comerciales, hasta tal punto que influirían decisivamente sobre las políticas comerciales en sus sectores específicos (Juárez Anaya, 1993: 19).

En la época de la apertura iniciada a comienzos de los noventa, debido a los compromisos adquiridos por Colombia a nivel multilateral y regional, los gremios, por supuesto, ya no pueden aspirar a los aranceles de épocas anteriores. Sin embargo, han quedado espacios y se han creado otros nuevos para ejercer influencia y defender intereses sectoriales, como, por ejemplo, los acuerdos de competitividad, el manejo del Fondo Nacional de Productividad y Competitividad, las medidas antidumping, las salvaguardias, las negociaciones del TLC CAN-Mercosur, del ALCA y del TLC Colombia-Estados Unidos, las negociaciones en el marco de la OMC, etc.

Sobre la base de los resultados de una encuesta realizada diez años después de iniciarse el proceso de apertura, parece haber consenso que los intereses particulares que más compiten con el interés general del país, a la hora de tomar decisiones de política comercial, son los de los gremios de la producción, organizados por sectores o intersectoriales (véase cuadro 1).[182]

En la misma encuesta también se averiguó sobre el peso relativo de las diferentes organizaciones gremiales (véase cuadro 2). A pesar de que la mayoría de los encuestados todavía menciona la Federación Nacional

---

[182] La encuesta se aplicó a una muestra de 127 personas vinculadas al tema de la política comercial, organizadas en seis categorías: ministros y viceministros (10 encuestas); funcionarios públicos (21); representantes de los gremios de la producción (19); representantes del sector exportador (18); representantes de los sindicatos y otras organizaciones sociales de los sectores industrial y agrario (46); representantes del sector académico, vinculados a los temas de la economía y las relaciones internacionales (13). Véase De Lombaerde (2000).

de Cafeteros como el gremio de mayor incidencia en la formulación de políticas comerciales, es significativo que entre los encuestados del nivel ministerial, quienes están mejor preparados para evaluar el peso político de cada gremio, ocupa apenas el séptimo lugar en la clasificación establecida sobre la base de las opiniones emitidas. Hoy en día, la ANDI y Analdex, como gremios inter o suprasectoriales, se proyectan como los interlocutores más importantes para el gobierno (aunque los funcionarios no otorgan tanta importancia a Analdex). La opinión de los ministros y de los sindicatos coincide con los resultados de la encuesta de Kline (1974) entre congresistas y con la posición de Juárez Anaya (1993), según los cuales la ANDI sería la más poderosa e influyente agrupación en el país.

El modelo factorial parece, entonces, tener relevancia en el contexto colombiano. Esto, a su vez, podría indicar que los factores de producción son relativamente móviles entre sectores, que los industriales colombianos importantes se caracterizan por un portafolio diversificado de actividades, y/o que los empresarios y los sindicatos no logran ponerse de acuerdo para organizar el *lobbying* a nivel sectorial (a pesar de tener intereses coincidentes). El estudio confirma la opinión de Juárez Anaya (1993: 19), según la cual, algunos gremios sectoriales, como Asocolflores y Asocaña, han logrado eficazmente ejercer una influencia significativa sobre el Ejecutivo. Mientras que en la primera mitad del siglo XX los intereses agrarios y comerciales todavía pesaban mucho en materia de política comercial (Sáenz Rovner, 1992; Echavarría, 1999), la importancia creciente de la industria en la economía nacional y el debilitamiento del sector agrario hacen que hoy en día los intereses industriales dominen el debate sobre políticas comerciales.

Cuadro 1
La importancia de los diferentes
intereses en la toma de decisiones del
gobierno sobre la política comercial

	Según los ministros (N=10)	Según los funcionarios públicos (N = 21)	Según los gremios de la producción (N = 19)	Según los exportadores (N = 18)	Según los sindicatos (N = 46)	Según los académicos (N =13)
Interés del país	60	29	53	44	24	38
Intereses sectoriales (gremios)	20	38	26	44	46	15
Intereses de los trabajadores (sindicatos)	0	0	0	0	0	0
Intereses de las ONG	0	0	0	0	0	0
Intereses de los consumidores	0	0	0	39	0	0
Intereses de los partidos políticos	0	0	21	28	33	0
Intereses burocráticos	0	19	16	6	50	8
Intereses de las multinacionales	10	0	5	33	50	15
Opinión de la academia	10	10	0	0	0	0

Nota: las cifras muestran el porcentaje de los entrevistados que considera que un interés recibe una gran importancia por parte del gobierno.
Fuente: De Lombaerde (2000).

Cuadro 2
La influencia relativa de los gremios en la toma de
decisiones sobre política comercial en Colombia

	Según los ministros (N = 10)	Según los funcionarios públicos (N = 21)	Según los gremios de la producción (N = 19)	Según los exportadores (N=18)	Según los sindicatos (N=46)	Según los académicos (N=13)
ANDI	80	52	58	22	74	54
Analdex	80	24	32	17	70	62
Asocaña	70	43	26	-	7	15
Asocolflores	70	57	42	33	70	69
SAC	50	48	42	-	61	23
Fedemetal	50	29	16	-	37	15
Fedecafé	40	67	79	61	70	77
Acopi	20	10	11	-	54	15
Acoplásticos	20	-	-	-	-	-
ANIF	10	5	16	-	59	31
Fedegan	10	33	21	-	7	8
Andigraf	10	-	-	-	-	-
Augura	10	-	-	-	-	-
Asoconfecciones	10	-	-	-	-	-

Ascolfa	10	-	-	-	-	-
Fenavi	10	-	-	-	-	-
Fenalco	-	19	32	17	7	23
Asobancaria	-	33	21	-	57	23
Camacol	-	14	16	-	43	-
Confecáma-ras	-	33	21	11	7	23
Asocueros	-	-	-	-	-	-

Nota: las cifras muestran el porcentaje de los entrevistados que opina que el gremio ejerce una influencia grande sobre las políticas comerciales del gobierno colombiano.
Fuente: De Lombaerde (2000).

El desarrollo del proceso de apertura económica y la multiplicación de los escenarios de negociación regional e interregional han incidido en la configuración de los intereses empresariales de diferentes maneras.

En primer lugar, el crecimiento de las exportaciones ha favorecido que los intereses de los exportadores se hayan ido fortaleciendo frente a los intereses de los sectores competidores con las importaciones. En segundo lugar, la diversificación de las exportaciones contribuyó a la mayor dispersión de los intereses. En tercer lugar, el aumento absoluto y relativo del comercio intrarregional con una elevada participación del comercio intraindustrial, resultó en el fortalecimiento de la posición de los industriales y en un mayor interés por parte de los gremios en los temas de la integración regional.[183]

---

[183] La evolución de las exportaciones colombianas (1994-2008), por países de destino, está incluida en el anexo 5.

En cuarto lugar, la nueva dinámica de las negociaciones comerciales (a nivel regional e interregional) ha incidido en la práctica del *lobby* de los gremios. Esto tiene que ver con el hecho de que el centro de gravedad de la toma de decisiones en materia comercial se ha desplazado parcialmente al ámbito poco transparente de la diplomacia económica y también con el hecho de que en esos ámbitos los diferentes temas se conectan y se negocian como "paquetes". Esta dinámica fortalece el poder del gobierno frente a los gremios, además de que también fortalece la posición de las organizaciones cúpula frente a los gremios sectoriales.

En cuanto al primer punto, las negociaciones del G-3 marcaron un cambio. Mientras en las negociaciones de la ALALC, de la ALADI y del Grupo Andino, el gobierno coordinaba sus posiciones de negociación con el sector empresarial y lo llevaba a las negociaciones "en la silla de atrás", a partir de las negociaciones del G-3 el gobierno empieza a actuar de manera relativamente autónoma y llega a adoptar el esquema "del cuarto al lado". Los gremios se quejaron de la falta de concertación y respondieron con la creación y fortalecimiento del Consejo Gremial (Díaz, 1997). Sin embargo, el esquema "del cuarto al lado" se ha mantenido en las negociaciones del ALCA y del TLC Colombia-Estados Unidos.

4.3. Las empresas grandes

Es sabido que las grandes empresas multinacionales tratan de influir de manera directa en las negociaciones de acuerdos de integración regional.[184] Al mismo tiempo, se sabe que esas empresas muchas veces prefieren los

---

[184] Véase, por ejemplo, Grinspun y Cameron (1993: 18), Wilkinson (1993) y De Lombaerde (2002c) en el caso del NAFTA.

canales informales en sus relaciones con el Ejecutivo o el Legislativo. Por consiguiente, empíricamente no es fácil evaluar su capacidad de influencia.

Para el caso colombiano, una primera aproximación la brindan los resultados de la encuesta mencionada anteriormente (véase cuadro 1). Es significativo que no solamente los sindicatos mencionan a las multinacionales como influyentes en materia de política comercial, sino también los ministros, los exportadores y los académicos. Obviamente, ésta es una aproximación muy cruda.

Sin embargo, hay dos factores objetivos que pueden ayudar a aproximarnos indirectamente al papel que desempeñana las empresas grandes y multinacionales hoy en día. El primer factor está relacionado con la pregunta acerca de si la apertura ha conducido a un incremento en la escala de las empresas y/o a una mayor concentración de la producción. Esto permitiría a empresas individuales pesar más sobre la toma de decisiones en materia de política comercial y de integración regional. El segundo factor se refiere a la pregunta acerca de si han surgido empresas multinacionales colombianas en el ámbito regional. Tales empresas tendrían un interés objetivo en la consolidación de los procesos de integración regional.

En cuanto al primer factor, los estudios empíricos sobre los efectos del programa de apertura parecen mostrar una tendencia hacia la modernización y la reconversión, un aumento de las escalas de producción, simultáneamente con indicios de una deindustrialización (Mesa Parra *et al.*, 2000; Echavarría, 2000: 230-231; Garay *et al.*, 1998). Rocha y Sánchez (2000) encuentran que las exportaciones se concentran en las empresas de mayor tamaño. Los resultados de las encuestas realizadas por Fedesarrollo entre exportadores indican que la actividad exportadora trae beneficios relacionados con la producción a mayor escala, la especialización, la adopción de nuevas tecnologías productivas, y el aprendizaje en los mercados de exportación (Echavarría, 2000: 222-225).

Sin embargo, el efecto sobre las escalas de producción no implica necesariamente mayores niveles de concentración industrial (De Lombaerde, 2004). Arango *et al.* (1998) encuentran una tendencia hacia la disminución del poder de mercado de las empresas industriales en los noventa, como resultado de la apertura comercial. Ubican las mayores reducciones en el poder de mercado en los sectores de bienes de consumo liviano y de bienes de consumo intermedio. Los ejercicios de regresión de Roberts (1996), Garay *et al.* (1998) y Rodríguez Salazar (1999) parecen coincidir en la relación negativa entre los márgenes precio-costo (como indicadores del poder en el mercado) y la penetración de las importaciones (como indicador de la apertura). En conclusión, la apertura conlleva a empresas más grandes pero no necesariamente a mayores niveles de concentración industrial. El efecto tamaño en sí es un factor objetivo que fortalece la posición de empresas individuales frente al gobierno.

En cuanto al segundo factor, efectivamente, un fenómeno nuevo que se ha dado justamente por el desarrollo del comercio intrarregional es el de la internacionalización de las actividades de las empresas colombianas a través de la inversión directa. Es un proceso basado en iniciativas integrativas de empresas que ha sido acompañado por políticas gubernamentales (cambios en el régimen de la IED, apoyos de Bancoldex, etc.). Nuevas empresas multinacionales colombianas surgieron con enfoque regional (Franco y De Lombaerde, 2000):[185] las

---

[185] Esto coincide con la observación a nivel global de que las empresas multinacionales, incluso las más grandes, tienden a enfocarse en sus mercados regionales (Rugman, 2008).

cifras muestran que se trata de un fenómeno muy ligado a la apertura y con un alcance netamente regional,
principalmente andino. Ejemplos de tales empresas incluyen a Carvajal/Norma, Bavaria, Icollantas, Coltejer,
Noel, Levapan, Ingenio Cauca, Corona, Coltejer, Imusa
y Leonisa (Franco y De Lombaerde, 2000: 217-226).[186] Se
trata de nuevos jugadores en la economía política de la
integración regional a través de una subdimensión (véase Tussie y Trucco en este volumen) que cobró una fuerza desconocida para Colombia hasta ese momento.

5. La sociedad civil

5.1. Los sindicatos y los movimientos sociales

Hay consenso sobre el papel marginal que desempeñan los sindicatos y las ONG en la formulación de la
política comercial y de integración regional en Colombia
(Díaz, 1997; Herrera, 1997). Nuestra encuesta apunta en
la misma dirección (véase cuadro 1). Ninguna categoría
de encuestados los menciona como influyentes en el proceso de toma de decisiones.

Tradicionalmente, los sindicatos en Colombia se
han caracterizado por posiciones claramente antiaperturistas (Jaramillo, 1994), posiciones que han mantenido hasta hoy en día.[187] Especialmente han sido muy

---

[186] Algunas de las empresas colombianas que se convirtieron en multinacionales regionales fueron adquiridas posteriormente por multinacionales extranjeras.

[187] En la historia del sindicalismo en América latina, los sindicatos no
siempre asumen posiciones antiaperturistas. En la primera mitad del
siglo XX, por ejemplo, los sindicatos en Argentina y Perú se opusieron a
la protección. Díaz Alejandro (1975: 305) y Echavarría (1999: 128) relacionan las diferentes posiciones de los sindicatos frente a la apertura y

críticos con respecto a las negociaciones del ALCA y
del TLC con Estados Unidos. Frente a las negociaciones de acuerdos de integración regional y las negociaciones interregionales, los sindicatos han formulado
una gran cantidad de recomendaciones y propuestas
pero no han encontrado una "disposición institucional
permanente" (Herrera, 1997: 28). Las propuestas de los
sindicatos se han encuadrado dentro de lo que Tussie y
Trucco (en este volumen) entienden como una dimensión *soft*, ya que se refieren a las cláusulas sociolaborales, la migración laboral, la seguridad social, etc., además de las recomendaciones acerca de la concertación
y la participación mismas.

Ya nos referimos al hecho de que los grupos de interés en Colombia tienden a organizarse por factores
(horizontalmente) más que por sectores (verticalmente). Esta observación se aplica también a los sindicatos, que se han organizado en organizaciones "cúpula" como la Central Unitaria de Trabajadores (CUT)
(véase anexo 3), la Confederación de Trabajadores
de Colombia (CTC) y la Confederación General de
Trabajadores (CGT). Esto es un indicio de que el factor trabajo es relativamente móvil entre sectores, lo
cual se explicaría por su relativamente bajo grado de
calificación.

La literatura empírica permite una aproximación indirecta para establecer cómo el peso político de los sindicatos se ha visto afectado por el proceso aperturista.
Se puede suponer que los efectos de la apertura sobre el
empleo y los salarios de los trabajadores, en general, y sobre los salarios de los no calificados, en particular, dan un
indicio al respecto.

---

la protección con la importancia de los bienes transables en la canasta
familiar de los trabajadores.

Parece haber un consenso entre los analistas de que la apertura no produce automáticamente una disminución de la brecha salarial entre trabajo calificado y no calificado –una tendencia observable en los años sesenta y setenta–, ni de la desigualdad en la distribución de los ingresos. Sin duda, la evolución de la brecha salarial contribuyó a la tendencia ascendente del coeficiente de Gini observada en la segunda mitad de la década de 1990 (Sarmiento Anzola, 2000: 31; Ramírez Gómez, 2001: 512).

En este contexto, hay varios estudios que evaluaron la validez del modelo Heckscher-Ohlin-Samuelson (HOS) ajustado.[188] Mesa y Gutiérrez (1996) calcularon que entre 1990 y 1994 se perdió algo más del 10% del empleo industrial. De acuerdo con el modelo HOS, las ramas con los mayores desequilibrios comerciales eran las de mayor pérdida de empleo y de mayor reducción del precio de los bienes, y, por consiguiente, se podía esperar una reducción en el precio del factor que se utilizaba de manera intensiva en esas ramas. Contrario a las expectativas, la brecha salarial real por calificación laboral se amplió. Los resultados inesperados se deben parcialmente a la creciente importancia del comercio Sur-Sur (comercio intra-andino, en primer lugar) y la competencia de países en los sectores intensivos en mano de obra no calificada. Encontraron que, paradójicamente, el comercio intra-industrial se intensificó en los sectores intensivos en trabajo no calificado. Fernández y Martín (2000) actualizaron el trabajo de

---

[188] El modelo ajustado considera el trabajo calificado y no calificado como factores relevantes. Esto es consistente con los enfoques de Krugman (1979) y Wood (1984), según los cuales los patrones de comercio internacional, sobre todo en los sectores industriales, se explican principalmente por el factor trabajo, dada la alta movilidad internacional del factor capital y de la tecnología.

Mesa y Gutiérrez y llegaron a resultados más acordes con la teoría neoclásica del comercio. Dado que los mayores grados de penetración de las importaciones se obtuvieron en las ramas más intensivas en trabajo calificado, observaron que la brecha salarial mostró nuevamente una tendencia hacia la baja para el final del período estudiado.

En Rocha y Olarreaga (2000) se encuentra una lectura diferente (pro-aperturista) de los hechos. La desindustrialización, que como tal no se niega, no estaría relacionada con la desgravación de las importaciones sino con una revaluación cambiaria sostenida. Los modelos que presentan combinan las ventajas comparativas (dinámicas), las economías de escala, los ajustes en las estructuras de costos (costos laborales, insumos intermedios) y la existencia de acuerdos comerciales regionales, prediciendo una expansión del sector industrial con apertura (pero sin revaluación), sobre todo en sectores no intensivos en trabajo (Arango *et al.*, 2000).

Sin embargo, en el largo plazo son los cambios tecnológicos, más que las variaciones o tendencias en las políticas comerciales de las economías, los que mejor explican los cambios en los mercados laborales. El aumento relativo en el empleo y los salarios del trabajo calificado, como en el caso de Colombia en los noventa, es el resultado no sólo de una recomposición de la actividad industrial sino, más claramente, de un proceso de cambio técnico que implica una modificación en las demandas relativas de factores de producción. Como observan Mesa y Gutiérrez (1996: 20), resulta difícil medir con exactitud la importancia relativa de los dos factores (apertura comercial y cambio tecnológico). Es importante, sin embargo, anotar que los factores no son completamente independientes. La apertura, cuando implica una mayor exposición a la competencia, mayores importaciones de bienes de capital y mayores niveles de inversión extranjera directa, puede incidir en el ritmo del cambio tecnológico.[189]

Las presiones sobre el empleo industrial y la ampliación de la brecha salarial son factores objetivos que han fortalecido el papel de los sindicatos y su poder movilizador. En los últimos años, los sindicatos se han inscrito dentro de una lógica de oposición al gobierno del presidente Uribe y se han aliado con el Polo Democrático (véase más adelante) y RECALCA, del cual tanto la CUT como la CGT y la CTC son miembros (véase anexo 4).

Fue a raíz de las negociaciones sobre el ALCA, que los sectores críticos de la sociedad civil se movilizaron por primera vez alrededor del tema comercial y de la integración regional. La Red Colombiana de Acción frente al Libre Comercio (RECALCA) fue creada y agrupa, además de los sindicatos, a ONG, organizaciones de productores, organizaciones de consumidores, movimientos indígenas, organizaciones del sector de la educación e incluso a la Fundación Friedrich Ebert (FESCOL).[190] RECALCA se convirtió en una voz opositora importante en el debate público sobre el ALCA y, posteriormente, en el correspondiente al TLC Colombia-Estados Unidos.[191] RECALCA también ha coordinado sus acciones a nivel regional a través de su pertenencia a la Alianza Social Continental (ASC), constituida en 1997, de la cual ha asumido la secretaría ejecutiva rotativa.[192] Asimismo, la ASC se ha

---

[189] Acerca del cambio tecnológico que se ha dado en el período de apertura, véase por ejemplo, Hernández Díaz (2001), Echavarría (2001: 78), y De Lombaerde (2002a).

[190] Véase, www.recalca.org.co.

[191] Véase, por ejemplo, RECALCA (2006).

[192] Véase, http://www.ASC-hsa.org.

pronunciado a favor de la profundización de la integración regional en el marco de UNASUR.

5.2. Los partidos políticos

Históricamente, ha habido coaliciones cambiantes entre los partidos tradicionales (Partido Liberal y Partido Conservador), por un lado, y los diferentes sectores económicos, por otro (Bejarano, 1982; Sáenz Rovner, 1992). Por consiguiente, no existe un patrón claro con respecto a sus posiciones respectivas en el tema comercial. Las últimas décadas mostraron, sin embargo, una convergencia en las posiciones de ambos partidos tradicionales a favor de la apertura y la liberación comercial regional, aunque en el Partido Liberal siempre ha habido un sector minoritario más crítico.

Observando los resultados de nuestra encuesta, parece haber cierta confusión sobre el papel de las tendencias partidistas de las fuerzas políticas en el poder a la hora de tomar decisiones en materia comercial, como lo evidencian las respuestas del sector privado (véase cuadro 3). Los ministros y los académicos (quienes asesoran a los primeros) creen en su gran mayoría que las tendencias partidistas no influyen en la toma de decisiones de política comercial, mientras que los funcionarios y los sindicatos sí parecen percibir que las tendencias partidistas del Ejecutivo tienen un impacto real.[193]

---

[193] Posiblemente, la pregunta de la encuesta ha captado dos fenómenos: la posibilidad de que las decisiones sobre política comercial siguen una orientación que viene del partido político al cual pertenece el Ejecutivo, o la posibilidad de que las decisiones favorecen a ciertos intereses pertenecientes a la misma familia política que el Ejecutivo. Por consiguiente, se deben analizar los resultados con cierta prudencia.

Cuadro 3.
Incidencia de las tendencias partidistas en la
toma de decisiones sobre política comercial

	Según los ministros (N=10)	Según los funcionarios públicos (N=21)	Según los gremios de la producción (N=19)	Según los exportadores (N=18)	Según los sindicatos (N=46)	Según los académicos (N=13)
Tendencias partidistas del Presidente	20	71	42	56	78	38
Tendencias partidistas de los ministros	20	67	63	56	76	38
Tendencias partidistas de la mayoría en el Congreso	10	29	37	33	67	23
Tendencias partidistas de los gremios	10	57	37	33	65	15

Nota: las cifras muestran el porcentaje de los encuestados que opina que las tendencias partidistas inciden en la toma de decisiones.
Fuente: De Lombaerde (2000).

En las elecciones de 2002, la mayoría de los candidatos de los partidos tradicionales o independientes (Uribe, Sanín, Betancourt y Serpa) no propuso cambiar realmente el modelo de apertura, la integración regional abierta y la línea de política comercial trazada por los últimos gobiernos (De Lombaerde, 2002c). Serpa anunció que sepultaría el neoliberalismo, pero no quedó claro lo que esto significaba en términos de política comercial. Uribe y Sanín se referían explícitamente al Plan Estratégico Exportador y garantizaron su continuidad. Betancourt enfatizó la necesidad de armonizar la política macroeconómica con el objetivo del crecimiento económico basado en el sector externo. Solamente Lucho Garzón (del Polo Democrático) se alejó claramente del modelo de apertura en su discurso, anunciando un proteccionismo selectivo y una política intervencionista en sectores estratégicos. Hubo bastante consenso entre los candidatos sobre la necesidad de tener una política comercial más proteccionista para el sector agrario. Todos se autoproclamaron defensores e impulsores de la integración andina y enfatizaron la necesidad de un mayor respeto por la normatividad andina (refiriéndose a la actuación de Venezuela). Para Garzón, la integración andina no debería limitarse a lo comercial y debería constituir un paso en la dirección de una profunda integración latinoamericana.[194] Era el único de los cinco candidatos que puso en duda la continuidad del proceso de negociación del ALCA. Generalmente no se explicó cómo los discursos neoproteccionistas (sobre todo en materia agrícola) eran compatibles con los discursos prointegracionistas de los mismos candidatos. Las medidas sugeridas en la dirección de una mayor sustitución

---

[194]   Garzón lanzó la idea de una Federación de Países Andinos con un proyecto común social, cultural, ambiental y económico.

de importaciones afectarían en primera instancia las exportaciones de los países vecinos. Uribe y Serpa pasaron a la segunda vuelta de las elecciones presidenciales pero los temas comerciales no fueron protagónicos en los debates. El uribismo (incluyendo a diferentes movimientos con raíces en el Partido Liberal y el Partido Conservador) dio continuidad a una política aperturista en busca de nuevos acuerdos de libre comercio con Estados Unidos, la UE y otros países en un contexto de diferencias políticas con sus países vecinos de los Andes.

La situación sufrió un cambio en 2006, cuando el candidato del Polo Democrático Alternativo, Carlos Gaviria, llegó a la segunda vuelta. Aunque no tuvo opciones para ganar contra el actual presidente Uribe, fue significativo y novedoso que un candidato llegara a esas instancias con un discurso claramente antiaperturista y, sobre todo, crítico de las negociaciones comerciales de tipo Norte-Sur (ALCA, TLC, CAN-UE). Su partido se ha convertido en una nueva fuerza política importante no solamente en las elecciones presidenciales sino también en el Congreso,[195] donde intentan influir en la política comercial del Estado desde la oposición. Junto a RECALCA y un sector del liberalismo (incluyendo al ex presidente Samper), no es imposible que el Polo Democrático logre una influencia significativa en el debate sobre política comercial y su posible reorientación en un futuro cercano hacia las nuevas iniciativas de integración sudamericana originada en los países del Mercosur. Dependerá, en gran medida, de los resultados de las próximas elecciones.

---

[195]   Véase : http://www.polodemocratico.net/.

6. Las burocracias estatales

Según Juárez Anaya (1993), en las últimas décadas las elites políticas colombianas han logrado, mediante arreglos institucionales, un aislamiento burocrático relativo en el nivel de la política económica. Esto ha resultado en cierta autonomía, tecnicidad y estabilidad en las políticas macroeconómicas, cambiarias y comerciales. Las elites políticas no solamente han logrado dar cierto poder decisivo a los tecnócratas,[196] sino que además han logrado ejercer un control sobre los grupos de presión (gremios) mediante acciones estatales encaminadas a coorganizarlos y controlarlos.

Para Juárez Anaya, las elites políticas en Colombia han logrado cierta independencia de los intereses particulares, de tal manera que los determinantes internos de la política comercial son la expresión tanto de los intereses sectoriales como del interés del Estado. El arreglo institucional del Frente Nacional (1956-1974), que incluyó, entre otras cosas, un consenso sobre las grandes orientaciones en materia de política económica, hizo que los gremios gozaran de menos espacio para defender puntos de vista más radicales ante partidos o fracciones políticas determinadas. La autonomía de la política y el aislamiento burocrático en materia comercial se fortalecieron con las reformas del presidente Carlos Lleras Restrepo (1966-1970), básicamente por dos razones: primero, se crearon dos organismos públicos importantes con relativa autonomía (Proexpo e Incomex) y, segundo, la diversificación exportadora dispersó los intereses gremiales. Las reformas fueron posibles por la circunstancia particular del Frente Nacional y porque inicialmente no tocaron los intereses

---

[196] Acerca del papel de los tecnócratas. Véase también: Cepeda Ulloa y Mitchell (1980).

de los sectores protegidos.[197] La apertura de 1990-1991 fue factible gracias a la división entre los intereses de los gremios en los sectores exportadores e importadores.

Por razones metodológicas y empíricas, Saénz Rovner (1992: 105-106) no comparte la tesis del aislamiento tecnocrático a nivel del Ejecutivo, que está asociado con una limitada influencia de los gremios sobre las decisiones de política económica, como lo ha defendido, por ejemplo, Urrutia (1983). Para Sáenz Rovner, los gremios sí han tenido (y tienen) una influencia significativa sobre la toma de decisiones de política. Lo que dificulta la identificación de la relación causal entre intereses y políticas es el simple hecho de que los intereses de la clase dominante no son intereses homogéneos, y que las fuerzas relativas de las diferentes fracciones han variado a lo largo del tiempo.

Con la excepción de los sindicatos, las diferentes categorías de entrevistados coinciden en que con la creación del Ministerio de Comercio Exterior se incrementó la autonomía en la política comercial nacional frente a los intereses sectoriales.[198] Hay menos claridad, sin embargo, en cuanto a la relación entre la estructura organizacional del Ministerio y la autonomía en la toma de decisiones. Esto sugiere que el diseño de las instituciones influye en la manera de interactuar entre el gobierno, por un lado, y los grupos de interés, por otro (véase Escuder e Iglesias, y

---

[197] Justamente, Proexpo fue financiado inicialmente con un impuesto a las importaciones (Juárez Anaya, 1993: 29).

[198] El Ministerio de Comercio Exterior fue creado mediante la Ley 7a de 1991 o Ley Marco de Comercio Exterior, como un organismo encargado de dirigir, coordinar, ejecutar y vigilar la política de comercio de bienes, servicios y tecnología en concordancia con los planes de desarrollo. En ejercicio de las facultades otorgadas en el artículo 20 se expidió el Decreto 2.350 del 17 de octubre de 1991 por el cual se definió la estructura orgánica de la entidad y se determinaron sus funciones.

Epsteyn en este volumen), y coincide con la experiencia de los gremios a raíz de la adopción de un nuevo esquema de concertación en las negociaciones comerciales a partir de la negociación del G-3 (Díaz, 1997).

7. Conclusiones

A comienzos de la década de 1990, ante cambios en el escenario internacional y la profundización de la globalización económica y política, Colombia, como la mayoría de los países en la región, se embarcó en un programa de apertura económica. Este programa arrancó con un paquete de reformas durante el gobierno de Gaviria, en 1990. Las reformas buscaban liberalizar, desregular y eliminar distorsiones en la economía, específicamente en los mercados financiero, laboral y cambiario. Además, se dispuso una amnistía cambiaria y tributaria a la repatriación de capitales, y se introdujeron modificaciones a los regímenes tributario y de inversión extranjera. El nivel promedio de aranceles a las importaciones se redujo sustancialmente. Desde ese entonces ha habido una gran continuidad en materia de política comercial en los gobiernos sucesivos.

La política comercial colombiana adhirió al modelo del regionalismo abierto dentro de un sistema eje-rayos con Estados Unidos como eje principal en el campo comercial y como "hegemón político" del hemisferio. En efecto, para entender la dinámica de la integración de Colombia en Sudamérica, es esencial tomar en cuenta la cercanía geográfica, la tradicional alianza política y geoestratégica con Estados Unidos, así como la evolución de la posición estadounidense desde la década de 1990 en el campo de las relaciones comerciales internacionales hacia una actitud pragmática más conciliadora entre el multilateralismo, el regionalismo abierto y las políticas bilaterales activas, y en el campo político hacia el liderazgo hemisférico en el combate contra el terrorismo y el narcotráfico.

Para Colombia, ello se ha traducido en la negociación de varios TLC de "nueva generación" (G-3, Estados Unidos, Canadá y actualmente la UE). Al mismo tiempo, Colombia ha continuado apoyando el proceso de integración andino en el marco de la Comunidad Andina, en un contexto político difícil y siempre en la medida que ha logrado compatibilizarlo con su estrategia general.

Es posible afirmar entonces que son cuatro los temas que han dominado la agenda de Colombia en materia de integración regional en el ámbito americano desde comienzos de los años noventa: la profundización y la administración/manejo de la (posterior) crisis de la Comunidad Andina, la firma del TLC en el marco del G-3, las negociaciones (aunque inacabadas) del ALCA, y la negociación y posteriores gestiones para la ratificación (todavía incierta) del TLC Colombia-Estados Unidos por parte del Congreso estadounidense.

La orientación de la política comercial y de integración regional colombiana, y su continuidad en el tiempo, se apoyaron en una serie de factores a nivel de la economía política doméstica: la convergencia entre las preferencias de los partidos políticos tradicionales, una cierta autonomía de las burocracias estatales y de los equipos de negociación de acuerdos comerciales, el papel de intermediario de las asociaciones empresariales intersectoriales (de tipo "cúpula"), los portafolios diversificados de actividades de los grandes grupos económicos, la creación de varias empresas multinacionales colombianas de alcance regional, y la debilidad política de los sindicatos.

En este contexto, el modelo HOS parecería más adecuado que el modelo de factores específicos para analizar el caso colombiano, debido a la movilidad del capital, los portafolios diversificados y la organización de los grupos empresariales intersectoriales, así como la movilidad laboral debido a la relativamente baja calificación.

Hoy, casi veinte años después del inicio del programa de apertura, la oposición al modelo aperturista ha crecido y está mejor organizada. Ello tiene que ver con los efectos no satisfactorios de la apertura en términos de empleo y de salarios (agravado por la actual crisis económico-financiera internacional), por un lado, y con la reorganización de la izquierda política democrática, por otro. La eventualidad de un giro en la política comercial (hacia una apertura más selectiva, hacia nuevas iniciativas de integración sudamericanas y, por consiguiente, hacia una mayor autonomía relativa frente a Estados Unidos), se definirá, en buena medida, en función de los siguientes factores: en el ámbito externo, 1) la ratificación, o no, por parte del congreso estadounidense del TLC con Colombia y/o con una menor cooperación de Estados Unidos en aspectos militares; 2) el nivel de profundidad y duración de la crisis económica mundial, y en el ámbito doméstico, 1) las repercusiones económicas y sociales internas de esa crisis, y 2) el resultado de las urnas electorales en los años que vienen.

Referencias bibliográficas

Arango, J. P., Gracia, O., Hernández G. y Ramírez, J. M. (1998), "Reformas comerciales, márgenes de beneficio y productividad en la industria colombiana", en *Planeación & Desarrollo*, XXIX (3).

—— (2000), "Reformas comerciales y competitividad industrial en los años noventa", en R. Rocha y M. Olarreaga (comps.), *Las exportaciones colombianas en la apertura*, Bogotá, Instituto del Banco Mundial-Universidad del Rosario, pp. 290-333.

Austen-Smith, D. (1981), "Voluntary Pressure Groups", en *Economica*, 48, pp. 143-153.

Baldwin, R. E. (1976), "Trade and Employment Effects in the U.S. of a Multilateral Tariff Reduction", en *American Economic Review*, 66, pp. 142-148.

Bejarano, J. A. (1982), "La economía", en J. Jaramillo U., *Manual de Historia de Colombia*, Bogotá, Procultura, vol. 3, pp. 17-79.

Bilal, S. (1998a), "Why Regionalism May Increase the Demand for Trade Protection", en *Journal of Economic Integration*, 13 (1), pp. 30-61.

Bilal, S. (1998b), "Political Economy Considerations on the Supply of Trade Protection in Regional Integration Agreement", en *Journal of Common Market Studies*, 36 (1), pp 1-31.

Bouzas, R. (1991), "Elementos para la formulación de políticas de América Latina y del Caribe ante la Iniciativa Bush", en *Capítulos,* SELA (28).

Caves, R. E. (1976), "Economic Models of Political Choice: Canada´s Tariff Structure", *Canadian Journal of Economics*, 9 (2), pp. 278-300.

Cepeda Ulloa, F. y Mitchell, C. (1980), "The Trend towards Technocracy: The World Bank and the International Labor Organization in Colombian Politics", en A. Berry, R. G. Hellman y M. Solaun (eds.), *Politics of Compromise: Coalition Government in Colombia*, New Brunswick, Transaction Books.

Chamberlin, J. (1974), "Provision of Collective Goods as a Function of Group Size", en *American Political Science Review*, 68, pp. 707-716.

Cuevas, H. (1998), *Proceso político y bienestar social*, Bogotá, Universidad Externado de Colombia.

De Lombaerde, P. (ed.) (1997), *La inversión extranjera en Colombia. Régimen jurídico y análisis económico*, Bogotá, Universidad Sergio Arboleda, Serie Investigaciones-2.

De Lombaerde, P. (2000), "La economía política de la política comercial en Colombia: la influencia de los gremios en la formulación de la política comercial", en *Colombia Internacional* (48), pp. 78-110.

—— (2002a), "Comercio, empleo y salarios en Colombia: yeoría y evidencia empírica", en *Cuadernos de Economía*, XXI (36), pp. 245-265.

—— (2002b), "El sector externo en las campañas electorales presidenciales en Colombia", en L. A. Restrepo (ed.), *Síntesis 2002. Anuario Social, Político y Económico de Colombia*, Bogotá, IEPRI [http://www.analisispolitico.edu.co/sintesis/sintesis1.htm].

—— (2002c), "La economía política del ingreso de Canadá al tratado de libre comercio de América del Norte (NAFTA)", en P. de Lombaerde (ed.), *Integración asimétrica y convergencia económica en las Américas*, Bogotá, Universidad Nacional, pp. 357-384.

—— (2004), "Liberación comercial, concentración industrial y política de competencia en Colombia", en M. Anzola y C. L. Lizarazo (eds.), *Regulación económica: tendencias y desafíos*, Bogotá, Universidad del Rosario, pp. 103-113.

De Lombaerde, P. y Pedraza, E. B. (2005), "FDI Productivity Spillovers in the Andean Region: Econometric Evidence from Colombian Firm-level Panel Data", en L. Cuyvers y F. De Beule (eds.), *Transnational Corporations and Economic Development: From Internationalisation to Globalisation*, Londres, Palgrave Macmillan, pp. 165-183.

De Lombaerde, P. y Garay, L. J. (2008), "El nuevo regionalismo en América Latina", en P. de Lombaerde, S.

Kochi y J. Briceño Ruíz (eds.), *Del regionalismo lati-noamericano a la integración interregional*, Madrid, Siglo XXI, pp. 3-35.

De Melo, J., Panagariya, A. y Rodrik, D. (1993), "The New Regionalism: A Country Perspective", en J. De Melo y A. Panagariya (eds.), *New Dimensions in Regional Integration*, Cambridge, Cambridge University Press, pp. 159-193.

Díaz Alejandro, C. (1975), *Essays on the Economic History of the Argentine Republic*, Yale University Press.

Díaz, J. (1997), "El sector empresarial y la integración de las américas", en J. R. Pulecio y A. Franco (eds.), *Sociedad civil e integración en las américas; una mirada al Mercosur*, Bogotá, FESCOL-PUJ, pp. 21-25.

Downs, A. (1957), *An Economic Theory of Democracy*, Nueva York, Harper and Bros.

Downs, A. (1967), *Inside bureaucracy*, Bostonm Little, Brown & Co.

Echavarría, J. J. (1999), *Crisis e industrialización. Las lecciones de los treintas*, Bogotá, TM Editores.

—— (2000), "Las exportaciones y el Plan de Desarrollo, 1998-2002", en R. Rocha y M. Olarreaga (comps.), *Las exportaciones colombianas en la apertura*, Bogotá, Instituto del Banco Mundial-Universidad del Rosario, pp. 220-245.

—— (2001), "Colombia en la década de los noventa: neo-liberalismo y reformas estructurales en el trópico", en *Cuadernos de Economía*, XX (34), pp. 57-102.

Fernández, A. M. y Martín, C. P. (2000), "El sector manu-facturero colombiano: liberalización y mercado laboral", Bogotá, Universidad de Los Andes, inédito.

Flórez, L. B. (2001), "Colombia tras diez años de reformas políticas y económicas", en *Cuadernos de Economía*, XX (34), pp. 31-55.

—— (1995), "Relaciones del equipo económico del Estado con las empresas y las organizaciones empresariales de Ricardo Romero U.", en L. B. Flórez, (dir.), *Colombia. Gestión económica estatal de los 80's. Del ajuste al cambio institucional*, Bogotá, CID-CIID, tomo II, pp. 413-454.

Franco, A. y De Lombaerde, P. (2000), *Las empresas multinacionales latinoamericanas. El caso de la inversión colombiana directa en Ecuador, México, Perú y Venezuela*, Bogotá, Universidad Nacional-CESA-Tercer Mundo Editores.

Frey, B. S. (1991), "The Public Choice View of International Political Economy", en G. T. Crane y A. Amawi (eds.), *The Theoretical Evolution of International Political Economy*, Nueva York, Oxford University Press, pp. 219-231.

Frey, B. S. y Weck-Hannemann, H. (1996), "The Political Economy of Protection", en D. Greenaway (ed.), *Current Issues in International Trade*, Basingstoke, MacMillan, pp. 154-173.

Garay, L. J. (1999), *Globalización y crisis: ¿hegemonía o corresponsabilidad?*, Bogotá, Tercer Mundo Editores-Colciencias.

Garay, L. J. et al. (1998), *Colombia: estructura industrial e internacionalización 1967-1996*, Bogotá, DNP-Colciencias-Minhacienda-Mincomex-Proexport Colombia.

Garay, L. J. (1994), *América Latina ante el reordenamiento económico internacional*, Bogotá, Universidad Nacional de Colombia.

Garay, L. J. (1991), *Apertura y protección. Evaluación de las políticas de importación*, Bogotá, Editorial Tercer Mundo.

Giddens, A. (1987), *The Nation-State and Violence*, Berkeley, University of California Press, vol. 2.

Grinspun, R. y Cameron, M. A. (1993), "The Political Economy of North American Integration: Diverse Perspectivas, Converging Criticisms", en R. Grinspun y M. A. Cameron (eds.), *The Political Economy of North American Free Trade*, Montreal-Kingston, McGill-Queen's University Press, pp. 3-25.

Heckscher, E. F. (1950), "The Effect of Foreign Trade on the Distribution of Income", en H. Ellis y L. A. Metzler (dirs.), *Readings in the Theory of International Trade, American Economic Association*, Filadelfia, The Blakiston Company, cap. 13.

Hernández, G. A. (2001), "Cambio técnico y mercado factorial en la industria", tesis de maestría en Economía, Bogotá, Facultad de Ciencias Económicas, Universidad Nacional de Colombia.

Herrera, B. (1997), "La participación sindical", en J. R. Pulecio y A. Franco (eds.), *Sociedad civil e integración en las américas; una mirada al Mercosur*, Bogotá, FESCOL-PUJ, pp. 27-36.

Hettne, B., Inotai, A. y Sunkel, O. (eds.) (1999), *Globalism and the New Regionalism*, Basingstoke, MacMillan.

Jaramillo, M. (1994), *Sindicalismo y economía de mercado*, Bogotá, Instituto de Ciencia Política.

Jones, R.W. (1971), "A Three-Factor Model in Theory, Trade and History", en J. N. Bhagwati *et al.* (eds.), *Trade, Balance of Payments and Growth: Essays In Honour of C.P. Kindleberger*, Amsterdam, North-Holland, pp. 3-21.

Juárez, C. (1993), "Economía política y apertura económica: desarrollo económico y comercio exterior en Colombia, 1967-1991", en *Monografías*, (36), Bogotá, Facultad de Administración, Universidad de los Andes.

Kébabdjian, G. (1999), *Les théories de l'économie politique internationale*, París, Seuil.

Kline, H. (1974), "Interest Groups in the Colombian Congress: Group Behaviour in a Centralized, Patrimonial Political System", en *Journal of Interamerican Studies and World Affairs*, 16 (3), pp. 5-25.

Krasner, S. (1976), "State Power and the Structure of International Trade", en *World Politics*, 28, pp. 317-343.

Krueger, A. O. (1995), *American Trade Policy. A Tragedy in the Making*, Washington, D. C., The AEI Press.

—— (1974), "The Political Economy of the Rent-Seeking Society", en *American Economic Review*, 64, pp. 291-303.

Krugman, P. (1979), "A Model of Innovation, Technology Transfer and the World Distribution of Income", en *Journal of Political Economy*, 87 (2), pp. 253-266.

Magee, S. P., Brock, W. A. y Young, L. (1989), *Black Hole Tariffs and Endogenous Policy Theory: Political Economy in General Equilibrium*, Cambridge, Cambridge University Press.

Martínez, A. (1986), *La estructura arancelaria y las estrategias de industrialización en Colombia 1950-1982*, Bogotá, CID, Universidad Nacional de Colombia.

Mesa, F. y Gutiérrez, J. A. (1996), "Efectos de la apertura económica en el mercado laboral industrial", en *Planeación & Desarrollo*, XXVII (4), pp. 13-45.

Mesa, F., Cock, M. I. y Jiménez, A. P. (2000), "Evaluación teórica y empírica de las exportaciones no tradicionales en Colombia", en R. Rocha y M. Olarreaga (eds.), *Las exportaciones colombianas en la apertura*, Bogotá, Instituto del Banco Mundial-Universidad del Rosario, pp. 67-120.

Ohlin, B. (1933), *Interregional and International Trade*, Cambridge MA, Harvard University Press.

Olson, M. (1992), *La lógica de la acción colectiva. Bienes públicos y la teoría de grupos*, México, Limusa.

Phillips, N. (2002), *Reconfiguring Subregionalism: The Political Economy of Hemispheric Regionalism in the Americas*, Coventry, University of Warwick.

Ramírez, C. (2001), "Desarrollo económico y social en el siglo XX, población e indicadores sociales", en G. Misas (ed.), *Desarrollo económico y social en Colombia. Siglo XX*, Bogotá, Universidad Nacional de Colombia, pp. 481-514.

RECALCA (2006), *De la indignidad a la indignación. La verdad sobre las negociaciones del TLC*, Bogotá.

Roberts, M. (1996), "The Structure of Production in Colombian Manufacturing Industries, 1977-1985", mimeo.

Rocha, R. y Olarreaga, M. (comp.) (2000), *Las exportaciones colombianas en la apertura*, Bogotá, Instituto del Banco Mundial-Universidad del Rosario.

Rocha, R. y Sánchez, F. (2000), "Exportaciones en Colombia: patrones de inserción y obstáculos estructurales en los años 90", en R. Rocha y M. Olarreaga (comps.), *Las exportaciones colombianas en la apertura*, Bogotá, Instituto del Banco Mundial-Universidad del Rosario, pp. 121-219.

Rodríguez, O. (1999), "Dinámica económica e institucionalización de la tributación directa. Transformaciones institucionales. El caso de administración de impuestos 1920-1935", en *Anuario Colombiano de Historia Social y de la Cultura* (26), pp. 164-192.

Rogowski, R. (1989), *Commerce and Coalitions*, Princeton, Princeton University Press.

Romero, R. (1995), "Relaciones del equipo económico del Estado con las empresas y las organizaciones empresariales", en L. B. Flórez (dir.), *Colombia. Gestión económica estatal de los 80´s. Del ajuste al cambio institucional*, Bogotá, CID, CIID, tomo II, pp. 413-454.

Rugman, A. M. (2008), "Regional Multinationals and the Myth of Globalization", en A. F. Cooper, C. W. Hughes y P. de Lombaerde (eds.), *Regionalisation and Global Governance. The Taming of Globalisation?*, Abingdon-Nueva York, Routledge, pp. 99-117.

Sáenz, E. (1992), *La ofensiva empresarial. Industriales, políticos y violencia en los años 40 en Colombia*, Bogotá, Tercer Mundo Editores-Ediciones Uniandes.

Samuelson, P. A. (1948), "International Trade and the Equalization of Factor Prices", en *Economic Journal*, 58, pp. 163-184.

—— (1949), "International Factor-Price Equalization Once Again", en *Economic Journal*, 59 (234), pp. 181-197.

—— (1971), "Ohlin Was Right", en *Swedish Journal of Economics*, 73, pp. 365-384.

Sarmiento, L. (2000), "Debacle del Estado social", en L. A. Restrepo (coord.), *Síntesis 2000. Anuario social, político y económico de Colombia*, Bogotá, IEPRI, Fundación Social, pp. 27-38.

Sbragia, A. (2008), "Comparative Regionalism: What Might It Be?", en *Journal of Common Market Studies*, 46, pp. 29-49.

Schattschneider, E. E. (1935), *Politics, Pressures and the Tariff*, Nueva York, Prentice-Hall.

Schneider, B. R. (2004), *Business Politics and the State in Twentieth-Century Latin America*, Cambridge, Cambridge University Press.

Söderbaum, F. y Shaw, T. (eds.) (2002), *Theories of New Regionalisms: A Palgrave Reader*, Basingstoke, Palgrave McMillan.

Stigler, G. J. (1971), "The Theory of Economic Regulation", en *Bell Journal of Economics and Management Science*, 2, pp. 3-21.

Stolper, W. F. y P. A. Samuelson (1941), "Protection and Real Wages", en *Review of Economic Studies*, 9, pp. 58-73.

Urrutia, M. (1983), *Gremios, política económica y democracia*, Bogotá, Fedesarrollo, Fondo Cultural Cafetero.

Vesga, R. (1992), "En busca de un espacio para la política industrial en Colombia", en L. J. Garay (ed.), *Estrategia industrial e inserción internacional*, Bogotá, FESCOL, pp. 199-255.

Wallerstein, I. (1974), "The Rise and Future Demise of the World Capitalist System: Concepts for Comparative Analysis", en *Comparative Studies in Society and History 16*.

Weingast, B. R. (1984), "The Congressional-Bureaucratic System: A Principal-Agent Perspective (with Applications to the SEC)", en *Public Choice*, 44, pp. 147-191.

Weingast, B. R. y Moran, M.J. (1983), "Bureaucratic Discretion or Congressional Control? Regulatory Policymaking by the Federal Trade Commission", en *Journal of Political Economy*, 91 (5), pp. 765-800.

Wilkinson, B. W. (1993), "Trade Liberalization, the Market ideology, and Morality: Have We a Sustainable System?", en R. Grinspun y M. A. Cameron (eds.), *The Political Economy of North American Free Trade*, Montreal-Kingston, McGill-Queen's University Press, pp. 27-43.

Winters, A. (1994), "The EC and Protection: The Political Economy", en *European Economic Review*, 38, pp. 596-603.

Wood, A. (1994), *North-South Trade. Employment and Inequality*, Oxford, Clarendon Press.

World Bank (2000), *Trade Blocs*, Washington, D.C., Oxford University Press.

Anexo 1. Cámaras sectoriales de la ANDI

Sector de alimentos y agroindustria
Cámara de la Industria de Alimentos
Cámara Fedemol
Comité Especial de Confitería y Chocolatería
Cámara Induarroz
Cámara de la Industria de Sabores y Fragancias
Cámara Procultivos
Cámara de la Industria de Alimentos Balanceados

Sector salud
Cámara de la Industria Farmacéutica
Cámara Sectorial de la Salud
Cámara de Proveedores de la Salud
Cámara Sectorial de Gases Industriales y Medicinales
Sector belleza
Cámara de la Industria de Sabores y Fragancias
Cámara de la Industria Cosmética y de Aseo

Sector pesca
Cámara de Armadores
Cámara de la Industria Pesquera

Sector de logística y transporte
Cámara de Grandes Usuarios de Servicios Logísticos
Comité Sectorial del Transporte
Cámara de Usuarios de Zonas Francas

Sector siderúrgico, metalmecánico y automotor
Cámara de la Industria Automotriz
Cámara Fedemetal

Sector minero y energético
Cámara de Grandes Consumidores de Energía y Gas
Cámara Asomineros

Otros sectores

Cámara Sectorial del Cuero
Cámara del Sector de Electrodomésticos
Cámara de Proveedores y Canales de Distribución
Cámara de la Industria de Pulpa, Papel y Cartón
Cámara de Servicios Legales
Cámara Sectorial de Algodón, Fibras, Textiles y Confecciones

Fuente: http://www.andi.com.co/ (última visita, 29/09/2008).

Anexo 2. Comités sectoriales y temáticos de Analdex

Confeccionistas y proveedores de insumos
Metales preciosos y joyería
Desperdicios metálicos
Interlaboratorios
Muenles RTA (listos para armar)
Frutas y hortalizas
Usuarios de Zona Franca
Asuntos aduaneros
Capítulo de agentes de carga internacional
Pesca

Fuente: http://www.analdex.org/eContent/home.asp
(última visita, 29/09/2008).

Anexo 3. Federaciones y sindicatos afiliados de la CUT

Federaciones

FECODE
Fensuagro
Funtraenergética
Fentralimentación
Fecolot
Fenasibancol
Fenasintrap

Fenaltrase
Ultrammicol
Ultracauca
Ultrar

Sindicatos afiliados
Fentralimentación
Sintrabancol
Sintraestatales
Sinalserpub

Fuente: http://www.CUT.org.co//index.php?option=com_
content&task=blogcategory&id=132&Item
id=450
(última consulta, 29/09/2008).

Anexo 4. Miembros de RECALCA

Acción Permanente por la Paz
Asociación Colombiana de Ingenieros Agrónomos, HACIA
Asociación de Cabildos Indígenas del Norte del Cauca, ACIN
Asociación Censat Agua Viva
Asociación de Industriales de Bogotá
Asociación de Empresarios por la Salvación Industrial
Asociación Nacional de Mujeres Campesinas indígenas y negras, ANMUCIC
Asociación Nacional por la Salvación Agropecuaria
Central Unitaria de Trabajadores, CUT
Centro de Estudios del Trabajo, CEDETRABAJO
Centro de Estudios Nueva Gaceta
Centro de Investigación y Educación Popular, CINEP
Coordinadora de Mujeres Trabajadoras Andinas, capítulo Colombia, Comuande
Confederación de Pensionados de Colombia, CPC

Confederación de Trabajadores de Colombia, CTC
Confederación General de Trabajadores, CGT
Consumidores de Colombia, COCO
Corporación Cactus
Escuela para el Desarrollo de la Democracia, ESCUDE
Federación Colombiana de Colegios de Contadores Públicos
Federación Colombiana de Colegios de Contadores Públicos
Federación Colombiana de Educadores, FECODE
Federación Colombiana de Estudiantes de Contaduría Pública
Federación Nacional de Profesores Universitarios
Fundación Friedrich Ebert en Colombia, FESCOL
IFARMA
Red Internacional de Género y Comercio, punto Focal Colombia
INDEPAZ
Instituto Latinoamericano de Servicios Legales Alternativos, ILSA
Marcha Mundial de Mujeres
Mesa Mujer y Economía
Movimiento Comunal Comunitario; Movimiento Popular Artístico Colombiano, MOPAC
Organización Colombiana de Estudiantes, OCE
Periódico Desde Abajo
Planeta Paz
Plataforma de Derechos Humanos, Democracia y Desarrollo, capítulo Colombia
Colectivo Somos Sudacas
Sindicato de Trabajadores del Instituto Colombiano de Bienestar Familiar, SINBIENESTAR
Red de Veedurías Ciudadanas
Corporación Viva la Ciudadanía
Colectivo Libertario Banderas Negras

Organización Nacional Indígena de Colombia, ONIC
Coordinadora Nacional Agraria, CNA
Convergencia Nacional Indígena, Negra y Campesina
Acción Campesina
Comisión Colombiana de Juristas
Unidad Cafetera
Liga de Usuarios de Servicios Públicos Domiciliarios
Unión Nacional de Usuarios y Defensores de Servicios
Públicos Domiciliarios

Fuente: http://www.recalca.org.co/?q=node/657
(última consulta, 29/09/2008).

Anexo 5. Exportaciones colombianas, por países de destino, 1994-2008* (millones de dólares, FOB)

Destino	1994	1995	1996	1997	1998	1999	2000	2001	2002	2003	2004	2005	2006	2007	2008*
Total exportaciones**	8.538	10.201	10.648	11.549	10.866	11.617	13.158	12.330	11.975	13.129	16.788	21.190	24.391	29.991	34.663
Grupos comerciales de destino															
Aladi	1.492	2.393	2.299	2.659	2.633	2.233	2.958	3.420	2.962	2.576	4.218	5.286	5.828	8.838	9.811
Comunidad Andina de Naciones	1.134	1.987	1.847	2.120	2.144	1.651	2.185	2.771	2.344	1.908	3.250	4.182	1.988	2.148	2.224
Mercosur	132	177	180	231	201	228	352	219	131	118	187	197	250	558	753
G-3	654	1.057	869	1.104	1.274	1.125	1.538	2.004	1.439	1.056	2.153	2.709	3.283	5.706	5.976
Unión Europea***	2.559	2.552	2.470	2.670	2.527	1.994	1.820	1.755	1.648	1.914	2.355	2.819	3.335	4.362	4.332

Principales países de destino															
Estados Unidos	2.991	3.527	4.141	4.262	4.049	5.616	6.524	5.255	5.164	5.779	6.611	8.480	9.650	10.373	13.130
Venezuela	545	967	779	990	1.146	923	1.308	1.742	1.127	696	1.627	2.098	2.702	5.210	5.430
Alemania	872	734	604	730	684	486	434	428	332	265	265	339	360	553	563
Ecuador	325	428	425	541	582	330	467	710	825	780	1.015	1.324	1.237	1.276	1.348
Bélgica	321	294	294	340	318	284	224	210	241	228	290	368	369	389	405
Perú	241	567	613	543	370	358	373	277	353	396	548	710	692	806	784
Japón	364	353	349	362	269	245	230	165	194	202	263	330	324	395	336
México	108	90	89	114	129	202	230	262	311	360	526	611	582	495	546
Resto de países	2.770	3.242	3.354	3.666	3.320	3.174	3.368	3.281	3.428	4.422	5.642	6.930	8.475	10.493	12.120

Fuente: DANE (www.dane.gov.co).

* Correspondiente al período enero-noviembre de 2008.

**La suma de los parciales no es equivalente al total de las exportaciones.

*** El total de la Unión Europea (UE) corresponde a la suma de las exportaciones destinadas a la UE-25. Se incorporan desde la información de 1994 con el fin de garantizar la comparabilidad de las series estadísticas.

Ecuador
El escenario regional como
desplazamiento del escenario bilateral

Por Grace Jaramillo
FLACSO Ecuador

La participación de Ecuador en el escenario mundial de comercio, así como en los diversos esquemas de integración, ha sido extremadamente inercial, defensiva y casi siempre, escasamente planificada. Las consecuencias han sido un pobre desempeño en el crecimiento y diversificación del comercio, bajos índices de desarrollo económico y poca institucionalización de políticas comerciales de largo plazo. Es posible distinguir tres momentos fundamentales en este proceso: el primero, de inserción agroexportadora, caracterizado por la fuerte dependencia de monocultivos –el cacao y luego el banano– que marcó el desarrollo económico de Ecuador, desde el inicio de la era republicana hasta fines de la década de 1950. El segundo momento, de fuerte apoyo estatal, donde existió una convergencia efectiva hacia políticas de sustitución de importaciones. Y un tercer momento de liberalización comercial, a partir de las reformas demandadas por el Consenso de Washington y la ola de regionalismo abierto que inició su etapa decisiva a partir de 1992, con el gobierno de Sixto Durán-Ballén. Su gobierno emprende la primera gran reforma del sistema arancelario nacional y con las modificaciones al Pacto Andino, ratificadas en el Protocolo de Trujillo, que dio paso a la Comunidad Andina de Naciones.

El presente capítulo analiza los determinantes domésticos del regionalismo en el caso ecuatoriano durante la última de las tres etapas mencionadas (específicamente para el período 1990-2008), tomando en cuenta los arreglos institucionales logrados en materia política y social en apoyo a los procesos de integración, apuntando a contestar dos preguntas fundamentales: 1) ¿cómo se ha construido la política de integración en Ecuador?, y 2) ¿cuáles son los actores relevantes de la construcción del regionalismo en Ecuador y cómo éstos han generado o no redes institucionales relevantes que puedan consolidar sus propósitos en el futuro?

Este estudio se construye bajo diversos supuestos. Si bien el comercio ha sido tradicional y estructuralmente la base del regionalismo –y este capítulo pretende demostrar de qué manera–, partimos de la base de que la construcción de instituciones alrededor del tema regional ha tenido una matriz política de cooperación y conflicto entre Estado, empresarios y sociedad civil en donde no siempre la integración ha tenido la mejor parte. Es a partir del estudio de los incentivos, intereses, prácticas y actores domésticos que el regionalismo ha permeado, o no, en instituciones regionales.

Los determinantes domésticos ecuatorianos para el regionalismo se muestran difusos entre dos grandes líneas: lo comercial y lo político. Y es en esta última dimensión donde se generan tensiones y dicotomías serias sobre lo que quiere un país como Ecuador de lo regional y cómo lo regional ha tenido algún impacto en las instituciones existentes.

El capítulo esta dividido en tres secciones principales: la primera consiste en una descripción de la evolución de la política comercial en el período citado, esbozando las principales herramientas de promoción de exportaciones y de protección de mercado, así como el impacto de estas políticas para la profundización –o no– de los esquemas de integración. La segunda sección explica las condiciones institucionales en que se desenvuelve el regionalismo en Ecuador, analizando a partir de la investigación realizada a los actores domésticos de la agenda, divididos en tres sectores principales: actores gubernamentales, sectores productivos y organizaciones de la sociedad civil, tratando de poner sus preferencias en perspectiva frente lo estructural, coyuntural e ideológico, y buscando determinar cómo han tejido sus relaciones institucionales para consolidar sus preferencias. La tercera sección esta destinada a presentar una síntesis sobre el caso ecuatoriano, incluyendo en el análisis los nuevos acontecimientos comerciales y no comerciales que han empujado a Ecuador hacia una línea distinta respecto al regionalismo andino y sudamericano.

1. Política comercial en Ecuador

En 1988 se inicia un período de agresiva liberalización comercial y búsqueda de mercados de exportación para productos ecuatorianos no petroleros a través de varias iniciativas. La principal de ellas ha sido la ley de preferencias arancelarias andinas –ATPA por sus siglas en inglés– que permitió a Ecuador exportar cerca de 3.000 productos sin arancel a Estados Unidos, dentro de un programa de compensación de la lucha antidroga. Este solo mecanismo de apertura arancelaria generó una desviación de comercio importante y diferente al esquema regional andino para provocar el dinamismo de las exportaciones ecuatorianas a partir de 1991,[199] año en que comenzó a implementarse. Hasta entonces, el mayor esquema de liberalización comercial de Ecuador con el resto del mundo había sido el Pacto Andino, pero precisamente por esa misma época las voces disonantes y críticas del proceso de integración

---

[199] El Andean Trade Preferences Act (ATPA) fue aprobado por el Congreso de Estados Unidos el 4 de diciembre de 1991 como un régimen especial de compensación para Colombia, Ecuador, Perú y Bolivia por su compromiso con el combate antidrogas.

andino se habían hecho sentir con fuerza al interior de los miembros del acuerdo de Cartagena.

El ATPA liberalizaba 6.900 productos, pero en la lista aprobada en 1991 no constaban textiles ni confecciones, como tampoco atún o azúcar, todos ellos productos importantes dentro de la canasta exportadora ecuatoriana. En la renovación del ATPA del 4 de diciembre de 2001 se incluyeron prendas de vestir con condiciones específicas de exportación a Estados Unidos y una serie de restricciones, además de incluirse calzado y artículos de cuero, *siempre que no creen sensibilidades para la industria nacional estadounidense* (ATPDEA, 2002). Se mantuvieron fuera los textiles y las confecciones en general.

Sin embargo, Ecuador no pudo aprovechar inmediatamente todo el potencial de productos liberalizados. Para empezar, el ATPA sólo entró en vigencia en Ecuador en 1993, fecha en que se publicó oficialmente el reglamento, y de los 6.900 ítems liberalizados, Ecuador solamente exportaba 547 bajo los beneficios del ATPA (Baquero y Fernández, 2002).

Cuadro 1
Evolución de las exportaciones a Estados Unidos

Año	Número de partidas	Valor en US$	Porcentaje del total	Crecimiento
1990	252	1.468.252	53,90	línea base
1995	689	1.673.059	38,19	13,9%
2002	885	2.009.016	39,89	20,1%
2007	1.254	6.142.049	42,89	205,7%

Elaboración propia.
Fuente: estadísticas BCE.

Hasta el año 2002 el número de ítems aprovechado ascendió a 885, pero en volumen de ventas y crecimiento de las exportaciones ecuatorianas, el ATPA había, –efectivamente– causado un impacto importante en la consolidación de la dependencia de las exportaciones ecuatorianas respecto al mercado estadounidense, como podemos ver en el cuadro 1. En 1990, el porcentaje de exportaciones que iba a Estados Unidos ascendía al 53%, mientras que en 2007 alcanzó el 42%. En términos reales, casi la mitad de las exportaciones ecuatorianas tienen como destino Estados Unidos. Tanto el ATPA y, posteriormente, el ATPDEA, han logrado diversificar el tipo de exportaciones y, sobre todo, incluir cada vez más productos con mayor valor agregado. Según datos del Banco Central de Ecuador, en la década de 1990 apenas el 24% del total de exportaciones ecuatorianas a Estados Unidos estaban amparadas bajo el ATPA, mientras que finalizando la década de 2000, el 48% de ellas depende de ese esquema de liberalización. Más aún, el 70% de las exportaciones amparadas bajo el ATPDEA no son bienes agropecuarios sino bienes con cierto valor agregado (BCE, 2002: 6). Esta cifra incluye al sector florícola, que es con seguridad el que más se ha beneficiado con este esquema comercial, con tasas de crecimiento sin precedentes tal como señala un estudio llevado a cabo por el Partido Comunista:

> En los 15 años que van de 1990 al 2005, las exportaciones de flores pasan de US$ 13,6 millones a US$ 354,5 millones, con un crecimiento del 2.500 %, constituyéndose en segundo producto de exportación no tradicional y segundo de exportación agrícola. Entre 1997 y 2007, el incremento de las exportaciones florícolas registra un crecimiento total constante de 327%, lo cual convierte a Ecuador en el segundo exportador de Sudamérica, luego de Colombia (*Marcha*, 2008. edición electrónica).

Por supuesto, la agenda comercial fue marcada con fuerza por la dependencia del mercado estadounidense, y el esquema de beneficios promovido por el APTDEA provocó una necesidad mayor por consolidar los beneficios logrados y generar ampliaciones definitivas de estos beneficios dada la creciente importancia de las exportaciones a Estados Unidos bajo el amparo de este esquema de preferencias (Baquero y Fernández, 2002: 7). Como se aprecia en el cuadro 1, la tasa de crecimiento de las exportaciones a Estados Unidos entre 2002 y 2007 fue absolutamente exponencial. Las cifras hablan por sí mismas, y explican en gran medida las razones que llevaron al gobierno ecuatoriano de Lucio Gutiérrez a anunciar su decisión de emprender la negociación de un Tratado de Libre Comercio con ese país, conjuntamente con Colombia y Perú. El USTR, la Oficina del Representante de Comercio de Estados Unidos, no tenía entre sus planes negociar con todos los países de la Comunidad Andina, sino solamente con Colombia y Perú. Sin embargo, fueron las gestiones de la entonces ministra de Industrias y Comercio, Ivone Baki, las que lograron la inclusión de Ecuador en esta empresa, aun con la opinión pública en contra del TLC con Estados Unidos.

Sin embargo, los intereses de los sectores exportadores lograron encontrar un centro de gravedad en una asociación de gremios creada para el efecto denominada "Consejo Nacional Empresarial", entidad que concentró todos los esfuerzos de *lobby*, recursos financieros y movilización política para que el proceso de negociaciones funcione y siga adelante, a pesar de todas las críticas vertidas sobre el tema. La idea central que manejaba la opinión pública de entonces era que si bien Estados Unidos es el mercado más importante para el país, Ecuador no estaba listo para negociar un tratado de esa naturaleza y garantizar al mismo tiempo un balance objetivo sobre los costos y los sectores afectados. Ecuador ingresó de lleno en la negociación sin tener una idea clara sobre lo que quería conseguir, los costos que tenía que pagar y los actores a los que debía convencer –internamente– para llevar a cabo su propósito. Estados Unidos se convirtió en el centro de la política comercial ecuatoriana, por excelencia, dejando en segundo plano a todos los demás socios comerciales, al menos en lo que a construcción de política pública se refiere.

Casualmente, uno de los argumentos centrales de los movimientos sociales, especialmente los movimientos ambientalistas, para oponerse a la negociación de un TLC con Estados Unidos era precisamente que la firma de un tratado de esta naturaleza causaría una ruptura definitiva de la CAN, tomando en cuenta que, dentro de este marco de integración, ni siquiera se había cumplido la meta de establecer (y cumplir) un arancel externo común. El movimiento ambientalista representado en el CEDENMA, Coordinadora Ecuatoriana para la Defensa de la Naturaleza y el Medio Ambiente, mediante un comunicado[200] expresó su rechazo al TLC porque pondría en riesgo los logros alcanzados por la integración, en el régimen de acceso a los recursos genéticos y redistribución de beneficios, expresados en la Decisión 391 de la CAN.

Ecuador fue a las negociaciones con Estados Unidos en forma decidida, mientras duró el gobierno del coronel Lucio Gutiérrez, quien se declaraba claramente

---

[200] La decisión del CEDENMA de ir en contra del TLC fue tomada durante la Asamblea Nacional Ambiental el 20 de mayo de 2005. En esa fecha hicieron un manifiesto público en donde establecían sus objeciones respecto a la política aperturista del gobierno y en lo referente a los recursos naturales: "Rechazar todo intento de privatización de los recursos naturales y patrimoniales sea a favor de empresas u organismos nacionales o internacionales".

aperturista y "el mejor amigo de Estados Unidos" en la región. Sin embargo, el proceso de negociaciones empezó a tambalear apenas su sucesor, el presidente interino Alfredo Palacio, asumió el poder. En parte, él debía su presidencia a la acción de movimientos sociales de izquierda que habían trabajado para la destitución del presidente Gutiérrez, entre otras razones, debido a su empecinamiento en negociar un tratado de libre comercio. Palacio lo sabía, y por ello cambió al jefe del equipo negociador, tratando de que el nuevo nombre fuese un símbolo de reivindicación política y de "negociación con dignidad" como él lo llamaba. Asimismo, nombró a varios asesores presidenciales, que habían estado del lado de la lucha anti-TLC durante el gobierno de Lucio Gutiérrez con el fin de que sean incorporadas sus visiones dentro de la negociación, quienes a su vez terminaron generando una implosión del proceso.

Pero mientras tanto ¿qué pasaba con la Región Andina y la inclinación ecuatoriana hacia la integración? La política comercial frente a Estados Unidos se convirtió en el eje articulador de cualquier otra iniciativa comercial durante la década de 1990 y la negociación del TLC sólo consolidó esa tendencia. Sin embargo, la integración andina permaneció siempre en el puesto siguiente de relevancia. Para comprender la causa de esta situación es necesario entender la evolución del comercio y de los intereses reales dentro de este marco.

Ecuador y la CAN

Dada la existencia de un crecimiento exponencial tanto de los rubros exportados a Estados Unidos, como principal socio comercial, la pregunta principal es qué pasaba con la Comunidad Andina. Para empezar, es preciso resaltar que el crecimiento de las exportaciones a los países que formaban la CAN no era tremendamente significativo.

Si analizamos lo que ocurría con las exportaciones a la CAN durante los años comprendidos en el tercer momento de liberalización comercial en comparación con el crecimiento de las exportaciones ecuatorianas hacia Estados Unidos, se aprecia que si bien hablamos de tasas de crecimiento importantes, que en cada período han superado el 100%, los volúmenes exportados y su valor continúan siendo pequeños en comparación con las destinadas al mercado estadounidense, como queda de manifiesto en el cuadro 2.

Cuadro 2
Exportaciones ecuatorianas a la CAN

Año	Valor en US$	Porcentaje del total	Crecimiento
1990	178.120	6,54	línea base
1995	360.645	8,23	102%
2002*	776.000	15,41	115%
2007	2.101.821	14,68	171%

* Hasta el año 2002, Venezuela es miembro de la CAN y están incluidas las exportaciones de Ecuador a ese país.
Elaboración propia.
Fuente: BCE y Comunidad Andina.

En 1990, Ecuador destinaba solamente el 6,54% del total de sus exportaciones a los países miembro de la entonces Junta del Acuerdo de Cartagena. Este porcentaje del pastel de mercado creció muy poco durante la década de 1990, manteniéndose por debajo del 10% de las exportaciones totales ecuatorianas. Sin embargo, la relación comercial empieza a crecer significativamente a partir de

2001 y, a partir de 2007, se arriba a un escenario en el que el mercado andino representa casi el 15% de las exportaciones ecuatorianas, con un crecimiento de alrededor del 171% en apenas cinco años. El mercado andino también comienza a volverse dinámico para Ecuador, a pesar de su relativo estancamiento durante más de tres décadas y la disminución de su importancia para el establecimiento de una dinámica comercial significativa para Ecuador. Poco se han estudiado las razones para esta inusitada dinamización. Sin embargo, existen algunos indicios. El primero y más importante de ellos es que las economías de Perú y Colombia mejoraron significativamente su desempeño. En el caso peruano, su economía ha crecido a tasas superiores al 5% por espacio de más de diez años consecutivos (véase D´Medina en este volumen). En el caso colombiano, la política de seguridad democrática del presidente Álvaro Uribe permitió un aumento de la movilidad en Colombia así como un incremento del consumo de productos ecuatorianos en ese país. Venezuela, por su parte, se ha beneficiado de los altos precios del petróleo para catapultar su demanda de importaciones, especialmente de alimentos.

Sin embargo, estudios sobre la gravedad del comercio en la Región Andina apuntan a razones distintas. Según estas investigaciones, no existe un mercado común andino como tal, sino más bien un conjunto de mercados binacionales perfectamente integrados que permiten dinamizar las cifras de crecimiento regional. Tal es el caso de los mercados binacionales de Venezuela y Colombia, de Ecuador y Colombia y el de Ecuador y Perú. Cabe señalar que las relaciones comerciales ecuatoriano-peruanas recibieron un impulso fundamental tras la firma definitiva de los Acuerdos de Paz de Itamaraty que eliminaron las barreras políticas para el comercio durante todos estos años (véase D´Medina en este volumen). Así, Ecuador es el protagonista de dos de estos mercados binacionales integrados, y eso ha permitido que el dinamismo del comercio, tanto con Colombia como con Perú, impulsen un ascenso significativo de las cifras generales de la integración, como se puede apreciar en los cuadros 3 y 4.

Cuadro 3
Evolución del comercio con Colombia
(cifras en miles de dólares)

Año	Número de partidas	Valor en US$	Porcentaje del total
1990	90	32.138	1,18
1995	705	253.307	5,78
2002	804	362.531	7,20
2007	1.292	739.646	5,16

Elaboraciónpropia.
Fuente: BCE y Comunidad Andina.

Cuadro 4
Evolución de exportaciones con Perú
(cifras en miles de dólares)

Año	Número de partidas	Valor en US$	Porcentaje del total
1990	89	141.476	5,19
1995	362	69.439	1,59
2002	695	374.507	7,44
2007	1.155	1.505.071	10,51

Elaboración propia.
Fuente: BCE y Comunidad Andina.

En el caso peruano, se parte de un escenario en el que Ecuador exportaba apenas 89 partidas en 1990, con un valor de 121.476 millones de dólares, y se arriba a una situación en la que se exportan 1.155 partidas por un valor de más de 1.500 millones de dólares. Una vez más, estamos hablando de un crecimiento exponencial que posicionó a Perú como el segundo mejor socio comercial de Ecuador. Sin embargo, es necesario tomar en cuenta que dentro de este crecimiento en las exportaciones ecuatorianas con destino a Perú, el rubro de exportaciones petroleras, tienen una gran importancia ya que han llegado a representar hasta el 86% del total de las exportaciones ecuatorianas. Es tal la importancia de petróleo para el Ecuador en su intercambio comercial con Perú que determina una enorme diferencia en la balanza comercial considerada separadamente, con petróleo y sin petróleo. Mientras que con petróleo el saldo de la balanza comercial es positivo, la situación se invierte cuando se lo excluye del cálculo de comercio exterior, evidenciándose saldos negativos durante todos los años con excepción de 1995.

Cuadro 5
Evolución de exportaciones petroleras hacia Perú
(cifras en miles de dólares)

Año	Exportaciones Petroleras	Porcentaje
1990	122.237,52	86,40
1995	18.136,30	26,12
2002	291.961,82	77,96
2007	1.307.863,62	86,9

Elaboración propia.
Fuente: BCE.

Cuadro 6
Balanza comercial con petróleo de Ecuado -Perú
(cifras en miles de dólares)

Año	Exportaciones	Importaciones	Saldo
1990	141.476	28.579	112.897
1995	69.439	39.309	30.130
2002	374.507	154.812	219.695
2007	1.505.071	438.569	1.066.502

Elaboración propia.
Fuente: BCE.

Cuadro 7
Balanza comercial sin petróleo de Ecuador-Perú
(cifras en miles de dólares)

Año	Exportaciones	Importaciones	Saldo
1990	19.238	28.579	-9.340
1995	51.303	39.309	11.994
2002	82.545	154.812	-72.267
2007	197.207	438.569	-241.361

Elaboración propia.
Fuente: BCE.

En el caso de Colombia, se pasó de 90 partidas de exportación con un valor de apenas 32.000 dólares hasta las 1.292 partidas con un valor de más de 700.000 dólares anuales. Colombia fue en 2008 el tercer país más importante para las exportaciones ecuatorianas. Lo interesante de las relaciones comerciales con Colombia es que las exportaciones ecuatorianas, a diferencia de Perú, no se basan en los rubros petroleros. No obstante, es también necesario analizar que la balanza comercial Ecuador-Colombia arroja saldos negativos constantes y crecientes a pesar de la diversificación de exportaciones ecuatorianas con destino a ese país. Las importaciones de energía eléctrica colombiana por parte de Ecuador se iniciaron en el año 2003, y desde allí hasta 2006 este rubro se ha mantenido en constante crecimiento. Sin embargo, en el año 2007 las importaciones descienden a $ 67.445.000 dólares. Además, es necesario tomar en cuenta que el porcentaje de los rubros de estas importaciones no han llegado a representar más que el 12% del total de importaciones.

Cuadro 8
Balanza comercial Ecuador-Colombia
(cifras en miles de dólares)

Año	Exportaciones	Importaciones	Saldo
1990	32.138	57.064	-24.926
1995	253.307	393.094	-139.787
2002	362.531	902.348	-539.817
2007	739.646	1.522.206	-782.560

Elaboración propia
Fuente: BCE.

Cuadro 9
Importaciones ecuatorianas de energía
eléctrica desde Colombia
(cifras en millones de dólares)

Año	Importaciones	Porcentaje
2003	62.871	6,85
2004	141.188	12,51
2005	142.081	10,37
2006	143.711	10,65
2007	67.445	4,51

Elaboración propia.
Fuente: BCE.

2. Políticas de exportación

Para entender lo ocurrido con la construcción de políticas comerciales y regionales, revisaremos las políticas
de exportación que ha tenido el Ecuador, a pesar de que
estas han variado de gobierno a gobierno aunque, hay
que reconocerlo, no sustancialmente. Dentro del menú
de opciones que han sido utilizadas, se destacan dos herramientas fundamentales: promoción y financiamiento
de exportaciones. Estas herramientas han afectado directamente las preferencias empresariales sobre el tipo
de productos que se exportan en Ecuador. Existen dos
episodios que ejemplifican este tema. El primero sucedió
en 2002, durante el gobierno interino de Gustavo Noboa,

quien sucedió al depuesto Jamil Mahuad. La Cancillería dedicó recursos y esfuerzos institucionales para defender el ingreso del camarón al mercado norteamericano, que enfrentó problemas de *dumping*. El segundo episodio ocurrió en el gobierno de Rafael Correa, con la creación del Programa de Apuestas Productivas que contempla el apoyo a diez sectores económicos de exportación, ocho de los cuales están enfocados en mercados del primer mundo. Solo dos son sectores industriales –que es el rubro que más éxito ha tenido para consolidar el regionalismo en el caso andino– que tienen más posibilidad de ubicar sus productos en la región andina y sudamericana[201] (en este aspecto el caso ecuatoriano es coincidente con los otros casos de estudio incluidos en este volumen). No obstante estas iniciativas, en el mes de febrero de 2009 el Consejo de Comercio Exterior aprobó una resolución estableciendo una salvaguardia de balanza de pagos que suspende temporalmente el programa de liberalización con la Comunidad Andina. Si bien esta medida de resistencia sería sólo temporal, esto genera un remezón con socios andinos importantes, especialmente Perú y Colombia, y también con otros mercados sudamericanos como Argentina y Chile, para los cuales se han acordado concesiones específicas en ciertos rubros arancelarios. Esta política apunta en la práctica a alcanzar un control real de las importaciones con el fin último de reinaugurar una política de sustitución de importaciones que genere una nueva etapa en el desarrollo nacional.[202]

---

[201] Los sectores son: frutas y hortalizas (banano, camarón, cacao, café), flores, acuacultura, cuero y calzado, turismo, silvicultura, *software* y servicios, y metalmecánica. Fue creado con apoyo de la USAID en abril de 2009.

[202] La política de sustitución de importaciones fue lanzada oficialmente la última semana de mayo de 2009 por la Secretaría Nacional de Planificación del Estado, Senplades.

Promoción y financiamiento de exportaciones[203]

Dentro de la Ley de Comercio Exterior e Inversiones (LEXI), en el capítulo I referente a la promoción no financiera de exportaciones e inversiones se determina estructurar el Sistema Ecuatoriano de Promoción Externa, que está integrado por la Corporación de Promoción de Exportaciones e Inversiones (CORPEI). Las funciones que debe llevar a cabo la CORPEI son básicamente las siguientes: brindar apoyo a los esfuerzos de las personas naturales o jurídicas exportadoras en el desarrollo de los procesos necesarios; orientar y dirigir la promoción de la inversión directa en el país; organizar y dirigir una red externa para la promoción de exportaciones, y propiciar la formación de consorcios o uniones de exportadores para lograr una presencia dinámica en el mercado internacional (LEXI, 1997: título IV, cap. I, art. 21, lit. a-e). Se trata de un sistema de promoción que favorece a todas las exportaciones, estén destinadas hacia América del Sur o no. Si bien este sistema ha ayudado a promover exportaciones fundamentalmente hacia el norte, en el tema de inversiones ha terminado por concentrar sus esfuerzos más bien en posibles inversionistas del continente, específicamente sudamericanos, con énfasis en Chile y Brasil.

Dentro de esta planificación estratégica, base y guía para las actividades de la CORPEI, no existe elemento que indique de manera específica qué debe fortalecer la CORPEI en la integración en los ámbitos comerciales,

---

[203] Para el desarrollo de este punto se realizaron entrevistas al ingeniero Giovanny Enríquez, jefe de Información Comercial y Sistemas de la Federación Ecuatoriana de Exportaciones (FEDEXPOR); ingeniero Francisco Rivadeneira, gerente Centro de Información e Inteligencia Comercial de CORPEI. Además se solicitó información a la Corporación Financiera Nacional (CFN), exclusivamente para este proyecto de investigación.

financieros y de inversión en el contexto andino y sudamericano. A pesar de esto, en la práctica se ha trabajado
muy de cerca con la CAN, apoyando todas sus iniciativas
para fortalecer el intercambio de bienes y servicios dentro
de la región andina. El ejemplo más significativo de ello
ha sido el programa de Biocomercio, desarrollado por los
cinco países andinos y luego por los cuatro en torno a la
promoción de productos con valor agregado de origen or-
gánico o desarrollado a partir de conocimientos ancestrales. Este programa tuvo apoyo de la CAF y una duración
de cuatro años. Terminó su ciclo en el año 2007.

Además, a nivel latinoamericano se ha trabajado
muy de cerca con la Corporación Andina de Fomento
(CAF),[204] el Banco Interamericano de Desarrollo (BID),
la Comisión Económica para América Latina y, sobre
todo, con la Asociación Latinoamericana de Integración
(ALADI), en proyectos que están enfocados en desarrollar las capacidades exportadoras, de parte de Ecuador, en
la región latinoamericana en general y en los países sudamericanos y México en particular.[205]

ALADI tiene un programa de cooperación que está
dirigido hacia los países de menor desarrollo relativo dentro de la región, siendo éste el caso de Ecuador. Muchos
de esos proyectos se han canalizado a través de la CORPEI
o se han trabajado conjuntamente con la Cancillería

---

[204] La institución regional más representativa y de mayor importancia
para Ecuador ha sido la Corporación Andina de Fomento (CAF). El
financiamiento de esta institución ha sido no sólo para el desarrollo
interno sino también la integración regional. Según los datos proporcionados por la CAF, el monto de los proyectos para Ecuador que han
sido financiados por la CAF, asciende a casi cuatro mil millones de dólares desde el año 1991. Entre ellos se encuentran programas de infraestructura fronteriza así como programas viales de desarrollo. Fuente:
CAF (2009)

[205] El programa de biocomercio estaba en curso cuando Venezuela se se-
paró de la CAN en 2005.

ecuatoriana. El objetivo primordial de estos proyectos, en el ámbito comercial, ha sido fortalecer los nexos comerciales a través de la identificación de la oferta exportable potencial de manufacturas, bienes agrícolas, etc., hacia los países de la región, sobre todo en los países sudamericanos (fundamentalmente Argentina, Brasil, Chile, Colombia, Perú, Venezuela) y México. La ALADI perdió su importancia para la integración por espacio de dos décadas, al menos en el caso ecuatoriano. Sin embargo, Ecuador siempre ha tenido una buena experiencia con el esquema de compensación regional que le ha permitido gestionar pagos de balanza comercial, especialmente con América del Sur.

Otro de los temas que también se trabaja con la ALADI es la identificación de la forma para que Ecuador obtenga un mayor provecho de los acuerdos que se han firmado en el área de esa organización, de manera de acelerar o fortalecer la presencia de Ecuador en países como Brasil y Argentina a través de los Acuerdos de Complementación 59, y con Chile con el Acuerdo de Complementación 32. Se busca dar a conocer estos acuerdos a los empresarios para que éstos sean efectivamente puestos en marcha.

Un tema adicional y de importancia fundamental para la integración de Sudamérica es el fortalecimiento de la infraestructura latinoamericana, particularmente en relación con el aspecto vial. En este tema, la CORPEI, junto con la ALADI, ha realizado dos estudios con expertos brasileños para desarrollar la idea del eje multimodal que una a Ecuador, a través de Manaos, con el Mercosur. En efecto, ese eje permitiría la integración de los países del Mercosur con los andinos a través de Ecuador y brindaría un nuevo acceso a las exportaciones del Atlántico y del Pacífico. Asimismo, ha habido una activa participación en la implementación de la Iniciativa para la Infraestructura Sudamericana (IIRSA), que contempla además cableado de fibra óptica y el enlace submarino intracontinental. A pesar de las demoras, éste logró terminarse durante el gobierno de Rafael Correa.

Los proyectos que se han realizado con la ALADI, en algunos casos, sí han llegado a implementarse, como es el caso de Chile, con el que Ecuador mantiene casi una zona de libre comercio, dado que cerca del 99% del comercio bilateral fluye libre de aranceles. Así también, Ecuador ha logrado posicionar nuevos productos en el mercado chileno. Un ejemplo es el caso de la papaya ecuatoriana, que no tenía libre acceso al mercado chileno debido a los requisitos fitosanitarios. A través de las oficinas comerciales de Chile se desarrollaron los trámites pertinentes que posibilitan acelerar el proceso de certificación. Este mismo tema ha tenido mucho éxito con Argentina, pero no con Brasil, porque existen todavía trabas para permitir el ingreso de los productos ecuatorianos.

Es necesario tomar en cuenta que, desde la perspectiva comercial, la integración en Sudamérica es difícil porque las economías de la región son más competitivas que complementarias. Ello no quiere decir, sin embargo, que no sea posible desarrollar la capacidad exportadora de Ecuador hacia la región. Lo necesario es saber que la complementación es posible pero a nivel de nichos y no de mercados. La CAN ha sido bastante beneficiosa para Ecuador, como muestran las cifras con Colombia y Perú, aunque ésta ha dejado de ser el objetivo principal de integración durante el gobierno de Rafael Correa, cuya política de unidad sudamericana ha tomado relevo frente a lo netamente andino. Una muestra clara del interés integrativo de Ecuador y de su intención de continuar en el proceso de consolidación de la integración con la región sudamericana es la próxima apertura de oficinas comerciales[206] en Venezuela, Perú, Chile y Brasil.

La idea que tiene Ecuador al abrir estas oficinas es atraer inversiones de largo plazo, si es posible de carácter industrial. Éste también era el objetivo de CORPEI desde su creación, sin embargo, el gobierno de Rafael Correa llevó adelante un giro aun mayor al privilegiar alianzas de inversión entre empresas estatales sudamericanas. Por ejemplo, el gobierno hizo un acuerdo con la empresa argentina ENARSA para la construcción del proyecto hidroeléctrico Coca-Codo-Sinclair. También firmó dos convenios con PDVSA de Venezuela, el primero para la construcción de una refinería y el segundo para la exploración y explotación de gas natural.

La CORPEI trabaja conjuntamente con la Federación Ecuatoriana de Exportadores (FEDEXPOR), la cual forma parte del directorio de CORPEI. Ello ha derivado en que en los últimos años se ha logrado una alianza estratégica de primer nivel. FEDEXPOR, por su parte, considera que el fortalecimiento de la integración regional es de suma importancia, ya que los países vecinos siempre son prioridad. Por ejemplo, hace unos cuatro años se realizó un estudio sobre el potencial de más de cincuenta productos para el mercado peruano, que fue aprovechado por varios sectores. FEDEXPOR también forma parte del Grupo de Trabajo con otras instituciones que desarrollan la promoción de exportaciones hacia mercados regionales como Brasil, Chile, Argentina, Uruguay y varios de Centroamérica.

La promoción de exportaciones en los últimos diez años ha sido exitosa. Después del 2001 las exportaciones no petroleras han crecido de una manera

---

[206] Cada oficina comercial tendrá un director, un secretario de Cancillería, un representante del mercado local y uno o dos administradores.

sostenida. Se ha cumplido en incrementar volúmenes de exportación, diversificación de mercados y de productos.[207] Entre los sectores que han demostrado mayor crecimiento en los últimos diez años se destaca el sector de flores, cuyos principales destinos regionales son Brasil y Argentina. Además, se ha logrado el incremento de empresas exportadoras. Lo que aún no se ha podido lograr es que estas pequeñas industrias que comienzan a exportar crezcan y comiencen a ser actores importantes en las exportaciones. Este tema está relacionado con la asociatividad.

Aún así, no se ha logrado eliminar la dependencia de productos tradicionales como el banano, el café, o el cacao. Esos productos continúan siendo de suma importancia en relación con los nuevos. Los mecanismos utilizados para la promoción de exportaciones han sido: la organización y participación en ferias; presencia de los *stands* nacionales en las principales ferias, y subsidios a los empresarios para que asistan a estas ferias. Todo esto se ha llevado a cabo también a nivel regional, ya que se ha estado presente en Brasil, Chile, Perú, Colombia y Argentina. Después de 2000, la Unión Europea se convirtió también en un actor importante en materia de cooperación para la promoción de las exportaciones (otorgó quince millones para promover las exportaciones ecuatorianas hacia la CAN y la UE). Se ha trabajado con el Banco Mundial la CAF y el BID, y se han canalizado tanto fondos como programas de estas instituciones para las PyME, apuntando a fortalecer su capacidad exportadora tanto a nivel latinoamericano como andina y en otros mercados.

---

[207] Los sectores que más han crecido son: flores, bombones y confites, muebles, tilapia, hierbas aromáticas y aceites esenciales, pulpa y concentrado de maracuyá y otras frutas, mango, entre otros.

Zonas Francas[208]

En teoría las zonas francas debieron constituirse en un pilar para dinamizar el intercambio regional andino y sudamericano.[209] Pero ha habido obstáculos sustanciales para su funcionamiento. Entre ellos, no se ha aprovechado el potencial de la ley como debe ser. No se le ha dado el contenido y la importancia necesaria para funcionar. CONAZOFRA se convirtió con el tiempo en un tramitador de papeles, dado que esta institución carecía de financiamiento para establecer el régimen de promoción. Existe un desconocimiento general del régimen franco en Ecuador. Los proyectos de zona franca que se han desarrollado hasta la fecha se perciben como experiencias negativas por el tejido empresarial y las instituciones públicas del país. Con el tiempo, el régimen de zona franca ha sido utilizado principalmente para el negocio inmobiliario, es decir para el almacenaje de muebles y enseres.

La pregunta crucial en este tema es en qué dimensión las zonas francas ayudan o no para que Ecuador se inserte en el proceso de regionalización andino y sudamericano. Y las estadísticas señalan dos tendencias optimistas con países miembro del Mercosur, Argentina y Brasil.[210] Ambos países se han mantenido durante los últimos cuatro años dentro del grupo de los catorce países

---

[208] Toda esta información fue facilitada por el Consejo Nacional de Zonas Francas (CONAZOFRA), exclusivamente para este proyecto de investigación.

[209] Con la promulgación de la Ley N° 01 "Ley de Zonas Francas" en 1991 se establece legalmente el Régimen en el Ecuador. La ley de Zonas Francas fue actualizada según Ley Reformatoria a Ley de Zonas Francas, publicada en Registro Oficial del 15 de junio de 1995 y codificada en abril de 2005.

[210] La mercancía proveniente de Brasil corresponde a autos Volkswagen, y la mercancía proveniente de Argentina corresponde a tubos

de donde provienen las mercancías en mayor cantidad. Sin embargo, esta participación ha ido decreciendo considerablemente en los años 2006 y 2007, a diferencia de la participación de los países miembro de la ASEAN, que se ha incrementado en el mismo período de tiempo. En cuanto a la participación de los países de la CAN dentro de este régimen es bastante débil ya que solamente Colombia se ha mantenido entre los principales países de donde provienen mercancías. Mientras que los otros países miembro de la CAN no han llegado a estar dentro de este grupo. Dentro del contexto de estas importaciones, los países asiáticos son los que más se benefician del régimen ecuatoriano de zonas francas.

Es triste que la participación de los países de la CAN dentro de este régimen, que fue precisamente diseñado para mejorar la integración andina, haya resultado tan débil. Como ya señalamos, solamente Colombia se ha mantenido, durante 2005 y 2006, entre los principales países de donde provienen mercancías, mientras que los otros países miembro de la CAN no han llegado a estar dentro de este grupo. En todo caso, el problema central sigue siendo que las zonas francas en Ecuador han promovido mucho más el crecimiento de las importaciones que el de las exportaciones.

Sin embargo, podemos resaltar que en el caso de la salida de mercadería, las zonas francas han sido el escenario del incremento de salida de mercancía hacia Brasil y Argentina, aunque solamente en los años 2004 y 2005. Posteriormente, no se volvieron a informar envíos a estos dos países, aunque seguía creciendo el ingreso de mercancías desde ambos. Respecto a los países que conforman la CAN, sólo Colombia y Perú representan destinos

---

de acero y maquinarias para la empresa Tenaris y repuestos para la empresa Techint.

para las salidas de mercadería, aunque las cifras que se manejan para los dos países no tienen comparación. Mientras los envíos a Perú sobrepasan los 21 millones de dólares anuales, durante el año 2007, las exportaciones a Colombia apenas pasan del millón de dólares. Por su parte, los países de Asia representan el segundo destino más representativo de la salida de mercadería desde Zonas Francas ecuatorianas.

3. Regionalización del comercio

Las exportaciones ecuatorianas intra-CAN se han visto incrementadas a partir de la década de 1990. En relación con los productos primarios, las exportaciones ecuatorianas pasaron del 72% del total exportado al mercado andino en 1990 al 11% en 1995, para incrementarse al 42% en el año 2000. Dentro de las exportaciones de productos primarios se incluyen las de petróleo y gas, que en el año 1990 representaban el 0% de las exportaciones primarias, pasaron a constituir el 85% en el año 2000.

Las exportaciones de productos manufacturados también se han incrementado. En 1990 representaban solamente el 28% del total exportado, mientras que en el año 1995 llegaban al 89%. Dentro de este rubro se incluyen las exportaciones de productos manufacturados con alto valor agregado, que también se han incrementado (ya que en 1990 constituían el 43% del total de productos manufacturados exportados, pasando a representar el 67% en el año 2000). No obstante, en 2007 el valor de las exportaciones de los productos manufacturados con alto valor agregado fue de 541 millones de dólares, que representó el 19% del total de exportaciones realizadas hacia la CAN.

Cuadro 10
Exportaciones ecuatorianas por tipo de producto
(en millones de dólares)

Intra-CAN	1990	%	1995	%	2000	%	2007*	%
Prod. primarios	135	72	38	11	278	42	1.560	55
Petro y gas	0	0	18	47	237	85	1.424	50
Prod. manufacturados	53	28	321	89	384	58	1.274	45
Manuf. alto valor agregado	23	43	218	68	256	67	541**	19
Total CAN	188		359		662		2.834	100
Resto del mundo								
Prod. primarios	1814	72	2659	66	3015	72	9.074	80
Petro y gas	0	0	1377	52	1907	63	7.428	65
Prod. manufacturados	708	28	1343	34	1145	28	2.305	20
Manuf. alto valor agregado	60	8	132	1	224	20	1.533	13
Total resto del mundo	2522		4002		4159		11.379	100

*Datos proporcionados por el Banco Central de Ecuador.
**Para el cálculo de manufacturas de alto valor agregado de este año se tomó en cuenta los rubros correspondientes a: medicinas, farmacéuticos, otros químicos y farmacéuticos, artículos de madera y corcho, derivados de petróleo, vehículos y sus partes, maquinaria industrial y sus partes, aparatos eléctricos y electrodomésticos.
Elaboración propia.
Fuente: Pineda, S., y Alexis Valencia, 2004, p. 99.

Las diferencias que se han hallado entre las exportaciones hacia países de la CAN y las dirigidas hacia otros mercados resultan interesantes, ya que si bien en el año 1990 la relación en porcentajes entre productos primarios exportados intra-CAN y el resto del mundo son iguales (72%), dentro del rubro de productos manufacturados resalta el hecho de que el rubro de productos manufacturados con alto valor agregado difiere considerablemente. En efecto, en el caso de las exportaciones hacia la CAN representa el 43% del total de productos manufacturados mientras que constituye solamente el 8% del total de productos manufacturados exportados hacia el resto del mundo. Esta gran diferencia se mantiene tanto en 1995, año en el cual las exportaciones de productos manufacturados con alto valor agregado exportados hacia la CAN representó el 68% del total de productos manufacturados, mientras que hacia el resto del mundo era de solamente el 1%. En el año 2000, esta situación se ve relativamente modificada, ya que este rubro pasa a representar el 20% del total de productos manufacturados exportados. En el caso del mercado andino el rubro de productos manufacturados con alto valor agregado no cambió significativamente ya que representó el 67% del monto total de exportaciones de productos manufacturados.

Es evidente que los productos manufacturados tienen mucha más oportunidad de ser exportados en la CAN que hacia otros destinos; a diferencia de los productos primarios que han ido ocupando un lugar mucho más importante en las exportaciones ecuatorianas hacia el resto del mundo. Esto demuestra que el mercado de la CAN tiene importancia para permitir el desarrollo del sector ecuatoriano de productos manufacturados. Pero, para el año 2007, el porcentaje de los productos manufacturados presenta un descenso al

45% y, dentro de éste, el porcentaje de las manufacturas con alto valor agregado decreció considerablemente a un 19%.

Existe una clara diferencia en la composición de
las exportaciones ecuatorianas hacia la CAN y las destinadas al resto del mundo. Los diez productos más importantes exportados en el año 2002 al mercado andino
son productos manufacturados, dentro de los cuales se
incluyen productos con alto valor agregado, como es el
caso de los vehículos. Esto se contrapone totalmente a
las exportaciones ecuatorianas hacia el resto del mundo, ya que si bien las exportaciones tienen productos
con cierto procesamiento industrial, como es el caso
de conservas de atunes, extractos y esencias concen-
trados de café, se exportan fundamentalmente productos primarios como banano, rosas, o cacao en grano. En
conclusión, queda en clara evidencia que la industria
ecuatoriana tiene oportunidades de crecimiento dentro del marco del mercado andino.

Comercio sudamericano

¿Qué hay de la construcción de regionalismo hacia
el Sur? Los países que no conforman la CAN presentan un escenario complejo. En el caso del Mercosur, las
relaciones comerciales con Ecuador no han llegado a
tener un dinamismo muy amplio. Si bien las cifras de
las exportaciones se han incrementado considerablemente desde 1990, es importante indicar que Argentina
y Brasil son los miembros del Mercosur que reciben la
mayor cantidad de las exportaciones ecuatorianas.

En referencia a la composición de las exportaciones
ecuatorianas hacia el Mercosur, en los productos primarios, la importancia del petróleo ha decrecido considerablemente desde 1995, año en el que representó el

42% del total de productos primarios exportados, hasta el año 2000, tiempo en el cual el petróleo representó solamente el 14% de las exportaciones de productos primarios. Sin embargo, es necesario notar que el rubro total de exportaciones de productos primarios también se redujo considerablemente.

Dentro de los productos manufacturados, la importancia que tienen los productos manufacturados con alto valor agregado en el Mercosur es realmente baja. De hecho, en 1995 y 2000, estos rubros han decrecido demostrando que la industria ecuatoriana no tiene una oportunidad real de crecimiento en este mercado. Ello resulta contrario a lo que demuestran las cifras de las exportaciones de los mismos productos hacia el resto del mundo, donde los rubros de productos manufacturados tienen un porcentaje de importancia mucho más elevado. Con relación a las cifras del año 2007, el porcentaje de productos manufacturados ecuatorianos exportados hacia el Mercosur se incrementó en un 69%, y dentro de este rubro se dio también un incremento de los valores correspondientes a las manufacturas de alto valor agregado que representaron un 14% del total de los productos manufacturados exportados.

Cuadro 11
Exportaciones ecuatorianas al Mercosur
(en miles de dólares)

Mercosur	1990	%	1995	%	2000	%	2007	%
Productos primarios	5.095	33	100.647	65	66.331	57	38.099	31
Petróleo	-	-	41.778	42	9.049	14	-	-
Productos manufacturados	10.571	67	53.281	35	50.807	43	83.546	69
Manufacturas alto valor agregado*	872	8	2.090	4	2.158	4	16.566	14
Total Mercosur	15.666		153.928		117.138		121.645	100
Resto del mundo								
Productos primarios	2.339.502	86	3.455.331	82	3.631.403	76	10.596.018	75
Petróleo	1.268.151	54	1.353.702	39	2.125.910	59	7.428.356	53
Productos manufacturados	368.678	14	765.933	18	1.175.126	24	3.496.091	25
Manufacturas alto valor agregado*	169.604	46	260.322	34	452.855	39	1.516.520	11
Total resto del mundo	2.708.180		4.221.264		4.806.529		14.092.109	100

*Para el cálculo de manufacturas de alto valor agregado se tomó en cuenta los rubros correspondientes a: medicinas, farmacéuticos, otros químicos y farmacéuticos, artículos de madera y corcho, derivados de petróleo, vehículos y sus partes, maquinaria industrial y sus partes, aparatos eléctricos y electrodomésticos.
Elaboración propia.
Fuente: BCE.

Por otro lado, el mercado chileno para las exportaciones ecuatorianas ha mantenido un crecimiento sostenido desde 1990 hasta el año 2000. Los rubros correspondientes a productos primarios también se han incrementado, aunque es necesario destacar la importancia que tiene dentro de estos rubros las exportaciones de petróleo crudo cuya participación en el total de exportaciones primarias ecuatorianas se incrementó desde el 65% en 1990 hasta el 79%. El monto de los productos manufacturados ecuatorianos con destino a Chile también se ha incrementado considerablemente desde el año 1990; aunque al focalizar sobre los productos manufacturados con alto valor agregado se concluye que si bien en el año 1995 constituían el 38% del total de productos manufacturados exportados hacia Chile, en el año 2000 se desplomó a un 2%. Esto se debe a que en el año 2000 no se registraron exportaciones de derivados de petróleo, productos que poseen un peso muy importante dentro de esa canasta y, en consecuencia, que habían tenido un papel muy importante en los altos niveles alcanzados en años anteriores. Los datos revelan que en el año 2007 las exportaciones totales hacia Chile se incrementaron, pero dentro de este rubro el 81% fue por exportaciones petroleras. En lo referente a las exportaciones de manufacturas de alto valor agregado, éstas tuvieron una reducción bastante significativa, ya que del 2% en el año 2000 pasaron a solamente el 0,34 pro ciento en el año 2007.

Cuadro 12
Exportaciones ecuatorianas a Chile por producto
(en miles de dólares)

CHILE	1990	%	1995	%	2000	%	2007	%
Productos primarios	69.274	88	158.833	81	185.482	83	586.949	89
Petróleo	44.742	65	111.784	70	145.804	79	536.453	81
Productos manufacturados	9.569	12	38.099	19	38.094	17	75.620	11
Manufacturas alto valor agregado*	5.376	56	14.480	38	641	2	2.247	0,34
Total Chile	78.843		196.932		223.576		662.569	100
Resto del mundo								
Productos primarios	2.275.323	86	3.397.145	81	3.512.252	75	10.047.168	73,17
Petróleo	1.223.409	54	1.283.696	38	1.989.155	57	6.891.903	50,19
Productos manufacturados	369.680	14	781.115	19	1.187.839	25	3.684.017	26,83
Manufacturas alto valor agregado*	165.100	45	247.932	32	454.372	38	3.577.390	26,05
Total Resto del mundo	2.645.003		4.178.260		4.700.091		13.731.185	100

*Para el cálculo de manufacturas de alto valor agregado se tomó
en cuenta los rubros correspondientes a: medicinas, farmacéuticos, otros químicos y farmacéuticos, artículos de madera y corcho, derivados de petróleo, vehículos y sus partes, maquinaria
industrial y sus partes, aparatos eléctricos y electrodomésticos.
Elaboración propia.
Fuente: Banco Central del Ecuador.

Las exportaciones ecuatorianas hacia el resto del mundo, comparadas con las exportaciones hacia el mercado chileno referente a los productos primarios, no tienen una gran diferencia, ya que por ejemplo en 1990 los productos primarios exportados hacia Chile constituyeron el 88% de las exportaciones, mientras que los productos con destino hacia el resto del mundo constituyeron el 86%. Sin embargo, es interesante resaltar la importancia que los productos manufacturados con alto valor agregado representó para las exportaciones realizadas al resto del mundo en el año 2000 ya que llegó a representar el 38% mientras que para el mercado chileno fue solamente del 2%. Si bien los rubros de las importaciones chilenas se han incrementado, es innegable la importancia que tiene el petróleo y sus derivados en el intercambio comercial de Ecuador hacia Chile.

4. Integración energética

Desde la década de 1950 la integración energética ha sufrido transformaciones significativas, pasando de ser una prioridad orientada exclusivamente a las energías primarias –hidroelectricidad– a cubrir varios sectores que encierra lo económico, social, ambiental, e incluso lo político. La integración energética actual permite aprovechar las complementariedades entre los países generando espacios para la implementación de nuevos polos de desarrollo regionales.[211]

En la actualidad, Ecuador brinda apoyo total a la integración regional promoviendo la institucionali-

---

[211] Entrevista al ingeniero Pablo Cisneros, subsecretario de Gestión de Política Nacional y Planificación del Ministerio de Electricidad y Energía Renovable.

dad y participando activamente en la constitución del Tratado Energético Sudamericano. Pero en los últimos años, Ecuador ha puesto el acelerador en materia de integración energética; entre los dos proyectos principales sobresalen: el Estudio de Factibilidad de Interconexión Eléctrica entre Bolivia, Colombia, Chile, Ecuador y Perú; y, el Estudio de Rentas de Congestión en las Transacciones Internacionales de Electricidad en los países de la Comunidad Andina. Además, existe una propuesta para intercambio de energía (*swaps*) con Perú para aprovechar la complementariedad hidrológica entre ambos países. (Mosquera *et al.*, 2008).

Los lineamientos que Ecuador ha presentado en la integración energética Sudamericana son: "Incluir la planificación energética como un rol fundamental por parte del Estado; fomentar el intercambio de experiencias de modelos y estructuras de empresas estatales de energía, así como la complementariedad entre ellas, con el propósito de gestar empresas estatales fuertes y sostenibles en el tiempo; analizar los modelos regulatorios en los cuales se desempeñan las empresas estatales, focalizando en su gobierno corporativo, capacidad de gestión financiera, responsabilidad social, entre otros, e incluir los mecanismos de solución de controversias" (Mosquera *et al.*, 2008: 34).

Los acuerdos alrededor de una convergencia sudamericana, particularmente en el tema de recursos energéticos fósiles, no son recientes. De hecho, Ecuador ha participado activamente en los planes y programas de la Iniciativa de Infraestructura Sudamericana (IIRSA). Sin embargo, no ha podido consolidar su implementación, sobre todo por causa de la inestabilidad política que ha vivido el país durante los últimos diez años. Quienes han tenido una mayor predisposición en función de este objetivo han sido los países grandes, como es el caso de

Brasil desde hace mucho tiempo atrás y, recientemente, Venezuela, así como los países que demandan energía de aquellos que poseen excedentes.

Ecuador ha apoyado la integración bajo otras modalidades convencionales como el Tratado de Cooperación Amazónica[212] donde se involucran los países andino-amazónicos sólo con recursos naturales de extracción de petróleo. Sin embargo, recientemente han tenido lugar respuestas receptivas/colaborativas, en especial bajo el mandato del presidente Rafael Correa, de clara tendencia nacionalista, respaldando la propuesta de Venezuela en la última etapa que tiene que ver con el Circuito Energético de América del Sur, tanto en términos políticos, técnicos como petroleros, tomando en cuenta que es el cuarto país con reservas de petróleo en América latina.

La decisión del gobierno se sustenta en los posibles beneficios de la especialización de campos petroleros y la eficiencia extractiva que puede generar una mayor integración económica con PDVSA y con EMAPT de Chile, que le puede permitir acelerar y cualificar el proceso extractivo, pero luego también acelerar e incrementar el proceso de industrialización para satisfacer la demanda de productos limpios. Los incentivos que Ecuador tiene para una integración sudamericana en el campo energético tienen su raíz en algunas ventajas comparativas. Un ejemplo de ello lo proporciona el hecho de que pueda

---

[212] "El Tratado de Cooperación Amazónica (TCA) fue firmado en Brasilia el 3 de julio de 1978, por los ocho países amazónicos: Bolivia, Brasil, Colombia, Ecuador, Guyana, Perú, Surinam y Venezuela. Es un instrumento jurídico de naturaleza técnica con miras a promover el desarrollo armónico e integrado de la cuenca, como base de sustentación de un modelo de complementación económica regional que contemple el mejoramiento de la calidad de vida de sus habitantes y la conservación y utilización racional de sus recursos" (http://www.oas.org/dsd/publications/Unit/oea08b/ch04.htm).

contribuir a satisfacer las demandas de recursos de otras regiones. La posición estratégica, es otra de las ventajas comparativas, que posibilita relacionarse más fácilmente con el sur y con el norte de América, lo cual permite que los precios se reduzcan para los países de la región. Además, el hecho de ser un país que tiene acceso al Pacífico le posibilita acercarse a otros continentes. Dentro de esta línea se enmarca la estrategia de construcción de un eje vial Manta-Manaos que permita unir zonas amazónicas brasileñas con el Pacífico.

Para evaluar el grado de injerencia de Ecuador en los procesos de integración energética, se requiere en primer lugar tener en claro que en los procesos de integración no solamente se necesita voluntad sino también realidades concretas. Por ahora, existen muchos anuncios y acuerdos firmados con Venezuela, Chile, Brasil, pero pocas o escasas concesiones. Si bien Ecuador no ha llegado a ser un actor protagónico en los procesos de integración energética regional, no se puede negar que tiene una incidencia importante pues depende estrechamente de la voluntad de países cercanos como Brasil y Venezuela para poder concretarse.[213]

Además, el comercio intrarregional no favorece precisamente a Ecuador en un intercambio complementario en materia energética. Perú es el país que más ha demandado petróleo crudo ecuatoriano. El resto de los socios están fuera del entorno sudamericano. Venezuela empezó a ser un destino importante para el crudo ecuatoriano en el año 2007, pero fue a raíz de la firma de un acuerdo para procesar crudo y entregar derivados que fue firmado entre los dos gobiernos. Otro de los países de la región con el cual Ecuador ha llegado a estre-

---

[213] Entrevista con Iván Narváez, experto en temas petroleros.

char relaciones en el ámbito energético es Argentina. Durante 2007 se llegaron a firmar cuatro acuerdos entre ambos países, tanto en el ámbito de energía (buscan en primera instancia desarrollar proyectos hidroeléctricos) como en lo referente a minas.

Cuadro 13
Principales destinos de las exportaciones petroleras
ecuatorianas
(valores expresados en porcentajes)

Núme-ro de Orden	1990	%	1995	%	2002	%	2007	%
1	Estados Unidos	45,06	Estados Unidos	44,72	Estados Unidos	50,2	Estados Unidos	61,2
2	Antillas Holandesas	13,5	Corea del Sur	20,42	Corea del Sur	16,1	Perú	17,6
3	Panamá	10,61	Panamá	10,77	Perú	15,9	Chile	7,23
4	Perú	9,64	Chile	8,02	Panamá	5,24	Antillas Holandesas	4,5
5	Puerto Rico	7,86	Puerto Rico	4,9	El Salvador	3,99	Venezuela	1,57

Elaboración propia.
Fuente: BCE.

5. Actores del regionalismo en Ecuador

Ecuador ha vivido un cambio profundo en la participación de actores sociales dentro del proceso de construcción de políticas públicas.

La iniciativa del ALCA, con la Cumbre de Miami de 1994, cambió completamente las condiciones en las cuales se construía política comercial y de integración en Ecuador. La participación de la sociedad civil, a través de sus organizaciones sociales, irrumpió en el escenario ecuatoriano con fuerza. Diversas redes de organización social se nuclearon alrededor del proceso de rechazo a la iniciativa Clinton, y a partir de entonces desplegaron nuevos, variados y sistemáticos repertorios de contención alrededor del tema.

Después del ALCA, vino el Tratado de Libre Comercio como iniciativa a la que había que oponerse y, en los últimos cuatro años, hay una revisión sustantiva que denota un camino hacia procesos de regionalismo profundo vía una regionalización de empresas, actores económicos y hasta agentes políticos y sociales que han trascendido las líneas trazadas por los estados nacionales. Todo esto revela una tensión entre actores internos que buscan en las políticas comerciales y de integración solamente mercados, y aquellos actores que pretenden hacer del regionalismo una plataforma más amplia para alcanzar el desarrollo. Esta tensión es central en el caso ecuatoriano.

El problema principal de determinación de políticas comerciales de apertura y políticas integracionistas más amplias está en una división entre agentes internos que pugnan en forma permanente por imponer su visión a la hora de construir políticas comerciales. Esta tensión tuvo su punto más fuerte y la evidencia de polarización más grave durante el gobierno de Lucio Gutiérrez, al momento de iniciarse el proceso de negociación de un Tratado Bilateral de Libre Comercio con Estados Unidos en 2003. Un escenario de polarización por cooptar escenarios de decisión en el aparato de Estado fue el resultado evidente, en donde los gremios empresariales midieron fuerzas con grandes sectores movilizados de la sociedad civil que trabajaron desde varias estrategias y repertorios para detener el avance de las negociaciones. El enfrentamiento tuvo como resultado final un nuevo balance de fuerzas, que determinó a su vez una nueva forma de construcción de políticas comerciales que aún está por definirse. Ésta es la esencia del objeto de estudio: la definición de los actores sustantivos y su capacidad de maniobra en la determinación de las políticas comerciales y alrededor de ellas, de las preferencias existentes por uno u otro tipo de regionalismo. El análisis de los actores determinantes del regionalismo en el caso ecuatoriano puso énfasis en tres grupos fundamentales: empresarios y gremios, sociedad civil y, en tercer lugar, agentes gubernamentales. Para obtener información relevante se realizaron entrevistas a profundidad a una muestra representativa de al menos cincuenta actores provenientes de cada uno de los grupos, además de un seguimiento a los procesos y repertorios utilizados por cada uno de ellos en el contexto de construcción de políticas públicas en el caso ecuatoriano y, específicamente, en cuanto a políticas de integración se refiere. Además de datos secundarios, estadísticas y datos empíricos, esta exploración permitió entender las acciones, intereses y motivaciones de agentes clave para el regionalismo o para su oposición desde distintos ámbitos. Analizaremos cada uno de los grupos estudiados y los resultados arrojados en los siguientes párrafos.

Los gremios de la producción[214]

Hasta el año 1998 los actores predominantes en el escenario del comercio, de los esquemas de integración y de

---

[214] Esta información fue recabada a través de entrevistas realizadas a representantes de las siguientes cámaras: Cámara de Comercio Ecuatoriano-Venezolana; Cámara de Comercio Ecuatoriano-Colombiana; Cámara de Comercio Ecuatoriano-Peruana; Cámara de Industriales Automotriz; Cámara de la Pequeña Industria de Pichincha; Cámara de Industriales de Pichincha; Cámara de la Construcción de Guayaquil;

la inserción económica de Ecuador en el escenario global
eran fundamentalmente los empresarios, sobre todo aquellos considerados activos en los gremios productivos y las
cámaras de comercio e industria de las principales ciudades del país. En Ecuador existía una tradición de nom-
brar a empresarios o personajes vinculados a los gremios
de la producción, como ministro de Industrias, Comercio
e Integración, la cartera del Estado encargada de avanzar
las políticas de integración dentro del contexto latinoamericano, pero, también, la cartera encargada de conducir la
política comercial del país. Esto ha significado en la práctica que los empresarios y representantes gremiales tenían
acceso directo a su construcción. Este Ministerio era considerado siempre un Ministerio de y para empresarios. Parte
de las iniciativas que de allí surgían partían del presupuesto de que habían sido concertadas con el sector privado,
es decir, los gremios empresariales. Como señala además
su denominación, este Ministerio tenía a su cargo la política de integración y la representación del Ecuador ante el
Consejo de Ministros de Comercio que determina las decisiones comerciales en la CAN.

El eje de concertación con el sector privado en
Ecuador es bastante antiguo. Ya en 1983 fue creado el
Consejo Consultivo Empresarial como instancia consultiva del Sistema Andino de Integración. Este órgano
está conformado por cuatro delegados, uno por Estado
miembro, precisamente proveniente de las organizaciones gremiales más prestigiosas del país. La actual presidenta del Consejo Empresarial Andino es la presidenta
de la Cámara de Comercio de Guayaquil y presidenta
de la Federación Nacional de Cámaras de Comercio de

Cámara de la Pequeña Industria del Guayas; Cámara de Industrias de
Guayaquil; Cámara de la Pequeña Industria del Azuay; Cámara de Industrias de Cuenca; Cámara de Comercio de Cuenca.

Ecuador, María Gloria Alarcón. Las decisiones arancelarias y, cabe decir, para-arancelarias, sobre el mercado común andino han tenido en los gremios y en el Ministerio de Industria, Comercio e Integración sus principales fuentes de gestión.

Sin embargo, es necesario aclarar que la influencia de los gremios y empresarios en la definición de política comercial y política de integración ha tenido altos y bajos. Si revisamos la lista de ministros de Comercio, cartera fundamental para el análisis de los actores determinantes, existen períodos en los cuales la designación ha estado en manos o de tecnócratas o de figuras políticas no necesariamente cercanas ni a los gremios, ni a grandes empresas nacionales. Es posible, por ejemplo, establecer períodos en los cuales la cartera en cuestión mantuvo una consistencia y estabilidad con los intereses empresariales y otros períodos en los cuales esta cartera estuvo sujeta a la inestabilidad y volatilidad propios del contexto político ecuatoriano.

Los períodos de estabilidad tanto de la cartera como de las políticas que se implementaban, coinciden con los gobiernos de Oswaldo Hurtado, Rodrigo Borja y Sixto Durán Ballén. De hecho, casi todos los empresarios entrevistados para este estudio afirman una discontinuidad en el manejo de la política comercial en general y sobre integración en particular.

Si bien para ellos la mejor instancia creada para discutir abiertamente sobre temas comerciales ha sido el COMEXI (creado mediante una ley en 2003), su estructura no necesariamente está ligada a un mejor escenario en materia comercial. Desde inicios de la era democrática, que empezó en 1979, el escenario para discutir política arancelaria y comercial era la Junta Monetaria, donde también los empresarios tenían un asiento y un voto, el COMEXI se convirtió pronto en una instancia mucho más especializada para tratar los temas comerciales. ¿Cómo ha funcionado el COMEXI desde entonces? Se puede establecer dos períodos en la conducción de esta instancia institucional. La primera desde su creación hasta el fin del gobierno de Alfredo Palacio, caracterizado por una sincronía entre la acción gubernamental y las demandas empresariales. El segundo momento, el gobierno de Rafael Correa, tiempo durante el cual los empresarios perdieron su escaño con capacidad de voto dentro de esta instancia, pero recibieron por otro lado beneficios directos que habían sido demandados durante años, como la rebaja arancelaria unilateral de insumos de producción y bienes de capital, como incentivo al desarrollo industrial.

Aunque ya no cuentan con un voto en el COMEXI, los gremios y empresarios recibieron la potestad presidencial de participar en los comités técnicos que preparan los informes previos que son objeto de consulta ante el seno del COMEXI. En síntesis, el poder real que tenían hasta diciembre de 2006 para influir en políticas comerciales, no sólo permaneció intacto sino que en términos reales se fortaleció ya que los empresarios han logrado mejores resultados[215] a través de los comités técnicos que en el escenario del COMEXI, donde hay una clara disputa política que va más allá de los intereses netamente comerciales.[216]

Integración. Todos los representantes de las cámaras y gremios de la producción que participaron en este estudio mantienen una visión de signo integrativo. Coinciden

---

[215] La participación empresarial en los comités empezó a funcionar desde mayo. El sector empresarial ha logrado desde entonces incidir en dos temas fundamentales: impedir la liberalización de la importación de herramientas agrícolas y la importación de pollo.

[216] A finales de abril, la ronda de negociaciones CAN-UE fracasó y hubo una disputa al interior del COMEXI con tintes ideológicos. El gobierno se pronunció por escrutar el proceso, sobre todo en los temas de propiedad intelectual, y los empresarios presionaron por seguir la marcha de las negociaciones.

en que la integración es importante, que además les ha abierto mercados –no sólo de bienes sino también de servicios– significativos, y que los problemas se dan por dos razones sustanciales: falta de voluntad gubernamental y decisiones burocráticas poco técnicas que entorpecen la marcha de la integración. Es necesario destacar que en el caso ecuatoriano los empresarios se sienten atados a los procesos de integración, más que por los acuerdos políticos alcanzados, porque –en el caso ecuatoriano– el comercio con los vecinos cercanos, Perú y Colombia, ha tenido un crecimiento sostenido y considerable. Esto se extendía a Venezuela, cuando este país formaba parte de la CAN, porque el Convenio Automotor tuvo especial importancia para abrir los mercados venezolanos no sólo a autos ensamblados en Ecuador sino también para autopartes, repuestos y afines. Sin embargo, el comercio con Bolivia es altamente deficiente y eso ha derivado en que los empresarios dejaran enfocar el tema regional en sí mismo y pasaran a realizar interpretaciones más bien en términos de las relaciones bilaterales que hubieran evolucionado sustancialmente.

Además, para todos los entrevistados estuvo claro que el tema de la integración más amplia en el espacio sudamericano todavía es una quimera si es que los espacios ya establecidos a nivel regional aún no han sido previamente consolidados. La mayoría de los actores empresariales ven la recientemente creada UNASUR como una entidad política sin ambiciones comerciales claras.

De todas maneras, las cámaras binacionales como la ecuatoriano-peruana y la ecuatoriano-colombiana creen que lo mejor sería que los gobiernos avanzaran hacia espacios de libre comercio en diversas regiones no sólo latinoamericanas sino también fuera de la región, y que si el comercio con el Mercosur ayuda a ampliar ese camino, entonces hacia allá deben apuntar los gobiernos.

Los empresarios ven las propuestas de regionalización con cierto desdén. En esto coinciden con sus pares de Chile (véase Durán y Oyarzún en este volumen). Su percepción general es que hay mercados, pero el acceso a ellos no está acompañado por políticas gubernamentales consistentes, ya que aún no se han consolidado temas para ellos fundamentales: el arancel externo común y la unión aduanera, para el caso de la CAN. A esto se suma el hecho de que los países continúan aplicando políticas elusivas/resistentes en algunos sectores, estableciendo barreras arancelarias y para-arancelarias en productos o líneas de productos que consideran sensibles.

Existe, no obstante, un progreso significativo en la subdimensión de inversiones a partir de un incremento de la transnacionalización e integración, con empresas ecuatorianas invirtiendo en países de la región. Por ejemplo, Confiteca abrió en 1994 una fábrica en Perú llamada Confiperú. Esta empresa produce chicles, bombones, caramelos y bases para gomas de mascar, y exporta sus productos a países como Colombia, Ecuador, República Dominicana, Reino Unido y Chile. Asimismo, Novopan Ecuador lleva once años en Perú, exportando tableros de madera a Novopan Perú, que los coloca en el mercado interno. Una de las más exitosas es Indurama, empresa cuencana que ha logrado captar un importante segmento del mercado peruano con sus cocinas y refrigeradores. La marca se distribuye en las principales tiendas comerciales como Carsa, la Curaçao y Falabella. La empresa que se encarga de su distribución en el interior del país es Blancandina S. A., que fue creada por el grupo cuencano en febrero de 1998. La lista incluye las industrias textiles y de confecciones Pinto, la metalmecánica Fadesa, Bopp del Ecuador, que exporta polímeros y está también en Perú.

También existen proyectos de inversión conjunta como el de Cartones Villamarina (Carvimsa): esta empresa creada en abril de 1999 en sociedad con el grupo Comeca de Costa Rica produce al año unos treinta millones de envases que se distribuyen en el mercado local, en la industria alimenticia. Proyectos similares existen en el sector turístico con Metropolitan Touring y su asociación con Receptur S. A. para generar paquetes conjuntos para el mercado ecuatoriano y peruano, y el Banco del Pichincha, que compró las acciones del Banco Financiero del Perú para dar servicios a los dos lados de la frontera.[217]

La sociedad civil[218]

Dado el peso que tiene el comercio dentro del análisis llevado a cabo en este estudio (en esto es coincidente con el caso colombiano [véase Garay y De Lombaerde en este volumen]), al observar el papel desempeñado por la sociedad civil en el regionalismo sudamericano nos

---

[217] Información proporcionada por InvestEcuador, programa del Ministerio Coordinador de la Producción. Agradecemos a David Molina por este aporte tan específico.

[218] Esta información fue recabada a través de entrevistas realizadas a los siguientes representantes de las organizaciones de la sociedad civil: Ángel Cojitombo, presidente de la Federación Nacional de Organizaciones Campesinas del Ecuador (FENOCIN); Cecilia Cherrez, Acción Ecológica; Mario Morales, Federación de Trabajadores Libres de Pichincha (**FETRALPI**); Martha Nuñez, Coordinadora Ecuatoriana De Organizaciones Para La Defensa Del Medio Ambiente y La Naturaleza (**CEDENMA**); Manuel Abarca, Consultores Económicos y Agentes Financieros (CEYAF); Eduardo Cumba, **Confederación Ecuatoriana de Organizaciones Sindicales Libres** (CEOSL); Liliana Durán, Foro Nacional de Mujeres; María José Troya, Tribuna del Consumidor; licenciado Edgar Sarabia, Confederación de Jubilados; Edwin Bedoya, Confederación Ecuatoriana de Organizaciones Clasistas (**CEDOCUT**); Franklin Columba, Fundación Taitas y Mamas Yachacs del Ecuador (FUTMYE); Rosita Torres, Fundación Félix Torres; Germán Rodríguez, Asociación Artesanal Ecuador del Futuro; Gladys Carrillo, Fundación Esperanza; Paulina Muñoz, Ecuador Decide; Miguel Guatemal, Confederación de Nacionalidades Indígenas del Ecuador (CONAIE).

enfocaremos sobre el conjunto de organizaciones no gubernamentales y movimientos sociales reconocidos que
han participado activamente en la discusión alrededor de
temas comerciales o en abierta contradicción con ellos.
Esta definición incluye desde grupos organizados específicamente para protestar contra la iniciativa ALCA, los
TLC y negociaciones comerciales CAN-UE, en donde han
estado directamente involucrados en el debate sobre integración en el sentido más amplio del término.

La sociedad civil ecuatoriana muestra rasgos de heterogeneidad, lo cual lleva consigo una diferencia bastante marcada en los objetivos, preferencias e impacto en el
regionalismo de América del Sur. Dentro de los grupos
de la sociedad civil que fueron entrevistados se cuentan
a trabajadores, ambientalistas, fundaciones de migraciones, representaciones de indígenas, movimientos de mujeres, y fundaciones para el desarrollo de microproyectos.
Estas asociaciones no se encuentran en un solo nivel, ya
que el tamaño, la lógica, la magnitud temporal y espacial
así como el peso político difiere mucho entre ellas (Arato,
1999: 118).

Dentro de este contexto se puede analizar que los
intereses y preferencias que tienen las asociaciones de
la sociedad civil ecuatoriana referente al tema de la integración son diversos. El estudio de campo comprendió entrevistas en profundidad a quince organizaciones
de la sociedad civil con cobertura a nivel nacional. El
muestreo tomó en cuenta dos premisas fundamentales:
primero, que tengan cobertura nacional, y segundo, que
hayan tenido una participación activa alrededor de los
temas comerciales. Entre los entrevistados se encuentra,
por ejemplo, la Federación Nacional de Organizaciones
Campesinas Indígenas del Ecuador (FENOCIN), que
agrupa a toda una red de organizaciones de base (básicamente indígenas) que han estado presentes en el debate

nacional de los temas comerciales, a partir de la propuesta del ALCA. Dado su carácter campesino, además de indígena, sus temas de interés han ido más allá del carácter étnico, ancestral del debate. En este sentido, han tenido una caracterización importante en el escenario de discusión sobre el desarrollo indígena y temas comerciales.

Otra de las organizaciones entrevistada fue la Acción Ecológica, que es uno de los movimientos ambientalistas que participa activamente en la formulación de propuestas que engloba temas de integración de la región, especialmente en lo referente a la propiedad intelectual y soberanía alimentaria. En el sector de los trabajadores se entrevistó a grupos sindicales como CEDOCUT y CEOSL. Ambos grupos tienen mucha importancia en el ámbito nacional y sobre todo representatividad de los intereses de los trabajadores. Formó parte de las entrevistas también la Fundación Esperanza, la cual trata temas sobre la migración y trata de personas, siendo estos temas cruciales dentro del contexto de intereses de integración de la región.

Por su parte, CEDOCUT forma parte de la Organización Internacional del Trabajo (OIT), así también forman parte del Concejo Consultivo Andino en el que participan quince sectores sindicales de los países andinos; esos son los organismos que representan los canales para dar a conocer el rechazo al trabajo infantil, que representa su interés central. Al contrario que CEDOCUT, FETRALPI, no tienen mecanismos para dar a conocer sus dudas sobre el perjuicio que los asuntos comerciales representan para el sector, ya que manifiestan que han tratado de entablar conversaciones en Cancillería pero no se les presta atención. Acción Ecológica ha tratado de hacer conocer sus propuestas en varias instancias tanto a nivel del Poder Ejecutivo como a nivel de la Asamblea Constituyente. Como se puede apreciar, la diversidad de medios para llegar a incidir en la construcción de la agenda comercial es amplia. Sin embargo, en lo referente al impacto de esas peticiones en la toma de decisiones la mayoría de las representaciones consideran que sus peticiones no han sido tomadas en cuenta, especialmente las instituciones que no tienen una conexión con algún organismo internacional como es el caso de FETRALPI o de CEDENMA.

En particular, la Confederación de Jubilados, CEDENMA, FETRALPI, y Ecuador Decide, ven en la integración regional una oportunidad para que los países pequeños como los andinos lleguen a enfrentar con éxito negociaciones más fuertes con los países desarrollados, como por ejemplo Estados Unidos. De este modo, Acción Ecológica señala que la integración logra hacer un contrapeso ante un modelo de globalización que ha estado dominado sobre todo por ciertos poderes privados o públicos. Asimismo, la Fundación de Migraciones Esperanza manifiesta que la integración en la actualidad es una necesidad en un mundo globalizado ya que no se puede hablar de pequeños segmentos. La asociación indígena FENOCIN coincide en cierta manera con los intereses de los grupos anteriores, pero se orienta especialmente a la defensa de los recursos naturales regionales frente a los intereses sobre éstos de parte de los países desarrollados.

Los canales que han sido utilizados para dar a conocer los intereses particulares de las asociaciones sobre la integración son diversos y varían dependiendo de las asociaciones. La CEYAF y la Asociación Artesanal Ecuador del Futuro realizan la presentación de proyectos buscando principalmente obtener cooperación tanto técnica como financiera. El sector de los jubilados realiza reuniones, foros, que apuntan a obtener beneficios de consumo para el sector. Por su parte, la asociación indígena FENOCIN ha logrado la conformación de la mesa agraria y así llegar a unirse a grupos a nivel internacional que tratan temas de su interés como la política de distribución de alimentos, soberanía alimentaria, reconocimiento de la pequeña producción. En el caso de FUTMYE, no han desarrollado todavía mecanismos para dar a conocer sus intereses, que se centran en el respeto hacia los conocimientos ancestrales tanto espirituales como medicinales, ya que recientemente han sido invitados por cancillería para conocer los procesos de integración.

La ruta de la participación de la sociedad civil en la determinación de políticas comerciales y de integración es –como dijimos antes– mucho más reciente que la participación empresarial. Y es paradójico que mientras la participación empresarial ha tendido a convertirse en orgánica, dentro de las instancias estatales, las organizaciones sociales han sido no sólo relegadas de la discusión, sino también puestas en el único camino del activismo social.[219] Posteriormente, la suerte estaba echada. Los movimientos sociales anti-ALCA se instalaron en un espacio de opinión pública local, en donde las crecientes demandas y críticas sobre la liberalización comercial han estado presentes sin mayores mediaciones. Es como si la política comercial estuviera siendo ejercida bajo el principio de "negocios como siempre" en el Ministerio de Industrias, Comercio e Integración, conjuntamente con los empresarios, y el creciente número de activistas sociales hubiese sido puesto al otro lado de la calle, como simple espectador.

Los grupos que se asociaron para detener el ALCA fueron consolidándose con el tiempo alrededor de asociaciones y foros de discusión. Especialmente porque el Ecuador ya en 2003 anunciaba que negociaría un tratado de libre comercio, y este anuncio sólo logró que las

---

[219] Las mesas de concertación del ALCA se iniciaron en Ecuador en 1998, pero sólo como una forma *ad-hoc* de evitar violentas manifestaciones durante el foro ministerial de la ciudad de Quito.

organizaciones sociales, especialmente el movimiento indígena, emprendiera un proceso de organización mucho más amplio con el único objetivo de participar en el boicot al TLC con Estados Unidos, que se convirtió en su principal objetivo de lucha. Fueron tres años de creación de redes y mecanismos de expresión social y política, contraria a la liberalización comercial, que concluyeron cuando se canceló la negociación de Ecuador por el acto de expropiación de las instalaciones de un pozo petrolero de la Compañía Occidental, que generó un clima de mala fe alrededor del proceso de negociaciones.

A pesar de toda la experiencia adquirida, las negociaciones comerciales CAN-UE encontraron a las organizaciones sociales –que tan efectivamente se habían movilizado contra el TLC– totalmente desarticuladas. Hubo algún incentivo de seguimiento, especialmente desde la Central Única de Trabajadores, el movimiento indígena y el foro que reunía a muchos de los activistas antiliberalización, denominado Ecuador Decide, pero nunca tan articulado como para lograr un efectivo seguimiento, conocimiento y difusión de los temas que estaban siendo tratados por el equipo de negociación. La sociedad civil está tan desarticulada ahora alrededor de temas comerciales que tuvo que ser el Ministerio de Relaciones Exteriores, Comercio e Integración[220] el que convocara a las organizaciones sociales a formar un Comité Consultivo de Participación Mixta sobre el tema CAN-UE y bajo instancias y financiamiento de la misma Unión Europea, que prefería mecanismos más amplios de información sobre los avances y retrocesos del proceso de negociaciones.

---

[220] A partir del 15 de enero de 2007, la división de Comercio e Integración del Ministerio de Industrias pasa a manos del Ministerio de Relaciones Exteriores.

Las organizaciones de la sociedad civil han tenido mayor incidencia en la construcción de políticas comerciales y en favorecer determinadas políticas pro integración sólo en la medida en que han generado nexos con organizaciones internacionales de mayor peso político, y en esa medida es que han podido tener acceso directo al proceso de toma de decisiones. Por ejemplo, la CEDOCUT ha estado particularmente interesada en promover políticas integracionistas dado que tiene un amplio respaldo en el Consejo Consultivo Laboral Andino, desde hace dos años también están en el Consejo Laboral del Mercosur y participan en todos los foros de la Organización Internacional del Trabajo. Con estos antecedentes, esta organización tiene mayor peso en el escenario político específico. Su influencia se demuestra en que las propuestas que ellos han elaborado tanto para las negociaciones como en las normativas laborales andinas han sido escuchadas y en muchos casos aceptadas por los gobiernos de la región. En el caso ecuatoriano, esta organización es permanentemente convocada cuando de reformas laborales se trata, ya sea en el ámbito constitucional o legislativo, para tener en cuenta sus puntos de vista.

La Tribuna del Consumidor es otro ejemplo de este esquema de red. La organización forma parte del Consejo Latinoamericano de Consumidores y ha conformado además la Mesa Andina de Consumidores como una instancia de consulta dentro del Sistema Andino de Integración. Dados sus nexos internacionales, la Tribuna ha sido permanentemente consultada sobre temas específicos de negociaciones internacionales y de normativa andina. Además, La Tribuna se ha convertido en un centro de producción de insumos y estudios para la toma de decisiones, por la incidencia que ha tenido en el pasado para realizar reformas jurídicas sobre derechos de los consumidores. Su principal aporte ha sido la regionalización andina de normativas de defensa del consumidor y la creación de redes regionales para defender estos principios.

De todas maneras, estas organizaciones de la sociedad civil no llegan más allá de una incidencia *ad-hoc*, caso por caso, en donde sus opiniones y trabajos se convierten en un insumo más dentro de la mesa de opciones políticas, a la hora de establecer políticas de integración o inserción internacional, a pesar de que el hecho de ser convocado por el Estado es ya un logro en sí mismo para el caso de Ecuador.

Hay, sin embargo, organizaciones que han llegado mucho más allá de la simple convocatoria. Ecuador Decide, por ejemplo, red de redes establecida para luchar contra el TLC con Estados Unidos, notó que los repertorios de contención públicos no darían resultado por sí mismos sin una estrategia política clara de por medio. Si se compara su actuación durante el proceso de negociaciones del TLC con Estados Unidos, que se caracterizaba por organizaciones de marchas, manifestaciones públicas, recolección de firmas para un referéndum y foros de debate nacional, en el caso de las negociaciones CAN-UE, prácticamente ninguna de estas actividades han existido, pero han tenido mucho más éxito. Su vocera, Paulina Muñoz, aceptó[221] que esta vez la incidencia es más real gracias a que un ministro ha acogido la mayor parte de sus postulados y consignas respecto al manejo de las negociaciones. Dado que este ministro coordina la política económica de Ecuador y es además presidente del Consejo de Comercio Exterior, la capacidad de influencia de Ecuador Decide se ha multiplicado y los repertorios de

---

[221]   Paulina Muñoz fue entrevistada en profundidad para esta investigación el 3 de septiembre de 2008. Las grabaciones dan testimonio de sus aseveraciones.

contención se han vuelto innecesarios a la hora de poner presión sobre cuestiones comerciales.

Ecuador Decide ha sido muy crítico sobre la integración andina, tal como está en la actualidad. Considera que la forma en la que se toman las decisiones apunta a favorecer los intereses nacionales de los países miembro en lugar de los intereses colectivos. Ha sido particularmente crítico con la reforma a la Decisión 486, que trata sobre el régimen regional de propiedad intelectual. La reforma fue solicitada por el Perú para que ésta sea lo suficientemente flexible para que los países que habían firmado un TLC con Estados Unidos pudiesen implementar libremente el capítulo de propiedad intelectual. Algo que provocó la oposición tajante de Bolivia y también de Ecuador, pero que fue finalmente aprobado porque Ecuador decidió apoyar al Perú y romper su alineación –en ese tema– con Bolivia. La influencia de Ecuador Decide ha sido determinante para generar líneas contradictorias al interior de al menos dos gobiernos consecutivos: el de Alfredo Palacio (respecto al TLC) y el de Rafael Correa, donde no hay una posición unificada sobre el tema negociaciones comerciales internacionales y peor aún sobre el tema de propiedad intelectual y normativa andina. Éste es el primer caso en que una organización de la sociedad civil pasa de tener una posición de defensa y oposición a una posición de influencia en la toma de decisiones gubernamentales. Una vez más, este nivel de influencia ocurre tras bastidores, tal como sucedía con ciertos actores empresariales. No existen mecanismos institucionalizados de influencia donde las reglas sean claras y el acceso a la toma de decisiones reglamentado.

El 90% de los entrevistados provenientes de la sociedad civil, incluyendo en este porcentaje a los gremios de trabajadores, consideran que la integración no es un hecho positivo y que solamente busca satisfacer intereses comerciales. Este último sería su principal problema. Los actores de la sociedad civil sólo apoyan un tipo de integración que apunte a unir pueblos para generar procesos antihegemónicos, así como generar proyectos de salud, educación, seguridad social y medio ambiente. No están interesados en la convergencia comercial o la apertura de los mercados o la firma de acuerdos comerciales. Ángel Cojitombo, de la FENOCIN,[222] ofreció un ejemplo claro de esta visión en extremo pesimista de la integración:

> "La integración es tratar de acaparar por parte de las potencias, todos los recursos de los países pequeños que han quedado a nivel mundial. Es más fácil para las potencias manejar esos recursos por bloques que de nación en nación. En Latinoamérica existen muchos recursos y es por eso que a las potencias les conviene que nos unamos en grupos grandes, para que sea más fácil explotar esos recursos".

El concepto de integración manejado por las representaciones que conforman la sociedad civil ecuatoriana es de carácter idealista, es decir, se concibe como llegar a consolidar el "gran sueño de Bolívar" de unir a los pueblos hermanos, pero no se lo ve como proceso necesario dentro del sistema de globalización actual. Para estos representantes de los movimientos sociales, la integración sólo ha permitido que más transnacionales sean beneficiadas.

Todos los entrevistados del área de la sociedad civil consideran que la integración andina es altamente ineficiente y que se deben atender primero las demandas internas de los países, y sólo entonces se verá reflejado en la integración regional. Creen que la integración solamente se verá reforzada cuando las políticas domésticas apunten hacia la integración, pero no se observa bajo ninguna circunstancia que esto esté ocurriendo en la actualidad.

---

[222] Ángel Cojitombo es el presidente de la FENOCIN y esta entrevista fue realizada para este trabajo el 10 de junio de 2008.

Como ya se mencionó, las políticas demandadas de parte de la sociedad civil, en el ámbito de integración, trascienden la esfera comercial para centrarse sobre una amplia gama de políticas. Así, FENOCIN y CONAIE demandan una política de distribución de alimentos, tomando en cuenta la soberanía alimentaria así como la potencialidad de los recursos naturales a través de la nacionalización sin dejar a un lado el reconocimiento de la pequeña producción. Las demandas de FUTMYE y de CEDENMA se centran en el respeto y reconocimiento de las prácticas ancestrales, la espiritualidad sagrada de los pueblos originarios, medicinas, y cultura e identidad. De parte de la Tribuna del Consumidor las demandas se orientan hacia los derechos de los consumidores ofreciendo mecanismos de negociación para mejorar su situación. Ello obedecería a la existencia de mucha preocupación acerca de las actuaciones de diversas empresas transnacionales que tienen estándares de calidad diferenciados entre una región del mundo y otra, y ese tipo de situaciones deberían ser solventadas a nivel regional a través de la integración.

Por su parte, el Foro Nacional de Mujeres considera que las mujeres trabajadoras así como también la migración de las mujeres constituyen un aspecto fundamental a tener en cuenta en el ámbito de la integración regional, ya que debe garantizarse el acceso a servicios básicos que se derivan de estos procesos, tales como los servicios de salud. Otro actor de la sociedad civil ecuatoriana, como Fundación Esperanza, considera sumamente necesario la generación de políticas sobre Trata de Personas y todo lo relacionado con migración, tomando en cuenta que los países de la región andina tienen altos grados de emigración. Por parte de las organizaciones de los trabajadores como CEDOCUT y CEOSL, las demandas se orientan hacia políticas que apoyen la eliminación del trabajo infantil en la región (en el caso del primero) y hacia políticas que permitan a los trabajadores tener la representatividad necesaria en el ámbito regional (en el caso del segundo). Solamente CEYAF y Ecuador Decide incluyeron en sus demandas aspectos comerciales como la ampliación de mercados, apoyo a proyectos de asociatividad a través de cooperación económica (por parte de CEYAF), y el aporte técnico así como una forma de comercializar más justa (por parte de Ecuador Decide).

Agentes gubernamentales[223]

El Estado ha sido decididamente el actor más decisivo para engranar la integración en Ecuador, aunque debemos reconocerlo, no siempre para consolidarlo. El comportamiento estatal respecto al regionalismo ha reflejado siempre las disputas internas entre actores políticos, empresariales y sociales, además de la creciente inestabilidad política que se hizo evidente en el panorama ecuatoriano a partir de 1996. Y también ha reflejado una creciente incongruencia entre discursos políticos y realidad. Los partidos políticos y los diferentes políticos que han llegado a la presidencia se han cuidado de mantener

---

[223] Agradecemos en esta sección la información proporcionada por el doctor Humberto Jiménez, director general de Integración y Negociaciones Internacionales del Ministerio de Relaciones Exteriores; economista Karina Amaluisa, directora general de Promoción de Exportaciones e Inversiones del Ministerio de Relaciones Exteriores; economista Alexis Valencia, subsecretario de Comercio e Inversiones del Ministerio de Industrias y Competitividad; economista Mauro Benavides, funcionario del Ministerio de Industrias y Competitividad; ingeniero Pablo Druet, oficial de Cooperación Bilateral del Ministerio del Ambiente; economista Vinicio Salgado, ex funcionario del Ministerio de Agricultura y miembro actual del Observatorio de Comercio Exterior; economista Juan Lozada, funcionario del Ministerio de Coordinación de la Política Productiva; señor Camilo Martínez, funcionario de la Secretaría Nacional de Planificación y Desarrollo (SENPLADES); doctor Ramiro Gallegos, director (e) del Instituto Nacional de Normalización (INEN).

un discurso integrativo que es bastante popular en el país. Sin embargo, sus políticas reales sobre integración y la atención y apoyo proporcionados han estado más bien en directa relación con su tendencia política, ya sea liberal (o neoliberal), socialdemócrata o conservadora.

Uno de los mayores esfuerzos en favor del regionalismo se hizo realidad cuando el gobierno socialdemócrata de Rodrigo Borja emprendió negociaciones coordinadas con sus socios andinos para obtener preferencias arancelarias de Estados Unidos. Las negociaciones comenzaron en 1989 y Ecuador fue particularmente activo (integrativo) en liderar las acciones andinas, algo que no se había visto en mucho tiempo en el escenario ecuatoriano normalmente más proclive a una actitud reactiva frente al proceso integracionista andino que, en ese entonces, constituía su prioridad de regionalización. Ésta era también la primera vez que Ecuador y sus socios andinos decidieron romper la retórica del mercado común andino y concentrarse en un esquema regional para enfrentar de mejor manera las oportunidades que ya les ofrecía el mercado estadounidense. Hay varias razones para esta epifanía regionalista en este gobierno que van más allá de la retórica y la integración como uno de los grandes objetivos de la política exterior de Borja. Muchos de sus compañeros de partido y luego funcionarios gubernamentales habían participado desde los inicios del Acuerdo de Cartagena y sus diferentes instituciones, bien como negociadores de ese acuerdo o como funcionarios de ese sistema de integración. Además, ésta fue una de las pocas ocasiones después del retorno a la democracia en 1979 en que la política exterior tuvo una administración continua por los cuatros años del mandato, a cargo de un canciller con el suficiente prestigio internacional y conocimiento del tema como para liderar un proceso de esa naturaleza. Borja se preocupó además porque sus mejores cuadros fueran enviados a la Junta del Acuerdo de Cartagena, el órgano ejecutivo del proceso de integración andino, y de reanudar diálogos directos con el gobierno peruano, que se habían mantenido interrumpidos por varias décadas debido al conflicto territorial existente.

Este recuento es significativo por el precedente que generó para gobiernos futuros y porque el gobierno conservador que le sucedió emprendió una serie de reformas económicas y de modernización del Estado en estricto apego al Consenso de Washington que afectó directamente a departamentos ministeriales y otras dependencias que trabajaban en temas de integración. Además, el gobierno de Sixto Durán Ballén transcurrió en un contexto político concordante con sus propias ideas: el nuevo concepto de regionalismo abierto que ponía énfasis sólo en la necesidad de liberalización comercial. Esta visión había invadido la región sudamericana y, en parte, debido a esta nueva realidad, se estaba negociando una modificación sustantiva del Acuerdo de Cartagena que luego derivaría en el Protocolo de Trujillo, por el cual se reformaba sustancialmente el acuerdo inicial relajando las responsabilidades de sus miembros. Así, de la misma forma que actores políticos habían reforzado la integración durante el gobierno de Borja, en el de Durán Ballén otros actores políticos lo minimizaron.

El protocolo fue firmado en 1996, cuando estaba por terminar el gobierno de Durán Ballén, pero la tendencia a olvidarse políticamente del tema de la integración regional permaneció. Sin embargo, algunas divisiones burocráticas del Estado dedicadas a la integración se mantuvieron, sobre todo en el Ministerio de Industrias, cuyo nombre completo siguió siendo por mucho tiempo también "de Comercio e Integración". Las reformas neoliberales destinadas a reducir el tamaño del Estado y liberalizar el comercio se mantuvieron con la suficiente fuerza como para dejar de lado durante los gobiernos subsiguientes la construcción de políticas domésticas consistentes que apuntaran hacia el regionalismo. Desde la firma del Protocolo de Trujillo, el entusiasmo por la integración decayó significativamente en círculos no gubernamentales, al punto de mantener sólo funcionarios *ad-hoc* para temas de integración en los distintos ministerios. Es dramático pensar en una institucionalidad mínima para llevar –o por lo menos seguir– temas de la región cuando el personal asignado a esa tarea es casi inexistente.

El plan de gobierno de Rafael Correa (2006) fue el primero en mucho tiempo en establecer la integración sudamericana en el centro de las prioridades y, por lo menos durante su primer año de gobierno, el discurso de la integración fue omnipresente en todos los escenarios políticos, tanto nacionales como internacionales. Correa era el primer mandatario ecuatoriano en proponer una visión de regionalismo sustancialmente más amplia que la planteada por sus predecesores. El actual presidente ecuatoriano Rafael Correa asigna a la integración en los proyectos energéticos, en la coordinación de iniciativas de seguridad y defensa, en materia cultural y ambiental, un papel tan significativo como la integración en materia de comercio. Por ello, en los primeros días a cargo del gobierno, nombró a una persona políticamente cercana como secretario general de la Comunidad Andina. Aún más destacable, la nueva Constitución aprobada en septiembre de 2008 tiene todo un capítulo sobre integración latinoamericana, convirtiéndola en una prioridad del Estado ecuatoriano.

Sin embargo, no se trata de una historia feliz. Si bien el discurso integrativo es omnipresente en el lenguaje del Presidente y de su partido, esto no necesariamente se ha trasladado a un equipo político y técnico dedicado a materializar estos deseos. La negociación del tratado para la creación de Unión de Naciones de América del Sur es un ejemplo de ello: a pesar de que fue su iniciativa y de que pretendía ubicar a Rodrigo Borja como su primer secretario general, no se preocupó por tener negociadores de primer nivel durante la negociación del acuerdo. Éste posteriormente fracasó y el alcance de su mandato fue minimizado. Lo mismo ha ocurrido con temas comerciales, específicamente con el acuerdo de integración CAN-UE, donde el perfil de los funcionarios asignados ha sido entre bajo y medio –sin mayor poder de influencia política–. El proceso de negociaciones de este último acuerdo ha estado plagado de obstáculos y malos entendidos entre autoridades gubernamentales, actores de la sociedad civil, empresarios y, sobre todo, socios de otros países miembro de la Comunidad.[224]

Lo más grave es que la estructura institucional para la integración sigue siendo escasa y no se compadece con los exigentes objetivos de integración propuestos por el propio gobierno. Hasta el año 2009, sólo tres personas se dedicaban a temas de integración en el Ministerio de Relaciones Exteriores y una sola persona en el Ministerio de Ambiente, mientras que en el Ministerio de Industrias y Comercio existe un equipo de trabajo para temas de comercio, aunque no específicamente para temas de integración (al menos no en la dimensión y alcance de la década de 1980).

La incidencia de los agentes gubernamentales en los procesos de integración tiene lugar a partir de la construcción de una agenda de trabajo y, segundo, a partir de la definición de las políticas. Dentro del ámbito del

---

[224] Como muestra de la poca prioridad que ha dado el gobierno del presidente Correa no ha podido arreglar el pedido de dimisión del secretario general ecuatoriano Freddy Ehlers, puesto por Bolivia desde agosto de 2008, por espacio de más de seis meses.

comercio existen dos grandes sectores que intervienen en la construcción de la agenda comercial: el sector agrícola, dentro del cual se incluye al sector agropecuario y agroindustrial; y el otro gran sector es el industrial. La importancia del sector agrícola radica en que gran parte de la economía ecuatoriana se basa en la exportación de productos agroindustriales, como por ejemplo las provenientes del sector pesquero y floricultor. Sin embargo, el sector agrícola ecuatoriano se ha mantenido bajo una perspectiva artesanal o rural pero no bajo una visión empresarial. Esto ha sido reflejado por las políticas que se han orientado hacia el sector durante varios años. La integración regional que se inició en la década de 1960 con ALADI se orientó meramente a la industrialización a través de altas protecciones a este sector, dejando de lado la agroindustria. La CAN no ha sido la excepción a esta situación ya que también en el Acuerdo de Cartagena se promovió la industrialización dejando a un lado los temas agrícolas.

Sin embargo, esta situación se ha visto modificada en cierta manera desde la década de 1990, dado que con el ingreso de Ecuador a la OMC y la definición de estrategias sectoriales se ha logrado implantar mecanismos de diálogo y concertación en el ámbito agrícola y, en la actualidad, los gremios ya han llegado a dar a conocer las demandas. Es un hecho que los procesos de integración, especialmente en el ámbito agrícola, traen consigo dos efectos: mayor competencia para el mercado nacional, y la oportunidad de los productores nacionales de diversificar mercados para sus exportaciones.

Sin embargo, en el proceso de integración en el sector agrícola aún se requiere definir temas complementarios. Específicamente, en el caso de la CAN, si bien se buscó tener un mercado común que protegiera la producción interna regional, también existía la necesidad de definir políticas comunes que armonizaran las políticas sectoriales. En los esfuerzos realizados durante ocho años (1992-2000) se intentó consolidar la Política Agropecuaria Común Andina (PACA), pero no fue posible alcanzar ese afianzamiento. Sin embargo, dentro de la región andina, se ha llegado a determinar el Sistema Andino de Franja de Precios, el cual es de suma importancia por representar una protección regional.

La perspectiva de integración en Latinoamérica en general y, para el caso que nos ocupa, en América del Sur, se ha orientado en gran parte al fortalecimiento de la industria, mientras que el sector agrícola se ha mantenido en la periferia de estos procesos.

Dentro del sector industrial, los más activos en la construcción de la agenda comercial han sido: el sector Textil y Confección; la Federación de las Cámara de Industriales; las Cámaras de Comercio, y la Cámara de Industriales Automotrices, que forman parte del acuerdo automotriz andino. Además, participan la Asociación de Productores de Cuero y Calzados; la Federación de Industriales Metal-Mecánicos; el sector maderero; y FEDEXPOR. Las PyME son también importantes pero resulta complejo llegar a establecer una agenda con este sector ya que se trata de intereses bastante desarticulados y muy polarizados que no han logrado llegar a consensuar una opinión única para el sector.

Es importante también llegar a determinar los mecanismos utilizados por actores internos para dar a conocer sus intereses al sector público. El mecanismo principal y oficial se estableció en 1997 con la Ley de Comercio Exterior e Inversiones y, más precisamente, con el Consejo de Comercio Exterior (COMEXI), que ha sido utilizado por actores domésticos no gubernamentales para intervenir y dar a conocer sus intereses y propuestas en la construcción de la agenda comercial. El COMEXI agrupa tanto a federaciones de cámaras de comercio como de industrias y agrícolas, así como a representantes del sector público. Tiene tres instancias: la primera es la instancia técnica, que consiste en una reunión del comité técnico interinstitucional; la segunda es el Comité Público, que consiste en una reunión de ejecutivos institucionales que pertenecen al COMEXI, y la tercera y última instancia es el Comité Ampliado, en el que intervienen incluso las federaciones de producción y comercio.

Desde mediados del año 2007 se ha venido evaluando la participación del sector privado dentro del COMEXI. Anteriormente, en las resoluciones, el sector privado participaba activamente con voz y voto dentro de la definición de las agendas. En la actualidad, la participación del sector privado queda fuera del COMEXI. Ello ha generado preocupación tanto en el sector privado como en el sector público, ya que previamente a esa modificación el COMEXI constituía un espacio de debate, mientras que ahora la participación del sector privado se encamina a través de grupos consultivos.

Otros de los mecanismos utilizados en el Ministerio de Industrias y Competitividad (MIC) son: la realización de una solicitud por escrito en la que los sectores establezcan sus requerimientos, y la realización de reuniones técnicas en las cuales se incorporan a los sectores para recibir opiniones. Si bien es necesario el conocimiento por parte de los actores internos de los mecanismos utilizados para dar a conocer sus propuestas y necesidades, es también necesario conocer la apertura con la que el gobierno ecuatoriano recibe estas peticiones. Al realizar una evaluación sobre los últimos diez años se podría concluir que la apertura por parte del gobierno ecuatoriano para tomar en cuenta las propuestas para la formulación de la política comercial proveniente de los diferentes sectores posee un comportamiento cíclico que depende de la ideología del gobierno de turno. Actualmente existe mucha apertura. Claro que han existido épocas, como por ejemplo durante el año 1997, en las que Ecuador estaba sujeto al Arancel Externo Común (AEC), lo cual limitaba la flexibilidad de la política comercial. Pero en la actualidad esas condiciones han cambiado totalmente y existe total libertad para modificar aranceles. El país se encuentra hoy en condiciones para desarrollar una agenda comercial propia.

Dentro de las principales políticas demandadas por los sectores que intervienen en la construcción de la agenda comercial se encuentra la política arancelaria competitiva; es decir, lograr que materias primas, insumos, bienes de capital y otros productos de bienes duraderos tengan un arancel cero para que sean complementarios con la economía ecuatoriana. Por otra parte, los sectores demandan que se conceda una protección a los productos sensibles. Es necesario señalar que todos los agentes gubernamentales entrevistados coinciden en que todos los sectores son influidos en los procesos de integración desde el campo arancelario, ya que en la actualidad las negociaciones ya no se realizan por partidas arancelarias sino para todo el universo arancelario, aunque el impacto varía de unos a otros. Otra de las principales demandas de los sectores es que el país garantice el acceso a los mercados potenciales, tales como el mercado estadounidense.[225]

Otra de las principales demandas es el acceso a financiamiento para desarrollo de las capacidades productivas y el incremento en la agilidad en las aduanas. Dentro de este estudio se consideró necesario conocer los niveles

---

[225] Se refiere exclusivamente a la preocupación por parte de los empresarios ecuatorianos referente al posible término de las preferencias arancelarias otorgadas por el gobierno estadounidense a través del ATPEA, debido al fracaso de las negociaciones del Tratado de Libre Comercio (TLC) con Estados Unidos.

de prioridad que los agentes gubernamentales otorgan a los procesos de integración CAN, Mercosur u otros socios comerciales. Dado que las percepciones referentes a este tema difirieron en cada caso, a continuación se profundizará sobre cada uno de ellos con un mayor nivel de detalle.[226]

Los agentes gubernamentales entrevistados consideran que efectivamente existe un mercado andino. Ello estaría avalado por las cifras a pesar de no haberse alcanzado la consolidación de una Zona de Libre Comercio (ZLC). En referencia a este tema, el economista Mauro Benavides señaló que en la actualidad no existe un mercado andino ya que solamente se ha llegado a establecer una unión aduanera incompleta, que nunca se ha llegado a perfeccionar. Fuera del ámbito comercial, los agentes gubernamentales consideran que los temas relevantes de la integración son: migraciones, un programa de

---

[226] Humberto Jiménez, manifestó que la línea del gobierno actual es profundizar la unión a nivel de América latina, y ya que no es posible trabajar en los procesos de integración por separado, se necesita ir trabajando a la par. Los tres grupos son importantes y deben ser tomados en cuenta y desarrollados desde su poción actual. Sin embargo, Karina Amaluisa considera que para poder hablar de temas de integración lo prioritario siempre es establecer buenas relaciones primero con los países vecinos, que es nuestro mercado natural, por lo que la comunidad andina debe ser fortalecida en un contexto real de integración. Luego señala que se debe prestar atención a los otros mercados importantes como es el caso de Estados Unidos, que es el mercado más importante, y también la UE. En el caso del Mercosur, debería hacerse un análisis ya que tenemos un déficit con casi todos los países del Mercosur porque falta infraestructura logística y no somos competitivos con esos países a causa de la dolarización. Asimismo, el economista Alexis Valencia manifestó que si bien la CAN es interesante, ya que tenemos ciertas reglas que permiten el acceso a los productos industriales, es necesario llegar a concretar mercados mucho más amplios. Desde su punto de vista el economista Mauro Benavides señaló que la CAN es una prioridad por ser países vecinos y mercados naturales, en el caso del Mercosur, manifiesta que constituye un mercado de competencia y no de complementariedad ya que producen lo mismo que Ecuador y son más potenciales en la producción.

desarrollo social, y temas ambientales, así como temas de cooperación. Además, se requiere la liberalización en el tránsito de personas, así como el reconocimiento de títulos. Es necesario que los procesos de integración actuales experimenten una transformación ya que se están incorporando muchos nuevos parámetros como cooperación, servicios, y propiedad intelectual.

La percepción en la actualidad sobre el proceso de integración en la CAN y a nivel regional es que los intereses de cada país son diferentes, y esas diferencias impiden lograr el establecimiento de un modelo en conjunto para alcanzar una integración efectiva.

Además, no se ha llegado a determinar objetivos y los mecanismos actuales de integración no logran plasmarse o efectivizarse. Existe una falta un liderazgo real de integración. De ello la necesidad de un fuerte impulso político. Asimismo, se manifiesta que el proceso de integración en Ecuador es todavía lento, temeroso, con preocupaciones con respecto a si la apertura va a significar el ingreso descontrolado de productos extranjeros, o incluso pérdida de soberanía.

Frente a este diagnóstico sobre la integración proveniente de los agentes gubernamentales, ellos mismos proponen que los procesos de integración regional deben ser fortalecidos mediante mecanismos reales que apunten a una mayor apertura y lograr mayores grados de armonización como, por ejemplo, en el caso de la Normalización Andina. Asimismo, señalan que se requiere un esfuerzo y un compromiso real de parte de los países que están más adelantados para brindar apoyo a los países menos desarrollados. Además, es preciso tomar en cuenta las similitudes que unen a los países andinos, las cuales no son comerciales sino que provienen de otros órdenes, como por ejemplo la megadiversidad, las montañas, la seguridad alimentaria, o el caso de la migración, que es un problema latente en todos los países de la CAN. Dentro del sector gubernamental se considera que es necesario consolidar una integración a nivel andino para luego dar paso a una integración sudamericana.

6. Fronteras Norte y Sur[227]

Para este estudio se consideró que era importante llegar a determinar qué representa la integración y qué impacto ha tenido en las ciudades más representativas en las fronteras, específicamente Tulcán en la frontera norte y Loja en la frontera sur.

En ambas ciudades se considera que en sí la integración regional es necesaria, pero lo que existe en la realidad es una interdependencia binacional en la región de las dos fronteras. Como lo manifestó Pedro Velasco, alcalde de la ciudad de Tulcán, los habitantes de la región fronteriza requieren de una convivencia pacífica y equilibrada que da como resultado una integración entre las fronteras de los países. En el caso de Ecuador con Colombia, la dependencia de Tulcán e Ipiales es significativa tanto en las actividades comerciales, económicas, culturales, sociales, e incluso a nivel familiar. Sin embargo, tanto en la frontera

---

[227] La información recabada fue a través de entrevistas realizadas a las siguientes personas: LOJA: ingeniero Julián Burneo Valdivieso, presidente de la Cámara de Comercio de Loja; ingeniero Eduardo Eguiguren, vicepresidente de la Cámara de Industrias de Loja; ingeniero Luis Ludeña Misquero, presidente de la Cámara de la Pequeña Industria de Loja; ingeniero Geovanny Altamirano, presidente de la Cámara de la Construcción de Loja; ingeniero Norman Iñiguez, director encargado de la Dirección Regional de Loja del Ministerio de Industrias y Competitividad (MIC). TULCÁN: ingeniero José Tates, presidente de la Cámara de Comercio de Tulcán; doctor Pedro Velasco, alcalde de Tulcán; ingeniero Marco Núñez, gerente de Lechería Carchi, e ingeniero Luis Manzano, director de la Dirección Regional de Tulcán del MIC.

norte como en la frontera sur, el aspecto más relevante de la integración ha sido la actividad comercial, ya que ésta otorga dinamismo a la integración. Otro de los aspectos de importancia en la integración en la zona fronteriza es el tema familiar, ya que existe un nivel de consanguinidad muy fuerte, tanto con Colombia como con Perú.

La base de la interdependencia en las regiones en cuestión se centra en la subdimensión comercial. Sin embargo, en el caso de Loja, tal como lo manifestó el Julián Burneo, presidente de la Cámara de Comercio de Loja, no existe una cultura de comercio exterior, ya que el conocimiento de los miembros de la cámara sobre todo lo que engloba el comercio exterior es muy bajo. Dada esta situación, entre las políticas demandadas al gobierno se cuenta la capacitación por parte de las autoridades competentes del área de comercio exterior a los habitantes de esta zona, de manera que los productores vean incrementada su capacidad de vender sus productos al Perú, acrecentando así la dinámica económica entre ambos países y generando beneficios tanto para los compradores como para los vendedores.

El alcalde de Tulcán, por su parte, manifestó que el comercio exterior es significativo en esta región ya que entre exportaciones e importaciones (legales) se maneja alrededor de 100 millones de dólares (cifras no exactas). Esto ocurre porque en esta ciudad, dada la cercanía al Puente de Rumichaca, que es la frontera con Colombia, existe una estructura de comercio exterior como la Corporación Aduanera Nacional (CAE), o la Corporación Andina de Fomento (CFN), entre otras.

Sin embargo, el comercio legal no es el único existente en la zona. Al topar con el tema del comercio ilegal, en ambas fronteras, se coincide en que es lo que permite que los habitantes puedan ir supliendo los niveles de desempleo y subempleo existentes y, sobre todo, constituye una manera de subsistencia para las familias. Éste es un tema que no se ha llegado a comprender a nivel nacional, dado que ello requiere entender la realidad de las zonas fronterizas. En Tulcán, los comerciantes que tienen su Registro Único de Contribuyentes (RUC) tienen su representación a través de la Cámara de Comercio, y las autoridades gubernamentales, en especial el Sistema de Rentas Internas (SRI), aceptan sus actividades ya que pagan impuestos a pesar de que sus transacciones comerciales sean pequeñas.

Como queda en evidencia, la importancia de lo comercial es sumamente alta y es por esto que a José Tates, presidente de la Cámara de Comercio de Tulcán, le preocupa la situación de crisis que se ha extendido entre Ecuador y Colombia. Explica que es indispensable que se reanuden las relaciones diplomáticas entre ambos países lo más pronto posible ya que a pesar de que se ha dicho que no ha existido ruptura en las relaciones comerciales la realidad marca que sí han existido consecuencias para las empresas importadoras y exportadoras de ambos lados a causa fundamentalmente de la inseguridad sobre el futuro de las relaciones. Ello ha generado a su vez problemas en todas las otras áreas que se relacionan directamente con estas empresas, como el sector de transporte. Es por ello que Tates manifiesta que, si bien por un lado el comercio informal no se ha visto afectado, por otro lado las exportaciones e importaciones, así como el sector de inversiones, sí lo han sido.

Aunque ambas ciudades tienen un componente comercial bastante alto, el sector industrial en uno y otro caso es débil. Todas las personas entrevistadas coincidieron en que al brindar un mayor apoyo a este sector se estaría dando un impulso significativo a un mejor aprovechamiento de los beneficios de la integración, no solamente a nivel fronterizo, sino también a nivel regional, ya que la mejora tecnológica llevaría a una producción de escala que permitiría dinamizar más el comercio regional. Eduardo Eguiguren, vicepresidente de la Cámara de Industrias de Loja, manifestó que el problema fundamental radica en que las políticas son diseñadas para atender las necesidades de las demandas de las grandes ciudades, pero se deja a un lado las realidades de las provincias pequeñas que están alejadas de los polos de consumo. De la misma manera, Norman Iñiguez, director Encargado del MIC en Loja, manifestó que esta entidad trabaja directamente con la industria, pequeña industria y artesanía, pero no tiene una relación con los representantes de las cámaras que permita concretar aportes para utilizarlos como insumos en la agenda comercial. Se deja a un lado así la utilidad de la entidad que debería ser utilizada como una herramienta por parte del sector privado.

Esta situación no ocurre solamente en Loja sino también en Tulcán. Ello es corroborado por Marco Núñez, gerente de la Lechería Carchi, quien afirmó que la falta de comunicación con el gobierno central limita en forma significativa los proyectos que la industria ha emprendido en la región en busca de beneficios para los pequeños productores.

El medio que han utilizado las representaciones de las fronteras para dar a conocer las propuestas para la formulación de políticas comerciales ha sido en especial el logro de la representatividad desde las cámaras. En el caso de Loja, existe la Cámara de Desarrollo Empresarial, que representa el brazo ejecutor ya que enlaza a las cámaras locales con los diferentes organismos gubernamentales. Además, esta cámara proporciona información sobre los proyectos que existen en las grandes ciudades. En la actualidad, las principales demandas de parte de Loja (el mejoramiento y extensión en el aspecto vial y la implementación de fibra óptica para la región) han sido tomadas en cuenta después de varios años sin tener respuestas. En el caso de Carchi, se ha planteado la posibilidad de llegar a crear una zona franca, así como proyectos de incentivos de inversión a través de tratamientos tributarios especiales.

Los aspectos de integración, excepto lo comercial, relevantes en las zonas de frontera son: los intercambios a nivel de cultura, conocimientos, desarrollo tecnológico, y la cooperación interinstitucional y la capacitación mutua. Geovanny Altamirano, presidente de la Cámara de la Construcción de Loja, señaló que para el sector que representa la integración a nivel energético es de suma importancia dado los altos costos actuales.

La situación del proceso de integración regional, en ambas fronteras, es percibida con mucha preocupación. La realidad muestra a una CAN debilitada. No puede negarse que existe por parte del gobierno central cierto esfuerzo por lograr una integración fronteriza, pero es ese justamente el problema, ya que ese esfuerzo se orienta solamente a la región fronteriza, pero no en una búsqueda de integración regional real. Esto se refleja en la apreciación de parte del alcalde de Tulcán, quien manifestó: "Nosotros desde lo local lo hacemos mejor ya que sí nos integramos, mientras que desde los gobiernos existe crisis".

7. Síntesis del Caso Ecuador

El motor que impulsa y otorga mayor dinamismo al proceso de integración se centra en lo comercial, y alrededor del comercio los agentes estatales, los grupos empresariales y la sociedad civil han articulado su participación, aunque no necesariamente en forma coordinada. En este sentido, es posible dividir el caso ecuatoriano en dos subperíodos específicos. El primero comienza en la década de 1990 con la aplicación de políticas aperturistas derivadas del Consenso de Washington y que persistió hasta por lo menos el año 2000; y un segundo período en el cual la sociedad civil empieza a demandar apertura hacia temas no comerciales en la agenda de integración y a oponerse sistemáticamente a políticas aperturistas, aunque éstas vengan de socios latinoamericanos. Ello incluye a la CAN y al Mercosur.

Durante el primer período el papel de la sociedad civil es mínimo con respecto a temas de integración. Es posible resaltar el trabajo de algunas ONG ambientales para generar la estrategia regional de biodiversidad,[228] pero su trabajo no trasciende a la esfera pública. El papel de mayor peso estaba constituido por aquellos empresarios y grupos empresariales con intereses específicos en el mercado andino y sudamericano, además de que ellos tenían la capacidad de influenciar políticas favorables y ubicar ministros de Industrias, Comercio e Integración de sus propias filas. No es casual que se haya impuesto en la visión del Estado el mismo discurso que han proclamado siempre los sectores empresariales: que la verdadera integración debe empezar por la parte comercial. Es evidente que las cifras hablan por sí mismas: para Ecuador, la CAN representa un socio importantísimo en lo relacionado con la exportación de bienes con alto valor agregado, impulsando así el crecimiento industrial.

A partir del año 2000, donde los movimientos sociales de toda índole se unieron contra el ALCA primero y luego contra el TLC, el escenario de apoyo a una regionalización basada en el comercio terminó para la sociedad

---

[228] La Estrategia Regional de Biodiversidad fue negociada al interior de la CAN en un tiempo récord y aprobada en consenso por diversos actores de la sociedad civil entre los que se encontraban movimientos sociales indígenas y amazónicos.

civil organizada. Desde diversos escenarios, ONG, *think tank*s y universidades discutieron amplia y arduamente las limitaciones de un enfoque integracionista enfocado en lo comercial. La sociedad civil organizada empezó a presionar por más y mejor integración en el ámbito ambiental y social con el objetivo de lograr un tipo de regionalismo antihegemónico que pusiera énfasis en otros procesos que no sean solamente los económicos y que además sea capaz de hacerle frente a los más poderosos.

El sector gubernamental supo durante los dos períodos que estaba moviéndose en terreno pantanoso. Por esta razón trató de mantener una institucionalidad para que el regionalismo pudiera responder a las diferentes demandas. Así, se mantuvo toda la estructura comercial y burocrática para la integración en el Ministerio de Comercio e Integración, de la misma manera que se creaban nuevas posiciones y responsabilidades en los ministerios sociales y de medio ambiente para responder a las demandas de la sociedad civil. En Cancillería se mantuvo la estructura para atender cuestiones más bien políticas con respecto a la integración y de coordinación para otros sectores y para las grandes cumbres. En fin, cada Ministerio puso a caminar su propia institucionalidad para tender puentes que nutran el andarivel de la integración, todos desde una perspectiva distinta, pero sin mayor poder político para tomar decisiones al respecto y, con excepción de medio ambiente y comercio, las demandas sociales tuvieron poco eco en la construcción de políticas públicas pro-regionalismo.

Un problema evidente es la manera en que tiene lugar la relación entre estos tres actores. El nivel de interacción varía dependiendo de factores como el poder político y económico que éstos tienen en el medio. Por ejemplo, las cámaras de Quito y Guayaquil tienen mucha incidencia en la formulación de políticas, mientras que las cámaras de ciudades como Loja o Tulcán no logran mantener una relación directa con los actores gubernamentales.

La sociedad civil por su parte tiene mucha dificultad en llegar a lograr la incidencia en la formulación de políticas comerciales en lo referente a integración regional. De hecho, este último grupo de actores tiene un alto grado de aislamiento en comparación con los otros dos –gremios de la producción y agentes gubernamentales– ya que solamente las organizaciones que tienen una representación internacional logran incidir en la toma de decisiones a nivel regional. Una de las explicaciones ante esta situación es la percepción diferente que este grupo de actores tiene frente a la integración –capacidad de los países débiles en unirse para hacer frente a los países desarrollados– en comparación con los otros dos grupos que comparten en gran medida el rol de la integración como algo necesario y requerido por el sistema comercial mundial actual.

Es evidente que todos los sectores demandan un proceso de integración regional, pero en todos los casos se endosa la responsabilidad total al gobierno en lo referente a la construcción de políticas orientadas hacia el desarrollo del proceso de integración. Se demanda sobre todo orientar metas claras, pero esencialmente se solicita que las políticas que se lleguen a establecer sean factibles de implementarse independientemente de factores ideológicos y que sean capaces de generar una integración real.

Bibliografía

Arato, Andrew (1999), "Surgimiento, ocaso y reconstrucción del concepto de sociedad civil y lineamientos para la investigación futura", en A. Olvera (coord.), *La sociedad civil. De la teoría a realidad*, México, Centro de Estudios Sociológicos.

Banco Central del Ecuador (2008), "Comercio Exterior. Información estadística". Disponible en www.portal. bce.fin.ec/vto_bueno/ComercioExterior.jsp.

Baquero, Marco y Fernández, Gabriela (2002), "Exclusión del Ecuador de las Preferencias Arancelarias Andinas Extendidas", en *Apuntes de Economía* N° 23, octubre. Dirección General de Estudios del Banco Central del Ecuador.

Bouzas Robert (ed.) (2006), *Domestic Determinants of National Trade Strategies*, Chaire Mercosur de Sciences Po.

Corporación Andina de Fomento (CAF) (2009), "Listado de proyectos". Disponible en www.caf.com/view/index.asp?ms=17&pageMs=42434.

Ley de Comercio Exterior e Inversiones "LEXI" (1997), "Ley N° 12. RO/ Sup 82, 9 de junio". Disponible en www.comexi.gov.ec/docs/ley_comercio_exterior. doc.

Ley Orgánica de Aduanas (2003), "Ley N° 99. Resolución R-22-058 (R.O. 280, 8-III-2001)". Disponible en www. oas.org/Juridico/MLA/sp/ecu/sp_ecu-mla-law-customs.html.

Ministerio de Industrias y Competitividad (2008), "Arancel". Disponible en www.mic.gov.ec/index. php?option=com_content&task=category&sectionid =7&id=73&Itemid=224.

Ministerio de Industrias y Competitividad (2008), "Estadísticas". Comercio e Inversiones Balanza Comercial por Zonas Económicas y Principales Países. Disponible en www.micip.gov.ec/images/stories/BALANZA.xls.

Mosquera, Alecksey; Cisneros, Pablo *et al.* (2008), "Políticas energéticas del Ecuador 2008-2020", Quito, Ministerio de Electricidad y Energía Renovable Publicidad Lidar.

Organización Mundial de Comercio (2005), "Políticas Comerciales por Medidas". Disponible en www.wto. org/spanish/tratop_s/tpr_s/s148-3_s.doc.

Organización Mundial de Comercio (2008). Disponible en www.wto.org/spanish/tratop_s/safeg_s/safeg_s.htm.

Corporación de Promoción de Exportaciones e Inversiones (CORPEI) (2001), "Plan Nacional de Promoción de Exportaciones 2001-2010", SICA (2008), "Estadísticas Comerciales". Disponible en www.sica.gov.ec/ comext/docs/comportamiento_del_cex.htm.

Marcha (6 de febrero 2008), "El crecimiento de las exportaciones florícolas". Disponible en www.pcmle. org/EM/article.php3?id_article=1563.   Periódico Institucional del Partido Comunista del Ecuador

CEDENMA (2005).   "Declaración de la Asamblea Nacional Ambiental". Disponible en www.cedenma. org/asamblea.

Banco Central del Ecuador (2008), "Boletín Estadístico".   Disponible en www.bce.fin.ec/ contenido.php?CNT=ARB0000189.

International Trade Centre (2008), "Export Development in Ecuador", consultoría contratada por el Ministerio Coordinador de la Producción.

Rubio, Lorena (2007), "La construcción de la agenda comercial en el Ecuador: la intervención de los grupos de poder internos en las ATPDEA", tesis de maestría, FLACSO Ecuador.

Proaño, Estefanía (2008), "Acuerdo de complementación económica CAN-Mercosur", en *Carta Económica*, CORDES, año 14, agosto de 2008, Nº 8.

Secretaría General de la Comunidad Andina (2008), *Revista de la Integración*, julio de 2008, Nº 2.

Pineda, S. y Valencia, A. (2004), *35 años de integración económica y comercial andina*, Lima, Secretaría General de la CAN.

Perú

El escenario regional como complemento de escenarios bilaterales

Eugenio D'Medina Lora[229]

1. Introducción

Un análisis del regionalismo sudamericano y su impacto en Perú obliga a definirlo con precisión. En su acepción tradicional, el regionalismo es conceptuado como la visión de políticas que privilegia los modos de cooperación preferencial acordados formalmente entre los estados dentro de una zona geográfica reconocida. En el contexto de la presente investigación, se considera que el regionalismo, si bien incluye la dimensión estatal y los acuerdos formales, también está conformado por las interacciones entre los actores internos de los países e incluso por la incursión de alguno de los actores en países vecinos.

El análisis del regionalismo sudamericano en Perú se realizará tomando como referencia el período 1992-2008. Algunas de las conclusiones definidas para ese período pueden quedar sujetas de revisión, a la luz de la crisis global que se propagó a partir de 2008, cuyos efectos sobre la región serán esclarecidos en los próximos años. El estudio busca identificar, analizar y explicar el papel del regionalismo en la construcción de la nueva agenda comercial peruana, desarrollando un enfoque desde el comportamiento y la acción

---

[229] Profesor del Departamento de Economía de la Pontificia Universidad Católica del Perú e investigador de la Sociedad Economía y Derecho de la Universidad Peruana de Ciencias Aplicadas.

de los actores internos involucrados en el proceso de construcción de la agenda comercial del país y considerando las diferentes fuerzas dentro de las burocracias peruanas de los niveles nacional, regional y municipal, y su interacción con actores privados, tales como gremios empresariales, partidos políticos y organizaciones no gubernamentales. En suma, al igual que los capítulos sobre Chile, Colombia y Ecuador (véanse Durán y Oyarzún; Garay y De Lombaerde, y Jaramillo en este volumen), en este estudio sobre Perú se pone el énfasis en la subdimensión comercial.

Para cumplir el objetivo descrito, el estudio pretende explicar la nueva orientación de la agenda comercial peruana sobre la base de examinar, describir y analizar los procesos socioeconómicos que subyacen a la construcción de la actual agenda comercial, para el período de quince años desde 1992 hasta 2008 y los objetivos, intereses y motivaciones de los actores internos (empresarios, sociedad civil y entidades gubernamentales) dentro de la nueva agenda.

2. El contexto general: el cambio del modelo de desarrollo

2.1. El antiguo paradigma del desarrollo peruano 1950-1992

En los noventa, Perú cambió su modelo económico de desarrollo como consecuencia del descalabro fiscal y la hiperinflación cultivada en las tres décadas previas y, muy especialmente, en la inmediatamente previa. El país cerró los agujeros presupuestarios deshaciéndose de empresas públicas deficitarias y, con los primeros buenos resultados, se fue gestando un cambio en la concepción sobre el agente principal del crecimiento económico. Ello generó un gran incentivo para la inversión privada. Así, la economía y la sociedad peruana asumieron progresivamente el paradigma de desarrollo basado en la iniciativa privada y el mercado, así como la reducción de la participación estatal en la economía.

Durante las décadas de los sesenta a los ochenta la estrategia de desarrollo se fundamentó en el concepto de que el Estado era el responsable directo de liderar el desarrollo nacional, no solamente en el papel de establecer las reglas de juego para la actuación de los actores económicos, sino en su participación directa en todas las actividades de la economía que fueran necesarias, sin restricción alguna. Este rol del Estado era el único congruente con el diagnóstico del subdesarrollo que se había identificado y con la estrategia de desarrollo asumida para el logro planteado, en el terreno económico.

El diagnóstico estaba marcado por los postulados de la conocida teoría de la dependencia que en el caso de Perú surgió a fines de la década de 1950, y a fines de la de 1970 ya se encontraba en todo su furor (Contreras, 2003). En concordancia con esta teoría, se profundizó el control por parte del Estado, especialmente a partir de 1968 con la irrupción del gobierno militar de Velasco Alvarado. De ese modo se configuró una economía cerrada y proteccionista con elevadas barreras al comercio exterior. Además, se utilizó extensivamente el concepto de "seguridad nacional", consistente con la cosmovisión militar del gobierno para justificar que el Estado se hicieran cargo directo de los "sectores estratégicos" de la economía, con la contrapartida de la demonización de la inversión extranjera. El resultado fue un incremento del aparato estatal acelerado para garantizar un mayor control de la economía y de las otras esferas de la actividad social de los peruanos.

Según Yerguin y Stalislaw (1998), hasta la década de 1970 esta estrategia obtuvo un éxito aparente, traducido en un ingreso real per cápita que casi se duplicó entre 1950 y

1970 para América latina. Esto habría traído aparejado la creación de una clientela política muy significativa, beneficiaria de la política basada en la discrecionalidad estatal antes que en los méritos de la competencia. Cuando en la década de 1980, el modelo antiguo fue presentando su debilidad estructural y entró en crisis, los teóricos de la dependencia sostenían que los gobiernos no estaban haciendo lo suficiente y que resultaba necesario acercarse más al modelo de una economía centralmente planificada como la de la URSS y la Europa del este.

En el caso de Perú, este momento de quiebre comenzó a manifestarse en 1986 con el trabajo de Hernando de Soto (1986). Las investigaciones de De Soto enfocaban el problema del atraso económico del país como el resultado de políticas públicas inadecuadas, fundadas en la preeminencia del Estado, contrastando la idea de que se debía a las distorsiones creadas por el orden internacional asimétrico que reivindicaba la teoría de la dependencia. El crack definitivo ocurrió a fines de la década de 1980. Fue puesto en evidencia durante la campaña de Mario Vargas Llosa de 1989-1990, con el mensaje liberal que sustentó su postulación a la presidencia de la República y que, a pesar de no resultar ganador, fue el proceso inspirador del cambio de paradigma de desarrollo sobre el que se fundamentó el modelo que implementaría su contrincante, Alberto Fujimori. Debe recordarse que Fujimori ganó las elecciones de 1990 debido a que había propuesto una plataforma programática antiliberal para contrarrestar a Vargas Llosa, por lo que aglutinó los votos del socialismo duro y de la socialdemocracia, incluyendo en ésta al APRA.

2.2. El cambio del paradigma del desarrollo peruano 1992-2008

Para entender los nuevos términos de referencia del regionalismo en la agenda política y comercial peruana, es preciso contextualizarlos en el marco de los procesos de cambio estructural ocurrido en Perú. Estos procesos han tenido un origen externo e interno. Los procesos de origen externo a tomar en cuenta son: i) el fenómeno de la globalización y su variante en forma de "glocalización" (Dahrendorf, 2006); ii) la reformulada dicotomía ideológico-política latinoamericana expresada, con los debidos matices, en la colisión entre políticas orientadas al libre mercado y las orientadas a la predominancia de los aparatos gubernamentales, y iii) la expansión del mercado mundial por la irrupción de nuevos actores protagónicos como China e India en el escenario comercial internacional. Los procesos de origen interno que deben ser analizados son: i) las políticas de estabilización de los noventa que reordenaron la institucionalidad y la economía, y ii) las reformas estructurales impulsados desde el estado y que configuraron el cambio de paradigma del desarrollo peruano a partir de 1992.

El paradigma que surge a partir de estos procesos –internos y externos– ha tenido un correlato en una reformulación de la agenda comercial peruana, entendida ésta como un conjunto sistemático de visiones, objetivos, prioridades, estrategias, políticas, programas y proyectos que materialicen ese paradigma en el ámbito de las relaciones comerciales internacionales de Perú con el resto del mundo, incluyendo, claro está, a América latina y de modo particular a los países sudamericanos.

La implementación de este cambio de paradigma se fundamentó en la construcción de un clima favorable de inversión que sustentara una nueva visión del desarrollo nacional, la misma que colocaba a la inversión privada como el motor del proceso. Se concibió que la construcción de un mejor clima de inversión era un elemento clave que retroalimentaría todos los cambios estructurales necesarios para el nuevo proceso de desarrollo, y que las mejoras en el clima de inversión eran cruciales para estimular el crecimiento y reducir la pobreza.

Es importante detenerse en este punto crucial del cambio de modelo y en el papel central que desempeña en él la construcción del clima de inversión. Si bien el clima de inversión abarca muchos ámbitos de la macroeconomía y la política, las empresas evalúan el conjunto de políticas y acciones de las autoridades teniendo en cuenta los riesgos, los costos políticos, las trabas al mercado y las barreras a la competencia. Esto significa que el énfasis en las variables microeconómicas va tomando creciente peso en la evaluación del clima de inversión. Por consiguiente, la nueva estrategia de desarrollo partía del supuesto de que las medidas que se adoptaran para corregir los problemas más inquietantes en estos ámbitos podían suscitar una gran reacción del sector privado para repotenciar el crecimiento.

El clima de inversión está íntimamente ligado a las expectativas de los actores empresariales y al papel de la burocracia estatal en garantizar las condiciones propicias para que se consolide el primero y se alineen las segundas hacia el sector productivo en vez de hacia el temor permanente. La experiencia peruana de los últimos cuarenta años demuestra que los riesgos de política concentran gran parte de las inquietudes de las empresas. En general, esto es notablemente más claro en los países en desarrollo, donde la incertidumbre acerca de la política económica y su implementación constituye una preocupación central, seguida de la inestabilidad macroeconómica, la arbitrariedad de las leyes y reglamentaciones y las deficiencias en la protección de los derechos de propiedad. Esto se traduce, por ejemplo, en incertidumbre e imprevisibilidad en la interpretación de las diversas normativas o en la desconfianza en los tribunales de justicia para preservar los derechos de propiedad o dirimir situaciones que afecten los patrimonios privados.

Estos riesgos vienen aparejados con los costos políticos. En efecto, los costos que se derivan de estos riesgos políticos, especialmente para las empresas, pueden ser tan sustanciales que podrían terminar eliminando la rentabilidad de muchos proyectos de inversión. Sin embargo, los costos de la inadecuada normativa no son los más relevantes a la hora de contabilizar los sobrecostos que inciden negativamente en el clima de inversión y en la competitividad, pues los costos relacionados con la falta de infraestructura, la protección contra la delincuencia y la corrupción pueden imponer costos casi dos veces mayores que la reglamentación.

Por otra parte, los elementos que traban el desarrollo de mercados y la competencia también inciden de manera adversa en el clima de inversión. Si algunas empresas pueden preferir confrontar menos competencia, las barreras que benefician a unas perjudican a otras a las que se les niega oportunidades. Asimismo, la ausencia de competencia elimina o reduce los incentivos a la innovación, la búsqueda del incremento de la productividad y las políticas empresariales de compartir los incrementos de la productividad con los consumidores y trabajadores. Es sabido que muchos factores, como las economías de escala y el tamaño del mercado pueden influir en el grado de competencia, al igual que la política de gobierno puede afectarla al reglamentar el ingreso de nuevos actores en los mercados y la salida de éstos así como al hacer frente a actividades anticompetitivas.

En suma, la construcción del clima de inversión se constituyó en la piedra angular de la nueva estrategia de desarrollo basada en la visión de la inversión privada como motor del desarrollo. El principal propósito de esta nueva visión fue la lucha contra la pobreza –en lugar de la lucha contra la dependencia– y la estrategia consistente fue la generación de competitividades para afrontar un mundo global, que reemplazó la estrategia de la industrialización por sustitución de importaciones que había sido la predominante hasta entonces.

La nueva visión del desarrollo se implementó a través de dos ejes de cambio. Por un lado, un conjunto de políticas de estabilización que atravesaron desde lo económico a lo institucional. Por el otro, un conjunto de reformas estructurales que también fueron transversales a lo largo de los mismos polos. Es así que los ejes de cambio que se implementaron desde 1992 bajo el nuevo paradigma se desplegaron en diez políticas bien definidas, cuatro de ellas de estabilización y seis orientadas a cambios estructurales.

Los subprocesos de estabilización fueron: i) la recomposición institucional; ii) la estabilización de precios; iii) la reinserción financiera internacional, y iv) la recuperación de la infraestructura básica. Por su parte, los procesos de cambio estructural fueron: i) la reestructuración del orden legal; ii) la apertura comercial; iii) la profundización financiera; iv) las privatizaciones; v) el desarrollo de infraestructuras, y vi) la reforma del Estado. Cada uno de estos procesos tuvo su propia dinámica y sus niveles de éxito, pero todos ellos se extendieron, en realidad, en todo el horizonte 1992-2008.

3. Los actores locales en la construcción del regionalismo en el marco del nuevo paradigma

3.1. Los actores locales del regionalismo

La revisión del proceso de cambios que se aplicaron en Perú desde inicios de la década de 1990 permite extraer la lección de que el componente de regionalismo sudamericano en la agenda de los actores locales relevantes del desarrollo ha sido construido de acuerdo con sus propios sistemas de preferencias y en paralelo con su adaptación al nuevo modelo de desarrollo. El nuevo paradigma de desarrollo impactó, por lo tanto, en los sistemas de preferencias e intereses de los diversos actores del desarrollo nacional de muy distintas maneras pero dando lugar a un reacomodo de las prioridades de cada uno de ellos. Específicamente, tales prioridades también se han manifestado en la agenda comercial peruana de la cual estos actores se sienten partícipes, así como en otras áreas de la agenda de política exterior que incluyen aspectos culturales, sociales y políticos, de modo creciente.

En los treinta años previos a este período, estos tres actores interactuaban de una manera más intensa en la construcción de un regionalismo activo. Incluso se sumaban las fuerzas armadas, que durante doce años fueron sinónimo de gobierno y burocracia. Incentivados por los postulados de la teoría de la dependencia, los aspectos comerciales estaban íntimamente relacionados con la agenda comercial y la integración. Esta vinculación se expresaba unas veces bajo el concepto de empresas estratégicas que no podían estar en manos de vecinos, en especial si se trataba de países limítrofes como Ecuador o Chile, o de países potencialmente confrontables, como Estados Unidos. Otras veces se expresaban en la resistencia a implementar infraestructuras de transportes que facilitaran la interconexión física, como en el caso de Brasil. En otras ocasiones, se manifestaba en el concepto de soberanía económica –en especial, la soberanía alimentaria– que se ligaba al de segmentos económicos estratégicos. A ellas se sumaban otras tantas, en la aplicación de la receta anti-dependentista de constituir bloques alternativos, con suficiente fuerza para convertirse en contraparte efectiva de los "países centrales".

En línea con el marco conceptual presentado en el primer capítulo de este libro (véanse Tussie y Trucco en este volumen), se agrupan a los actores internos peruanos que influyen en la economía política del regionalismo en tres categorías: las empresas, la sociedad civil y las burocracias estatales. Otros actores internos observados en otras partes del mundo, como las castas militares, los dirigentes religiosos, étnicos o los grupos de identidad (como los denominados "pueblos amazónicos"), son importantes también en el caso de Perú, aunque sólo en momentos específicos. Por lo tanto, el análisis de las expectativas de los actores así como de las interacciones entre ellos, echan luz sobre la valoración que hacen del regionalismo en sus respectivas agendas políticas relacionadas con la construcción del regionalismo sudamericano, que muchas veces trascienden los aspectos comerciales.

3.2. El empresariado

Por empresariado se entenderá, en el contexto del presente capítulo, a las grandes empresas nacionales o filiales y sucursales de grandes empresas multinacionales, incluyendo las asociaciones empresariales como los gremios o confederaciones, como la CONFIEP, ADEX o la SNI. La economía peruana tiene de forma creciente una mayor presencia empresarial, lo que sumado a que el regionalismo ha tenido, en el caso de Perú, un contenido fundamentalmente económico, las empresas privadas peruanas son actores primordiales en este proceso y, por lo tanto, expresan sus intereses al respecto.

Este interés se suele manifestar de una manera muy notoria, dado que la mayoría de los países de América latina son de ingresos medianos y de bajos niveles de desarrollo. Ello se traduce en escenarios en los que las empresas locales grandes poseen, en todos los casos, la escala suficiente para participar en la dinámica de construcción del regionalismo y hacer oír su voz en cada gobierno nacional. Por razones similares, las empresas multinacionales están presentes como interlocutores comerciales de primera línea. Por último, hay una historia de inversión directa intrarregional, con una fuerte participación de empresarios chilenos, brasileños, argentinos, mexicanos y venezolanos en los demás países de la región. Aunque la situación varía según los países, en todos los casos, las asociaciones empresariales han demostrado ser voceros importantes en la defensa de los intereses de sus miembros en la definición de políticas públicas como las relacionadas con impuestos, aranceles comerciales, reglamentos financieros, códigos laborales y normas ambientales.

La construcción de la nueva agenda regional empresarial comenzó a gestarse desde las primeras políticas de estabilización implementadas desde el gobierno, las cuales proveyeron la plataforma para la configuración del clima de inversión que les favorecería directamente, y de forma indirecta, las incentivaría a abrirse paso en los mercados mundiales. Las nuevas preferencias de los grandes empresarios que operan en Perú, tanto nacionales como extranjeros, fueron configurándose a partir de estos cambios y se extendieron durante el desarrollo de éstos.

Hacia 1992, Perú se encontraba muy complicado con su situación de seguridad a raíz del fenómeno terrorista, que constituía un factor claramente desalentador para la inversión privada. Esta situación comenzó a cambiar en 1992 a raíz de la captura de los principales líderes de los movimientos subversivos. Así, se llegó a un punto de inflexión hasta reducir la actividad terrorista al mínimo. En paralelo, se crearon algunas nuevas instituciones que permitieron modernizar el Estado. Estas entidades se establecieron en sectores clave para el fortalecimiento de un clima favorable de inversión, tales como infraestructura, sistema financiero y sistema legal. Finalmente, un factor adicional que influyó sobre el cambio favorable del clima de inversión fue la solución de la tensión fronteriza con Ecuador, que concluyó en la firma del Acta de Brasilia de octubre de 1998 de acuerdo con un dictamen de los garantes del Protocolo de Río de Janeiro (véase Jaramillo en este volumen).

Las dos primeras acciones coadyuvaron al incremento de la seguridad para hacer negocios, lo que favoreció luego el crecimiento de la interacción con el resto del mundo, no solamente en términos de inversiones sino también a nivel comercial. Estas políticas contaron con el apoyo decidido de la élite empresarial que podía manejar esos negocios internacionales y, desde luego, con el del aparato burocrático del gobierno que promovía los cambios estructurales. En particular, en el caso de la contraofensiva antiterrorista, los militares la apoyaron firmemente, sin ningún tipo de vacilación.

Asimismo, el aislamiento internacional en el que se encontraba Perú por su decisión unilateral de no cumplir sus compromisos de pagos, hizo obligatoria la misión de reinsertarlo en la comunidad financiera mundial como condición previa para impulsar un programa de transformaciones sobre la base de un paradigma renovado. Esta reinserción, realizada luego de celebrar acuerdos de renegociación de la deuda externa y del compromiso del nuevo gobierno de adoptar los lineamientos del Consenso de Washington para la reforma económica y del aparato estatal, fue apoyada completamente por el empresariado y el aparato burocrático, actores que fueron consistentes en su apoyo a esa política a pesar de la oposición de grupos de la sociedad civil vinculados al socialismo peruano, que acusaban a los negociadores de entreguistas o "fondomonetaristas".

La reinserción en los mercados mundiales se llevó a cabo a pesar de las críticas y se convirtió en uno de los pilares de la estabilización macroeconómica. Efectivamente, sobre la base del aseguramiento de la restitución de los flujos de nuevos créditos para afrontar los ajustes imprescindibles para frenar la hiperinflación y salir del estancamiento económico, se aplicó una receta clásica de shock de demanda agregada. Los precios se alinearon con los de la economía internacional, ajustándose al alza de manera acelerada ante la eliminación de los controles de precios y de subsidios. De igual modo, se eliminó el sistema de tipos de cambio diferenciados, fuente de corrupción y de especulación. Asimismo, como parte del programa de estabilización, se abandonó desde 1991 el signo monetario creado en 1985, el inti, que fue sustituido por el nuevo sol, nacido sobre la base de la equivalencia con un millón de intis. La nueva moneda se estabilizó y la inflación se contuvo a partir de una fuerte restricción en la emisión del circulante. La estabilización del nuevo signo monetario resultó fundamental para ordenar y mejorar las cuentas de la nación.

Un último elemento de estabilización que también impactó en las posibilidades reales de Perú para abrir su economía fue la recuperación de infraestructura básica. La infraestructura productiva del país se encontraba colapsada a fines de la década de 1980. El patrimonio de infraestructura existente se deterioró por mantenimiento inadecuado y debido a la obsolescencia de las instalaciones. Sin duda, el caso más emblemático de este deterioro lo constituyó, a fines de la mencionada década, la pérdida del patrimonio vial, dificultando enormemente la articulación de las actividades económicas del país. En razón de ello, en 1990 el gobierno peruano implementó un Plan de Emergencia Vial destinado a rehabilitar las principales carreteras de la Red Vial Nacional. Esta acción del gobierno efectivamente recibió apoyo tanto de los empresarios como de los actores de la sociedad civil, en la medida en que se comprendió su impacto para activar terrenos hasta entonces poco explorados de las relaciones sudamericanas a nivel comercial, financiero y tecnológico. En particular, esta reconstitución de la infraestructura vial tenía una alta potencialidad para catapultar el comercio intrarregional, así como para la apertura de nuevos negocios. Ello quedó demostrado en los años subsiguientes en proyectos que configuraban alianzas público-privadas (APP) que, a su vez, constituyeron un elemento muy dinámico de articulación de vinculaciones regionales a nivel de intercambios tecnológicos sobre ingeniería financiera, particularmente con países como Chile y, en menor medida, Argentina y Colombia.

La implementación de reformas de cambio estructural durante la etapa posterior a la estabilización recibió un consistente apoyo del empresariado. Las medidas fueron desde la promulgación de la nueva Constitución de 1993 hasta la profundización del mercado de capitales, las privatizaciones y la suscripción del Tratado de Libre Comercio con Estados Unidos, el cual coronó un largo proceso de apertura comercial que dio inicio con la rebaja de aranceles de la década de 1990 y continuó con los acuerdos parciales como el ATPA y el ATPDA. En efecto, la nueva Constitución de 1993, que reemplazó a la de 1979, incorporó reformas sustanciales en el plano económico. Entre ellas, la igualdad jurídica entre la inversión nacional y extranjera, la intangibilidad de la propiedad privada, el cambio del régimen de propiedad agrario, el rol subsidiario del Estado y otras normas que tuvieron como resultado favorecer agresivamente la inversión privada. Además consignó un conjunto de nuevos mecanismos jurídicos que permitieron endurecer la represión de la violencia política de la década anterior. Asimismo, la aparición de nuevos instrumentos financieros y la disponibilidad de capital facilitaron notablemente las operaciones del comercio internacional e incentivaron las actividades comerciales hacia el resto del mundo. La profundización financiera fue el resultado de la liberalización económica y se produjo debido a un fortalecimiento del sistema bancario y del mercado de capitales.

Como complemento de lo anterior, se buscó corregir los gastos estatales derivados de empresas públicas deficitarias. El incremento del aparato estatal acelerado para garantizar un mayor control de la economía y de las otras esferas de la actividad económica fue el resultado natural de las políticas derivadas del paradigma de la dependencia. En agosto de 1990, el gobierno inició una reforma estructural diseñada para reducir la intervención estatal en la economía, tanto en las empresas de propiedad estatal como en la reglamentación del mercado. Eliminó todos los privilegios de los monopolios de las empresas estatales, levantó todas las restricciones y prohibiciones al comercio exterior y estableció un tratamiento no discriminatorio para la inversión extranjera y nacional. Ello dio paso a un agresivo proceso de privatización y, posteriormente, a un incipiente proceso de alianzas público-privadas bajo la modalidad de concesiones, enfocado principalmente en las infraestructuras públicas, que se profundizaría al final de la década de 1990 y en la década actual. Los objetivos de ambos procesos fueron la reducción o eliminación de la intervención del Estado en segmentos específicos de la actividad económica y la generación de un *shock* de oferta agregada. Dentro de este marco, la venta de las empresas estatales y las concesiones de infraestructura y servicios públicos han sido las acciones esenciales para reorientar la economía peruana, aunque no por eso han estado exentas de acusaciones de corrupción en varias de las transacciones realizadas.

La situación actual marca un escenario en el cual, las empresas, grandes o pequeñas, no incluyen la integración sudamericana entre sus prioridades, por cuanto sus mercados no son principalmente los países de la CAN ni del Mercosur. En los años recientes se ha activado un creciente interés en el mercado brasileño, pero no constituye todavía un elemento primordial en la agenda. En el terreno empresarial, ha habido gran integración con países vecinos como Chile, Brasil y Colombia, pero a nivel de la subdimensión de inversiones, particularmente de la creciente presencia de la inversión de esos países en Perú, tanto en lo que respecta a inversiones comerciales o industriales como en alianzas público-privadas. En cuanto a lo primero se cuentan casos como el de tiendas al retail como Falabella o Ripley de procedencia chilena, y de empresas industriales colombianas como Manuelita o Lima Caucho, mientras que en relación con lo segundo se destaca la participación de constructoras brasileñas como Odebrecht o Andrade Gutierrez en los ejes transoceánicos IIRSA Norte e IIRSA Sur (véase Epsteyn en este volumen).

Por eso es justamente el empresariado el sector donde ha sido mayor el retraso del desarrollo del regionalismo sudamericano en Perú. En gran medida esto obedece a que en sus casi cuarenta años de existencia la Comunidad Andina de Naciones (CAN) no ha cumplido con el objetivo de integrar comercialmente a sus miembros y sólo un pequeño porcentaje de las exportaciones de Perú se envían hacia los países que conforman ese bloque. Las exportaciones del Perú a la CAN no pasan del 5%. Esto ha derivado en que para Perú, pertenecer a este bloque no representa ni grandes ventajas ni desventajas, a diferencia de Colombia, que desarrolla una proporción significativa de su comercio con este bloque comercial.

En efecto, la balanza comercial peruana de los últimos años muestra una tendencia al superávit, después de un prolongado período de déficit que se extendió desde el inicio de la década de 1990. Una explicación de este perfil se encuentra en la composición de las exportaciones: el 76,8% de las exportaciones de 2007 son tradicionales, conformadas por productos pesqueros (5,2%), agrícolas (1,6%), mineros (62%) y petróleo y derivados (8%); mientras que el 22,5% son exportaciones no tradicionales. Durante la década de 1990, los cambios de política económica que se implementaron en Perú derivaron en la reconversión de numerosos segmentos productivos vinculados a la exportación, en particular la minería, la agroindustria y la industria. Los resultados de estas transformaciones comenzaron a verse en la década actual, pues al rezago natural que se podía esperar de la reconversión sectorial se añadió el efecto de los shocks externos provenientes de las crisis experimentadas por otros países en desarrollo, tales como la crisis asiática, la crisis mexicana y, en menor medida, la crisis brasileña, todas ellas acaecidas a fines de los noventa.

Por otro lado, el control de la inflación y la reconversión industrial estuvieron también ligados a la balanza comercial y, particularmente, al desempeño de las importaciones. Por el lado de la inflación, claramente la estrategia de abaratar precios al máximo era consistente con la apertura del mercado en los primeros años de los noventa, con el objetivo de apuntalar la estabilización antiinflacionaria vía competencia de productos extranjeros de menores precios. Por el lado de la reconversión industrial, era claro que al no ser Perú un país de vanguardia en el desarrollo tecnológico, cualquier reconversión requería una renovación tecnológica para lo cual tendría que importarse tecnología que a su vez iría aparejada con un incremento de insumos importados y de bienes de capital. Dado que desde la década de 1980 entre el 70% y el 80% de las importaciones han estado constituidas por insumos y bienes de capital, el incremento de las importaciones era una consecuencia lógica del relanzamiento industrial de los tempranos noventa.

La balanza comercial con la CAN ha sido deficitaria desde su creación como Acuerdo de Cartagena en 1969, con excepción solamente del período 1978-1985. Desde 1990 en adelante, esa balanza comercial resultó consistentemente deficitaria para Perú. A partir de 1990, el comercio intracomunitario de Perú representó entre el 6% y algo más del 8% de su comercio total con el mundo. Ello significa que es el país de la CAN que registra el menor porcentaje de su comercio internacional vinculado a esa entidad (CAN, 2003). Sin embargo, al igual que lo ocurrido en los otros casos de estudio incluidos en este volumen, la mayor parte de las exportaciones con mayor valor agregado han sido destinadas a los países de la región.

Esto obedece en parte a que nunca pudo alcanzarse el objetivo de un arancel externo común entre los países miembro de la CAN, que hubiera permitido una mayor integración comercial. En la actualidad, con la firma de los Tratados de Libre Comercio (TLC) entre Perú y otros países, este objetivo ya no tiene sentido. Quizás el único logro concreto de la CAN haya sido el establecimiento de aranceles bajos para el comercio de productos entre sus países miembro, lo cual representa un logro menor tomando en cuenta el tiempo de existencia de la comunidad. Todo esto ha llevado incluso a autoridades peruanas a sostener que el proyecto de un mercado común para el que fue concebida la CAN es inviable, por lo que el bloque más antiguo de la región (fundado en 1969) debería plantearse algunas redefiniciones, a juicio de gran parte del empresariado peruano y de la burocracia estatal, incluyendo la opinión de ministros y de propio presidente García Pérez, que en la práctica, continúa la percepción de sus predecesores cercanos.

La nueva orientación de la política económica peruana desde inicios de la década de 1990 corresponde a un paradigma distinto del prevaleciente desde la década de 1960. Sin embargo, la nueva orientación consigna algunas resistencias impulsadas por ciertos integrantes de la sociedad civil que, como tercer actor, ha expresado posiciones encontradas y variadas respecto a esta agenda, principalmente como resultado de un cuestionamiento al denominado Consenso de Washington. El caso emblemático ha sido la discusión alrededor del denominado Tratado de Libre Comercio Perú-Estados Unidos, que ha generado desconfianzas y escepticismos en sectores de la sociedad civil, aunque, de manera paradójica, también generó demandas por acelerar la propia suscripción a ese acuerdo. Si bien los intereses y mecanismos de acción de estos actores no poseen un nivel de articulación comparable al entramado de intereses empresariales, su rol en la agenda comercial no puede ser soslayado. Debe admitirse, sin embargo, que en el caso peruano la presencia política de estos sectores ha tenido un peso claramente menor que la de sus pares en otros países sudamericanos como Ecuador o Bolivia (véase Jaramillo en este volumen).

El sector empresario ha mantenido una sólida línea de convergencia con el gobierno, ejerciendo presión para la adopción de políticas orientadas a la suscripción de más tratados de libre comercio fuera de la zona sudamericana. Sin embargo, existe una cierta presión paralela para acercar las relaciones comerciales con otros socios sudamericanos de potencial importancia comercial, como es el caso específico de Brasil y Chile. Curiosamente, con latinoamericanos de importancia fuera del subcontinente sudamericano, como el caso de México, no existe mayor interés comercial, más allá de la exportación de gas, a pesar de que este país constituye la decimocuarta economía del mundo y ha empezado desde hace pocos años a establecer importantes inversiones en Perú, particularmente en el sector de las telecomunicaciones.

Todo ello a derivado en que las empresas peruanas no perciban ni a la CAN ni al Mercosur como un espacio propicio para hacer negocios. Las preferencias, en todo caso, están individualizadas por países –en concreto, Chile y Brasil como se ha indicado– y en el gran mercado estadounidense.

3.3. La burocracia y el gobierno

En el contexto del presente capítulo, identificamos al gobierno principalmente con la burocracia estatal, aunque en realidad puede involucrar también a políticos en ejercicio de funciones de gobierno. Incluimos a los Ministerios de Relaciones Exteriores, Economía, Comercio, Industria, la agricultura y a los funcionarios que trabajan en las empresas estatales más importantes y organismos públicos descentralizados. Asimismo, involucran a las burocracias de los gobiernos regionales y a los municipios. Los ministerios a cargo de los sectores productivos como el Ministerio de Agricultura o el Ministerio de la Producción tienen la capacidad técnica para influir en la agenda y en la definición de las formas de regionalismo que hayan de ser ejecutadas, particularmente el segundo de ellos. Y a menudo, estos ministerios consideran las iniciativas regionalistas como una continuación del resto de sus políticas y proyectos sectoriales, cuando no, una amenaza a éstas.

Del mismo modo, otras burocracias ministeriales han sido facilitadores de la política dictada por los sucesivos gobiernos. Éste es el caso particular del Ministerio de Economía y Finanzas y del Ministerio de Comercio y Turismo. El Ministerio de Transportes y Comunicaciones constituye un caso especial, dado que su alineamiento

está más orientado a privilegiar la integración sudamericana desde la perspectiva del acuerdo IIRSA fundamentalmente mediante el desarrollo de tres ejes viales transoceánicos transversales de integración con Brasil, Bolivia y
Argentina. En lo referente a la política aeroportuaria, este
Ministerio está en la línea con la política de "cielos abiertos" y el mejoramiento de aeropuertos, lo que incentiva la
presencia en el país de un mayor número de líneas aéreas
sudamericanas para atender la demanda de vuelos nacionales e internacionales.

La conformación de la agenda de estas burocracias
ha seguido una trayectoria muy similar a la del gran empresariado, reflejo de la alta sintonía en las políticas implementadas bajo el nuevo paradigma con los objetivos
empresariales. Por tal motivo, los mismos hechos resalta-
dos en el acápite anterior que configuraron las preferencias del gran empresariado, son en gran medida los que
conformaron también el nuevo conjunto de preferencias
de la burocracia estatal. Esta congruencia se ha mantenido incólume bajo los regímenes de Fujimori, Paniagua,
Toledo y García Pérez, a pesar de que en el interior de
estas entidades existen funcionarios que discrepan con
algunas de las políticas excesivamente orientadas hacia
acuerdos con países del hemisferio norte.

Por el lado de las burocracias regionales o municipales, el tema del regionalismo toma fuerza solamente en
las zonas de frontera, por objetivos que van desde intereses comerciales comunes (casos de los gobiernos regionales de Tumbes y Piura, respecto de Ecuador, Tacna
respecto de Chile y Puno respecto de Bolivia) hasta intereses de etnicidad compartida (casos de los gobiernos
regionales de Puno y Loreto respecto a Bolivia y Brasil
respectivamente).

En general, es posible afirmar que en esta década, la
posición oficial peruana ha mostrado su mayor distancia

frente al regionalismo sudamericano, principalmente en la subdimensión comercial. Más allá del apoyo decidido a la Comunidad Sudamericana –antecesor directo de UNASUR– que derivó en la Declaración del Cusco de 2004 y en la suscripción de la Iniciativa para la Integración Regional Sudamericana, no ha existido una especial valoración del regionalismo sudamericano en el discurso ni en la acción política peruana. Después de la década de 1990, en la que se priorizó el ajuste estructural que conllevó la reestructuración del aparato productivo y la recomposición de las cuentas y precios macroeconómicos, en esta década el foco fue dirigido a la suscripción del Tratado de Libre Comercio con Estados Unidos, en primer lugar, y luego a la exploración de otros tratados bilaterales con países del resto del mundo más allá de la región sudamericana, que ha derivado, por ejemplo, en el reciente Tratado de Libre Comercio con China.

Es importante destacar que si bien durante los gobiernos de Fujimori y Toledo no existió un real impulso al regionalismo, manteniéndose en un estado neutro, es en el segundo gobierno de García Pérez en el que claramente se ha generado una tendencia a ir más allá y reducir el peso relativo del regionalismo como variable relevante dentro de la ecuación del desarrollo. Esto se ha materializado en una marcada política de no otorgar prioridad a la CAN como espacio de natural proyección inmediata del regionalismo, e incluso a considerarla desde las más altas esferas de gobierno como anacrónica y contraproducente a los lineamientos del desarrollo de Perú.

La situación se ha visto agravada debido a un telón de fondo político que impide la conformación de frentes políticos unificados y de acuerdos sostenibles y coherentes. Ello ha imposibilitado la configuración de una contraparte unificada frente a otros agrupamientos, como la Unión Europea. En particular, para Perú, la salida de Venezuela de la CAN, la persistencia del gobierno de Bolivia en mantener una posición confrontativa con Estados Unidos –país con el cual Perú busca construir una relación comercial fluida y sostenida– y los cambios que se avizoran en Ecuador, que tras la aprobación del referéndum para conformar la nueva Constitución van en similar dirección que los dos anteriores, configuran un escenario nada propicio para ahondar en la construcción de un regionalismo protagónico en la agenda política del gobierno de Perú.

La situación se complica aún más a raíz de las permanentes declaraciones de los presidentes Chávez y Morales en contra del gobierno de Perú y, particularmente, de su Presidente. La reacción peruana, a nivel oficial, se ha hecho patente no sólo en un enfriamiento del interés oficial por participar más activamente en la construcción de un proyecto regional sudamericano, sino también en actos de alto significado, como quedó reflejado cuando Perú fue el único país que mantuvo un perfil bajo en ocasión de la reunión de UNASUR convocada de urgencia por la presidenta Bachelet en Santiago, Chile, para buscar una solución a la crisis boliviana. El gobierno de Perú fue representado por su Canciller, mientras que los demás países eran representados por sus presidentes. Sin duda, la variable política introducida por el presidente Chávez en la región ha generado, especialmente en el caso de Perú, dificultades para articular su política económica a un proceso más intenso de integración regional.

3.4. La sociedad civil

Dentro de la sociedad civil se identifican como actores relevantes a los sindicatos, los partidos políticos, los movimientos sociales y las organizaciones diversas, entre las que se destacan los gremios de PyME, las universidades y las ONG, y los *think tanks*. Normalmente se trata de organizaciones o movimientos políticos de orientación socialista –incluyendo por supuesto a los de la social-democracia– los movimientos más identificados con la prédica integracionista. Ello tiene una raigambre múltiple que posee como elemento común la existencia de un factor aglutinador y catalizador de la integración. En el caso de Perú, una vertiente se encuentra en el marxismo que está detrás de las plataformas programáticas de estas agrupaciones, el cual emplea el elemento del "proletariado" para uniformizar un pliego reivindicativo con carácter de "clase". La otra vertiente está en el indigenismo, que utiliza el elemento del "indio" con el fin de homologar otro pliego reivindicativo, esta vez con carácter de "etnia".

Ello se explica no solamente por el hecho concreto de que los contrastes entre el antiguo y el nuevo modelo corresponden a visiones políticas prácticamente opuestas, sino también por los impactos en las correlaciones de fuerzas de los grupos políticos que se fueron gestando en la política interna peruana, como resultado directo de los resultados económicos producidos con la implementación del nuevo modelo. Algunos ejemplos grafican este último hecho. En los años setenta y ochenta, los sindicatos más fuertes –la Confederación General de Trabajadores del Perú (CGTP) y la Confederación de Trabajadores del Perú (CTP) manejados respectivamente por el Partido Comunista de Perú y el APRA– tenían la capacidad de arrinconar al gobierno de turno, organizando huelgas y paros, algunos de los cuales obtuvieron importante éxito. En la década de 1970, muchos conspicuos socialistas participaron activamente en el gobierno militar, no solamente en tareas del Poder Ejecutivo sino ocupando cargos fuera de él, como por ejemplo, en la dirección de los diarios que confiscó el gobierno de Velasco Alvarado.

A fines de esa década, en las elecciones para la Asamblea Constituyente de 1978, las principales agrupaciones socialistas participaron de manera separada, pero en conjunto lograron el 33,9% de los votos, que equivalía casi al 35,3% que obtuvo la agrupación más votada –el APRA– y que superaba a la segunda –el conservador PPC– que obtuvo el 23,8%. Pocos años después, en 1983, las agrupaciones socialistas se presentaron bajo una candidatura única a las elecciones municipales de Lima, que encabezó el proyecto más importante que pudo organizar el socialismo peruano: Izquierda Unida. El resultado fue que su candidato y fundador, Alfonso Barrantes Lingán, ganó esa elección y se convirtió así en el primer y único alcalde de Lima de procedencia socialista. En 1985, el mismo candidato obtuvo el 25% de los votos en las elecciones presidenciales de ese año, siendo superado únicamente por Alan García Pérez con el 53%. Sin embargo, para las elecciones presidenciales de 1990, los socialistas ya estaban debilitados porque se presentaron separadamente en dos agrupaciones que obtuvieron el 13% de los votos, repartidos entre Izquierda Unida (8%) e Izquierda Socialista (5%). Ello representó sin duda un duro revés para el socialismo peruano (Tuesta, 2003).

El socialismo tradicional estaba de por sí perdiendo terreno al entrar en los noventa, aunque aún conservaba una importante fortaleza en su capacidad de incidir en los resultados electorales. Con la irrupción del gobierno de Alberto Fujimori y su radicalización a partir de la disolución del Congreso el 5 de abril de 1992, su actitud hacia el socialismo también se endureció. Ello devino en un escenario confrontacional entre Fujimori y sus antiguos aliados socialistas tradicionales y socialdemócratas, que se radicalizó con el enfrentamiento con el terrorismo marxista-maoísta.

Desde su ascenso al poder, Fujimori dio pruebas fehacientes de adecuación a las circunstancias y de un pragmatismo que no reconocía límites éticos. Ello quedó en evidencia desde el principio de su gobierno, ya que no había escatimado en postularse a la presidencia bajo el paraguas de un programa económico anti-shock y con una estrategia de desprestigio personal a su principal contendiente, pero no dudó en gobernar exactamente bajo los principios que había combatido en su campaña, aunque con mucha improvisación debido a que tuvo que recomponer a las apuradas sus cuadros de gobierno, algo que no hubiera tenido que hacer si hubiera vencido su rival electoral. Para hacerse del poder, los segmentos socialistas del espectro peruano, desde los radicales comunistas hasta el APRA, le dieron su más absoluto respaldo.

Los actores peruanos que han colocado el regionalismo en la agenda son fundamentalmente, desde inicios de la década de 1990, algunos grupos de la sociedad civil, de carácter político, y vinculados a posturas socialistas. Tanto partidos políticos, asociaciones civiles como comités de programas sociales, sindicatos –en los que la predominancia de las ideas socialistas tiende a ser casi total– o universidades y ONG de tendencia socialista –que por cierto también son en su gran mayoría de similar tendencia.

Sin embargo, para estas entidades, la idea subyacente del regionalismo no tiene mucha relación con la agenda comercial sino con la agenda política, respecto de la cual la integración económica es un elemento secundario y dependiente. En particular, la cercanía ideológica de muchas de estas agrupaciones –las más radicales– con regimenes como los que representa hoy el gobierno de Venezuela y con proyectos como el ALBA, hacen, por un lado, que el elemento comercial deje de ser el principal motor de un proyecto regionalista peruano, y por otro lado, que se alejen de este proyecto otros miembros de la sociedad civil peruana, gran parte de los cuales no poseen capacidad de organización ni de articulación de demandas ciudadanas.

Sin embargo, desde una visión más amplia, puede pensarse que el regionalismo en el caso de Perú ha sido defendido como parte de las plataformas del pensamiento político de partidos de todo el espectro político. Desde la izquierda, por su carácter integracionista básicamente cultural, en tanto que desde la derecha por su carácter integracionista fundamentalmente comercial. Sin embargo, ni en lo cultural ni en lo comercial se ha presentado evidencia de avance en los últimos cuarenta años. Al margen de esfuerzos casi protocolares, no se ha avanzado en la integración cultural más allá del libre desplazamiento sin pasaportes por Sudamérica.

Los grupos de la sociedad civil que están interesados en el regionalismo no logran articular sus demandas de manera de ser tomados en cuenta por el gobierno y, mucho menos, por las grandes empresas. La construcción de sentimientos regionales tampoco está muy presente al interior de estas agrupaciones. Con motivo de la firma del TLC Perú-Estados Unidos, estas organizaciones enfilaron sus críticas a la no conveniencia de ese acuerdo, pero sus razones estuvieron más enfocadas en la pérdida de empleos o de presencias en mercados antes que en la propuesta de una alternativa integradora con los otros países sudamericanos, de manera corporativa. La organización más comprometida con tal oposición fue el Partido Nacionalista Peruano, pero las pugnas y renuncias en su interior debilitaron toda posibilidad de liderar una auténtica corriente anti-TLC y prorregionalismo.

Los grupos de la sociedad civil que todavía impulsan la regionalización sudamericana no lo hacen desde la perspectiva empresarial sino política, en concreto, manifestando preferencias por los países influenciados por la política del actual gobierno de Venezuela. En particular, el líder del principal partido socialista en Perú, el Partido Nacionalista, fue especialmente respaldado por el presidente venezolano en la campaña de 2006. Sin embargo, otra parte de la sociedad civil peruana está abiertamente opuesta a esta clase de integración, en especial en los espacios urbanos, gran parte de la cual se explica por su rechazo al citado mandatario.

Esto último deja en evidencia la heterogeneidad de las preferencias al interior de la sociedad civil peruana, en contraste con la homogeneidad entre las empresas grandes y el Estado. En el caso de la sociedad civil, existe una creciente resistencia de algunos sectores a incorporar al país a un grupo más grande de países por la percepción entre la sociedad peruana de la presencia creciente del presidente venezolano en las decisiones de política de varios países de la CAN –Ecuador y Bolivia–, así como también del Mercosur –Paraguay y Argentina–, que es, asimismo, compartida con el gobierno de Perú.

Existen sin embargo sectores de la sociedad civil que son cercanos ideológicamente a la política del presidente Chávez. No debe olvidarse que este mandatario ha declarado numerosas veces su admiración por el general Juan Velasco Alvarado, presidente de Perú entre 1968 y 1975 y que condujo al país hacia un modelo de socialismo con capitalismo de Estado. La penetración que Chávez ha construido con sus declaraciones, y principalmente con el financiamiento de las denominadas "Casas del ALBA", constituye un elemento provocador, pero que gana adeptos en bolsones poblacionales de mucha incidencia de la pobreza y la pobreza extrema.

4. Hacia una nueva concepción del regionalismo en el Perú

La discusión que subyace en este capítulo guarda relación con un interrogante, a saber, si el regionalismo sudamericano se encuentra en la ecuación de las preferencias de los actores locales del desarrollo peruano. En este contexto, entiéndase el desarrollo nacional no necesariamente como un proyecto a cargo del Estado, según los lineamientos que considere pertinentes bajo una óptica de planeamiento estratégico nacional. En lugar de eso, aquí conceptuamos el desarrollo nacional como un proceso dinámico basado en un orden espontáneo que resulta de incontables interacciones entre los actores locales de ese desarrollo, cuyas estructuras de preferencias son diversas y que devienen en escenarios de acuerdos o conflictos, según el caso.

En cualquier caso, esto es muy distinto que plantear si la apertura comercial es parte de esa ecuación. Se trata de algo más específico, esto es, si la existencia de políticas desde el Estado que privilegien los modos de cooperación preferenciales, u otras que puedan impulsarse descentralizadamente desde otros actores, son consideradas una variable relevante para el desarrollo. En concreto, podría ser que un país apueste por la apertura al mundo pero que no considere que los acuerdos preferenciales con una región específica del mundo, aunque se trate de vecinos, resulten especialmente beneficiosos.

Sin embargo, la investigación buscó desarrollar una perspectiva centrada en los actores internos involucrados en el proceso de regionalización, incluyendo las diferentes fuerzas dentro de las burocracias estatales y su interacción con actores privados en Perú. El estudio apuntó a echar luz sobre los objetivos y motivaciones de los actores internos (empresarios, sociedad civil y organizaciones gubernamentales) para llevar (o no) el regionalismo en la agenda comercial, cómo lo priorizan frente a otras direcciones de política comercial y qué rol le han asignado. Así, a través de la identificación de los principales actores y de sus agendas, la investigación busca explicar hacia dónde se dirige el regionalismo sudamericano en el caso peruano.

En este sentido, el regionalismo en Perú ha sido postulado como parte de las plataformas del pensamiento político de partidos de todo el espectro político. Desde la izquierda, por su carácter integracionista básicamente cultural, en tanto que desde la derecha, por su carácter integracionista fundamentalmente comercial. Sin embargo, ni en lo cultural ni en lo comercial se ha presentado evidencia de avance en los últimos cuarenta años. Más allá de esfuerzos casi protocolares, no se ha avanzado en la integración cultural más allá del libre desplazamiento sin pasaportes por Sudamérica mientras en lo comercial, apenas Perú integra el grupo de países de menor PBI en conjunto –la Comunidad Andina de Naciones– la cual ahora es aun menor por la reciente salida de Venezuela en 2007.

Sin embargo, a pesar de que es posible encontrar en elementos externos muchas de las causas de la modesta presencia del regionalismo como parte de la ecuación del desarrollo peruano, el decaimiento aparente del peso relativo del regionalismo en la agenda política y comercial peruana es consecuencia también de los dramáticos procesos de cambio estructural que experimentó Perú desde inicios de los noventa y que reorientó no solamente la economía bajo un nuevo paradigma de desarrollo, sino también la visión de los actores domésticos con relación al desarrollo nacional. En mayor o menor medida, dependiendo de los tamices ideológicos, estos procesos cambiaron la visión previa que había prevalecido principalmente desde inicios de la década de 1970 hasta fines de los ochenta, cuando se apostó por un modelo de desarrollo totalmente distinto.

Como resultado del cambio de paradigma centro-periferia por el paradigma de la integración a la globalización, Perú se ha venido abriendo relativamente al mundo en materia comercial, más allá de su tradicional ámbito de integración que ha sido Sudamérica. No obstante, en los hechos, se abre camino para elementos que sustentan la segunda hipótesis, puesto que la integración sudamericana, en los hechos, va encontrando nuevos espacios de desarrollo concreto y sostenido. Sobre este último punto hay que referir a la iniciativa IIRSA como el icono prevaleciente.

En efecto, esta apertura peruana al mundo ha implicado acciones concretas de integración comercial con los países sudamericanos, a través de tres mecanismos no ortodoxos: i) el desarrollo de infraestructuras de transporte en el marco del Acuerdo IIRSA; ii) el desarrollo de infraestructuras energéticas en el marco de acuerdos bilaterales específicos, y iii) el desarrollo de la inversión directa extranjera a través de privatizaciones, pero fundamentalmente mediante modelos asociativos público-privados que han involucrado a gran número de empresas de procedencia latinoamericanas en Perú.

A estos tres mecanismos no ortodoxos se suma la integración comercial ortodoxa a través de los conglomerados comerciales, tales como la CAN, principalmente, y el Mercosur, en segundo lugar. Estos espacios siguen siendo importantes aun bajo el nuevo paradigma, pues además de su propio peso específico en las relaciones comerciales de los países de la región, lo interesante es que, en algunos casos, existen incentivos para fortalecer la integración sudamericana que provienen de afuera del continente, como es el caso de la Unión Europea, que pretende negociar con bloques consolidados en vez de hacerlo con países aislados.

En suma, si bien es cierto que todo apunta a concluir que el "regionalismo tradicional" ha perdido espacio en la construcción de la agenda comercial peruana bajo el nuevo paradigma, existe un campo fértil para el desarrollo de un "regionalismo reformado" que sí se convierta en émbolo de una creciente integración comercial y política entre los países sudamericanos. Sin embargo, debe ser un nuevo regionalismo que asuma un marco histórico muy distinto del que primaba en los años setenta y que está marcado decididamente por el proceso de globalización.

En efecto, mientras que el antiguo regionalismo buscaba excluir países para proteger intereses comerciales, el nuevo regionalismo debe estar abierto al mundo (Oman, 1996). El regionalismo solamente puede resultar beneficioso si crea más comercio, en vez de limitarlo. Debe reducir los impedimentos políticos al comercio general en la región reforzando así el proceso de globalización, pues deja de ser beneficioso si produce desviación del comercio a expensas de los países que no se encuentran en la región. La regionalización, en otras palabras, debe producir bloques abiertos.

Por otro lado, el nuevo paradigma de desarrollo ha impactado en los sistemas de preferencias e intereses de los diversos actores del desarrollo nacional –empresariado, Estado y sociedad civil– de muy distintas maneras, dando lugar a un reacomodo de las prioridades de cada actor. Específicamente, tales prioridades también se han manifestado en la agenda comercial nacional de la cual estos actores se sienten partícipes de modo creciente, teniendo en cuenta además el incremento del grado de inserción comercial en el mundo que ha experimentado Perú durante el período 1992-2008.

Es interesante comprobar la forma distinta en que los actores del desarrollo peruano se suman a la construcción de la nueva agenda comercial peruana de cara al futuro, sobre la base de sus particulares formas de "Internalizar" el nuevo paradigma –incluyendo la posibilidad de rechazarlo abiertamente– de conformidad con sus propias estructuras de preferencias. La respuesta a estos interrogantes define el nuevo papel del regionalismo sudamericano en la agenda comercial peruana y, quizás, llevarán a una reformulación del entendimiento de la integración continental en el pensamiento político. La cuestión que se abre de manera casi natural es si el desarrollo de Perú está vinculado al de sus vecinos (paradigma que subyace al regionalismo) mientras el mundo globalizado ha redimido la integración global de varios obstáculos a través de la eliminación de numerosas trabas al comercio internacional y de la revolución de las comunicaciones de fines del siglo XX.

Tal escenario ha generado algunos resultados palpables. En Perú el regionalismo sudamericano es principalmente percibido desde una dimensión comercial, en especial desde el discurso de los grandes empresarios y de las burocracias estatales. No ocurre lo mismo desde la sociedad civil, que percibe el regionalismo desde una visión también política, social y cultural. En el caso de los partidos políticos y de las ONG del espectro socialista esto es muy nítido, aunque recientemente también desde los *think tanks* de otras tendencias.

Los actores domésticos peruanos –empresas grandes, sociedad civil y burocracias estatales– son fundamentales para definir la agenda política comercial peruana, en la medida en que la globalización –con su componente de democratización de la información– ha abierto grandes espacios para que puedan influenciar en las decisiones de política pública del más alto nivel. Tal definición refleja las estructuras heterogéneas de preferencias entre estos tres grandes actores, que se hace más intensa en el caso de la sociedad civil. La configuración de esta agenda regional se ha desarrollado en simultáneo con el cambio del paradigma de desarrollo por el que optó Perú desde inicios de la década de 1990, cuyo centro de enfoque está en la construcción de un clima adecuado de inversión para potenciar el desarrollo a partir de la actividad empresarial privada. Esto significa que la agenda de los diversos actores domésticos se fue constituyendo en respuesta a los vaivenes de los efectos externos que influyeron en ese cambio de paradigma, así como las políticas de estabilización y las reformas estructurales que se gatillaron en los noventa –nuevo ordenamiento legal, profundización financiera, privatización, desarrollo de infraestructuras, apertura comercial y reforma del Estado– adecuándose cada uno de ellos a los nuevos escenarios que se fueron configurando después de su aplicación.

Lo concreto es que, con el rumbo que tomó la política peruana en las últimas dos décadas, el regionalismo sudamericano no forma parte sustancial de las agendas de los actores domésticos peruanos para la definición de la agenda comercial porque no representa respuesta satisfactoria a sus expectativas de beneficios asociados a su inserción en el mundo global contemporáneo. Dentro del empresariado hay excepciones a esta conclusión general, particularmente en lo que se refiere a la intensificación de las relaciones comerciales con Brasil, las posibilidades de alianzas estratégicas con empresas sudamericanas para el desarrollo de proyectos de infraestructuras públicas vía esquemas APP y el fortalecimiento de zonas comerciales de frontera con Ecuador, Chile y Bolivia. Desde la sociedad civil, las excepciones se vinculan a los trabajos de redes de partidos políticos, ONG y *think tanks* peruanos.

Desde 1992 la agenda comercial peruana está orientándose crecientemente hacia una concepción más global que regional, impulsada básicamente por el aparato burocrático estatal y el empresariado, a lo que se suma una parte de la sociedad civil, específicamente en una emergente "clase intelectual" que apoya posiciones orientadas a la liberalización de los mercados y la apertura comercial intensiva. Esto tiene como contraparte el debilitamiento de las posiciones adversas a tratados de este tipo, representadas por partidos políticos del espectro duro del socialismo peruano y de otros agrupamientos como sindicatos de trabajadores, que no logran recuperar espacios perdidos durante la década de 1990.

Bajo este nuevo paradigma, el futuro del regionalismo sudamericano como fuerza motriz de la actividad comercial externa peruana, depende de la capacidad de reformulación de sus fundamentos. Ello significa migrar desde una concepción de la preponderancia de antecedentes históricos y similitudes culturales, hacia otra de complementariedades económicas materializadas no solamente en los típicos esquemas de uniones aduaneras, sino en desarrollos conjuntos de infraestructuras y de inversiones directas intrarregionales.

Estas aseveraciones encuentran sustento en la nueva orientación de la política económica peruana desde inicios de la década de 1990. Esta nueva orientación corresponde a un paradigma distinto del prevaleciente desde la década de 1960, que estaba más enmarcado dentro de un regionalismo cerrado y que era coherente con el paradigma mayor del modelo centro-periferia. Sin embargo, la revisión política que ha impelido la actual crisis global avizora un panorama que puede alterarse a partir de 2009, en la medida en que siendo Perú un país cuyo crecimiento ha estado en gran medida explicado por su creciente inserción en los mercados comerciales y financieros internacionales, el nuevo escenario puede limitar su proceso de crecimiento. La carestía de recursos financieros que podría sobrevenir por una eventual contracción de la demanda externa de *commodities*, en particular teniendo en cuenta que gran parte de las expectativas del crecimiento proyectado dependían de los efectos del TLC con Estados Unidos (precisamente el país que padece con mayor fiereza la crisis global), puede cambiar las preferencias de los tres actores principales peruanos del regionalismo sudamericano, devolviéndole gran parte de la fuerza perdida en las últimas dos décadas. Pero este debate, y sus consecuencias, recién empieza y sus efectos corresponden a una verificación de hechos que excede los límites temporales de este capítulo.

Referencias bibliográficas

Acuerdo Nacional. Octava política de Estado: Descentralización política, económica y administrativa para propiciar el desarrollo integra, armónico y sostenido del Perú. Suscrito el 5 de marzo de 2002, Lima, Perú.

Agencia de Promoción de la Inversión Privada (PROINVERSION) 2008, "Estadísticas de inversión extranjera", Lima. Disponible en www.proinversion. gob.pe.

Banco Central de Reserva del Perú (BCRP) 2008, "Cuadros históricos anuales. 1950-2007", Lima. Disponible en www.bcrp.gob.pe.

Banco Mundial (WB) 2005, *A better investment climate for everyone. World Development Report*, Worldbank, Washington D. C.

Banco Mundial (WB) 2008, *World Development Indicators*, Worldbank, Washington D. C.

Boloña Behr, Carlos (1993), *Cambio de rumbo*, Lima, Editorial GBSA, Instituto de Libre Mercado.

Comisión de la Verdad y la Reconciliación (CVR) 2003, "Informe final", Lima.

Congreso del Perú (2001), "Balance del proceso de privatización del Perú: 1990-2000. Comisión Investigadora de delitos económicos y financieros 1990-2001", Lima.

Contreras, Carlos (2003), "La teoría de la dependencia en la historia económica sobre la República", documento de trabajo N° 216, Departamento de Economía, Pontificia Universidad Católica del Perú, Lima.

Campodónico, Humberto (2008), "Un capítulo económico infame, en diario *La República*, edición del 13 de junio, Lima.

Comunidad Andina de Naciones (2003), "Treinta y cuatro años de integración comercial: 1969-2002", documento estadístico SG/de 60, proyecto 4.37.52, Secretaría General.

Comunidad Andina de Naciones (2008), "El comercio exterior de la Comunidad Andina: 1969-2007", documento estadístico SG/de 230, proyecto 8.46.63, Secretaría General.

Contreras, Carlos y Cueto, Marcos (2004), *Historia del Perú contemporáneo*, Lima, Instituto de Estudios Peruanos.

Dahrendorf, Ralf (2005), *En busca de un nuevo orden*, Barcelona, Paidós.

De Althaus, Jaime (2007), *La revolución capitalista en el Perú*, Lima, Fondo de Cultura Económica.

D´Medina Lora, Eugenio (2008), "PPP en el Perú: ¿boom o boomerang?, en revista *Administración y Economía*, mayo-agosto, vol. 8, Nº 24, pp. 171-204, Universidad de Chile, Santiago.

De Soto, Hernando (1986), *El otro sendero*, Lima, Fondo de Cultura Económica.

Escobal, Javier; Saavedrak, Jaime, y Torero, Máximo (1998), "Los activos de los pobres en el Perú", documento de trabajo Nº 26, Grupo de Análisis para el Desarrollo (GRADE), Lima.

Human Rights Watch (HRW) (2003), "Peru: Prosecutions Should Follow Truth Commission Report".

Instituto Peruano de Economía (2005), *La brecha de infraestructura*, Lima.

Tuesta Soldevilla, Fernando (2001), *Perú Político en Cifras*, Lima, Fundación Friedrich Ebert, 3ra. ed.

Yerguin, Daniel y Stalislaw, Joseph (1998), *The Commanding Heights: The Battle for the World Economy*, Nueva York, Simon & Schuster.

VENEZUELA
EL ESCENARIO REGIONAL COMO
(UN DESEO DE UN) ÚNICO ESCENARIO

Andrés Serbin

1. Introducción

Para una comprensión cabal de los determinantes internos del regionalismo sudamericano en las percepciones contemporáneas de diversos actores de la sociedad venezolana, es necesario analizar sumariamente su reciente evolución política y, en especial, las transformaciones impulsadas y generadas con la elección de Hugo Chávez Frías a la presidencia en 1998 y su posterior consolidación en el poder en los últimos diez años. En este sentido, los cambios generados desde la década de 1990 en términos de los objetivos de la política exterior impulsados por Chávez y su proyecto bolivariano reflejan, por un lado, la impronta marcada por la instauración progresiva de un proyecto político con características distintivas en el seno de la sociedad venezolana, y, por otro, el reposicionamiento político de algunos actores clave junto con el surgimiento de nuevos actores con visiones en torno al regionalismo sudamericano frecuentemente contrastantes con las de los antiguos actores asociados con las élites empresariales, sindicales, económicas y políticas tradicionales, establecidas durante el período precedente. Sin embargo, estas transformaciones y estos reposicionamientos no están disociados de los cambios que, en los últimos quince años, han caracterizado asimismo al entorno internacional y, en particular, el regional. La articulación entre los cambios internos y las transformaciones del entorno externo contribuye a una más cabal comprensión de los actuales determinantes internos del regionalismo sudamericano en el caso de Venezuela, que, sin abundar en la reiterada afirmación de su "excepcionalidad", permite, sin embargo, caracterizar con mayor precisión sus rasgos diferenciales en comparación con otros casos de la región (Ellner y Tinker Salas, 2007).

En este marco, no abundaremos en las consideraciones conceptuales en torno a la caracterización del regionalismo sudamericano ni a la justificación teórica del énfasis en los determinantes internos, a cuyos efectos remitimos al capítulo introductorio y al *background paper* de la investigación, preparado por Heidrich, Trucco y Tussie (2008).

2. Del "Gran Viraje" a la Agenda Venezuela: los ajustes macroeconómicos y las visiones regionales

2.1. La década del noventa: el "Gran Viraje" y la articulación de la nueva política económica con la reformulación de la política exterior venezolana

En la segunda mitad del siglo XX, Venezuela se ha distinguido en el ámbito internacional y regional por la combinación de la existencia y consolidación de un sistema democrático estable a lo largo de cuatro décadas y por la explotación de sus recursos petroleros como un componente fundamental tanto de una economía rentista como de una proyección internacional frecuentemente sobredimensionada.

Este cuadro sufrió una serie de transformaciones cruciales en la década de 1980. El efecto combinado de la baja internacional de los precios del petróleo –eje de la economía venezolana– y el impacto del endeudamiento externo provocaron una crisis económica sin precedentes en el país, con una serie de secuelas sociales y políticas que pusieron bajo signo de interrogación la alegada estabilidad del sistema democrático venezolano y que obligaron a redimensionar y reducir en su escala la proyección internacional de la política exterior del país (Goodman *et al.*, 1995).

Hacia 1988, desequilibrios externos, desajustes en el área fiscal y desajustes en la esfera monetaria se combinaron con la merma de los ingresos petroleros y la creciente presión de la deuda externa. En este marco, la proximidad de las elecciones presidenciales en 1988 dio lugar al mantenimiento de una política fiscal expansiva que provocó una caída de las reservas internacionales.

Una nueva etapa se abre, en consecuencia, en 1989, al asumir la presidencia del país por segunda vez Carlos Andrés Pérez. Esta etapa, calificada como el "Gran Viraje" y signada por una reacción a nivel gubernamental a la crisis, en el marco de un programa de ajuste, estuvo articulada tanto a las necesidades de reorientar la política económica del país y modernizar y readecuar el sistema político a esta reorientación, como a la urgencia de redimensionar la política exterior frente a los desafíos impuestos por las transformaciones globales y hemisféricas en curso, y la reducción de los recursos petroleros. El marco conceptual al que se recurrió para impulsar estos cambios respondió a las concepciones vigentes del "Consenso de Washington", que fueron aplicadas por el Estado como parte de un programa macroeconómico con significativos impactos sociales y políticos. La nueva orientación por la cual optó el gobierno de CAP puede catalogarse, en este sentido, como un programa de ajuste de naturaleza ortodoxa, resultante de un compromiso formal con el Fondo

Monetario Internacional (FMI) y en cumplimiento de todos los requerimientos exigidos por éste. [230]

En consecuencia, esta fase de la evolución del sistema venezolano, desde 1989 a 1993, se caracterizó, en lo interno, por una serie de iniciativas radicales, especialmente en el plano económico, que intentaron impulsar un programa drástico de restructuración de la economía a través de la implementación de medidas tendientes a la reducción del gasto público, al intento de eliminación de los subsidios directos e indirectos del Estado, al aumento del precio de la gasolina y de los servicios, a la desregulación, la privatización, la reconversión industrial y la reducción de los derechos aduaneros, con el propósito de reducir el déficit fiscal, liberalizar los intercambios y las tasas de interés, así como los precios, y abrir la economía al comercio y la competencia internacional. Este programa, en consonancia con las concepciones neoliberales vigentes para aquel momento, se articuló con una estrategia de desarrollo crecientemente basada en la promoción del crecimiento hacia fuera y la apertura comercial, que intentaron marcar un viraje radical en la economía y en la política del país (Toro Hardy, 1992; Naím, 1993).

Pese al intento de compensar los costos sociales y políticos consiguientes con una serie de políticas sociales, se generó una radical reacción de la población que originó tanto el "caracazo" –una revuelta y movilización por parte de amplios sectores de la sociedad venezolana frente al aumento del precio de los combustibles– de febrero de 1989, poco después de asumir la presidencia Carlos

---

[230] Los lineamientos generales de este programa de ajuste macroeconómico del gobierno de Carlos Andrés Pérez se resumen en la Carta de Intención firmada con el FMI el 28 de febrero de 1989 (López Maya, 2005: 26).

Andrés Pérez, como los frustrados intentos de golpe militar del 4 de febrero y del 27 de noviembre de 1992.

En esta etapa se decantan y se desarrollan nuevas prioridades de la política exterior venezolana, incluyendo una aceleración de la participación venezolana en los procesos de integración, con algunas particularidades distintivas (Giacalone, 1999: 163). Entre éstas se cuenta el intento de desplegar una diplomacia comercial más activa orientada a incrementar las exportaciones del país, y especialmente las exportaciones no tradicionales (ENT) no vinculadas directamente a la explotación del petróleo, y de relacionarse con espacios económicos ampliados a través de la firma de acuerdos de libre comercio y del impulso a los procesos de integración subregional (Rojas, 1992).

Es así que el VIII Plan de la Nación perfila claramente los componentes de la estrategia de desarrollo propuesta para lograr una inserción más ventajosa de Venezuela en el sistema económico internacional, sobre la base de un conjunto de elementos distintivos: a) una agresiva inserción en el escenario mundial; b) una política exterior como apoyo a los objetivos de apertura económica dentro del contexto de la promoción del libre comercio, de la integración latinoamericana y del fortalecimiento de la solidaridad democrática internacional;[231] c) un nuevo enfoque de la integración regional, fortaleciendo las instituciones de cooperación e integración económica, propiciando acuerdos de apertura comercial e impulsando alianzas estratégicas en diversos ámbitos (tecnológicos, culturales y políticos); d) una diplomacia comercial agresiva en lo bilateral y en lo multilateral, para apoyar el crecimiento de las exportaciones venezolanas, y e) el ingreso

---

[231]   Uno de los ejes distintivos de la política exterior venezolana a lo largo de todo el período democrático.

en el GATT y el establecimiento de canales efectivos de comunicación y de colaboración entre Venezuela y las instituciones internacionales de cooperación e integración (Cordiplan, 1990; Cardozo, 1992a: 5).

2.2. Visiones del regionalismo durante el gobierno de CAP

En función de estos objetivos, se impulsó una política comercial basada en tres pilares –la apertura gradual de la economía venezolana destinada a promover una modernización y una mayor eficiencia y competitividad de la industria y la agricultura del país; una activa estrategia de integración y de negociaciones comerciales cuyo propósito apuntaba a la ampliación de mercados y de oportunidades de comercio e inversión para los agentes locales, y una política integral de promoción de las exportaciones con especial énfasis en las exportaciones no tradicionales, tratando de ampliar la oferta exportadora de Venezuela más allá de los rubros asociados con la explotación del petróleo (Rodríguez, 1993a, Zambrano, 1993).

En relación con el segundo pilar –el impulso a una activa estrategia de integración regional y de negociaciones comerciales– se avanzó rápidamente en la integración económica con Colombia,[232] como con las negociaciones de un acuerdo de libre comercio del Grupo de los Tres (México, Colombia y Venezuela) (véanse Garay y De Lombaerde en este volumen). Asimismo, se aceleró el proceso de integración en el Pacto Andino no obstante la autoexclusión temporal, para la época, de Perú y la creciente vinculación de Bolivia con el Mercosur; se inició la negociación de un acuerdo de libre comercio con

---

[232] Al punto de que el eje comercial Venezuela-Colombia, cuando el intercambio comercial para el año 1993 superó los 1.500 millones de dólares, se constituyó en el más avanzado del Pacto Andino.

Chile y de acuerdos no recíprocos con Centroamérica y con la CARICOM. Simultáneamente, en agosto de 1990, Venezuela se incorporó al GATT (Serbin, 1994).

En el plano político y diplomático, estos objetivos se reflejaron en una creciente proyección regional a través de un arco de alianzas subregionales, regionales y hemisféricas. En este sentido, en función de reforzar la capacidad negociadora del país y de cubrir, luego del fin de la Guerra Fría, un creciente vacío geopolítico en el área de la Cuenca del Caribe generado por el progresivo desinterés estratégico de estados Unidos en la subregión, se intensificaron las relaciones con los países del área caribeña (incluyendo el Caribe insular, Centroamérica, Colombia y México),[233] utilizando mecanismos ya establecidos como la CARICOM y el SICA, o la participación en el Pacto Andino y la ALADI, o de mecanismos emergentes como, en el plano político, el Grupo de Río, y en el plano de la concertación política y económica a nivel subregional, el Grupo de los Tres (G-3). La concentración de los esfuerzos diplomáticos y de cooperación en el ámbito de la Cuenca del Caribe se refleja en la conformación y posterior creación, en 1994, de la Asociación de Estados del Caribe (AEC), con la participación de los países insulares del Caribe (incluyendo Cuba), los países centroamericanos, México, Colombia y Venezuela, promovido por un eje configurado por esta última, y Trinidad y Tobago (Serbin, 2007a). De hecho, los tradicionales temas geopolíticos y

---

[233] A fines de los ochenta comienza a emerger, particularmente en los círculos académicos y vinculados a estos procesos, una nueva visión de la Cuenca del Caribe, bajo la noción de Gran Caribe, que incluía tanto el Caribe insular (incluida Cuba) como los países de Centroamérica (incluido El Salvador, que no tiene costa caribeña), México, Colombia y Venezuela, con exclusión, sin embargo, de Estados Unidos. La concepción de Gran Caribe inspirará, en la década del noventa la conformación de la Asociación de Estados del Caribe (AEC) (véase Serbin, 1998).

de seguridad presentes en la agenda de la política exterior de Venezuela y asociadas a algunas de sus identidades descollantes, en especial su identidad andina y caribeña y su preocupación por el Caribe como "zona estratégica vital" (Josko, 1992; Consalvi, 1998; Rodríguez, 1987), fueron parcialmente desplazados por la prioridades económicas vinculadas a la apertura comercial, la integración subregional y la diversificación de exportaciones y de mercados, junto con la búsqueda de alianzas que incrementasen el poder de negociación internacional del país.

En este marco, son de resaltar dos elementos importantes. En primer lugar, los cambios introducidos por la segunda presidencia de Carlos Andrés Pérez priorizaron, desde el Estado y en lo externo, una visión del regionalismo focalizada en el mundo andino y en la Cuenca del Caribe, incluyendo, en particular, a Colombia y Estados Unidos como socios prioritarios.[234] En este sentido, más allá de la eventual retórica de cooperación Sur-Sur, el grueso de la política exterior se concentró en los miembros del Pacto Andino y en la Cuenca del Caribe. Esta concentración subregional dio pie a la maximización de los beneficios de un proceso de creciente concertación e integración en torno a la Cuenca del Caribe, entendida ésta en su acepción más amplia (Serbin, 1990 y 1991c).

Por otra parte, si hasta 1988 la subregión andina no había sido aprovechada como mercado o como abastecedor,[235] con el nuevo gobierno esta situación se vería modificada, convirtiéndose el mundo andino en un

---

[234]　Potenciando, en este sentido, dos de las identidades tradicionalmente esgrimidas por Venezuela en su política exterior. En primer lugar, la identidad andina y, en segundo, pero con una creciente relevancia, la identidad caribeña (Josko, 1992).

[235]　Si bien con altibajos, Venezuela participó en la evolución de la dinámica integracionista andina desde la creación de la Junta de Cartagena.

importante mercado para las exportaciones no petroleras. De hecho, Venezuela se involucra en la reactivación
del Pacto Andino, desde 1989 y durante los primeros
años de la década de 1990; en 1992, profundiza su participación en este esquema con el establecimiento de una
zona bilateral de libre comercio con Colombia, percibida
como el segundo mercado en importancia para las exportaciones no petroleras del país, y, en 1995, contribuye a
la creación de una Unión Aduanera entre ambos países
(Rojas, 1992: 167; Bustamante, 2000: 21). En este marco,
la integración con el mercado andino contribuyó a fortalecer una estructura exportadora de ENT que contaban
con un mayor valor agregado y generaban, a la vez, una
mayor generación de empleos (la importancia de los vecinos sudamericanos como un mercado a las exportaciones
de mayor valor agregado es una característica que comparten los siete casos de estudio incluidos en este libro).
Por otra parte, "las estadísticas ilustran cómo Venezuela
ha exportado (al mercado andino) fundamentalmente
productos manufacturados y no precisamente petróleo
crudo, como es la constante en su estructura comercial,
logrando durante varios años mantener un superávit en
este mercado" (Arellano, 2008: 5).

Simultáneamente, durante el gobierno de Carlos
Andrés Pérez se firmó un acuerdo con la CARICOM, por
el cual durante cinco años se admitía al mercado una
lista de productos caribeños, sin necesidad de reciprocidad, y con los países centroamericanos, en similares
condiciones.

Adicionalmente, las dos innovaciones más importantes en este proceso de aceleración de la integración
subregional fueron la firma y el establecimiento de dos
esquemas nuevos –el Grupo de los Tres (G-3) (Serbin *et
al.*, 1992; Serbin y Romero, 1994; Ministerio de Relaciones
Exteriores de Colombia, 1996), y la Asociación de Estados

del Caribe (AEC) (Serbin, 1994b; 1998; 2000 y 2007a). Las negociaciones en torno a la creación del G-3 entre México, Colombia y Venezuela se iniciaron en 1989, planteando la creación de una zona de libre comercio para 1994, en función de dos objetivos diferenciados: diseñar y ejecutar acciones conjuntas de cooperación con los países de América Central y del Caribe, en función de consideraciones geopolíticas, y establecer entre los tres países una zona de libre comercio (Rodríguez, 1993b: 189). Por otra parte, la iniciativa de la creación de la AEC impulsada durante el gobierno de Carlos Andrés Pérez, aunque se constituyó formalmente recién en 1994, en función de objetivos y consideraciones geopolíticas similares, a las que se sumó la intención de establecer un espacio de concertación y coordinación regional en torno a temas como comercio, turismo, transporte y desastres naturales. En ambos casos, junto con las consideraciones económicas asociadas a la nueva política de apertura comercial, también primaron los intereses geopolíticos, en tanto, luego del fin de la Guerra Fría, la creciente desatención estratégica de Estados Unidos hacia la subregión de la Cuenca del Caribe, generaba un vacío geopolítico y una potencial inestabilidad regional que motivaba la preocupación de potencias regionales como Venezuela, México y Colombia (Serbin, 1994b; 1998; 2000 y 2007a).

En este marco, hasta 1994 predominó una visión del regionalismo que se orientaba hacia el Norte y el Oeste, con los diversos acuerdos que vinculaban a Venezuela con México, Colombia, Centroamérica y el Caribe, siempre en el marco de una relación privilegiada con Estados Unidos como principal mercado de sus productos petroleros y como principal proveedor de exportaciones al país. Esta visión combinaba una motivación económica, en el caso particular de los países andinos, Colombia, México y Estados Unidos, con la persistencia de consideraciones geopolíticas, en el caso del Caribe y de Centroamérica (Giacalone, 1999: 196).

En segundo lugar, si bien los cambios en la política exterior respondieron a una iniciativa del Ejecutivo en el marco de las reformas implementadas y, por lo tanto, constituyeron básicamente una iniciativa del Estado, se impulsó asimismo una más activa participación del sector privado, particularmente el vinculado a las exportaciones no tradicionales (ETN), en el proceso de negociación de los acuerdos de libre comercio. El repunte de los ETN se dirigió fundamentalmente a aprovechar los espacios ofrecidos por los acuerdos de libre comercio y de integración en el ámbito regional. En este proceso, pese a las dificultades y obstáculos señalados, es evidente que el sector privado se convirtió en un puntal importante de la política de aceleración de los mecanismos integrativos y de libre comercio existentes y de una más agresiva política comercial hacia el exterior del país (Rodríguez, 1993a).

2.3. El rol del sector privado en la nueva visión del regionalismo en el marco del "Gran Viraje"

En este marco, nunca antes un gobierno venezolano confió tanta responsabilidad al sector privado en el proceso de reforma y de modernización como a partir de la reformas de 1989, que implicaron básicamente que los precios fueron liberados, algunas compañías estatales, privatizadas, las importaciones y exportaciones, liberalizadas y las corporaciones extranjeras invitadas para invertir e instalarse en Venezuela.

Con un desarrollo particular, hasta la década de 1980, la rentabilidad de las empresas del sector privado en Venezuela dependía en gran medida de las decisiones del gobierno, al punto de que su foco estratégico apuntaba a garantizar el acceso a los subsidios y la protección del gobierno, en el marco de la predominancia de una orientación eminentemente estatista de la economía, alimentada por los recursos petroleros. De hecho, el desarrollo de las empresas privadas en Venezuela dependía en gran parte, hasta fines de la década de 1980, de los subsidios y mecanismos proteccionistas provistos por el Estado y la creación de asociaciones o federaciones empresariales respondía a las necesidades de interactuar con éste y, en particular, con los partidos políticos que, en el marco del sistema bipartidista accedían al gobierno como parte de una estructura política basada en el corporativismo. Por otra parte, hasta esa fecha, el sector privado en Venezuela se caracterizaba por una amplia diversificación orientada principalmente al mercado doméstico, con financiamiento originado en el endeudamiento, con un alto nivel de concentración de la propiedad, generalmente en empresas familiares, y con un fuerte énfasis en los contactos personales adecuados, cruciales a la hora de obtener subsidios, préstamos o licitaciones gubernamentales (Naím y Francés, 1995: 165). A su vez, el predominio del modelo de sustitución de importaciones y de control estatal de los servicios públicos y privados imperante en toda América latina durante esa época, se articulaba con la apropiación estatal de los recursos fiscales provenientes de la explotación del petróleo que contribuía a alimentar la dependencia del sector privado del patrocinio estatal "*to an unusual extent*" (*ibid.*: 170).

En este marco, antes de 1989 las visiones del Estado en torno al regionalismo, cuando las había, generalmente se imponían pese a algunas reticencias, al sector privado, en el marco de una atmósfera predominantemente proteccionista, de fuerte estímulo estatal a la industrialización tardía que vivía Venezuela, y con muy limitada presencia de empresas extranjeras, junto con un conjunto de asociaciones empresariales que "nacieron

débiles y continuaron siendo dependientes del gobierno"
(Giacalone, 1999: 109).

El caso de FEDECAMARAS (Federación Venezolana
de Cámaras y Asociaciones de Comercio y Producción)
nacida en 1944 como principal organización empresarial de Venezuela, es muy ilustrativo al respecto, particularmente en relación con la incorporación de Venezuela
al Pacto Andino, poniendo en evidencia que la industria
venezolana no tenía capacidad para crecer sin la ayuda permanente del Estado, bajo la forma de protección
aduanera, créditos y una política cambiaria favorable
(López Maya y Gómez Calcaño, 1989: 41). Al alcanzar
FEDECAMARAS en la década de 1960 su carácter de "asociación cúpula" de los empresarios venezolanos, cuando
las industrias petroleras y los sectores bancarios, de segu-
ros, de construcción y del agro se unieron a ella a partir de
1968, su posición frente al Pacto Andino no fue uniforme
ni constante. En efecto, existieron confrontaciones internas y variaciones de posición dentro de una reticencia
inicial general frente al acuerdo de integración regional
que, progresivamente, se fue modificando bajo la presión del Estado (Giacalone, 1999: 113; Urriza, 1984: 41-81;
Urbina, 1997: 41) en una atmósfera de auge de los precios
del petróleo en el mercado internacional. Cuando a fines
de la década de 1970 comienza a evidenciarse un mayor
involucramiento de los grupos empresariales en la toma
de decisiones que los afectaban en este campo, éstos desarrollaron fundamentalmente relaciones personalistas
con el gobierno y con personalidades políticas asociadas con los partidos, de manera de poder ejercer cierta
influencia en el marco de un sistema político bipartidista que promovía el corporativismo tanto desde el Estado
como desde los partidos políticos.

Sin embargo, hacia mediados de la década de 1980,
se constituyeron grupos empresariales tales como el

Grupo Roraima y el Grupo Santa Lucía, que canalizaban propuestas económicas hacia el Estado sin pasar por FEDECAMARAS. No obstante, ya a partir de 1979 esta organización empresarial había comenzado a asumir otra posición, favorable al Pacto Andino y con una visión regionalista orientada principalmente a los países andinos y, en especial, a la integración con Colombia, en la medida que se incrementaba el comercio bilateral (Giacalone, 1999: 115-117). Por otra parte, las diferencias en el seno del sector empresarial no sólo reflejaban diferentes percepciones e intereses en torno a la integración con los países andinos, sino también en relación con Centroamérica y el Caribe. En este sentido, como ilustración cabal de los distintos intereses y prioridades en cuanto a la política comercial externa de Venezuela, la AVEX (Asociación Venezolana de Exportadores), "se interesó en el mercado andino, aunque su ambición mayor eran los mercados del Caribe y de Centroamérica" (Urbina, 1997: 57) donde percibían mayores oportunidades para algunos productos no tradicionales venezolanos si contaban con el apoyo del Estado.

A partir de fines de la década de 1980 y particularmente en la década de 1990, con la introducción de las reformas del "Gran Viraje", la rentabilidad de las empresas comenzó a depender en mayor medida del mercado y de la competitividad de sus productos, su foco estratégico se reorientó al acceso al mercado internacional y a la tecnología, generándose reestructuraciones y consolidaciones empresariales con una mayor proyección y visión internacional, una capitalización creciente y un financiamiento obtenido a través de mercados de capitales abiertos, tanto locales como internacionales, con una mayor propensión a las "*joint ventures*", una mayor diferenciación entre los propietarios y los gerentes, y un énfasis en el "*know how*" (Naím y Francés, 1995: 169).

Por otra parte, necesariamente, en el marco del "Gran Viraje" las nuevas reglas de juego establecidas para el sector privado implicaron una situación en que éste se vio compelido a actuar de acuerdo con la dinámica del mercado, "sin las muletas que hasta entonces le proporcionaba el Estado" (Arenas, 2005: 352).

El nuevo modelo de desarrollo impulsado por Carlos Andrés Pérez en su segunda presidencia contó, en este marco, con el apoyo de algunos poderosos grupos empresariales como los mencionados Grupo Santa Lucía y Grupo Roraima, y de un *think tank* empresarial como CEDICE, pero chocó, sin embargo, con los intereses de sectores ajenos a la élite económica, como se develó con la eclosión del "caracazo" (Giacalone, 1999: 119). En este sentido, errores fundamentales en la implementación del llamado "Gran Viraje" fueron la ausencia de una política de comunicación del gobierno y la falta de consultas, y de un consenso tanto con algunos sectores del empresariado como con los grupos sociales más débiles (Thorp yDurand, 1997: 231-232), junto con una aceleración de las decisiones gubernamentales frecuentemente desfasadas de los consensos necesarios con el sector empresarial.

Para la época, el liderazgo de FEDECAMARAS se encontraba demasiado débil y dividido como para proveer una adecuada base de apoyo corporativo para las reformas (Naím, 1993a: 136). Sin embargo, las reformas contribuyeron a revitalizar el sector empresarial (Naím y Francés, 1995: 187), pero el Ejecutivo desempeñó un papel protagónico en la política de integración, desplazando al Ministerio de Relaciones Exteriores y trabajando en estrecha vinculación con el Instituto de Comercio Exterior (ICE) y con CORDIPLAN. La apertura económica configuró una parte importante de las reformas iniciadas por Carlos Andrés Pérez, y la política de integración que se articuló con la apertura reflejó un conjunto de ideas que prevalecían tanto en el ámbito internacional como entre los asesores del Presidente. Sin embargo, en esencia, y más allá de las confrontaciones y disidencias internas, el impulso integrativo del sector empresarial se focalizó predominantemente en la integración binacional con Colombia, en el marco andino, y, con algunas reticencias evidentes en el seno de FEDECAMARAS, en la firma del acuerdo del G-3 que incluyó a México. En este contexto, la visión regional del empresariado, si es que la hubo en forma elaborada, siguió anclada en el ámbito andino, con el agregado de una incipiente relación con México y una creciente proyección hacia el Caribe y Centroamérica.

Sin embargo, con el *impeachment* y la salida de Carlos Andrés Pérez del gobierno en 1993, se hizo evidente que el mapa de la integración regional en el que participaba Venezuela se había complejizado y ampliado en comparación con 1989, con una clara orientación hacia el Norte y el Oeste. Pese a los avatares del nuevo presidente electo, también en una segunda gestión, Rafael Caldera, y después de una difícil transición interna, este mapa se complejizó aún más con una serie de avances y retrocesos en distintas esferas y direcciones, incluyendo las primeras aperturas hacia Brasil y los primeros debates acerca de una posible vinculación con el Mercosur.

2.4. El segundo gobierno de Rafael Caldera: continuidades y cambios en la visión regional

Con la elección de Rafael Caldera a su segunda presidencia luego del *impeachment* de Carlos Andrés Pérez en 1993 y de una compleja transición política bajo el mandato del presidente interino Ramón J. Velázquez, se interrumpió coyunturalmente el proceso de reformas económicas y se generó un clima de inquietud entre el sector empresarial por la alianza electoral de Caldera con el

Movimiento al Socialismo (MAS) y el Partido Comunista de Venezuela (PCV), entre otros grupos de izquierda, luego de su ruptura con el partido de orientación demócrata cristiana –COPEI, que había contribuido a fundar y que había sido uno de los puntales del bipartidismo que sostuvo el sistema político desde 1958. La elección de Caldera para su segundo período presidencial y esta ruptura, marcaron el fin del llamado Pacto de Punto Fijo, que había permitido la alternancia en el poder entre el partido Acción Democrática y el partido COPEI, en el marco de lo que Rey (1991) denominó sistema de conciliación de élites. Este sistema en sí, que ya había empezado a sufrir un deterioro progresivo en los años precedentes, alcanzó la cúspide de su deslegitimación con la elección de Caldera con el apoyo de una alianza heterogénea y la proliferación de agrupaciones políticas identificadas con la "antipolítica" (o al menos con un cuestionamiento a los partidos políticos hegemónicos) en su crítica al régimen bi-partidista vigente hasta el momento. Evidentemente, este proceso de deslegitimación inició su ciclo inexorable con el "caracazo" y los dos intentos de golpe militar en 1992, pero a la vez abrió la posibilidad, después de los vaivenes y contradicciones del gobierno de Caldera, para la victoria electoral de Hugo Chávez Frías en 1998.

El segundo gobierno de Caldera se inició en el marco de una crisis bancaria sin precedentes en el país que acentuó la incertidumbre de una gran parte de la población venezolana. Caldera recibió el gobierno con una balanza comercial deficitaria en unos 2.000 millones de dólares, las reservas internacionales en 12.000 millones de dólares, una inflación del 46% y un déficit fiscal del 7%, es decir, una crisis generalizada. Llevó a su gobierno a implementar una fuerte política impositiva que condujo a que, por primera vez después de cincuenta años, los ingresos fiscales no petroleros fueran mayores que los provenientes de esta actividad. Consecuentemente, en 1994 se produjo una devaluación y se instaló el control de cambio (Rodríguez Rojas, 2008). Frente a esta situación, el gobierno de Caldera, que había llegado al poder con una plataforma fuertemente crítica del programa de ajuste macroeconómico y de las concepciones neoliberales, y que se había comprometido a no negociar con el FMI, adoptó, en los dos primeros años, una serie de medidas aisladas y fragmentarias cuyo resultado e impacto coadyuvaron a acentuar la crisis. La combinación de dos factores –un contexto internacional fuertemente adverso a ensayos poco ortodoxos de política económica en el que seguían prevaleciendo las concepciones neoliberales y las recetas del "Consenso de Washington", y la crisis financiera-bancaria desatada, fue además acentuada por las contradicciones entre los miembros de su gabinete económico en el paradójico marco de una tensión creciente entre las visiones estatistas y las recetas neoliberales. Finalmente, prevalecieron estas últimas y, en 1996, el gobierno se vio forzado a recurrir al auxilio del FMI, aplicando un nuevo conjunto de medidas de ajuste de carácter ortodoxo, bautizado como "Agenda Venezuela".

2.5. La "Agenda Venezuela" y la "Apertura Petrolera"

La "Agenda Venezuela" intentó superar, como en el caso precedente de Carlos Andrés Pérez, una crisis coyuntural para consolidar las bases de una economía de mercado. Como señala una investigadora "si bien las políticas sociales contenidas en la "Agenda" se presentaron de una manera más elaborada y más cuidada que en el "Gran Viraje" de Pérez, dándoseles más relevancia retórica y política que en éste, la implementación de ambos significó para el país la aplicación de un programa de ajuste macroeconómico bastante similar" (López Maya,

2005: 28-29). Entre las medidas más destacadas aplicadas en el marco de la "Agenda Venezuela" se incluyeron: a) aumento del impuesto al consumo suntuario y ventas al mayor hasta 16,5%; b) aumento del precio de la gasolina entre el 500 y el 600%; c) continuación del proceso de privatización de los activos del Estado, incluyendo la privatización de las empresas de la Corporación Venezolana de Guayana y de las compañías eléctricas del Estado; d) liberalización del régimen cambiario para que fuera el mercado el que estableciera el valor de la divisa extranjera, con la consiguiente devaluación de la moneda nacional; e) entrega en concesión de la construcción, mantenimiento y administración de carreteras y autopistas, y f) desarrollo del proceso de "Apertura Petrolera" a la inversión privada. El cambio de rumbo iniciado con la "Agenda" implicó el abandono del control económico del Estado de esferas importantes de la gestión pública y su liberalización en franco contraste con los dos primeros años del gobierno de Caldera y sus promesas electorales (Buxton, 2003; Ortiz, 2007).

Para poder explicar las motivaciones y los determinantes de la cambiante gestión pública del quinquenio, existen dos razones: por un lado, los factores y contingencias de índole exógeno en relación con la actividad petrolera exportadora que constituía la matriz de la actividad fiscal, cambiaria y monetaria de la economía y, en escenarios más genéricos, pero que de alguna manera condicionan la evolución económica y la gestión pública, la dinámica internacional bajo el signo de la globalización, particularmente en el desenvolvimiento de los mercados financieros y los efectos de la crisis financiera mexicana. Y por otro, los factores y procesos emergentes de la dinámica interna: como la crisis financiera calificada como sistemática que se hizo manifiesta desde el comienzo del año 1994 y persistió hasta

1995 con variable intensidad y afectando la actividad económica real, y el movimiento fiscal, cambiario, monetario, y la balanza de pagos. En este contexto, son evidentes dos etapas del gobierno de Caldera: la que se extendió desde el inicio del mandato presidencial, en febrero de 1994, hasta el mes de abril de 1996, caracterizada por haber sufrido un cambio de rumbo de rasgos estatistas con respecto al gobierno precedente, es decir, de relativo control económico, y la que comenzó en mayo de 1996 y que concluye al cierre de 1998, con una evidente inclinación a las medidas neoliberales, aunque con elementos de intervención del Estado.

Por otra parte, en materia fiscal, la génesis de la llamada "Agenda Venezuela" puede fácilmente dividirse en tres momentos básicos: El período de inicio con la macro-devaluación de abril de 1996, el auge de ingresos extraordinarios del segundo semestre de 1996 y 1997, y finalmente la caída de los precios del petróleo que comienza en el último trimestre de 1997 y se prolonga durante 1998.

Sin embargo, en relación con estos tres momentos, quizás el elemento más significativo fue la política de "Apertura Petrolera", inserta en una nueva visión de la relación del Estado venezolano con la OPEP y la incidencia de esta organización en el mercado mundial de hidrocarburos, en tanto PDVSA promovió una visión de que los precios internacionales debían ser fijados por el mercado, en abierto conflicto con las posiciones de otros países miembro de esta organización. En este mismo marco, se planteó en Venezuela la transferencia del sector público al sector privado de actividades tanto centrales como derivadas de la actividad petrolera, luego de la nacionalización de la industria en 1976, durante el primer mandato de Carlos Andrés Pérez (López Maya, 2005: 30).

2.6. La política exterior de la segunda presidencia de Caldera

En el plano de la política exterior, como señala Romero (2008), si bien desde el punto de vista estratégico no hubo ninguna discrepancia importante que permitiera pensar que el gobierno de Caldera iba hacia la sumisión o el enfrentamiento con Estados Unidos, sí hubo a un nivel táctico algunas diferencias que enfriaron las relaciones. Por una parte, el gobierno de Caldera vio con escepticismo el desarrollo del proceso de la Asociación de Libre Comercio de las Américas (ALCA) y la apertura económica defendida por Washington. Al mismo tiempo, Caldera reaccionó negativamente a la decisión del gobierno de Bill Clinton de apoyar la candidatura del ex presidente colombiano César Gaviria a la Secretaría General de la Organización de Estados Americanos (OEA) en detrimento de la candidatura del canciller venezolano Miguel Ángel Burelli Rivas, quien llevaba unos cuantos meses promocionando su opción. Esta candidatura también provocó tanto un distanciamiento de Colombia como el alejamiento de los países caribeños, que habían respaldado por otra parte a Carlos Andrés Pérez durante el proceso de su *impeachment* (Serbin, 2000: 1101).

Por otra parte, se desarrolló un acercamiento con Brasil, reactivándose las relaciones entre ambos países y el vínculo con el Mercosur. En este sentido, el gobierno de Caldera reorientó la mirada hacia el Sur y apoyó la aspiración brasileña de asumir un puesto permanente en el Consejo de Seguridad de las Naciones Unidas. El acercamiento de Venezuela a Brasil fue percibido por Washington como una muestra de la independencia de Venezuela al negarse a entrar en el ALCA sin negociaciones regionales previas, marcando, en un principio, una distancia con el gobierno de Clinton, empeñado en profundizar las reformas neoliberales en América latina y en colocar los temas de la lucha contra el narcotráfico y la defensa de los derechos humanos como prioritarios de la agenda hemisférica (Romero, 2002).

No obstante, dos componentes importantes de la política exterior desarrollada por Carlos Andrés Pérez persistieron, con altibajos, en la política exterior de Caldera, y uno se perdió. Por un lado, persistió la importancia asignada al Pacto Andino, a la luz de una nueva visión del rol de Venezuela como bisagra en el proceso de acercamiento entre los países andinos y el Mercosur, y, consecuentemente la continuidad de la relación bilateral con Colombia, y el sostenimiento del G-3. En el marco de esta re-definición de las prioridades de la política exterior venezolana, como señaláramos anteriormente, se produjo un alejamiento del Caribe y, especialmente de los países de la CARICOM, cuyos gobiernos habían respaldado a Carlos Andrés Pérez y no habían prestado su apoyo a la candidatura de Burelli Rivas; alejamiento que afectó, asimismo, la consolidación y proyección de la Asociación de Estados del Caribe, cuyo secretario general, el venezolano Simón Molina Duarte, no contó con el respaldo posterior necesario de su gobierno.

2.7. El sector empresarial, los sindicatos y la sociedad civil durante el segundo gobierno de Caldera

Por otra parte, y especialmente a partir de la aprobación de la "Agenda Venezuela", el sector empresarial recobró un rol importante, aunque no protagónico, en los procesos de integración y de libre comercio. Es de observar que este rol nunca se diluyó durante el período presidencial de Caldera, a partir del momento cuando, en 1994, representantes de este sector pasaron a ocupar cargos importantes en el gobierno. Esta situación se reflejó muy claramente en la negociación, ese mismo año, de la firma de acuerdo del G-3, en el cual los empresarios venezolanos participaron en la modalidad del "cuarto de al lado", fundamentalmente por la influencia ejercida, tanto en el sector gubernamental como en el empresarial, del nuevo director del Instituto de Comercio Exterior, Alberto Poletto, proveniente de FEDECAMARAS. En este marco, existían posiciones divergentes entre el sector empresarial en torno al G-3, particularmente entre, por una parte, CONIDUSTRIA, FEDECAMARAS y CAVIDEA (Cámara Venezolana de la Industria Procesadora de Alimentos), que, preocupadas por el menor desarrollo relativo de la industria venezolana frente a la mexicana, objetaban la premura en firmar el acuerdo, y la AVEX, que públicamente apoyó inicialmente el acuerdo (Giacalone, 1999: 167).

En este contexto, al igual que en el caso de otros sectores de la sociedad venezolana, la visión regional y las políticas consecuentes en términos de acuerdos comerciales y de creación o fortalecimiento de mecanismos de integración, siguieron siendo impulsadas por el Estado, con mayores o menores reticencias coyunturales por parte de algunas empresas y organizaciones del sector privado. En este sentido, persistió la tendencia semicorporativa de fortalecimiento, por parte del Estado, de organizaciones como FEDECAMARAS y la Confederación de Trabajadores de Venezuela (CTV), a las cuales se le concedió un acceso privilegiado a la interlocución con el Estado y cierto grado de influencia en la estructura de toma de decisiones, en el marco de su fuerte penetración por parte de los partidos políticos, pero con un cierto margen de autonomía y de independencia (Arenas, 2005: 350-351). Sin embargo, con las reformas introducidas por el segundo gobierno de Carlos Andrés Pérez, el sector privado tuvo que depender crecientemente del mercado y fue forzado a abrirse paso incluso en el mercado internacional. Esta tendencia persistió, en mayor o menor medida, durante la segunda presidencia de Caldera.

Por su parte, en este período, las organizaciones sindicales y, en particular, la CTV, no lograron, en el marco de su relación corporativa con los dos partidos políticos del sistema establecido con el Pacto de Punto Fijo, impulsar políticas consistentes frente a los programas de ajuste de inspiración neoliberal. Si bien inicialmente la CTV se opuso y combatió las reformas introducidas por Carlos Andrés Pérez, convocando a la primera huelga general del sistema democrático en mayo de 1989, en realidad la protesta de la CTV perdió impulso y "resultó al final simple retórica", pese a que persistieron los esfuerzos de obstaculizar estas reformas (Ellner: 2003, 212; Ellner: 2007, 2005) siguiendo posteriormente los lineamientos del partido Acción Democrática en el apoyo a la Agenda Venezuela y en la participación en la Comisión Tripartita creada por el segundo gobierno de Caldera, que transformó el sistema de prestaciones y de seguridad. En suma, la imagen de la CTV se debilitó en la medida que no supo adelantar acciones contundentes en contra de las medidas neoliberales impulsadas por Carlos Andrés Pérez y, particularmente, por Caldera (Ellner, 2003: 213). Las restantes confederaciones sindicales, de menor peso en el sistema, como la Confederación General del Trabajo (CGT), y la Confederación de Sindicatos Autónomos de Venezuela (CODESA), de orientación social cristiana, acompañaron a la CTV en las reformas del sistema de seguridad social. La única excepción a este apoyo fue la de la Central Unitaria de Trabajadores de Venezuela (CUTV), que responde al Partido Comunista, que se negó a firmar el acuerdo (Ellner, 2007: 208). La percepción popular de que tanto la dirigencia sindical de la CTV como de la CGT y CODESA respondían enteramente a los intereses de AD y de COPEI, se agudizó por lo tanto hacia fines de la década de 1990. Sin embargo, las cuatro confederaciones y, a partir de principios de este siglo, la bolivariana Unión Nacional de Trabajadores (UTN), han estado participado (no sin conflictos entre ellas) en el Consejo Consultivo Laboral Andino (CCLA),[236] promoviendo la construcción de una agenda laboral y social en el marco del esquema de integración de la Comunidad Andina de Naciones (CAN) (Marcos-Sánchez Zegarra, 2006: 92-93) y apoyando la creación de la Comunidad Sudamericana de Naciones.[237]

No obstante, si bien es de señalar que los sindicatos venezolanos han participado en la articulación de la arquitectura del esquema andino, con especial énfasis en las "cláusulas sociales" y en la definición de una agenda social y laboral a través de CCLA, en la práctica, su visión del regionalismo en este período no parece implicar el desarrollo de opiniones consensuadas en torno a las características asumidas por la apertura comercial que aceleró, desde 1989, la participación de Venezuela en los procesos de integración regional.

Por otra parte, la posición de las organizaciones sindicales en este proceso siempre reflejó planteamientos que vinculaban la agenda social con una mayor participación no sólo de los sindicatos sino de la sociedad civil

---

[236] Creado en enero de 1983, el Consejo Consultivo Laboral Andino es una institución consultiva del Sistema Andino de Integración que está conformada por delegados del más alto nivel, elegidos directamente por las organizaciones representativas del sector laboral de cada uno de los países Miembro (www.comunidadandina.com).

[237] Véase opinión N° 27 del 7 de abril de 2005, en relación con la conformación de la Comunidad Sudamericana de Naciones, en www.comunidadandina.org. En 2006, con la salida de Venezuela del bloque, estas centrales sindicales dejaron de participar en el CCLA, (véase *Correo Sindical Latinoamericano*, boletín temático, N° 18, junio de 2007, http://library.fes.de/pdf-files/bueros/uruguay/04360/csla-tematico18-esp.pdf).

en general. En este sentido, si bien la evolución de la sociedad civil siguió otros derroteros, con mayor autonomía
de los partidos políticos y del Estado, en particular a partir
de la década de 1980, no pudo evitar, no obstante, los rei-
terados intentos de cooptación por parte de éstos, en tanto las relaciones Estado-sociedad civil eran canalizados "y
prácticamente monopolizados" (Salamanca, 2007: 105)
por los partidos políticos y en particular por AD y COPEI.
Sin embargo, entre las décadas de 1960 y 1970 comenzaron a emerger organizaciones de la sociedad civil –vecinales, de mujeres– de carácter predominantemente urbano
y autónomo, generalmente vinculadas a temas locales o a
la provisión o defensa de los servicios públicos. El crecimiento de estos grupos, pese a los intentos de cooptación
por los partidos políticos, tiene una particular importancia en tanto su crítica a los partidos políticos derivó hacia
una nueva cultura política centrada en la democracia de
los ciudadanos y no en los partidos, orientada a promover la participación de la población en la solución de sus
problemas. En este sentido, la resistencia ante la dominación partidista, más que ante la dominación del Estado,
se convirtió en una característica que definió la sociedad
civil durante los años que precedieron a la emergencia del
fenómeno chavista (Salamanca, 2007: 107-108) y, eventualmente, incidió en la conformación de la "antipolítica" y de la atomización política (Buxton, 1973: 156) que
embebió los procesos electorales que llevaron al segundo gobierno de Caldera y a la elección de Chávez, ante la
progresiva deslegitimación y crisis de los partidos políticos tradicionales. Sin embargo, en este proceso de formación, por una parte, las organizaciones de la sociedad civil
con estas características no hicieron públicas posiciones
frente a la integración y, en general, frente a los temas de
política exterior o las visiones de regionalismo imperan-
tes, y, por otra, culminaron este proceso en la acentuada

politización que sufrieron tanto por su involucramiento y activa participación en la Asamblea Constituyente
(Gómez Calcaño, 2005: 328-329; García-Guadilla, 2003a:
239-246) que dio lugar a la nueva constitución en 1999,
como por la progresiva polarización política que evidenció el país con la llegada de Chávez al poder.

3. Determinantes internos del regionalismo sudamericano en la República Bolivariana de Venezuela

Hugo Chávez Frías fue electo presidente en diciembre de 1998 sobre la base de una plataforma definida por
la oposición al neoliberalismo y a las medidas de ajuste que impulsaron, de manera ortodoxa, tanto Carlos
Andrés Pérez como Rafael Caldera durante sus respectivos segundos períodos presidenciales. La plataforma chavista poseía un fuerte contenido de reivindicación social,
con la necesidad de refundar un proyecto político nacional a través de la aprobación de una nueva Constitución
que superara los desequilibrios y exclusiones sociales
del sistema bipartidista de la llamada Cuarta República y
del puntofijismo, y con una visión del mundo que anti-
cipaba el énfasis posterior en la necesidad de unificar a
las naciones de América Latina y el Caribe en una Unión
o Confederación de Naciones que pusiera coto, en la región, al imperialismo y a la hegemonía estadounidense.
Todos estos rasgos se fueron acentuando a lo largo de los
años sucesivos.

Inicialmente, en la esfera económica, Chávez dio continuidad a las políticas macroeconómicas de Caldera. En
esta etapa, básicamente, se desarrolló un enfoque mixto
que no apuntó a la expropiación de empresas privadas ni
privatizó las empresas del Estado. De hecho, en el primer

año de gobierno, la agenda política y, especialmente, la reforma constitucional, concitó toda la atención del gobierno de Chávez. Como señala Buxton, la prioridad de la dimensión política sobre la económica estuvo definida por dos factores interrelacionados. Para el gobierno, las reformas políticas eran un prerrequisito para las reformas económicas y la conexión entre las dos apuntó a una "fórmula a dos manos": "La mano invisible del mercado, en la cual la competencia y la transparencia existen, y la mano visible del Estado", para compensar las debilidades e imperfecciones del mercado (Buxton, 1973: 159)

Sin embargo, mientras que la atención de los medios y la opinión pública estaba focalizada en la Asamblea Constituyente, se inició el cambio en la política petrolera, en la que el Ejecutivo priorizó los recortes de producción, una participación más efectiva en la OPEP y la diversificación aguas abajo que incluía la petroquímica. Por otra parte, teniendo en cuenta la debilidad del sector privado, se hizo especial énfasis en impulsar el desarrollo de la pequeña y mediana empresa a través de créditos y de la adopción de una política de "compre venezolano", mientras que se ponía especial atención a los problemas de los sectores sociales tradicionalmente excluidos (*ibid.*, 160-161). No obstante, el primer año de gobierno de Chávez se caracterizó por una recesión económica heredada del período precedente y marcada por los bajos precios internacionales del petróleo que, sin embargo, no afectó su alto nivel de popularidad.

3.1. De la polarización social a la polarización política: la elección de Chávez y sus secuelas

La emergencia del liderazgo de Chávez en Venezuela y su acceso al poder a través de las elecciones, en 1999, fueron el resultado de una acertada capitalización por su parte de una situación de polarización social decantada en la sociedad venezolana, en el marco del deterioro del sistema de conciliación de élites (Rey, 1991) que caracterizó, desde 1958, el sistema democrático instaurado y consolidado con el Pacto de Punto Fijo.

Al proceso de polarización social contribuyeron varios factores que pusieron en cuestión los pactos partidistas y la composición multiclasista de los partidos políticos hasta ese momento (Ellner, 2003), rasgos distintivos del sistema establecido con el Pacto de Punto Fijo entre los partidos Acción Democrática (AD) y el Comité de Organización Política Electoral Independiente (COPEI), conjuntamente con la Unión Republicana Democrática (URD), pero con exclusión de los partidos de la izquierda. Estos rasgos distintivos entraron en crisis de una manera más visible, sobre la base de una acumulación de factores sociopolíticos y económicos; con el *caracazo* de 1989; los dos intentos de golpe de Estado contra el gobierno de Carlos Andrés Pérez, y el *impeachment* subsiguiente de éste en 1993. Dos factores de orden socioeconómico contribuyeron decisivamente al despliegue de esta serie de eventos críticos –las fluctuaciones de los precios internacionales del petróleo en el transcurso de las décadas de 1980 y 1990 que afectaron la renta fiscal de Venezuela, y los programas de ajuste estructural promovidos por Carlos Andrés Pérez y por Caldera que, en su conjunto, contribuyeron a una reducción de la capacidad adquisitiva del venezolano, a una profundización de la brecha social entre la élite económica y política, a la expansión de una amplia masa de la población crecientemente desplazada hacia la economía informal y a un marcado deterioro institucional por efectos de la corrupción en un país que "hasta entonces [...] había sido uno de los países con mayor movilidad social en Latinoamérica" (*ibid.*: 35).

El resultado se expresó en un significativo aumento de la desigualdad, incrementando las distancias y las tensiones entre los sectores no organizados de la población y los sectores más privilegiados, generando una aguda polarización social. Si bien esta polarización social precedió la llegada de Chávez al poder, ésta la tradujo en una creciente polarización política, que promovió y capitalizó.

Simultáneamente, Chávez asomó algunos elementos de la polarización geopolítica que desarrollaría en el futuro, cuestionando no sólo el modelo neoliberal al que se asociaban los programas de ajuste estructural de los dos gobiernos que lo precedieron,[238] sino también lo que en su percepción era su fuente de inspiración más conspicua –la hegemonía estadounidense.

En este proceso, Chávez se apoyó fundamentalmente en un amplio espectro de organizaciones de izquierda, particularmente aquellas que crecieron y se desarrollaron con una perspectiva antisistémica, como expresiones de la antipolítica tradicional (aunque en esta amalgama no deben ser descartadas también las expresiones de la izquierda más tradicional) y, principalmente, en la asimilación abierta y acelerada a la política y la gestión pública de las Fuerzas Armadas. Esto generó profundos trastocamientos en su organización y su estructura, impulsando a partir de la aprobación de la Constitución de 1999 una serie de cambios institucionales en el marco de un diseño propio, orientado a apuntalar y ampliar el poder presidencial. Nuevamente, en este proceso, la propia personalidad de Cávez, su carisma y su voluntad de poder, contribuyeron a la utilización de la polarización política sustentada en la polarización social para desarrollar y fortalecer el

---

[238] Aunque, en la práctica, como ya señalamos, durante los primeros años de su presidencia, Chávez no innovó significativamente con respecto a las políticas económicas de sus dos predecesores.

poder presidencial, aupado por el incremento sostenido de los precios del petróleo desde el inicio de este siglo (Marcano y Barrera Tyszka, 2005; Boersner, 2007).

Pese a que originariamente la fuerza del movimiento que llevó a Chávez al poder se apoyó en un consenso inclusivo, que atrajo no sólo a los más pobres y marginales sino también a la clase media, los intelectuales, los nuevos grupos civiles y los militares, en una plataforma antipartido, cuando esta plataforma comenzó a impulsar con mayor radicalidad una posición antimercado, empezó a generar sus primeras fisuras (Corrales, 2005: 106). La progresiva y sostenida centralización del poder que siguió a su elección en 1998,[239] también contribuyó a que muchos de sus partidarios iniciales se alienaran de su posición y pasaran a la oposición, más allá de las oportunidades políticas ofrecidas por Chávez y su utilización de los

---

[239] International Crisis Group (2007) resume de la siguiente manera este proceso: "Chávez ha venido reestructurando el país desde que fue elegido por primera vez en 1998. Un año después de su triunfo, impulsó la promulgación de una nueva Constitución que desmanteló el concierto de los dos grandes partidos tradicionales que dominaron el país durante casi dos generaciones, y lo reemplazó por una democracia 'participativa' basada en la relación directa del Presidente con el pueblo. El Congreso dejó de ser bicameral y se convirtió en una Asamblea Nacional unicameral, cuya composición es exclusivamente chavista desde que la muy fragmentada oposición boicoteó imprudentemente las elecciones legislativas de diciembre de 2005. Los frenos y equilibrios tradicionales sobre el Poder Ejecutivo prácticamente han desaparecido en la medida que instituciones claves como la Fiscalía General, el Tribunal Supremo de Justicia, el Consejo Nacional Electoral y las Fuerzas Armadas han ido cayendo progresivamente bajo el control del Presidente y sus más leales seguidores, con oficiales militares tanto en servicio activo como reservistas, desempeñando muchos cargos normalmente ocupados por civiles. En los barrios pobres se han lanzado ambiciosos programas de servicio social denominados "misiones", lo cual ha ayudado a granjearle al gobierno el apoyo popular. El control estatal de la economía, y no sólo del crucial sector petrolero, ha aumentado, al igual que la presión sobre las ONG y los medios de comunicación de la oposición".

crecientes recursos petroleros, en la medida que la misma
Constitución de 1999, a la vez que garantizaba una serie
de nuevos derechos nominales a los ciudadanos ordina-
rios, expandió principalmente el poder del presidente y
de los militares (Corrales, 2005: 107).[240]

Este *arrebato del poder*, de acuerdo con la definición
de Corrales (2005), iniciado en 1999, continuó sostenida-
mente a lo largo de los años siguientes, reforzándose luego del frustrado golpe de Estado de abril de 2002, la huelga
petrolera, y después del referéndum de 2004, las elecciones legislativas de 2005 y de la reelección de Chávez en
diciembre de 2006, culminando con la propuesta de una
reforma constitucional con una mayor concentración de
poderes en la figura presidencial, su reelección indefinida
y la instauración del llamado "socialismo del siglo XXI"
en el país, que debía ser aprobada en el referéndum del 2
de diciembre de 2007, pero que Chávez perdió por escaso
margen.[241] A esto se sumaron los avances de la oposición

---

[240] El rol del Ejecutivo y, particularmente, del Presidente, se fortaleció con
la nueva Constitución, con la extensión del período presidencial de
cinco a seis años, la posibilidad de su reelección y la introducción de
leyes habilitantes, que transfirieron poderes legislativos al Presidente.
A la vez, eliminó las restricciones existentes para la participación de
los militares en la política y delegó en el presidente la aprobación de
ascensos y promociones (International Crisis Group, 2007: 6). Como
apuntaba un frecuente comentarista de las concepciones geopolíticas
del Presidente, este proceso responde a una estrategia electoral-hege-
mónica, acorde con una metodología que "pasa por hacer crecer elec-
toralmente la revolución desde el Estado democrático-representativo,
hasta transformarlo en Estado revolucionario" (Garrido 2005a: 65).

[241] El referéndum constitucional de Venezuela de 2007 fue una propuesta
hecha inicialmente por Chávez y luego fue ampliada por la Asamblea
Nacional de Venezuela con el objeto de modificar 69 artículos de la
Constitución de 1999. El referendum para la aprobación de estas modificaciones se efectuó el 2 de diciembre de 2007 y de acuerdo con los
escrutinios del Poder Electoral, el "NO" obtuvo el 50,7% de los sufragios (4.504.354 votos), frente al 49,29% del "SI" (4.379.392 sufragios). Es
de destacar que con respecto a las elecciones de 2006, Chávez perdió

en las elecciones regionales de noviembre de 2008, y un renovado intento de Chávez de aprobar su re-elección, a través de la convocatoria de un referéndum en febrero de 2009 para aprobar una enmienda constitucional que posibilitara esta opción. En esa ocasión, Chávez ganó por un margen significativo. A lo largo de este proceso político, junto con el control creciente por parte del gobierno de las instituciones políticas, se aceleró y profundizó, asimismo, el proceso de estatización de la economía.

Esta estatización creciente se hizo manifiesta en el control absoluto logrado por el presidente Chávez de Petróleos de Venezuela (PDVSA) luego del golpe frustrado de 2002 y de la huelga que paralizó y polarizó aún más al país entre 2002 y 2003, encabezada por la industria petrolera. En este marco, el control de la institucionalidad política, de las Fuerzas Armadas a través de una serie de reformas en este sector, y de la economía, tanto a través del control discrecional de los fondos del Banco Central de Venezuela como a través del manejo personal del Presidente de la estatal PDVSA, han profundizado y acentuado la polarización política en el país.

Esta dinámica doméstica se ha articulado con una estrategia internacional que ha generado una drástica reorientación de la política exterior venezolana en el marco de una combinación de la persistencia de algunos elementos tradicionales de ésta: utilización de los recursos petroleros para desarrollar apoyos internacionales a través de la llamada "diplomacia petrolera" (exacerbada por el sostenido aumento de los precios internacionales del petróleo en la última década hasta

---

tres millones de votos, que se contabilizan entre los chavistas que se abstuvieron y aquellos que directamente votaron por el "NO" La abstención fue del 44% (véase "Análisis del referéndum constitucional de Venezuela de 2007" en www.cries.org).

la reciente eclosión de la crisis financiera internacional); fuerte componente de presidencialismo en su concepción e implementación, y la apelación "tercermundista" al carácter de país en vías de desarrollo de Venezuela, esta vez al servicio del desarrollo del "socialismo del siglo XXI" y del bolivarianismo, más que de la democracia representativa, junto con la aparición de nuevos elementos, distintivos de la República Bolivariana de Venezuela. Veamos estos en más detalle para una mejor comprensión de la reorientación de las prioridades de la política exterior venezolana y sus efectos sobre la emergencia de una nueva visión del regionalismo en el ámbito gubernamental.

3.2. La reorientación de la política exterior

Las aspiraciones de Chávez en el plano internacional nunca han estado ocultas. Entre ellas se destacan dos objetivos explícitos –la consolidación de un mundo multipolar que contrapese la unipolaridad estadounidense, y la plena integración de las naciones de América latina y el Caribe para configurar uno de los polos de un esquema mundial mutipolar. También asoma, de una manera menos explícita, la aspiración a convertirse personalmente en uno de los artífices de este nuevo sistema internacional y en uno de los grandes líderes del mundo del siglo XXI, siguiendo los pasos de Simón Bolívar, figura de fuerte arraigo en el imaginario popular venezolano (Koeneke y Toro; 2001; Boeckh y Graf, 2007).

Adicionalmente, para la conformación de este mundo multipolar, pese a una visión marcadamente estatista que privilegia la soberanía nacional y el rol del Estado-nación, la movilización de las grandes masas de desposeídos y excluidos se convierte en un mecanismo fundamental, para lo cual el apoyo de los movimientos sociales es de vital importancia.[242] Sin embargo, el instrumento crucial para la realización de estos objetivos es la utilización de los beneficios provenientes de los recursos petroleros. En este sentido, Chávez no sólo ha mostrado una abierta disposición a "colocar el petróleo como arma vital y predilecta al servicio de su proyecto político" (Romero, 2006a: 225) en el ámbito doméstico, sino que también lo ha asumido como su principal recurso para cumplir sus objetivos internacionales mediante la implementación de una consecuente "diplomacia petrolera", no siempre alejada de las modalidades de la política exterior promovida durante las décadas precedentes, pero con objetivos más ambiciosos y dirigida no sólo a buscar el apoyo de otros gobiernos sino también de organizaciones y movimientos sociales que se identifiquen con su proyecto y con su aspiración personal, tanto en América latina y el Caribe como fuera del ámbito regional (Romero, 2006a).

No obstante, la implementación de estos objetivos internacionales ha estado consistentemente articulada a sus avances políticos en el ámbito doméstico –tanto a la creciente concentración de poder personal y la alienación y estigmatización de la oposición como al control alcanzado de los recursos petroleros, en el marco de la construcción social de visiones geopolíticas y geoestratégicas basadas asimismo en la polarización, confrontando, en su percepción, la globalización neoliberal bajo la hegemonía estadounidense con una polarización global basada en su visión de un mundo multipolar. En este marco, las aspiraciones de Chávez de promover un mundo

---

[242] Como apunta un analista, en su concepción Chávez "reafirmó la posición pluripolar, le otorgó carácter geopolítico a la alianza con los países exportadores de petróleo y anunció que su gobierno practicaría 'una diplomacia paralela con los pueblos [...]', desarrollada posteriormente a través del Congreso Bolivariano de los Pueblos" (Garrido, 2004).

multipolar, remiten, con mucha frecuencia, a una visión asociada a las añoranzas del mundo bipolar de la Guerra Fría, particularmente reforzada a partir del despliegue del unilateralismo de la administración Bush después del 11 de septiembre. El componente estratégico y militar que incluye esta visión ha estado fuertemente asociado a la creciente militarización, a la compra de armas de países no alineados con Estados Unidos,[243] y a la nueva doctrina de seguridad nacional desarrollada sobre la base de una concepción de la "guerra asimétrica" en función de hipótesis de conflicto tanto con Estados Unidos como, eventualmente, con Colombia.[244]

En este marco, desde el primer año de gobierno de Chávez, la orientación de la política exterior venezolana sufrió un cambio drástico: de privilegiar las relaciones y la cooperación económica en el marco de una política exterior orientada por la apertura y la aceleración de los procesos de integración basados en acuerdos de libre comercio, se pasó a un fuerte énfasis en una visión geopolítica de competencia entre bloques de poder y, particularmente, de la hegemonía estadounidense, que imponía nuevas alianzas estratégicas para poder contrarrestarla. El componente militar, tanto retórico como real, dentro de la perspectiva de la promoción de un mundo multipolar, opacó, no por casualidad, las consideraciones diplomáticas y económicas.

En consecuencia, el despliegue de una estrategia internacional para el logro de estos objetivos se ha

---

[243] Aunque también a intentos, algunos de ellos frustrados por presiones de Estados Unidos, de compra de armas de países europeos y latinoamericanos, como en los casos de España y de Brasil.

[244] En el marco de los alcances de este trabajo no desarrollaremos los aspectos relacionados con la militarización y el armamentismo en Venezuela, para lo cual remitimos a la abundante literatura existente (véase Garrido, 2005; 2006; Jácome, 2006).

desarrollado en diferentes etapas y con diferentes énfasis y focos subregionales, regionales y globales, y con
una transformación sustantiva de la estructura de la diplomacia venezolana tradicional. González Urrutia plantea, en este sentido, dos etapas claramente diferenciadas
de la política exterior de Chávez, tanto en sus acciones y
propósitos como en sus métodos y objetivos. La primera de ellas se inicia en 1999 y se extiende hasta mediados
de 2004. Esta etapa se encuentra cristalizada en el Plan
Nacional de Desarrollo 2001-2007, donde se establecen
los objetivos correspondientes a la búsqueda del "equilibrio internacional", a través de un papel protagónico para
Venezuela en el cambio de la estructura internacional
(Boersner, 2007: 318), centrándose en "fortalecer la soberanía nacional y promover el mundo multipolar", incorporando asimismo elementos de una "agenda social"
como un componente relevante de la política exterior
que, adicionalmente, se articula con una "diplomacia de
los pueblos" orientada a atraer aliados políticos en el seno
de las sociedades.

La segunda etapa comienza a desarrollarse a partir
de noviembre de 2004, luego de la realización de un taller de alto nivel en Caracas los días 12 y 13 de ese mes,
que trazó el "nuevo mapa estratégico" de la revolución
bolivariana, poco después del triunfo de Chávez en el referéndum revocatorio de agosto del mismo año. En esta
nueva etapa, se postuló la consolidación del proyecto revolucionario bolivariano y la conformación de alianzas
geopolíticas y estratégicas con otros países, generando a
su vez una re-estructuración y una reorientación institucional del Ministerio de Relaciones Exteriores (Gónzalez
Urrutia, 2006: 160-166).

Entre los diez objetivos aprobados en el marco de ese
taller, figura como objetivo número 10: "Seguir impulsando el nuevo sistema internacional multipolar" (Chávez,

2004). En este marco, Chávez enumeró, en función de una política exterior basada en las prioridades geopolíticas, cinco polos de poder en el mundo –Europa, Asia, África, Norteamérica y Sudamérica, y planteó, para la época y a nivel regional, la conformación de dos ejes contrapuestos –por un lado, el eje Caracas-Brasilia-Buenos Aires y, por otro, Bogotá-Quito-Lima-Santiago de Chile, este último eje dominado, según su percepción, por el Pentágono (González Urrutia, 2006: 166),[245] en el entendido de que los gobiernos de Lula da Silva y de Néstor Kirchner se alineaban con su posición antiestadounidense.[246] La articulación de los diversos polos y ejes, en esta visión eminentemente geopolítica, en el marco del enfrentamiento con Estados Unidos, es crucial, pero también lo es la importancia asignada al eje sudamericano ya que se refleja en su visión del regionalismo sudamericano y en el desarrollo de una "mirada hacia el Sur".[247]

En aquel momento, el enfoque de Chávez de la escena internacional ya estaba fuertemente imbuido de su visión de un mundo multipolar que contrarrestara la política unipolar y unilateral desplegada por Estados Unidos desde el 11 de septiembre del 2001, y de una visión regional claramente polarizada entre los que se identificaban con los intereses de Washington y los que se alineaban en

---

[245] Véase también www.mpd.gob.ve/prog.gob/pg_eqmun.htm.

[246] Garrido (2005a: 115) plantea, sin embargo, que al ser el "nuevo socialismo" promovido por Chávez "revolucionario [esta] característica lo aleja de las propuestas nacional-reformistas de Lula, Kirchner, Tabaré Vásquez o Lagos".

[247] Como lo señaló en su momento Jorge Valero, el viceministro para América del Norte y Asuntos Multilaterales: "Venezuela impulsa con determinación la unión de Sudamérica [...].
Nuestro país considera a UNASUR una instancia de carácter multilateral, innovadora y práctica, para la solidaridad, la cooperación y la complementariedad de nuestros países" (Valero, 2006: 72).

contra de la hegemonía estadounidense, más allá de cualquier matiz o particularidad específica. Esta última visión, alimentada por la profundización de sus denuncias de la hegemonía estadounidense a partir del intento de golpe de Estado en abril de 2002,[248] tuvo su clímax durante la IV Cumbre de las Américas realizada en Mar del Plata en noviembre de 2005, cuando declaró, en la Cumbre paralela de los Pueblos, que el ALCA "estaba enterrada" y propició y celebró el cuestionamiento que plantearon los países de Mercosur sobre su materialización.

En el transcurso de los años siguientes a su victoria en el referéndum revocatorio y al lanzamiento de los diez objetivos estratégicos de noviembre de 2004, Chávez desplegó asimismo una serie de iniciativas tendientes a acentuar esta polarización regional –solicitó (y obtuvo) el ingreso de Venezuela al Mercosur,[249] y retiró al país del Grupo de los Tres y de la Comunidad Andina de Naciones (CAN), alegando que algunos de sus miembros estaban en el proceso de firmar acuerdos de libre comercio con Estados Unidos; redobló sus esfuerzos para impulsar la Alternativa Bolivariana para las Américas (ALBA), que nace a partir de una estrecha cooperación y alianza con Cuba con la firma del Tratado de Comercio de los Pueblos en 2004, y con la posterior incorporación de una serie de países, principalmente de la Cuenca del Caribe

---

[248] Golpe que Chávez no ha dejado de atribuir a una conspiración desarrollada con el apoyo de Washington, reforzada por el reconocimiento de la administración de Bush del gobierno de facto de la junta encabezada por Pedro Carmona en clara desvirtuación de la Carta Democrática Interamericana y en franca contraposición con las actitudes asumidas por los gobiernos de los países latinoamericanos y caribeños.

[249] Incorporación aún sujeta a la aprobación de los Congresos de los respectivos países miembro, en particular de Brasil (véanse Escuder e Iglesias y Epsteyn en este volumen).

(Serbin 2007a);[250] impulsó el desarrollo del programa de asistencia petrolera en el Caribe, Petrocaribe, y promovió programas similares en el Cono Sur y en el área andina, con Petrosur y Petroandina (Serbin, 2006a); compró en reiteradas ocasiones títulos argentinos de la deuda (véanse Escuder e Iglesias en este volumen); planteó la creación del Gasoducto del Sur entre Venezuela y Argentina, con la participación de Brasil; inició las discusiones para la creación de un Banco del Sur, con aportes regionales, que financiara el desarrollo de los países de América del Sur; estableció Telesur como una alternativa comunicacional, a nivel regional, al predominio de los medios norteamericanos como CNN, entre otras iniciativas, y desplegó todos sus esfuerzos y una parte sustancial de los recursos petroleros disponibles para atraer a su causa no sólo a los gobiernos caribeños, andinos, centroamericanos y de América del Sur, sino también a una multitud de intelectuales y organizaciones políticas y sociales dispuestas a apoyar su proyecto bolivariano de unificación de América latina y el Caribe en una "Nación de Repúblicas" y a apuntalar su confrontación crecien-

---

[250] El ALBA comienza a materializarse a partir de la firma del tratado de cooperación entre Cuba y Venezuela, con la firma del "Tratado de Comercio entre los Pueblos" (TCP) entre estos dos países en 2004 y con Bolivia, en abril de 2006, que marca el ingreso de este último país al esquema. Posteriormente, el presidente de Nicaragua Daniel Ortega suma a este país al ALBA en enero de 2007. El 28 de abril de 2007 se estableció el Consejo de Presidentes del ALBA, conformado por Cuba, Bolivia, Nicaragua y Venezuela, como una estructura permanente del organismo que incluye una Secretaría y un Consejo de Movimientos Sociales del ALBA, "el cual permitirá que los movimientos sociales estén representados y se incorporen al mecanismo de integración regional". La VII Cumbre del ALBA se realizó los días 16 y 17 de abril de 2009 en la ciudad de Cumaná, Venezuela. La Cumbre se realizó con anterioridad a la V Cumbre de las Américas en Trinidad y Tobago y expresó fuertes críticas al embargo de Cuba por parte de Estados Unidos.

te[251] con Estados Unidos y la administración de George W. Bush (Serbin, 2006b, 2007a)

Sin embargo, si bien la asistencia energética y financiera fue en general bien recibida por los países de la región, incluyendo a aquellos claramente alineados con Washington, la iniciativa del ALBA no ha prosperado más allá de los conversos y aliados ya mencionados, con la adhesión reciente de Honduras y St. Vincent y las Grenadinas, y fue, en muchos casos y, en especial en el ámbito del Mercosur, de la CAN, del SICA y de la CARICOM, francamente ignorada, de manera que la aspiración a polarizar la región entre los adherentes del ALBA y los suscritores del ALCA o de los acuerdos de libre comercio con Estados Unidos no prosperó.

No obstante, el triunfo en las elecciones de diciembre de 2006 y el comienzo de su nuevo mandato presidencial dieron un nuevo empuje a las aspiraciones regionales e internacionales de Chávez, dando inicio a una tercera etapa de su política exterior no sólo orientada a ampliar la creación de un nuevo mapa estratégico mundial de carácter multipolar, sino también de acelerar la integración bolivariana y la proyección del "socialismo del siglo XXI",[252] al señalar que se cerraba la "etapa de transición" y se pasaba a la construcción de este proyecto, con la elaboración de una nueva constitución aprobada por la Asamblea Nacional el 3 de noviembre de 2007 y que debía ser sometida a referéndum el 2 de diciembre del mismo año. La reforma constitucional propuesta planteaba, en su artículo 152 la orientación de la política exterior "hacia la configuración de un mundo pluripolar, libre de la

---

[251] Por lo menos en lo retórico, ya que Venezuela sigue proveyendo entre un 11 y un 14 % del petróleo consumido por los estadounidenses.

[252] Véase al respecto del "socialismo del siglo XXI" anunciado en Venezuela un interesante análisis de Raúl González Fabre (2007).

hegemonía de cualquier centro de poder imperialista, colonialista o neocolonialista", y el artículo 153 incluía "la promoción de la confederación y la unión de América latina y el Caribe", con el objetivo de "conformar un gran bloque de poder político, económico y social (Prensa Latina, 2007).

Estas posiciones se reflejaron con mayor claridad en el Plan de Desarrollo 2007-2013, que Chávez calificó como el "fin de la transición", postulando un control total del Estado de las actividades productivas con valor estratégico, y legitimando, una vez más, los recursos provenientes del petróleo como el instrumento fundamental del Plan. Este también asigna a PDVSA el rol de servir de palanca en la política exterior del Presidente, fortaleciendo Petroamérica, Petrocaribe, Petrosur y las alianzas con Irán, Argelia y Libia, además de consolidar el eje Cuba-Venezuela-Bolivia y desarrollar "una estrategia mundial para la movilización de las masas en apoyo al proceso revolucionario" (Venezuela Hoy, 2007a). En este marco se identifican asimismo una serie de bloques de poder, a los efectos de la profundización de los vínculos internacionales no sólo a nivel regional, sino internacional –con Irán, Siria, Bielorrusia y Rusia, para apuntalar posiciones comunes en los organismos internacionales; China, Vietnam, Malasia y zonas circunvecinas, para promover el intercambio tecnológico; Europa; África, OPEP, a fin de profundizar las alianzas estratégicas, y América del Norte, con el objetivo de desarrollar el apoyo de los grupos solidarios a la revolución bolivariana y a los sectores excluidos de la sociedad. De esta manera los diez grandes objetivos estratégicos de la revolución y, particularmente, los referidos a su visión de la política internacional, encuentran, después de 2006, asidero y desarrollo en la elaboración de la propuesta de la nueva Constitución y en

el Plan de Desarrollo Económico y Social 2007-2013 y se
ven reforzados, recientemente, a partir de febrero de 2009

La consecuente radicalización de la política exterior
avanzó en este sentido más allá del estrecho involucramiento en la Organización de Países Exportadores de
Petróleo (OPEP), iniciada a poco de asumir la presidencia
en 1999 (y que contribuyó a la escalada de los precios del
petróleo a partir de 2003), y del estrechamiento de relaciones políticas y comerciales con algunos de los países
árabes (incluyendo Irak cuando persistía el régimen de
Sadam Hussein), Rusia, China y otros identificados en
2004 como potenciales aliados estratégicos en el enfrentamiento con Estados Unidos (y que justificaron numerosos viajes, visitas protocolares, cumbres y acuerdos, incluyendo la compra de armamento a la Federación Rusa,
Bielorrusia y China), sino también la profundización de
las relaciones con un actor particularmente irritativo para
los Estado Unidos –Irán, al punto de que en el transcurso del año 2007, Chávez se entrevistó personalmente tres
veces con el presidente iraní Mahmad Ahmadinejad, con
una agenda en la que, aparentemente, la escalada en la
confrontación con Estados Unidos era un punto relevante.

No obstante, más allá de que "la hostilidad y actitud
desafiante hacia Washington han sido desde un principio
las características predominantes del régimen de Chávez"
(Schifter, 2007: 19), la relación con estados Unidos, a su
vez, ha atravesado, en este marco, por varias etapas: la
primera, que abarca desde la asunción de Chávez hasta
el 11 de septiembre del 2001, se caracteriza por una moderada retórica anti-estadounidense y un énfasis en la
priorización consecuente de los enfoques geopolíticos
y estratégicos en la orientación de la política exterior en
general; la segunda después del 11-S, cuando la hostilidad hacia Estados Unidos se incrementa, cobrando particular fuerza luego del frustrado golpe de Estado de abril

de 2002; y la tercera, según Schifter, sucede al referéndum revocatorio de agosto de 2004, cuando los intentos de buscar ámbitos de cooperación entre los dos países chocaron con una serie de dificultades, con un incremento de las tensiones y de las recriminaciones mutuas. Es en esta etapa que se decanta claramente la nueva doctrina de seguridad, oficializada en 2005, basada en una hipótesis de conflicto con Estados Unidos y, eventualmente, con Colombia, en el marco de la concepción de la guerra asimétrica. Sin embargo, el triunfo electoral de diciembre de 2006 inaugura una cuarta etapa, con la profundización de las medidas de nacionalización y la agudización de la retórica agresiva por parte de Chávez. No obstante, como señala el mismo analista, es poco probable que, a corto plazo, se produzca una interrupción de las compras estadounidenses de petróleo venezolano, ya que "existe una articulación constante y fluida entre el socialismo del siglo XXI de Chávez y el intercambio económico con Estados Unidos, que es fundamental para generar los recursos necesarios para esa visión" (Schifter, 2007: 21).[253]

De hecho, las iniciativas de abrir el mercado chino al petróleo venezolano para modificar esta situación, han chocado con numerosos obstáculos, no tanto de orden político, como técnico (las refinerías chinas no son adecuadas para procesar el crudo pesado y de alto contenido de sulfuro de Venezuela) y geográfico (la necesidad de transportar este crudo hasta la costa del Pacífico para embarcarlo hacia China).

---

[253] Como señala Jennifer McCoy (2008: 55) "The mutual dependence of the United States and Venezuela on the petroleum trade reflects the pragmatism and constraints of each country, even while accusatory political rethoric had soared. The United States continues to be the major trade partner for Venezuela, buying 60% of its oil exports, which compromise 10-15% of the U.S. oil import".

Romero plantea adicionalmente que, hasta la elección de Barack Obama, las relaciones entre Venezuela y Estados Unidos han alcanzado un punto crítico, básicamente por tres conjuntos de "malentendidos": en primer lugar, debido a las diferentes visiones del mundo que postulan ambos gobiernos, entre la visión de un mundo multipolar de Chávez y la política unilateral de Estados Unidos durante la administración Bush; en segundo lugar, las diferentes visiones hemisféricas, en particular en torno a los procesos democráticos en la región y a la intervención o injerencia extranjera que atenta contra la soberanía nacional, y en tercer lugar, a diferentes visiones sobre las relaciones bilaterales, en tanto para Estados Unidos Chávez "no ha formulado una respuesta sólida relativa a los temas de la transparencia electoral, la seguridad jurídica para los negocios privados y el rol de la empresa privada en el desarrollo económico de Venezuela (mientras que) para el gobierno de Venezuela, en el gobierno estadounidense hay un grupo de decisores y gente con influencia que aspiran a sacar al presidente Chávez del poder por cualquier medio" (Romero, 2006: 169). Si este último argumento sintoniza muy bien con una percepción, por parte de Chávez, equiparable a la del gobierno cubano en relación con el rol de ciertos sectores de la sociedad estadounidense y, particularmente, de la comunidad cubano-americana en las presiones y en la persistencia del embargo de Estados Unidos a Cuba (Serbin, 2001; 2007d), la visión de Chávez frente a Estados Unidos, si bien regida por un alto grado de pragmatismo en términos de las relaciones inmediatas, también esta cargada de sustanciales componentes ideológicos que Romero identifica con posiciones antioccidentales pero que, en esencia, reflejan su percepción de un mundo multipolar en condiciones de contrarrestar la hegemonía estadounidense y la necesidad de profundizar las polarizaciones y antagonismos con este fin.

No obstante la derrota del 2 de diciembre de 2007 de las aspiraciones de Chávez de hacer aprobar a través de un referéndum una nueva Constitución, que fue seguida por los avances de la oposición en las elecciones regionales y municipales de noviembre de 2008, planteó serios interrogantes sobre la continuidad y sostenibilidad de su política internacional y regional. Pese a que se abrió un nuevo frente de confrontación con el episodio del canje de rehenes por las FARC de Colombia (véanse Garay y De Lombaerde en este volumen), proceso en el cual Chávez asumió un rol protagónico (y fuertemente mediático) y que, adicionalmente, ha tendido a generar una nueva polarización, esta vez en el seno de la izquierda latinoamericana (Serbin, 2008a), y con la crisis regional desatada por el ataque de las Fuerzas Armadas colombianas a un campamento de las FARC en territorio ecuatoriano en marzo de 2008. Sin embargo, la aprobación de una enmienda constitucional por el referéndum convocado el 15 de febrero de 2009, otorgó a Chávez un importante triunfo en el ámbito doméstico y reafirmó, como veremos, el derrotero seguido por al proyecto bolivariano impulsado por Chávez.

3.3. El regionalismo sudamericano y el gobierno de la República Bolivariana de Venezuela: la "mirada hacia el Sur"

La reorientación de la política exterior de Venezuela en el marco del gobierno de Chávez en la última década, ha dado lugar, asimismo, a una clara reorientación de las prioridades en términos de integración regional y de visiones del regionalismo.

En este sentido, es de señalar que, en primer lugar, junto con el rechazo de los enfoques "comercialistas" de la integración, asociadas con el pensamiento neoliberal y entendidos como un componente de la construcción de la hegemonía estadounidense en la región, las iniciativas integrativas del gobierno de Venezuela apuntan a promover una integración "integral", "holística" o "plena" (González Urrutia, 2007: 5), que incluya las dimensiones económica, política, social y militar, en el marco de acuerdos intergubernamentales y en función del objetivo final de una Confederación o Unión de Naciones Latinoamericanas, que enfrentara tanto el modelo económico de explotación impuesto por el capitalismo y el neoliberalismo, como un modelo político de dominación y un modelo social de exclusión impuestos por Estados Unidos.

Como señaláramos anteriormente, de estas dimensiones, dos resaltan por el énfasis puesto –la dimensión militar y la dimensión social, estrechamente vinculadas a una visión ideológica. Como señala Boersner (2007: 325), un tema reiterado del discurso de Hugo Chávez ha sido la idea de que la integración latinoamericana, "y, sobre todo, la sudamericana, debe ser ante todo **política y militar**, dejando el aspecto económico y social para una segunda etapa", de una manera similar a la estrategia seguida en el plano doméstico. Esta idea, esta asociada a la visión del regionalismo sudamericano en función de su contraposición o confrontación con la hegemonía estadounidense en la región, y la necesidad de anclar la visión "anfictiónica" de la integración latinoamericana en un "pacto militar" de defensa ante las amenazas externas (González Urrutia, 2007: 4). Más allá del recurso a términos militares en su discurso confrontativo, en términos concretos esta visión se ha expresado en el planteamiento de conformar una OTAN de América del Sur, en la necesidad de unificar los ejércitos latinoamericanos, y en la visión eminentemente geoestratégica que orienta la política exterior de la República Bolivariana de Venezuela, en franco contraste con las visiones precedentes basadas ya sea en la promoción de la democracia o, en su versión más neoliberal, en el establecimiento de acuerdos de libre comercio y/o de cooperación económica.

El segundo aspecto a resaltar en la visión del regionalismo sudamericano y de su construcción desde la perspectiva bolivariana, es la necesidad de impulsar una estrategia gubernamental que haga énfasis, sobre la base de los recursos petroleros disponibles, no sólo en la articulación de alianzas con países cuyos gobiernos puedan identificarse con esta perspectiva, sino también, a través de la llamada "diplomacia de los pueblos", en la vinculación y eventual cooptación de los movimientos sociales que pudieran ser afines al ideario bolivariano. Se trata entonces de iniciativas integrativas de actores gubernamentales que apuntan a actores de la sociedad civil de otros países de la región. Esta "diplomacia social" se basa en la construcción de una red de apoyo político a través de programas sociales mediante el recurso de una política de financiamiento y ayudas al exterior, especialmente dirigida a los sectores menos favorecidos y sustentada en los altos ingresos petroleros, que funciona en paralelo a la diplomacia tradicional de relaciones de Estado a Estado, particularmente con gobiernos que entran en sintonía con el proyecto bolivariano (Cobo, 2008: 2).

En consecuencia, toda visión de regionalismo, en el caso venezolano actual, incorpora tanto una dimensión geoestratégica vinculada a la construcción de bloques y de alianzas militares, como una dimensión societal que apunta, más allá de las iniciativas intergubernamentales, a la incorporación de organizaciones y movimientos sociales favorables al proyecto bolivariano, sobre la base de la promoción de una agenda social.[254]

---

[254] Un instrumento importante en esta incorporación es el desarrollo de las misiones sociales en diferentes países de América latina, particularmente de la Misión Milagros y de la Misión Robinson. Véase al respecto la entre-

En este marco ideológico se ubica el radical desplazamiento de la política exterior de la República Bolivariana
de Venezuela, de privilegiar la integración y los vínculos
con el mundo andino y caribeño a priorizar una visión
sudamericana del regionalismo, eventualmente asociada con una visión más amplia de la integración de toda
América latina y el Caribe en una Confederación o Unión
de Naciones, para "sostener mejor la vuelta de [la] "mirada hacia el Sur" y comenzar a cortar lazos de dependencia
centenaria con el Norte" (Guerrero, 2006: 1).

Desde esta perspectiva, sin embargo, en la práctica, es el Estado venezolano y, más específicamente, el
Ejecutivo (encarnado en la persona de Chávez) el que
tiene que promover esta visión a través de una política
exterior, por medio de acuerdos inter-gubernamentales
de carácter integral y por la vinculación con movimientos
sociales de otros países.

En el marco de este giro "hacia el Sur" se ubican, por
un lado, el desplazamiento de las prioridades anteriores en
torno a una visión andina y/o grancaribeña, canalizadas a
través de acuerdos de libre comercio como la CAN, el G-3
o la integración colombo-venezolana hacia dos proyectos
específicos –la incorporación al Mercosur y el desarrollo
del ALBA como núcleos de un regionalismo sudamericano, en el primer caso, y de una visión regionalista de la
"Unión de Naciones Latinoamericanas y Caribeñas", en el
segundo. Más allá de las contradicciones que estas dos visiones puedan presentar (y de las eventuales inconsisten-
cias y desfasajes en su implementación), es evidente que
este viraje de la política exterior de la República Bolivariana

vista de Poveda Brito, Robert (2006) a Gilberto Jiménez Prieto, presidente
de la Comisión de Enlace para la Internacionalización de las Misiones, en
"Las misiones sociales en Latinoamérica son expresión del ALBA", en *Política Exterior y Soberanía*, Caracas, Instituto de Altos Estudios Diplomáticos Pedro Gual, Nº 2, año 1, julio-septiembre de 2006, pp. 47-50.

de Venezuela constituye el eje sobre el cual se articula la visión **gubernamental** actual del regionalismo.

En efecto, la Constitución aprobada en 1999 establece un claro compromiso de Venezuela con la integración, en una visión que va más allá de su contenido económico y la amplía a una serie de dimensiones sociales, políticas, culturales y ambientales. En particular, el artículo 153 de la nueva Constitución señala que la República Bolivariana de Venezuela "promoverá y fortalecerá la integración latinoamericana y caribeña, en aras de avanzar hacia una comunidad de naciones, defendiendo los intereses económicos, sociales, políticos y ambientales de la región".[255] La referencia a la idea de una "Comunidad de Naciones Latinoamericanas y Caribeñas" es muy explícita, en continuidad con el pensamiento de Simón Bolívar, y los procesos de integración son vistos como los fundamentos para la construcción de esta Comunidad de Naciones. La noción de la "Comunidad de Naciones Latinoamericanas y Caribeñas" se contrapone muy claramente, en los discursos de Chávez, con la amenaza económico-militar proveniente del Norte y, más específicamente, del imperialismo estadounidense frente a la "unión natural" de las naciones latinoamericanas y caribeñas que, sin embargo, está en proceso de construcción política (Narvaja de Arnaoux, 2008: 42-59).

En este marco, luego de un proceso de negociaciones iniciado con los primeros atisbos de este giro "hacia el Sur" y de acercamiento al Mercosur durante el segundo gobierno de Rafael Caldera que cobra fuerza a partir de 1999, Venezuela es admitida en el Mercosur como miembro pleno de este organismo el 4 de julio de 2006.

---

[255] Véase Constitución de la República Bolivariana de Venezuela en www.georgetown.edu/pba/Constitution/Venezuela/ven1999.htlm. Para un análisis más detallado véase Romero, 2008, pp. 17-18.

La solicitud de incorporación al Mercosur, por parte de Venezuela, y su admisión formal en este esquema, se produce en forma casi simultánea con dos hechos cruciales: la decisión de Chávez del retiro de Venezuela de la CAN, en abril de 2006, sobre la base del argumento de que las negociaciones de dos de sus miembros –Perú y Colombia, de un tratado de libre comercio con Estados Unidos (véanse Garay y De Lombaerde, y D´Medina en este volumen)–, afecta el sentido de este proceso de integración subregional y, eventualmente, la misma orientación del acuerdo de libre comercio entre la CAN y el Mercosur en la conformación de la Comunidad de Naciones Sudamericana (CASA) (posteriormente rebautizada como UNASUR), y por ser el "producto de un acuerdo de élites" (citado por Romero, 2008: 19), y la suspensión y retirada de Venezuela del Grupo de los Tres, en tanto los tratados de libre comercio son vistos por el gobierno bolivariano como "una herramienta neoliberal que no favorece a los pueblos" (Malamud, 2006b).[256] Estas dos decisiones se toman de forma inconsulta y, en particular, en el caso de la CAN, afectan seriamente los intereses del sector empresarial vinculado al incremento del comercio con Colombia y los países andinos, principalmente en lo que se refiere a las exportaciones no tradicionales,[257] particularmente del sector agrícola (Arellano, 2008: 7). Por otra parte, es de se-

---

[256] La crítica y la denuncia de la CAN como un organismo poco efectivo que responde a los intereses de las élites económicas y al proyecto hegemónico de Estados Unidos aparece reiteradamente en los documentos y discursos oficiales bolivarianos de la época. Véase por ejemplo Ovalles (2007).

[257] Paradójicamente, el primer argumento en relación con la CAN entra en franca contradicción no con la posición asumida por Chávez frente al ALCA (puesta de manifiesto en numerosas ocasiones, incluyendo la Cumbre de las Américas de Mar del Plata), sino específicamente con la persistencia de la estrecha vinculación comercial de Venezuela con Estados Unidos, ya señalada anteriormente. Como señala Romero (2007:

ñalar que con las negociaciones que llevan a la admisión de Venezuela en el Mercosur, ésta pierde los beneficios alcanzados como país asociado de este esquema en el marco de las negociaciones entre el Mercosur y la CAN (*ibid.*).

La decisión de incorporarse al Mercosur, como señala un analista, "no tuvo el nivel de consulta apropiado con organismos públicos y mucho menos con organismos privados", en tanto no fue conocida previamente ni por el vicepresidente de la República y el ministro de Relaciones Exteriores ni por la Asamblea Nacional, "órgano legislativo que debe conocer a priori y posteriormente aprobar o no los tratados, convenios y acuerdos internacionales que contraiga la República" (Romero, 2007: 18). Es de señalar que hasta 2001, en los niveles técnicos del Ministerio de Relaciones Exteriores y del Ministerio de Producción y Comercio, existió un intenso debate en torno a los acercamientos de Venezuela al Mercosur, en tanto se veía esta aspiración como contraria a la vocación andina de Venezuela. En el marco de estos debates, la incorporación al Mercosur debía verse, eventualmente, como complementaria y no contradictoria a su participación en la CAN, cuyo desarrollo institucional era más avanzado y que ofrecía un destino atractivo para las ENT, sin mencionar los problemas técnicos y de compatibilización y armonización de las normativas de ambos esquemas (González Urrutia, 2008: 6).

Por otra parte, como veremos más adelante, esta decisión en particular se enfrenta con el rechazo de la mayoría de las agrupaciones empresariales tradicionales de Venezuela. No obstante, también como analizaremos más adelante, no encuentra un rechazo tan radical por parte de las agrupaciones sindicales que ya se encontraban

---

9), "el gobierno del presidente Chávez se caracteriza por tener una diplomacia con señales contradictorias".

favorablemente predispuestas a una visión más amplia del regionalismo sudamericano a partir de los acercamientos de la CAN con el Mercosur y del apoyo a CASA, pero que, sin embargo, tampoco fueron consultadas.

Varios analistas señalan que estas decisiones responden básicamente a una aspiración personal de Chávez de reorganizar el mapa geopolítico de América del Sur (Malamud, 2006a; Romero, 2007; González Urrutia, 2007), incrementando la apuesta a un regionalismo sudamericano más orientado por el cruce de ejes de la llamada "Cruz del Sur", con un eje vertical entre Caracas y Buenos Aires y uno horizontal en La Paz y Brasilia, que por una influencia de difícil realización en el ámbito andino y gran-caribeño, por la presencia de Colombia y de México, vistos, en la percepción de Chávez, como estrechos aliados de Estados Unidos y como paradigmas de una visión neoliberal en la Cuenca del Caribe.

En este marco, Venezuela se convierte en un actor relevante en el Mercosur, no sólo por sus características de país productor y exportador de energía, sino también por la aspiración venezolana de politizar este organismo.[258] Asimismo, Venezuela resulta atractiva para los restantes miembros del Mercosur no solamente por sus recursos energéticos, sino también por su potencial capacidad de convertirse en un destino para la recepción de exportaciones en bienes y servicios. El comercio exterior de Venezuela se refleja en una balanza deficitaria con los países del Mercosur en función de las diferencias entre lo que ésta puede exportar y lo que está impor-

---

[258] En este sentido, Guerrero es muy explícito al respecto: "El nuevo Mercosur podría jugar un rol activo distinto al neoliberal, determinado por la presencia de la Venezuela bolivariana, así sea en la modesta proporción del pequeño peso del nuevo Mercosur en la escala de la economía y la política" (Guerrero, 2006: 59). Véanse también Medina (2006) y Moldiz (2007).

tando desde sus países miembro y, en particular, desde Brasil y Argentina.[259] Para estos dos países, la entrada de Venezuela como miembro pleno del Mercosur abre una oportunidad para consolidar y desarrollar el proceso de integración sudamericano sobre la base de la incorporación de un socio "petrolero". Sin embargo, simultáneamente, implica el reto de acoplar los intereses venezolanos, predominantemente políticos, en un mecanismo de concertación y de armonización de políticas comerciales (Romero, 2007: 15).

3.4. El contrapunto entre el Mercosur y el ALBA, y su impacto sobre los alcances del regionalismo sudamericano en la visión bolivariana

Es importante señalar, sin embargo, que la incorporación de Venezuela al Mercosur plantea, adicionalmente, una reorientación en el énfasis de la visión de regionalismo de Venezuela hacia una priorización del regionalismo sudamericano en el marco del giro "hacia el Sur", en tanto el Mercosur debería ser el bloque fundacional en la construcción de una Comunidad Latinoamericana de Naciones. En este sentido, esta visión del regionalismo con énfasis en su dimensión sudamericana responde asimismo a un hecho previo revelador –la progresiva dilución del proyecto del ALCA en su versión original (dirigido a todos los países del hemisferio) luego de la IV Cumbre de las Américas en 2005, y las posiciones asumidas durante esta Cumbre por los países del Mercosur frente al ALCA, para la percepción bolivariana evidenciaron el potencial antiestadounidense de los gobiernos progresistas de los países miembro del Mercosur y la posibilidad de

---

[259]   De acuerdo con datos de la ALADI, para 2006 la balanza del comercio de Venezuela con Brasil y con Argentina es netamente deficitaria.

construcción de la Unión de Naciones Latinoamericanas desde el Sur.[260]

Por otra parte, la aceptación formal de Venezuela como miembro del Mercosur, favorecida por las posiciones brasileña y argentina (y por confirmar por los Senados de Brasil y de Paraguay, donde las fuerzas de oposición aún se resisten a la aprobación [véase Epsteyn en este volumen]), y como un paso en la concreción de la Comunidad Sudamericana de Naciones, no inhibe el desarrollo y expansión del ALBA por parte de Venezuela, concebida como "núcleo duro" del regionalismo latinoamericano y caribeño, en contraposición a la visión brasileña de convertir el Mercosur en el "núcleo duro" del regionalismo sudamericano (Serbin, 2008b, 2009a). Es significativo, en este marco, el señalamiento de una publicación oficial del Ministerio del Poder Popular para Relaciones Exteriores, donde se hace notar que la incorporación de Venezuela en calidad de miembro pleno del Mercosur constituye un nuevo logro del Estado venezolano que no sólo beneficiará el desarrollo económico del país sino que también contribuirá con la expansión de una concepción de integración basada en los principios rectores del ALBA (Constant *et al.*, 2008: 233).[261]

---

[260] En este marco, es ilustrativo cómo algunos adherentes del proyecto bolivariano señalan que se pone en evidencia el potencial de identificar "antiyanquismo y chavismo como las dos caras opuestas del mismo fenómeno" (Guerrero, 2006: 68).

[261] Como se señala con más detalle en la misma publicación: "Venezuela se plantea, mediante su incorporación como miembro pleno del Mercosur, contribuir con el fortalecimiento de este bloque de integración económica y asimismo desarrollar los aspectos sociales, culturales y ambientales propuestos desde el ALBA. Se estima que la presencia de gobiernos de carácter progresista en Brasil, Argentina, Uruguay y Paraguay podría *facilitar progresivamente la incorporación de los planteamientos del ALBA como parte de los objetivos, principios y estrategias de Mercosur*" (El resaltado es nuestro) (Constant *et al.*, 2008: 234). Para

Más allá de las reiteradas críticas de Chávez al carácter "comercialista" y eventualmente neoliberal del Mercosur,[262] el ALBA apunta a aglutinar a los aliados más cercanos del proyecto bolivariano en torno a un proyecto de integración "plena" que incluye predominantemente los acuerdos intergubernamentales iniciados con el TCP con Cuba en 2004 y la participación, inicialmente paralela, de los movimientos sociales de América latina y el Caribe posteriormente incorporados formalmente a la estructura del ALBA bajo la modalidad de un Consejo de Movimientos Sociales, pero con limitada incidencia sobre las decisiones, fundamentalmente asumidas por los respectivos jefes de Gobierno en las reiteradas Cumbres del ALBA convocadas en Venezuela por Chávez (Serbin, 2007c).[263]

Pese a que, más allá de las convergencias ideológicas, el ALBA concita estas adhesiones sobre la base de un instrumento fundamental –la asistencia petrolera a través de programas como Petrocaribe y Petroandina, y los programas sociales que benefician a la población de otros países, su agenda es mucho más amplia e inclusiva, abarcando

una información más detallada sobre los principios rectores del ALBA en sus orígenes y el concepto de desarrollo endógeno, véanse Briceño Ruíz y Linares (2004).

[262] Durante una reunión del Mercosur en Brasilia, Chávez señaló que "venimos a seguir aprobando acuerdos, espacios, proyectos, para fortalecer la integración real de Sudamérica y contribuir con algo que consideramos absolutamente necesario: el "reformateo" del Mercosur", en tanto éste "precisa de cambios en su estructura, en sus objetivos, el acento social del Mercosur, el tratamiento justo de las desigualdades entre los países, las llamadas asimetrías" (www.eluniversal.com, 15 de enero de 2007).

[263] Es muy importante no perder de vista que el surgimiento del ALBA se da en contraposición y como alternativa al ALCA, y que la mayoría de la documentación bolivariana al respecto reitera el carácter antiimperialista y antineoliberal del proyecto del ALBA frente a las aspiraciones hegemónicas de Estados Unidos.

diferentes temas de complementación y cooperación sobre una base "no comercialista", de solidaridad, cooperación, complementación, equidad y soberanía nacional (Altmann, 2008, 2009; Katz, 2006),[264] e incluso, la posibilidad de una alianza militar, tema reiterado en la última Cumbre del ALBA en Cumaná, en abril de 2009. Sin embargo, pese a que los países beneficiarios de la asistencia petrolera, en el caso de Petrocaribe, son en la actualidad dieciocho, los adherentes al ALBA no pasan, en la última VII Cumbre de Cumaná, de ocho miembros, con la adhesión reciente de St. Vincent y las Grenadinas.[265] Es interesante observar que, junto con la concentración geográfica de los adherentes del ALBA en la Cuenca del Caribe, el énfasis de muchos de sus documentos y declaraciones está en la superación de las asimetrías existentes entre los países en vías de desarrollo y los países más desarrollados, con especial foco en los países del Caribe y de Centroamérica.[266] El mecanismo privilegiado dentro de la estructura del ALBA para impulsar acciones tendientes a superar estas asimetrías es el Banco del ALBA, con mayoritario finan-

---

[264] Los principios rectores del ALBA, pueden verse en *Portal ALBA*, www.alternativabolivariana.org/modules.php?name=Content&pa=showpa ge&pid=1&page=3.

[265] Los países actualmente adherentes del ALBA son Venezuela, Cuba (2004), Bolivia (abril de 2006), Nicaragua y Haití (abril de 2007), Dominica (enero de 2008), Honduras (agosto de 2008) y St. Vincent y las Grenadinas (abril de 2009).

[266] De diez documentos incluidos en el *Portal ALBA*, tres se refieren al Caribe, señalando uno de ellos explícitamente que "El ALBA se fundamenta en la creación de mecanismos para fomentar ventajas comparativas entre las naciones que permitan compensar las asimetrías existentes entre los países del hemisferio", en "El ALBA en el Caribe", documento del Ministerio de Integración y Comercio Exterior de la República Bolivariana de Venezuela, Bancoexport, s/f., www.alternativabolivariana.org.

ciamiento venezolano.[267] Asimismo, es importante señalar
que, en la medida que el ALCA se diluye y el gobierno de
Estados Unidos entra en una transición hacia una política diferenciada de la previa administración Bush, el tema
de las asimetrías emerge con particular fuerza en la documentación reciente del ALBA como un elemento aglutinador de los países miembro del esquema.

Por otra parte, la adhesión al ALBA no ha concita-
do el interés de los países del Mercosur, o de otros países
sudamericanos, con lo cual el proyecto sigue restringido
a los países de Centroamérica y el Caribe, con la excepción de Bolivia. De los países andinos (excepción hecha
de Bolivia), el aliado más cercano –el gobierno de Rafael
Correa en Ecuador no ha procedido a incorporarse al
ALBA (pese a que envía observadores a las Cumbres)–,
y del resto de los países sudamericanos, más allá de los
francamente reticentes frente al proyecto, como Chile,
Perú o Colombia, ni Argentina (que ha recibido salvata-
jes financieros importantes de Venezuela), ni Brasil (que
desarrolla una serie de iniciativas energéticas conjuntas
y lidera UNASUR), ni Paraguay y Uruguay, que han sido
beneficiarios de la ayuda venezolana, han adherido.[268]

---

[267] Véase al respecto la "Declaración de la V Cumbre Extraordinaria del
ALBA-TCP", Cumaná, estado de Sucre, 16 y 17 de abril de 2009, en www.
alternativabolivariana.org/modules.php?name=News&file=article&
sid=4277.

[268] Según un estimado del Centro de Investigaciones Económicas (CIE-
CA) de Caracas, Venezuela ha destinado al ALBA, desde su fundación
hasta septiembre de 2008, 32.952 millones de dólares, sobre la base de
datos oficiales. Lo que representa el 23,51% de los ingresos fiscales de
Venezuela. Este estimado puede ser superior, ya que hay anuncios de
la aprobación oficial de programas de asistencia sin indicar los mon-
tos. El país más beneficiado por la ayuda del ALBA es Cuba, donde el
país proveedor es Venezuela y los demás países miembro son beneficiarios, con una ayuda de 18.776 millones de dólares (El Universal,
Caracas, 28 de septiembre de 2008).

Como lo señala recientemente un analista, "ninguno de los gobiernos del Mercosur habla del ALBA, o ha dado muestras de querer sumarse al bloque siendo que tal acción no sería de ninguna forma incompatible con la normativa ni del Mercosur ni del ALBA" (Berrón, 2009: 13).

En este marco, tanto la aspiración de incorporarse definitivamente al Mercosur para convertirlo en el núcleo del regionalismo sudamericano eventualmente expresado en UNASUR, con la eventual convergencia entre el Mercosur y la CAN[269] (y con la adhesión de Chile, Guyana y Surinam), como la utilización político-instrumental del ALBA para impulsar un regionalismo más amplio, de carácter latinoamericano y caribeño, sobre la base de una iniciativa gubernamental predominantemente promovida por el propio Poder Ejecutivo, no logra materializarse, en la aspiración de Chávez, en una articulación de ambos proyectos regionales en instrumentos institucionales efectivos tanto de contrapeso a los intereses estadounidenses en el hemisferio como de elemento aglutinador por la conformación de la "Comunidad de Naciones Latinoamericanas" (Correa Flores, 2005). La dilución de la iniciativa del ALCA, referente básico de lo que **no** debería ser el ALBA, ha contribuido a que el principal elemento aglutinador del proyecto bolivariano a nivel regional – la amenaza económico-política y militar de la hegemonía estadounidense expresada, entre otros elementos, en el ALCA– haya ido también diluyéndose en la mayoría de la documentación oficial reciente relativa al ALBA.

Por otra parte, en particular en el caso del ALBA, la ausencia de una estructura claramente establecida, más allá de las Cumbres de los jefes de Gobierno convocadas

---

[269] Que, sin embargo, en la percepción bolivariana siguen siendo proyectos de integración "neoliberales" y "comercialistas" (véase Guerrero, 2006: 98-99).

por Chávez, del Banco del ALBA que canaliza la asistencia venezolana, y de la incorporación de un Consejo de Movimientos Sociales, hace difícil identificar una institucionalidad decantada y eficaz, con una estructura eficiente más allá de los acuerdos puntuales de asistencia que se aprueben, para los cuales existen pocos mecanismos de seguimiento o de monitoreo, y prácticamente muy poca información pública, transparencia y rendición de cuentas, fuera de los comunicados de prensa (Serbin, 2007c).

A su vez, estas iniciativas integrativas impulsadas por Chávez han sido eminentemente de carácter gubernamental, sin una política de consultas o de construcción de consensos en el seno de la sociedad venezolana. En este sentido, si comparamos estas iniciativas, en el marco del giro de la priorización del mundo andino y caribeño a la visión de un regionalismo sudamericano y, eventualmente, latinoamericano y caribeño encuadrado en la nueva "mirada hacia el Sur", con el proceso iniciado con las reformas de Carlos Andrés Pérez, por el lado de las similitudes se destaca el carácter eminentemente gubernamental de éstas (eventualmente sujeto a decisiones exclusivas del Poder Ejecutivo), sin la construcción de consensos internos, mientras que por el lado de las diferencias, la ausencia de la interlocución con otros sectores de la sociedad venezolana en el desarrollo y construcción de visiones del regionalismo sudamericano, dentro de una visión predominantemente estatista del proyecto bolivariano, es significativa, ya que su respaldo o se da por sentado o es percibido como antagónico en tanto expresión de las élites y que por lo tanto no requiere de posteriores interlocuciones o consultas. En este sentido, el segundo gobierno de Carlos Andrés Pérez, por un lado se apoyó en un sector de tecnócratas altamente calificados que ocuparon tanto posiciones ministeriales como puestos gubernamentales de segundo y tercer rango, claramente identificados y comprometidos con el programa de ajuste y de apertura comercial impulsado desde el Estado y, por otro, buscó incorporar, desde el Estado, a sectores empresariales más modernos en el establecimiento y en la negociación de los acuerdos comerciales de carácter regional, particularmente en el caso de los acuerdos con Colombia y el G-3. En este marco, si bien con reticencias, tanto el movimiento sindical como la sociedad civil en general, acompañaron el proceso, cuando no reaccionaron radicalmente a las medidas de ajuste como en el caso de las huelgas iniciales y del "caracazo" en 1989. De manera similar, pese a una primera etapa eminentemente estatista, el gobierno de Caldera recurrió, en el marco de la "Agenda Venezuela", al apoyo y la participación, tanto de los sectores empresariales como sindicales, en los procesos de integración regional promovidos.

En contraste, las iniciativas de Chávez, si bien tampoco han buscado construir consensos internos, no han recurrido a la incorporación o interlocución con sectores de la sociedad venezolana como tecnócratas o intelectuales calificados, partidos políticos, organizaciones empresariales o sindicales, y organizaciones y redes de la sociedad civil, ni han tratado de involucrarlas, fuera de algunos grupos específicamente políticos vinculados a los movimientos sociales e identificados con el proyecto bolivariano, en el proceso de toma decisiones o de implementación de la regionalización "hacia el Sur" a la que apunta este proyecto. Más allá de las diferencias conceptuales, entre un programa de ajustes de inspiración neoliberal y una política exterior de promoción del proyecto bolivariano y, eventualmente, del socialismo del siglo XXI, ambas coinciden en una implementación "desde arriba" de las visiones regionalistas que promovieron, y difieren en los intentos, frustrados o no, de ampliar la base social de sus apoyos domésticos a través del respaldo e involucramiento de diversos sectores sociales en sus respectivas iniciativas en relación con las visiones regionales que impulsan. Veamos esto con más detalle, en relación con las actuales reacciones de diversos sectores de la sociedad venezolana frente al proyecto bolivariano de regionalismo "hacia el Sur", con las contradicciones ya señaladas.

3.5. El regionalismo sudamericano y los actores no estatales en la República Bolivariana de Venezuela

A diferencia de lo sucedido durante el "Gran Viraje", donde los sectores tecnocráticos, marcadamente identificados con las concepciones neoliberales, vinculados a la segunda presidencia de Carlos Andrés Pérez, intentaron impulsar, en el marco del programa de ajuste y de modernización del Estado, un involucramiento y una participación más activa de los sectores empresariales en los procesos de integración orientados al mundo andino y gran-caribeño, y de la "Agenda Venezuela", donde el sector empresarial fue involucrado en las negociaciones comerciales en el marco de la modalidad del "cuarto de al lado", en el proceso de reorientación de la estrategia integracionista enfocada hacia un regionalismo sudamericano encarado por el gobierno de la República Bolivariana de Venezuela, la tendencia es a privilegiar, en forma exclusiva, las iniciativas gubernamentales, con limitada consulta, al menos públicamente conocida, con los sectores empresariales. Esta orientación responde no sólo a la visión eminentemente estatista del gobierno bolivariano que, a lo sumo, involucra indirectamente a organizaciones y movimientos sociales en el proceso ideológico y político de armado de una nueva estructura regional, particularmente en una modalidad transnacional con la cooptación de éstos en otros países, sino que también responde a otras dos razones importantes: por un lado, la debilidad creciente de las organizaciones empresariales y de las empresas privadas como entes productivos (fuertemente asediadas por el gobierno con amenazas de expropiación o estatización en los meses recientes) y la persistencia del sector empresarial tradicional venezolano a orientar sus intereses hacia el mercado andino, y por otro, el rol político desempeñado por algunas de las organizaciones empresariales en la oposición a Chávez, que tiende a aislarlas de toda interlocución con el gobierno.

Después del triunfo del referéndum para la aprobación de una enmienda constitucional para la reelección del presidente y de otros cargos en febrero de 2009, con el 54% de los votos a favor de la enmienda, Chávez anunció que se iniciaba una tercera etapa de la revolución bolivariana y de la construcción del socialismo venezolano que se extendería de 2009 a 2019, previendo su reelección por un nuevo período de seis años en 2012.[270] Luego de lograr el progresivo control de las principales instituciones del sistema político y de la estatal PDVSA, el inicio de esta nueva etapa comenzó con una serie de expropiaciones del sector privado, particularmente en el sector alimenticio y de tierras,[271] para seguir con la expropiación de empresas estratégicas y de subsidiarias del sector petrolero, tanto nacionales como extranjeras. La iniciativa de expropiación y estatización de estas empresas revitalizó los temores desatados ya en su momento con algunas na-

---

[270] Véanse "Venezuela's term-limits referendum. Chávez for ever?", Caracas,19 de febrero de 2009, en www.Economist.com; Márquez, Humberto (2009), "Venezuela: Ten More Years, If He Can Woo a Divided Country", Caracas, *InterPress Service* (IPS), 16 de febrero de 2009; Mander, Bendict (2009), "Chávez wins vote to scrap terms limit", Caracas, 16 de febrero de 2009, en www.ft.com.

[271] *The Economist* (2009), "Socialism in Venezuela. Feeding frenzy", Caracas, 12 de marzo de 2009, en www.Economist.com; *The Economist Intelligence Unit* (2009), "Venezuela politics: Upping the ante", 19 de marzo de 2009.

cionalizaciones previas, en años recientes, que afectaron la industria alimenticia y el sector siderúrgico (como el caso de SIDOR cuyo accionista mayoritario era el grupo argentino-brasileño Tenaris) (véanse Tussie y Trucco en este volumen). Estas medidas responden al impacto de la baja internacional de los precios del petróleo y la crisis financiera internacional, combinados con un creciente desabastecimiento, una evidente recesión económica en marcha con una potencial devaluación de la moneda nacional, una galopante inflación, una baja significativa de las reservas del Banco Central y un marcado incremento de paros y movilizaciones por parte del sector laboral.[272] En este marco, consolidado el control estatal y ampliado el control sobre las instituciones por una reciente reforma territorial decretada por el Presidente, el eje de los primeros pasos de la tercera etapa de la construcción del socialismo del siglo XXI en Venezuela parece radicar en una estrategia de control progresivo de las empresas privadas, crecientemente debilitadas en su capacidad de negociación o de respuesta frente a los avances del Estado bolivariano. Como veremos más adelante, al parecer los sindicatos padecerían una situación similar.

En relación con la segunda razón, FEDECAMARAS en particular, y, en forma menos directa, otras organizaciones empresariales, han desempeñado un rol político importante en la oposición al gobierno de Chávez.

---

[272] Véanse *The Economist Intelligence Unit* (2008), "Venezuela economy: In denial"; *The Economist Intelligence Unit*, "Country Briefing", 26 de noviembre de 2008; Bridges, Tyler (2009), "Venezuela economy update Shortages, soaring prices: What's not to love about Chavez?", *Tyler Bridges-McClatchy Newspapers*, 3 de febrero de 2009, Caracas, www.mcclatchydc.com/226/story/61421.html; *The Economist* (2009), "Hugo Chávez's Venezuela. Oblivious to the coming storm", 5 de febrero de 2009,Caracas, www.economist.com; Oppenheimer, Andrés (2009), "Venezuela's condition will worsen", en *The Miami Herald*, 19 de febrero de 2009.

FEDECAMARAS mantuvo al inicio del gobierno una actitud de reticencia frente al programa de gobierno de Chávez que apuntaba, desde sus inicios, a la posibilidad de expropiación de la propiedad privada y de estatizar numerosas empresas nacionales,[273] para involucrarse luego activamente en el frustrado golpe de Estado de abril de 2002 contra Chávez, al punto de que el presidente designado por la Junta de Transición, Pedro Carmona era, a la sazón, presidente de FEDECAMARAS. Posteriormente, y una vez repuesto Chávez en el poder y exiliado Carmona en Colombia, pese a los cambios acaecidos en la directiva de FEDECAMARAS, ésta continuó activamente involucrada en la huelga general iniciada en diciembre de 2002 y posteriormente en todas las movilizaciones que apuntaban a la revocación del mandato de Chávez, fracturando aún más profundamente las relaciones de éste con las organizaciones empresariales y el sector privado. Sin embargo, en los primeros años de gobierno Chávez diferenció progresivamente la interlocución con las agrupaciones empresariales de la consulta con las empresas mismas. Esta diferenciación se hizo patente en el proceso de solicitud de admisión de Venezuela al Mercosur, cuando Wilmar Castro Soteldo, ministro del Despacho de Producción enfatizó: "Se consultó con empresarios que representan grupos económicos muy importantes del país como Polar y Monaca. FEDECAMARAS es un gremio, no una industria, al igual que CONINDUSTRIA. No

---

[273] Como señala Arenas "La más conspicua demostración del divorcio entre el empresariado y el gobierno ha sido la ausencia del primer mandatario en las Asambleas Anuales de FEDECAMARAS desde 1999 [teniendo] en cuenta que a estas convenciones asistieron puntualmente cada uno de los presidentes a lo largo del período democrático que se abrió en 1958" (Arenas, 2005: 356). Véanse más detalles sobre la evolución de este "divorcio" en la misma fuente, pp. 356-357.

invitamos a gremios a discutir estos asuntos".[274] En este marco, se hizo evidente que la tendencia del gobierno era avanzar en la interlocución con empresarios y empresas en particular, a diferencia de lo sucedido en años anteriores, cuando los interlocutores privilegiados en este tipo de consulta eran las asociaciones empresariales.

Por otra parte, frente a la debilidad de las asociaciones empresariales, Chávez ha promovido desde el Estado la creación de una serie de organizaciones empresariales tales como EMPREVEN (Empresarios de Venezuela) constituida en 2000[275] y CONFAGAN (Confederación Nacional de Agricultores y Ganaderos de Venezuela) creada en 2002[276] (Arenas, 2005, 360). La incidencia de estas organizaciones sobre las decisiones gubernamentales tomadas en relación con el retiro de la CAN y del G-3 y a la incorporación al Mercosur no pasan de prestar apoyo público a esta última iniciativa. Como señala el presidente de EMPREVEN, Alejandro Uzcátegui, en relación con el Mercosur, "específicamente en Venezuela, los empresarios debemos identificar y aprovechar esta gran oportunidad de negociar y exhibir nuestros productos a un

---

[274]   Citado por Arenas (2005: 359) de *El Nacional*, 14 julio de 2004, Cuerpo A, p. 18.

[275]   "Empresarios por Venezuela es una asociación civil sin fines de lucro que agrupa a los micro, pequeños y medianos empresarios de todo el país, con el fin de brindarles soporte en la formación, desarrollo y mejora de sus negocios ", en www.empresariosporvenezuela.com.ve. Entre algunos de sus objetivos se destaca "promover las relaciones comerciales de la República Bolivariana de Venezuela y sus diferentes actores con el resto del mundo".

[276]   **CONFAGAN** se define como "una organización civil sin fines de lucro, no gubernamental, enmarcada profundamente en los principios morales, éticos y programáticos de las tesis". Su misión "está constituida en una organización socialista, plural, solidaria, participativa y equitativa". Entre sus objetivos se destaca "combatir el latifundio en todas sus formas", en www.confagan.com.

gran mercado que brinda incentivos y canales de comercialización que nos obligan a pensar en nuestros vecinos como nuestros principales socios, clientes y sobre todo hermanos [...] La mirada es hacia el sur, hay mucho más que un bloque comercial" (Uzcátegui, 2008).

Las diferencias entre estas organizaciones – EMPREVEN, CONFAGAN, y otras que apoyan a Chávez, como FEDEINDUSTRIA, de más vieja data, con las asociaciones empresariales tradicionales, en relación con la incorporación al Mercosur, son patentes. Mientras que Uzcátegui plantea, en representación de EMPREVEN, que "el ingreso de Venezuela al Mercosur es una respuesta adecuada a la consolidación de grandes espacios económicos en el mundo y la necesidad de lograr una adecuada inserción internacional [en tanto] es un nuevo renacer del bloque del Sur, ya que nuestra nación viene a darle un rostro más humano y social", y el presidente de FEDEINDUSTRIA[277] para la época afirma que "la entrada al Mercosur no es sólo una enorme oportunidad para los negocios, sino para el país" (Guerrero, 2006: 30-31), la reacción de representantes de organizaciones como FEDECAMARAS,[278] CONINDUSTRIA,[279] CONSECOMERCIO[280] y la Cámara de Integración Económica Venezolano-Colombiana (CAVECOL),[281] aunque con matices diferenciales,

---

[277] Véase www.fedeindustria.org.

[278] Véase www.fedecamaras.org.

[279] Véase www.conindustria.org. Véase en especial la presentación en *power point* "CONINDUSTRIA: la estrategia de la industria es Venezuela", de julio de 2006, donde se expresa la posición crítica de esta organización frente al ingreso de Venezuela al Mercosur, particularmente por el perjuicio a la industria nacional, en www.coindustria. org/texto.asp?htm=doc_comex.

[280] Véase www.consecomercio.org.ve.

[281] Véase www.cavecol.org.

respalda por un lado el mantenimiento de las relaciones comerciales con la CAN y con Colombia, y crítica la adhesión al Mercosur, tanto por su carácter inconsulto como por el hecho de que va en detrimento de la industria y de las exportaciones de productos venezolanos (*ibid.*: 28-29). A este respecto, la presidente para la época, de FEDECAMARAS, Albis Muñoz, expresaba, en relación con el Mercosur, que "esta integración se está realizando a espaldas de los empresarios venezolanos", mientras que Lope Mendoza, presidente de CONINDUSTRIA, señalaba que "las negociaciones se han hecho de espaldas a las limitaciones y potencialidades del sector productivo" (en Romero, 2008: 24). Similares críticas fueron expresadas por los presidentes de FEDENAGA[282] ("si la entrada al Mercosur se hace sin barreras protectoras para los ganaderos venezolanos, estaremos muertos") y CONSECOMERCIO ("es un paso en falso que Venezuela ignore la importancia y utilidad de formar parte de la CAN y del G-3. Y es un paso peligroso y suicida la decisión de involucrarnos con los países del Mercosur, sin que siquiera haya habido una fría, seria y responsable evaluación de las implicaciones, costos y beneficios, y reales posibilidades de sobrevivir que tienen nuestras empresas en esta relación"), y reiteradas por los posteriores presidentes de FEDECAMARAS y CONINDUSTRIA (Romero, 2008: 25-32). Otras reacciones de organizaciones empresariales establecidas antes de 1999 apuntaron a las mismas críticas, pero con matices, como en el caso de la AVEX (Asociación Venezolana de Exportadores),[283] cuyo presidente cuestionó la salida de Venezuela de la CAN y

---

[282] Véase www.fedenaga.org.

[283] Véase www.avex.com.ve.

del G-3, con lo cual se ha perdido "la estabilidad de los mercados internacionales" de Venezuela y la modalidad inconsulta asumida por el Ejecutivo en la negociación con el Mercosur, pero a la vez señaló que "no le tenemos miedo al Mercosur" (Romero, 2008: 32-33).

La polarización entre las posiciones de diferentes organizaciones empresariales frente a la "mirada hacia el Sur" con la incorporación inconsulta al Mercosur en contraposición a la salida de la CAN y del G-3, llevó a crecientes tensiones entre dos bloques con posiciones diferenciadas, y llegó incluso a los organismos internacionales, como en el caso de la OIT, donde se desarrollaron conflictos por la representación empresarial entre las organizaciones tradicionales y las emergentes (Arenas, 2005: 362-363).

Una situación similar se desarrolló en relación con los sindicatos. La limitada autonomía de la CTV, históricamente vinculada a Acción Democrática, durante el segundo gobierno de CAP y de Caldera, se asoció, asimismo, con un crecimiento sostenido de la economía informal, que hizo que el porcentaje de la afiliación sindical fuera disminuyendo abruptamente, de un 33% de la población laboral en 1975, a un 13,5% en 1995 (Schutt, 2008: 2). Por una parte, desde fines de los ochenta, el sindicalismo no pudo ajustarse a la nueva realidad económica y social que supuso la llegada de las políticas neoliberales. Por otra, de hecho, el sindicalismo venezolano y, en particular la CTV, nunca pudo desprenderse ni de su relación neocorporativista con el Estado (Iranzo y Richter, 2005: 653), ni de su identificación y vinculación con los partidos políticos tradicionales, con el agravante de que, desde el comienzo del gobierno de Chávez, se convirtió asimismo en un actor político muchas veces alejado de las demandas y reivindicaciones laborales.

Chávez intentó desarrollar una serie de estrategias para subordinar al movimiento sindical. Iranzo y Richter sintetizan las estrategias en cuatro fundamentales: a) entre 1999 y fines de 2001 el gobierno buscó el control del movimiento sindical "desde afuera", intentando intervenir en sus asuntos internos; b) en una segunda fase intentó controlar particularmente a la CTV, "desde adentro", compitiendo por su dirección a través de la conformación de una corriente sindical que respondiera directamente al Presidente; c) simultánea y posteriormente trató de ignorar su rol como actor laboral y reducirla, particularmente ante opinión pública, a su rol de actor político, y d) finalmente, más recientemente trató de desmantelarla "desde abajo", horadando sus bases sindicales (Iranzo y Richter, 2005: 655). En este marco, Chávez, que basó su campaña electoral en la denuncia de la corrupción de diversas instituciones de la IV República, agregó a esta acusación, en el caso de la CTV, la de burocratización, e intentó un control de su dirección a través del Frente Bolivariano de Trabajadores (FTB), generando una polarización política en el ámbito sindical.

Sin embargo, luego de unas complejas (y para algunos, dudosas) elecciones internas, el FTB fue derrotado por la corriente del Frente Unitario de los Trabajadores (FUT), que ungió a Carlos Ortega como presidente de la CTV. El gobierno de Chávez respondió a esta derrota con una política de no reconocimiento de la CTV y de los sindicatos adheridos a ella, y fomentó la creación de sindicatos paralelos (Schutt, 2008: 3). Por otra parte, Ortega condujo a la CTV a incorporarse activamente, como actor político, a la oposición a Chávez, convocando a las huelgas que precedieron al golpe del 11 de abril de 2002, e impulsando la huelga general posterior y las movilizaciones de la oposición. Si bien el rol de la CTV en el golpe de abril de 2002 es objeto de debates, ya que

algunos analistas aseguran que estuvo activamente involucrado en el mismo junto a FEDECAMARAS mientras que otros plantean que tuvo un rol marginal (Iranzo
y Richter, 2005: 668), lo cierto es que entre diciembre
de 2002 y febrero de 2003, la CTV y FEDECAMARAS
se unieron en "una alianza inusual" y organizaron un
paro cívico contra Chávez, con el apoyo de la dirigencia
de PDVSA, que paralizó la extracción y exportación del
petróleo (Schutt, 2008: 3). El exilio posterior de Carlos
Ortega dio lugar a que asumiera una nueva directiva
de la CTV, que siguió participando activamente en la
oposición a Chávez hasta el presente (2009). El rol de
la gerencia y los cuadros ejecutivos de PDVSA en este
proceso fue fundamental, en el marco de su oposición
a las reformas que Chávez intentaba introducir en la
empresa estatal.

Además de la CTV,[284] otras centrales obreras de menor peso en cuanto a sus afiliados también se han ali-
neado políticamente, en forma predominante con la
oposición, como es el caso de CODESA (Confederación
de Sindicatos Autónomos de Venezuela),[285] y la CGT
(Confederación General del Trabajo),[286] de filiación social
cristiana, vinculadas a la CLAT (Central Latinoamericana
de Trabajadores), mientras que la CUTV (Central
Unitaria de Trabajadores de Venezuela),[287] que responde al Partido Comunista de Venezuela (PCV) y adhiere
a la Federación Sindical Mundial, apoyó en principio a
Chávez hasta la reciente formación de PSUV (Partido
Socialista Unificado de Venezuela), cuando el PCV se

---

[284]   Véase www.ctv.org.ve.

[285]   Véase www.codesa-venezuela.org.

[286]   Véase www.ila.org.pe/miembros/cgtv.htm.

[287]   Véase www.ila.org.pe/miembros/**cutv**.htm.

resistió a autodisolverse e integrarse a éste. Sin embargo, la polarización se extiende más allá del ámbito sindical institucionalizado desde décadas anteriores, en tanto, desde abril de 2003, se constituye la Unión Nacional de Trabajadores (UNT) como una junta sindical provisoria que responde a las iniciativas de Chávez en el campo sindical,[288] aunque, sin embargo, no ha logrado conformar una central alterna a la CTV (Méndez, 2007).

Por otra parte, esta polarización se extiende a los ámbitos regionales, en el enfrentamiento entre la UNT y la CTV, CODESA y CGT, en espacios como el Consejo Consultivo Laboral Andino hasta 2006, cuando Venezuela se retira de la CAN, o más recientemente, en torno a la incorporación de la CTV a la Coordinadora de Centrales Sindicales del Cono Sur (CCSCS) con la adhesión de Venezuela al Mercosur.[289]

Las posiciones entre el sindicalismo de raíz tradicional y las de organizaciones surgidas por impulso del chavismo como la UNT y el FBT también dieron lugar a una manifiesta polarización en relación con el regionalismo impulsado por el gobierno de Chávez. Mientras que la UNT y el FBT básicamente han orientado sus acciones a nivel internacional a apoyar la campaña contra el ALCA y respaldar las acciones del gobierno bolivariano,

---

[288] Como señala Schutt, en tanto "la concepción política del presidente Chávez es la de una democracia delegativa en la cual el pueblo delega por el período de un mandato todo el poder al presidente, para que éste ejecute la voluntad del pueblo [...] No hay lugar en ese ideario para la división de poderes, independencia de la justicia e instituciones intermedias como los partidos o los sindicatos [...] No sorprende entonces que hasta la fecha no se ha constituido formalmente una central obrera chavista con el apoyo del presidente" (Schutt: 2008, 4).

[289] Véase "La CTV conspira en el Mercosur", 12 de junio de 2006, en www. aporrea.org/trabajadores/n78108.htlm, donde se comenta críticamente la incorporación de la CTV en la CCSCS como un maniobra para legitimar su oposición a Chávez.

evidencian, sin embargo, una significativa debilidad en cuanto a su vinculación con las confederaciones sindicales internacionales, situación que a su vez dificulta su relación con los organismos laborales regionales. De hecho, la UNT intentó adquirir un estatus reconocido en el Consejo Consultivo Laboral Andino, pero esta aspiración encontró numerosos obstáculos. Por otra parte, las organizaciones sindicales de oposición a Chávez, como la CTV y la Alianza Sindical Independiente, han expresado su crítica a la falta de consulta del gobierno bolivariano en la decisión de incorporación de Venezuela al Mercosur. En este sentido, Manuel Cova, secretario general de la CTV, manifestó sus reservas a esta incorporación, "especialmente porque se tomó sin escuchar a los interlocutores sociales" y sin tomar en cuenta la desigualdad de economías con Brasil y Argentina (Romero, 2007: 25).

En este marco, sin embargo, formalmente todas las organizaciones sindicales apoyan tanto el desarrollo de las uniones aduaneras imperfectas actualmente existentes como parte de la construcción de UNASUR, paradójicamente percibidas en el documento de unificación de ORIT con la CLAT, como un sustituto de la Confederación de Naciones Latinoamericanas.

La situación en relación con la sociedad civil en general es, sin embargo, en algunos aspectos, diferente. La evolución de la sociedad civil en Venezuela ha sido abundantemente analizada desde distintas perspectivas y enfoques (Gómez Calcaño, 2005; Salamanca, 2007; García Guadilla, 2007, entre otros). No obstante su heterogeneidad, desde los años sesenta ésta se ha venido desarrollando con cierta autonomía con respecto al Estado, pese a que durante el período 1958-1998, las relaciones entre la sociedad y el Estado estuvieron fundamentalmente canalizadas por los partidos políticos (Salamanca, 2007: 105). Sin embargo, el corporativismo propio del sistema bipartidista existente promovía que los dos partidos políticos predominantes se relacionaran con las grandes organizaciones que representaban los intereses agregados de diferentes sectores, como las organizaciones empresariales, sindicales y campesinas, que adquirían así un cierto grado de influencia en la toma de decisiones a nivel gubernamental, fundamentalmente en función de sus intereses corporativos. Sin embargo, la evolución de la sociedad civil en Venezuela desde la década del sesenta dio lugar al desarrollo de organizaciones y de redes ciudadanas, con un creciente margen de autonomía frente al Estado cuando no directamente enfrentadas a éste, con valores y prioridades generalmente diferentes. Esta diversidad, encubría sin embargo, una diferenciación de clases y de intereses de las distintas organizaciones. De hecho, la diferenciación fundamental se daba entre las organizaciones de clase media que promovían valores democráticos liberales asociados con las libertades civiles y el derecho a la propiedad en torno a reivindicaciones vinculadas a bienes y servicios, y las organizaciones de clase baja que luchaban por el derecho a la inclusión, contra la marginalidad y la pobreza que se acrecentaba en el país (García Guadilla, 2007). Esta diferenciación, obviamente esquemática y reductora (y que admite numerosos matices) a los efectos del propósito de este trabajo, se acentuó con la creciente polarización social y se agudizó definitivamente con la consiguiente polarización política. Si bien la discusión de la Constitución de 1999, con la ampliación significativa de los derechos de la sociedad civil y un debate político-ideológico extendido sobre los alcances del concepto mismo (Gómez Calcaño, 2005: 332-333), posibilitó que ésta adquiriera un creciente rol como actor político en el marco de la deslegitimación de los partidos políticos tradicionales y de la emergencia de la "anti-política", la polarización social y política se profundizó con la evolución de los desarrollos políticos de los primeros años de Chávez en el poder. Como consecuencia, un sector de las organizaciones de la sociedad civil se politizó crecientemente en torno a un activo rol en la oposición, en reemplazo de los partidos políticos y ante la ausencia de actores políticos alternativos, y fue identificada como "la sociedad civil" antichavista, protagonista activa de las numerosas movilizaciones antigubernamentales que se han venido sucediendo en el país, mientras que otro sector, sin necesariamente perder, en algunos casos, su autonomía, se volcó al apoyo del proyecto bolivariano (Valencia Ramírez: 2007).

En ambos casos, de una manera similar a lo sucedido con las asociaciones empresariales y las organizaciones y centrales sindicales, las organizaciones de la sociedad civil asumieron, en muchos casos, un rol de actor político cuya influencia sobre las decisiones gubernamentales estaban más articuladas a las coyunturas políticas que a proyectos políticos efectivos, emanados de la consulta y construcción de consensos desde estas organizaciones. La marcada politización de la sociedad civil en los últimos años, y su activo involucramiento en una dinámica política extremadamente agitada e intensa, con frecuencia alejó a estas organizaciones de otros temas que no fueran prioritarios en el marco de esta dinámica. En este contexto, la tendencia general de las organizaciones ciudadanas y de la sociedad civil de no incluir en su agenda los temas de política exterior se profundizó (Serbin y Lorenzetti, 2007), a excepción de aquellos temas que estuvieran vinculados directamente a la polarización política en desarrollo. Como resultado, en la República Bolivariana de Venezuela se produjeron dos fenómenos combinados: ni la sociedad civil, con todas sus divisiones, ha prestado particular atención a las reorientaciones de la política exterior (fuera de las posiciones a favor o en contra de una más estrecha relación con Cuba o un mayor o menor enfrentamiento con Estados Unidos, en la medida que estas reorientaciones se profundizaban), ni el Estado se ocupó de consultar con ellas las decisiones referentes al giro "hacia el Sur" o la promoción de una nueva visión regionalista, asumiendo que representaba los intereses de las organizaciones y de los ciudadanos que habían llevado a Chávez al poder.

En consecuencia, si bien en el caso de las organizaciones empresariales y sindicales (que adicionalmente contaban con una trayectoria previa de relativa incidencia sobre las políticas gubernamentales a través de los partidos políticos tradicionales) se desarrollaron posiciones frente a estas reorientaciones, así fuera en el marco de la ausencia de consultas por parte del gobierno, en el caso de las organizaciones de la sociedad civil, con la probable excepción de aquellas que estaban vinculadas a redes más amplias de carácter regional, el tema del regionalismo no surge como un tema relevante de sus agendas. Por otro lado, si tomamos en cuenta las excepciones, principalmente debidas a su relación con redes regionales, éstas organizaciones, como SINERGIA,[290] el Grupo Social CESAP[291] o el Instituto Venezolano de Estudios Sociales y Políticos (INVESP),[292] comparten en principio una visión del regionalismo que, sin embargo, se extiende más allá del regionalismo sudamericano y apunta más bien a una identificación genérica con la integración latinoamericana y/o caribeña, dependiendo de sus vínculos y relaciones (Serbin y Jácome, 1999). Consecuentemente, frente a las iniciativas o visiones gubernamentales en este campo, la incidencia o relevancia de las organizaciones de la sociedad civil aparece muy menguada en comparación con

---

[290] Véase www.sinergia.org.ve.

[291] Véase www.gscesap.org.ve.

[292] Véase www.invesp.org.

la situación de las organizaciones empresariales y gremiales, y siempre marcada por la actual politización y la drástica polarización política del país.

En resumen, por un lado la polarización política contribuyó a que, durante los diez años de Chávez en el poder, las organizaciones empresariales, sindicales, campesinas y de la sociedad civil en general, asumieran un rol político por encima de sus intereses y reivindicaciones sectoriales, y por otro, el gobierno hizo caso omiso de toda consulta con estas organizaciones, así estuvieren identificadas con el proyecto bolivariano. La transformación de estos actores sociales en actores políticos se hizo particularmente evidente durante el golpe de abril de 2002 y durante la huelga decretada entre diciembre de ese año y febrero de 2003, cuando tanto FEDECAMARAS como la CTV y la propia dirigencia de PDVSA, junto con numerosas organizaciones de la sociedad civil, asumieron un rol político en sustitución de los deslegitimados partidos políticos tradicionales. Como resultado, y en el marco de la polarización política mencionada, más allá de asumir posiciones en relación con el regionalismo sudamericano y el énfasis, frecuentemente contradictorio, del gobierno en esta visión, su incidencia sobre la formulación e implementación de las políticas gubernamentales fue ínfima cuando no totalmente nula. El gobierno bolivariano tomó decisiones radicales tanto en la reorientación de la política exterior y en la priorización de vínculos regionales que hacían a su "mirada hacia el Sur", sin consultar con las organizaciones empresariales, sindicales o de la sociedad civil, eventualmente consultando con algunos grupos empresariales que, en diferentes etapas, respondían a su proyecto pero que no tuvieron una influencia decisiva sobre estas determinaciones definidas de antemano en el marco de la proyección del proyecto bolivariano a nivel regional.

4. Conclusiones

Al tomar en cuenta el análisis de los diferentes factores de peso en la determinación de distintas visiones del regionalismo en Venezuela, a partir de fines de la década de 1980 se aprecia la persistencia de un patrón inalterado en las diferentes etapas de su evolución política reciente. En principio, así fuere bajo gobiernos de orientación predominantemente neoliberal o estatista, la dimensión política prima sobre otras consideraciones a la hora de tomar decisiones relativas al impulso, a través de diversas políticas, de diferentes visiones del regionalismo. En el marco de un Estado rentista y de un sistema sometido a crisis cíclicas de acuerdo con las variaciones del precio internacional del petróleo, existe una línea de continuidad en el hecho de que las decisiones con respecto a estas políticas son tomadas a nivel **gubernamental** y es el Estado y, en particular, el Poder Ejecutivo el que las implementa con mayor o menor consulta y/o adhesión de otros sectores de la sociedad. Una diferencia sustancial se evidencia, sin embargo, al margen de las orientaciones ideológicas y económicas de los diferentes gobiernos: mientras que la visión corporativista predominante en la IV República da lugar a algunas formas de interlocución y, eventualmente, de consultas en el desarrollo de políticas regionales a través de los mecanismos establecidos en el marco del bipartidismo, en la República Bolivariana las decisiones al respecto se toman en forma inconsulta, básicamente legitimadas por el reiterado apoyo popular al gobierno (y más específicamente a la persona de Hugo Chávez) en los numerosos procesos electorales y refrendarios que se desarrollaron a lo largo de los últimos diez años. En esencia, el abandono del bipartidismo establece otros mecanismos de legitimación de las decisiones del Poder Ejecutivo en diversos campos, incluyendo la política exterior, en el marco de una relación no intermediada entre la sociedad y el Presidente.

Por un lado, en este contexto, son las ideas del Presidente (y no necesariamente de un equipo de tecnócratas o funcionarios) las que impulsan los cambios de énfasis y de objetivos en la transición de una visión del regionalismo focalizado en el mundo andino y gran-caribeño a una visión orientada hacia el Sur a nivel regional, en el marco del proyecto bolivariano y de su visión de éste. Más allá de las numerosas contradicciones a las que esta visión da lugar en la operacionalización concreta de la política exterior, en esencia, responde a una percepción más amplia, predominantemente ideológica y geoestratégica, no sólo de las transformaciones necesarias en el ámbito nacional sino también del cambio que es necesario impulsar a nivel regional e internacional. En consecuencia, el peso de las consideraciones de orden ideológico y geopolítico con frecuencia se impone a otras consideraciones, de orden comercial, financiero o productivo, al punto de que los recursos petroleros del país, cuyo volumen creció de manera abrumadora a partir de 2001, son canalizados en función de las prioridades establecidas por las primeras, o de que las consideraciones políticas prevalezcan sobre las comerciales en el cambio de rumbo "hacia el Sur". Posiblemente, una reducción de estos recursos por una disminución de los precios del petróleo a nivel internacional podría afectar la implementación de estas prioridades a nivel regional y, eventualmente, doméstico, como todo parece señalar, pero no pone en cuestión, en la coyuntura actual, la continuidad de un proyecto definido por su fuerte contenido ideológico, geopolítico y social.

Por otro lado, las realidades económicas son, con frecuencia, subordinadas a las consideraciones de orden político, tanto en el ámbito doméstico como en el regional e internacional. Como ya señalamos, con frecuencia se encaran primero las dimensiones políticas y luego se procede a la gestión o al desarrollo de políticas económicas acordes a los resultados obtenidos en el campo político. Esta politización conlleva, en un contexto altamente polarizado que, por una parte, el Ejecutivo desarrolle sus políticas de una manera inconsulta con otros sectores, en tanto asume la legitimidad de sus decisiones por el respaldo popular logrado o porque su enfoque ideológico así lo justifica, o por la combinación de ambos factores. Por otra parte, los sectores excluidos de estas decisiones, con frecuencia sobreponen, en este contexto, sus intereses políticos por encima de sus intereses sectoriales, convirtiéndose de hecho en actores políticos. En el marco de la polarización política existente, no es difícil comprender que las interlocuciones de lado y lado se encuentran altamente politizadas e ideologizadas, mientras que la persistencia (y la rentabilidad) de un modelo rentista no pone necesariamente en primer lugar la urgencia de establecer consensos para la toma de decisiones consensuadas en torno a los temas económicos.

En la perspectiva bolivariana, como ha sido señalado, las consideraciones comerciales y financieras en torno al regionalismo están totalmente opacadas por las consideraciones ideológicas, políticas, geopolíticas y sociales. Tanto la adhesión al Mercosur y la creación del ALBA, como el retiro de la CAN y del G-3, son decisiones que se han tomado desde el Poder Ejecutivo, en función de estas últimas consideraciones. Un análisis más detallado de cuáles de ellas pesan realmente en estas decisiones, en el marco de las contradicciones ya señaladas, requeriría de un estudio más profundo no solamente del ideario promovido por el presidente Chávez sino también de la consistencia y coherencia de las modalidades de implementación y de gestión para su materialización.

En este marco, en la actualidad, el regionalismo es entendido por el gobierno bolivariano, como una gestión eminentemente gubernamental, a partir de la interlocución política y no necesariamente económica o técnica, con otros gobiernos, asumiendo todo regionalismo como un proceso eminentemente **inter-gubernamental**, con limitada o nula participación de otros actores, con la excepción de los movimientos sociales y políticos que adhieren al ideario del Presidente y que son instrumentales a su proyecto. La ausencia de canales establecidos de interlocución con otros sectores y la limitada disponibilidad de cuadros técnicos calificados hacen que, en última instancia, prevalezca la opinión del presidente en todas las decisiones al respecto.

De manera adicional, el progresivo control adquirido sobre el aparto institucional del sistema político y sobre el aparato productivo, reforzado recientemente por las expropiaciones y nacionalizaciones en curso, permite una concentración de poder que refuerza el cuadro anterior.

En este sentido, una marcada diferencia con el período anterior es la sustitución de la consulta y de la interlocución con otros sectores de la sociedad venezolana a la hora de implementar decisiones en el plano de la política regional, por la legitimación emanada de los mecanismos plebiscitarios reiteradamente impulsados por el gobierno, que reafirman sus decisiones en este campo "desde arriba" y de forma vertical, sin recurrir a otro tipo de consultas más específicas, sectoriales o técnicas.

Un componente importante a considerar en la implementación de estas medidas es la necesidad sistemática de antagonizar para unificar y aglutinar a los adherentes, aliados o simpatizantes del proyecto bolivariano, tanto en lo que se refiere a sectores y actores sociales, como a países. El discurso polarizador y altamente ideologizado de Chávez, recurre al enfrentamiento con el proyecto del

ALCA para lanzar la propuesta del ALBA, y el cuestionamiento a la hegemonía y el unilateralismo estadounidense, y a las concepciones neoliberales para justificar su "mirada hacia el Sur" y solicitar su incorporación al Mercosur, iniciando el proceso de priorización de una visión del regionalismo sudamericano en la política exterior venezolana. Sin embargo, en esta visión prevalecen, tanto en la retórica como en la práctica, las contradicciones entre la necesidad de apelar al Mercosur como núcleo instrumental para la construcción de UNASUR como el proyecto sudamericano que puede llevar a la construcción de la Unión o Confederación de Naciones Latinoamericanas y Caribeñas, y el recurso táctico de ganarse las voluntades y el apoyo político de los países de la Cuenca del Caribe a través de Petrocaribe y del ALBA, frente a la aparente indiferencia de los países más grandes ante este último proyecto. Asoma, en este marco, un nuevo elemento aglutinador y, a la vez, eventualmente antagonizador frente a los países más grandes, en el creciente énfasis puesto en el tema de las asimetrías, significativamente en el contexto de una competencia por el liderazgo regional ya no con Estados Unidos sino con Brasil y, eventualmente, México.

En este proceso, la cooperación, la asistencia y la integración energética desempeñan, desde la experiencia particular de Venezuela, un papel clave, en tanto le asigna a Venezuela un papel protagónico en la región. Pero en la perspectiva geopolítica bolivariana, el componente militar de la integración, como eje aglutinador asume asimismo un rol destacado. De allí el énfasis reiterado de Chávez, en diferentes escenarios, sobre la necesidad de una alianza militar en América del Sur y, eventualmente, en toda América latina y el Caribe, para enfrentar las amenazas militares, políticas, económica y sociales de Estados Unidos. Por otra parte, en este marco, los acuerdos comerciales son desplazados por los acuerdos de cooperación y asistencia, basados en la "complementariedad, la equidad y la solidaridad" como se plantea en el marco del ALBA. La concepción "comercialista" de la integración, y consecuentemente los acuerdos comerciales, son descalificados por razones ideológicas y no económicas o técnicas, por su identificación con el neoliberalismo, a favor de concepciones eminentemente políticas, geopolíticas e ideológicas de la integración regional.

No obstante estas contradicciones, no hay que perder de vista que tanto la propuesta del ALBA como la de UNASUR siguen siendo básicamente intergubernamentales (más allá de las apelaciones a la "diplomacia de los pueblos"), cuando no predominantemente inter-presidenciales a juzgar por la abundancia de Cumbres, con poco espacio asignado a la consulta con sectores políticos (incluidos los respectivos Parlamentos), técnicos, empresariales, sindicales o de la sociedad civil (Serbin 2008d). Una ilustración cabal al respecto es el rol subsidiario del Consejo de Movimientos Sociales en el ALBA, donde las decisiones y los acuerdos son tomados a nivel presidencial.

En este contexto, en el ámbito doméstico, la creciente estatización de la economía asumida en el marco del proyecto bolivariano del "socialismo del siglo XXI", y la fuerte polarización política, con sus secuelas de acrecentada politización e ideologización de diversos sectores, hace que el recurso a la consulta no plebiscitaria sea poco frecuente y limitado. Los foros, seminarios, encuentros, transmisiones en cadena y otros mecanismos convocados, cumplen fundamentalmente el rol de adherir y respaldar al proyecto bolivariano. La debilidad política de los diversos sectores – agrupaciones empresariales y empresas, sindicatos y confederaciones sindicales, partidos políticos, sectores académicos y técnicos, y organizaciones de la sociedad civil– y su ubicación en el campo político de la oposición,

anulan los más mínimos atisbos de coordinación, cooperación o consulta con el gobierno, más allá del cuestionamiento radical que puedan desplegar ante éste.

Parafraseando a uno de los autores citados más arriba, más allá de que el Estado controle, a través de diversos
mecanismos y, principalmente a través de los partidos
políticos, como sucedía en la Cuarta República, las relaciones con la sociedad, en la República Bolivariana de
Venezuela el Estado es todo porque encarna la voluntad
popular expresada en las urnas y a través de los diferentes mecanismos plebiscitarios impulsados en estos años.
Y es ese Estado bolivariano el que decide sobre los pasos
a seguir, ya sean políticos, geoestratégicos, sociales o económicos, en el proceso de construcción de su visión del
regionalismo sudamericano.

Referencias bibliográficas

Altmann Borbón, Josette (ed.) (2008), *Dossier ALBA*, San
    José, FLACSO, www.flacso.org/integracion/cuader-
    nos/alba.pdf.
Altmann Borbón, Josette (2009), "El ALBA, Petrocaribe y
    Centroamérica", en *Nueva Sociedad*, Buenos Aires, N°
    219, enero-febrero de 2009, pp. 127-144.
Arellano, Félix (2008), *La política bolivariana frente a la
    integración regional*, Caracas, ILDIS-CEERI.
Arenas, Nelly (2005), "¿Languidece el corporativismo?
    De FEDECAMARAS a los nuevos actores empresa-
    riales en Venezuela", en *CENDES*, *Venezuela Visión
    Plural*, Caracas, BID & co. y Centro de Estudios del
    Desarrollo (CENDES), pp. 346-371.
Berrón, Gonzalo (2009), "Movimientos sociales del Sur:
    ALBA, UNASUR y Mercosur", en *América Latina en*

movimiento, Quito, año XXXIII, segunda época, N°
442, 24 de marzo de 2009, pp. 13-16.

Boeckh, Andreas y Patricia Graf (2007), "El comandante
en su laberinto: el ideario bolivariano de Chávez",
en Maihold, Gunther (ed.), *Venezuela en retrospectiva. Los pasos hacia el régimen chavista*, Madrid,
Iberoamericana, pp. 151-178.

Boersner, Demetrio (2007), "Dimensión internacional
de la crisis venezolana", en Maihold, Gunther (ed.),
*Venezuela en retrospectiva. Los pasos hacia el régimen
chavista*, Madrid, Iberoamericana, pp. 313-344.

Boersner, Demetrio (2008), "Venezuela´s International
Role: Provider or Gadfly?", en *ReVista. Harvard
Review of Latin America*, Cambridge, vol. VIII, N° 1,
otoño de 2008, pp. 60-62.

Briceño Ruiz, José y Rosalba Linares (2004), "Más allá del
chavismo y la oposición: Venezuela en el proceso del
ALCA y la propuesta ALBA", en *Geoenseñanza*, vol. 9,
pp. 19-47.

Cardoso de da Silva, Elsa (1992a), "Las relaciones
Venezuela-USA y el comercio", ponencia al I Taller de
Libre Comercio e Impacto Ambiental en Venezuela,
Caracas, Invesp, 8-10 de julio 1992.

Cobo, Lourdes (2008*), Venezuela y el mundo transnacional: instrumentación de la política exterior venezolana para imponer un modelo en América Latina*,
Caracas, ILDIS-CEERI.

Consalvi, Simón Alberto (1998), *Una política exterior democrática en tiempos de crisis*, Caracas, Pomaire.

Coronel, Gustavo (2006), *Corrupción, administración
deficiente y abuso de poder en la Venezuela de Hugo
Chávez*, Washington D. C., Cato Institute, 2006.

Corrales, Javier (2005), "In Search of a Theory of
Polarization: Lessons from Venezuela, 1999-2005", en

Revista Europea de Estudios Latinoamericanos y del Caribe, Leiden, Nº 79, octubre de 2005, pp. 105-117.

Correa Flores, Rafael (2005), "Comunidad Latinoamericana o Sudamericana de Naciones? La arquitectura institucional de la integración", en Correa Flores, Rafael (coord. y comp.), *Construyendo el ALBA. Nuestro Norte es el Sur*, Caracas, Ediciones del XL Aniversario del Parlamento Latinoamericano, 2da. ed., pp. 115-121.

CORDIPLAN (1990), *El Gran Viraje. Lineamientos Generales del VIII Plan de la Nación*, Caracas.

Chávez Frías, Hugo (2000), "Discurso ante el Comité de Representantes de la ALADI", febrero de 2000.

—— (2004), "El nuevo mapa estratégico", en *Taller de Alto Nivel*, Caracas, 12 y 13 de noviembre de 2004.

Ellner, Steve (2003), "El sindicalismo frente al desafío del chavismo", en Ellner, Steve y Daniel Hellinger (eds.), *La política venezolana en la época de Chávez. Clases, polarización y conflicto*, Caracas, Nueva Sociedad, pp. 209-230.

—— (2007a), "La transformación del movimiento sindical y la sociedad civil en Venezuela: ¿revolución o paralelismo?", en Maihold, Gunther (ed.), *Venezuela en retrospectiva. Los pasos hacia el régimen chavista*, Madrid, Iberoamericana, pp. 203-224.

—— (2007b), "Trade Union Autonomy and the Emergence of a New Labour Movement in Venezuela", en Ellner, Steve y Salas, Miguel Tinker (eds.), *Venezuela. Hugo Chávez and the decline of an "exceptional democracy"*, Plymouth, Rowman and Littlefield Publ. pp. 77-98.

—— (2008), "A "Revolutionary Process" Unfolds. In the Absence of a Well Defined Plan", en *ReVista. Harvard Review of Latin America*, Cambridge, vol. VIII, Nº 1, Fall 2008, pp. 15-16.

Ellner, Steve y Tinker Salas, Miguel (eds.) (2007), *Venezuela. Hugo Chávez and the decline of an* "exceptional democracy", Plymouth: Rowman and Littlefield Publ.

Ellner, Steve y Tinker Salas, Miguel (2007a), "The Venezuelan Exceptionalism Thesis: Separating Myth from Reality", en Ellner, Steve y Tinker Salas, Miguel (eds.), *Venezuela. Hugo Chávez and the decline of an "exceptional democracy"*, Plymouth: Rowman and Littlefield Publ., pp. 3-15.

García-Guadilla, María Pilar (2003a), "Sociedad civil: institucionalización, fragmentación, autonomía", en Ellner, Steve y Hellinger, Daniel (eds.), *La política venezolana en la época de Chávez. Clases, polarización y conflicto*, Caracas, Nueva Sociedad, pp. 231-251.

García Guadilla, Maria Pilar (2003b), "Politización y polarización en la sociedad civil venezolana: las dos caras frente a la democracia", en *Espacio Abierto. Cuaderno Venezolano de Sociología*, Caracas, enero de 2003, pp. 1-29.

—— (2007), "Social Movements in a Polarized Setting: Myths of Venezuelan Civil Society", en Ellner, Steve y Tinker Salas, Miguel (eds.), *Venezuela. Hugo Chávez and the Decline of an "Exceptional Democracy"*, Plymouth, Rowman and Littlefield Publ., pp. 140-153.

—— (2004), "La vía multipolar", en *El Universal*, Caracas, 19 de diciembre de 2004.

—— (2005), *La guerra (asimétrica) de Chávez*, Caracas, Alfadil.

—— (2006), "Las hipótesis de guerra de Chávez. La confrontación es interna y externa", en *Venezuela Analitica*, 7 de agosto de 2006, www.analitica.com.

Giacalone, Rita (1995), "La actuación política del sector privado frente a la integración bi-regional: CARICOM y el G-3 en una perspectiva comparada", en *Revista Venezolana de Ciencia Política*, Mérida, N° 9, enero-abril.

Giacalone, Rita (1999), *Los empresarios frente al Grupo de los Tres: integración, intereses e ideas*, Caracas, Nueva Sociedad/GRUDIR.

Gómez Calcaño, Luis (2005), "Actores y modelos de sociedad en la transición socio-política de Venezuela", en CENDES, *Venezuela Visión Plural*, Caracas, BID & Co. y Centro de Estudios del Desarrollo (CENDES), pp. 318-345.

González Fabre, Raúl (2007), "Socialismo del Siglo XXI y a la venezolana: cinco problemitas", en *Envío. Revista Mensual de la Universidad Centroamericana* (UCA), Managua, año 26, Nº 307, octubre de 2007, pp. 53-57.

Gónzalez Urrutia, Edmundo (2006), "Las dos etapas de la política exterior de Chávez", en *Nueva Sociedad*, Buenos Aires, Nº 205, septiembre-octubre de 2006, pp. 159-171.

Goodman, Louis; Mendelshon Foreman, Johanna; Naím, Moisés, y Joseph Tulchin (eds.) (1995), *Lessons of the Venezuela Experience*, Boulder, Lynne Rienner.

Guerrero, Modesto Emilio (2006), *El Mercosur y la Revolución Bolivariana*, Caracas, CEFOCOTRAC.

International Crisis Group (ISG) (2007), *Venezuela: Hugo Chávez's Revolution*, Latin America Report Nº 19, Bogotá-Bruselas, 22 de febrero de 2007.

Iranzo, Consuelo y Richter, Jacqueline (2005), "La relación Estado-sindicatos en Venezuela", en CENDES, *Venezuela Visión Plural*, Caracas, BID & Co. y Centro de Estudios del Desarrollo (CENDES), tomo II, pp. 653-684.

Jacome, Francine (2006), *Venezuela frente al contexto andino y hemisférico. ¿Cambios en la doctrina de seguridad?* Caracas, Instituto Latinoamericano de Investigaciones Sociales (ILDIS).

Jácome, Francine y Andrés Serbin (coord.) (1998), *Sociedad civil e integración regional en el Gran Caribe*, Caracas, Nueva Sociedad-INVESP-CRIES.

Josko de Guerón, Eva (1992), "Cambio y continuidad en la política exterior de Venezuela: una reflexión", en Romero, Carlos (coord.), *Reforma y política exterior de Venezuela*, Caracas, COPRE/INVESP-Nueva Sociedad.

Katz, Claudio (2006), *El rediseño de América Latina. ALCA, Mercosur y ALBA*, Buenos Aires, Ediciones Luxemburg.

Koeneke, Herbert y Toro, Francisco (2001), "La coherencia de la política exterior de Chávez", en *VenEconomía Hemeroteca*, www.veneconomia.com.

López Maya, Margarita y Gómez Calcaño, Luis (1989), "Desarrollo y hegemonía en la sociedad venezolana, 1958-1985", en López Maya, M.; Gómez, Luis y Mangón, Thais, *De Punto Fijo al Pacto Social: desarrollo y hegemonía en Venezuela*, Caracas, Fondo Editorial Acta Científica Venezolana.

López Maya, Margarita (2005), *Del viernes negro al referéndum revocatorio*, Caracas, Alfadil.

—— (2007), "Las insurrecciones de la oposición en 2002 en Venezuela: causas y desafíos", en Maihold, Gunther (ed.), *Venezuela en retrospectiva. Los pasos hacia el régimen chavista*, Madrid, Iberoamericana pp. 179-201.

Malamud, Carlos (2006a), "La salida venezolana de la Comunidad Andina de Naciones y sus repercusiones sobre la integración regional (1ra. Parte)", en *ARI*, Nº 54-2006, 10 de mayo de 2006, Madrid, Real Instituto Elcano.

Malamud, Carlos (2006b), "La salida venezolana de la CAN y sus repercusiones sobre la integración regional (2da. parte): su impacto en Mercosur", en *ARI*, Nº 63-2006, 31 de mayo de 2006, Madrid, Real Instituto Elcano.

Marcos-Sánchez Zegarra, José (2006), "La apuesta sindical por la integración andina", en *Cuadernos de Relaciones Laborales*, vol. 24, N° 1, pp. 85-103.

McCoy, Jennifer (2008), "Venezuela: Leading a New Trend in Latin America? An Internationalist Vision", en *ReVista. Harvard Review of Latin America*, Cambridge, vol. VIII, N° 1, otoño de 2008, pp. 52-56.

Medina, Ilenia (2006), "Venezuela en Mercosur", en *Política Exterior y Soberanía*, Caracas, Instituto de Altos Estudios Diplomáticos Pedro Gual, año 1, N° 1, enero-marzo de 2006, pp. 12-14.

Mendez, Gustavo (2007), "Sindicatos oficialistas bajo la amenaza de integrarse al PSUV", en *El Universal*, Caracas, lunes 2 de abril de 2007.

Ministerio de Relaciones Exteriores de la República de Colombia (1996), *El Grupo de los Tres en el Gran Caribe*, Bogotá, Fondo Editorial Biblioteca de San Carlos.

Moldiz, Hugo (2007), "Perspectivas de la nueva integración del Sur", en *Política Exterior y Soberanía*, Caracas, Instituto de Altos Estudios Diplomáticos Pedro Gual, año 2, N° 2, abril-junio de 2007, pp. 61-65.

Naím, Moisés (1993a), "The Launching of Radical Political Changes, 1989-1991", en Tulchin, J. (ed.), *Venezuela in the Wake of Radical Reform*, Boulder, Lynne Rienner.

Naím, Moisés (1993b), *Paper Tigres and Minotaurs. The Politics of Venezuelan Economic Reforms*, Washington, Carnegie Endowment.

Naím, Moisés y Francés, Antonio (1995), "The Venezuelan Private Sector: From Courting the State to Courting the Market", en Goodman, Louis; Mendelshon Foreman, Johanna; Naím, Mosés, y Tulchin, Joseph (eds.), *Lessons of the Venezuela Experience*, Boulder, Lynne Rienner, pp. 165-192.

Narvaja de Arnaoux, Elvira (2008), *El discurso latinoamericanista de Hugo Chávez*, Buenos Aires, Biblos.

Noticias del Sur. Observatorio de Política Latinoamericana (2007): "Política exterior venezolana debe pasar a una ofensiva especial", 27 de agosto 2007, www.noticiasdelsur.com.

Ortiz, Nelson (2007), "Empresarios: ¿dinero sin poder?", en McCoy, Jennifer y Myers, David J. (comps.), *Venezuela: del Pacto de Punto Fijo al chavismo*, Caracas, *El Nacional*, pp. 79-102.

Ovalles, Néstor (2007), "La política exterior común andina bajo una integración marcada por la globalización", en *Política Exterior y Soberanía*, Caracas, Instituto de Altos Estudios Diplomáticos Pedro Gual, año 2, Nº 1, enero-marzo de 2007, pp.18-24.

Prensa Latina (2007), "Reforma constitucional perfila política exterior venezolana", 29 de noviembre de 2007, www.prensa-latina.cu.

Rey, Juan Carlos (1991), *La democracia venezolana y la crisis del sistema populista de conciliación*, Madrid, Centro de Estudios Constitucionales.

Roberts, Kenneth (2003), "Polarización social y resurgimiento el populismo en Venezuela", en Ellner, Steve y Hellinger, Daniel (eds.), *La política venezolana en la época de Chávez. Clases, polarización y conflicto*, Caracas, Nueva Sociedad-Consejo de Investigación de la Universidad de Oriente, pp. 75-96.

Rodriguez Mendoza, Miguel (1993a), "Apertura económica e integración en América Latina. La experiencia de Venezuela", en Serbin, Andrés; Stambouli, Andrés; McCoy, Jennifer, y Smith, William (eds.), *Venezuela: la democracia bajo presión*, Caracas, INVESP/North-South Center, Univeridad de Miami-Nueva Sociedad.

Rodríguez Mendoza, Miguel (1993b), "Apertura económica e integración en América Latina. La estrategia de Venezuela", en Blanco, Carlos (coord.), *Venezuela, del siglo XX al siglo XXI: un proyecto para construirla*, Caracas, Nueva Sociedad-COPRE-PNUD, pp. 170-192.

Rodríguez Iturbe, José (1987), *El Caribe. Elementos para una reflexión política a fines de los ochenta*, Caracas, Ediciones Centauro.

Rodríguez Rojas, Pedro (2008), "El 18 de febrero de 1983. A 25 años del viernes negro", en www.aporrea.org/actualidad.

Rojas, Laura (1992), "Aspectos económicos en la política exterior de Venezuela", en Romero, Carlos (coord.), *Reforma y política exterior de Venezuela*, Caracas, COPR-INVESP-Nueva Sociedad.

Romero, Carlos (coord.) (1992), *Reforma y política exterior de Venezuela*, Caracas, COPRE-INVESP-Nueva Sociedad.

Romero, Carlos (2001), "El pasado y presente de la política exterior de Venezuela", en *Venezuela: Rupturas y continuidades del sistema político (1999-2001)*, Caracas, PDVSA y Universidad de Salamanca.

—— (2002), "La politique exterieure de Chávez et l'Union européenne", en Van Eeuwen Daniel (dir.), *L'Amérique latine et l'Europe a l'heure de la mondialisation. Dimensions des relations internationales*, París, Karthala.

—— (2003), "Dos etapas en la política exterior de Venezuela", en *Politeia*, Caracas, enero de 2003, vol. 26, N° 30, pp.169-182.

—— (2006a), *Jugando con el globo. La política exterior de Hugo Chávez*, Caracas, Ediciones B.

—— (2006b), "Venezuela y Estados Unidos: ¿una relación esquizofrénica?, en *Nueva Sociedad*, Buenos Aires, N° 206, noviembre-diciembre, pp. 78-93.

—— (2007), *La entrada de Venezuela en el Mercosur: Repercusiones internas*, Caracas, ILDIS.

Salamanca, Luis (2007), "Sociedad civil: despertar tardío (¿últimos desarrollos?)", en McCoy, Jennifer y Myers, David J. (comps.), *Venezuela: del Pacto de Punto Fijo al chavismo*, Caracas, El Nacional, pp. 103-126.

Schifter, Michael (2007), *Hugo Chávez. Un Desafío para la Política Exterior de Estados Unidos*, informe especial del Diálogo Interamericano, Washington D. C., Diálogo Interamericano, marzo de 2007.

Schütt, Kurt-Peter (2008), "La situación de los sindicatos en Venezuela", en *Kurzberichte aus der internationalen Entwicklungszusammenarbeit. Lateinamerika und karibik*, Friderich Ebert Stiftung, febrero de 2008.

Serbin, Andrés (1990), *Caribbean Geopolitics: Toward Security Trough Peace?*, Boulder, Lynne Rienner.

—— (1991c), "El Caribe: mitos, realidades y desafíos para el año 2000", en Serbin, A. y Bryan, Anthony (eds.), *El Caribe hacia el año 2000. Desafíos y opciones*, Caracas, ILDIS-INVESP-Nueva Sociedad.

—— (1992), "Venezuela y el Grupo de los Tres", en Serbin, Andrés *et al.*, *El Grupo de los Tres. Políticas de integración*, Bogotá, FESCOL, pp. 13-27.

—— (1993), "Las transformaciones globales y hemisféricas y el Grupo de los Tres", en Serbin, Andrés y Romero, Carlos (eds.), *El Grupo de los Tres. Asimetrías y convergencias*, Caracas, Nueva Sociedad-INVESP-FESCOL.

—— (1994a), "Venezuela, el "Gran Viraje" y el proceso de regionalización en la Cuenca del Caribe", en *Cuadernos de Postgrado*, N° 5, pp. 67-92, Caracas, Fondo Editorial Tropykos-Comisión de Estudios de Postgrado, Facultad de Ciencias Económicas y Sociales, Universidad Central de Venezuela.

—— (1994b), "Towards an Association of Caribbean States: Raising some akward questions", en *Journal of Interamerican Studies and World Affairs*, Miami, invierno de 1994.

—— (1998), *Sunset over the Islands. The Caribbean in an Age of Global and Regional Challenges*, Londres, Macmillan.

—— (2000), "La Comunidad del Caribe y la Asociación de Estados del Caribe", en Nweihed, Kaldone (comp.), *Venezuela y...Los países hemisféricos, ibéricos e hispanoparlantes. Por los 500 años del encuentro de la Tierra de Gracia*, Caracas, Instituto de Altos Estudios de América Latina, Universidad Simón Bolívar, pp. 1093-1103.

—— (2001): "Lejos de Dios y demásiado cerca de... La política exterior de Cuba hacia América Latina y el Caribe", en *Foreign Affairs en español*, México, vol. 1, N° 3, pp. 42-49.

—— (2003), "El largo (y difícil) camino hacia una integración sudamericana", en Ahumada, Consuelo y Cansinom Arturo (eds.), *Comunidad Andina y Mercosur en la perspectiva del ALCA*, Bogotá, Pontificia Universidad Javeriana-Observatorio Andino, pp. 15-54.

—— (2006a): "Cuando la limosna es grande... El Caribe, Chávez y los límites de la diplomacia petrolera", en *Nueva Sociedad*, Buenos Aires, N° 205, septiembre-octubre de 2006, pp. 75-91.

—— (2006b), "América Latina en el Consejo de Seguridad: juego de intereses entre Venezuela, Panamá y EEUU", en *Papeles de Cuestiones Internacionales*, Madrid, N° 96, invierno de 2006-2007, pp. 9-18.

—— (2007a), "La Asociación de Estados del Caribe: los límites políticos de las instituciones interguberna-mentales", en Doner, Richard (coord.), *Innovación y construcción institucional: Latinoamérica y el Este de Asia*, Buenos Aires-Barcelona, Editorial Icaria/CRIES, pp. 41-50.

—— (2007b), "La integración regional: ¿fragmentación y competencia de modelos", en Bosoer, Fabián y Calle, Fabián (com..). *2010. Una agenda para la región*, Buenos Aires, TAEDA Editores, pp. 211-243.

—— (2007c), "Entre UNASUR y ALBA: ¿otra integración (ciudadana) es posible?, en Mesa, Manuela (coord.), *Paz y conflictos en el siglo XXI: tendencias globales. Anuario 2007-2006*, Madrid, CEIPAZ/Icaria Editorial, pp. 183-207.

—— (2007d), "Continuidade e mudança em Cuba: uma análise e algumás interrogaçoes", en *Política Externa*, San Pablo, vol. 16, N° 2, septiembre, octubre, noviembre de 2007, pp. 61-72.

—— (2007e), "El Índice de Sociedad Civil (CSI) de CIVICUS: Un balance de los resultados para América Latina", en *Pensamiento Propio*, Buenos Aires, CRIES, N° 26, julio-diciembre de 2007, pp. 177-197.

—— (2008a), "Hugo Chávez: liderança e polarizaçao", en Ayerbe, Luis Fernando (org.), *Novas lideranças políticas e alternativas do governo en América do Sul*, San Pablo, Editora UNESP, pp. 117-181.

—— (2008b), "Tres liderazgos y un vacío: América Latina y la nueva encrucijada regional", en Mesa, Manuela (coord.), *Escenarios de crisis: fracturas y pugnas en el sistema internacional*, Madrid, CEIPAZ, pp. 141-158.

—— (2008c), "Desenredando la madeja: visiones, concepciones y acciones de la política exterior de Chávez", en Ayerbe, Luis Fernando (coord.), *Movimientos sociais e governos de esquerda na América Latina: Continuidades e mudanças na ordem regional*, San Pablo, Imprensa Oficial del Estado-Memorial de América Latina.

—— (2008d), "El gran ausente: ciudadanía e integración regional", en Altmann, Josette y Rojas Aravena, Francisco (eds.), *Las paradojas de la integración*

en América Latina y el Caribe, Madrid, Siglo XXI-
Fundación Carolina, pp. 223-235.

—— (2009a), "América del Sur en un mundo multipolar:
¿es la UNASUR la alternativa?", en *Nueva Sociedad*,
Buenos Aires, N° 219, enero-febrero de 2009, pp.
145-156.

Serbin, Andrés y Fioramonti, Lorenzo (2008), "Civil
Society in Latin America: Between Contentious
Politics and Participatory Democracy", en Heinrich,
Finn y Fioramontim Lorenzo (eds.), *CIVICUS. Global
Survey of the State of Civil Society. Comparative pers-
pectives*, vol. 2, Bloomfield, Kumarian Press-CIVICUS,
pp. 11-126.

Silva Querales, Nadeska *et al.* (2007), "El ALBA del
Mercosur", en Constant, Héctor (coord.), *El mundo
en cinco líneas*, Caracas, Instituto de Altos Estudios
Diplomáticos Pedro Gual, pp. 233-237.

Toro Hardy, José (1992), *Venezuela: 55 años de política económica 1936-1991. Una utopía keynesiana*,
Caracas, Panapo.

Thorp, Rosemary y Durandm Francisco (1997), "A
Historical View of Business-State Relations:
Colombia, Perú, and Venezuela Compared", en
Maxfield, S. y Schneider, B. (eds.), *Business and
the State in Developing Countries*, Ithaca, Cornell
University Press.

Urbina Márquez, Xiomara (1997), "FEDECAMARAS frente a la integración económica: una visión teórica e
histórica", en Giacalone, Rita (ed.), *Venezuela en la
integración regional: mapa tentativo de sus perspectivas*, Caracas, Nueva Sociedad-AVECA, pp. 41-55.

Urriza, Manuel (1984), *El empresariado venezolano y el pacto Andino: historia de la posición de
FEDECAMARAS*, Caracas, Instituto de Altos Estudios
de América Latina, Universidad Simón Bolívar.

Uzcátegui, Alejandro (2008), "Mercosur, mucho más que un bloque comercial", en *Revista Visión Económica*, Caracas, EMPREVEN, julio de 2008.

Valencia Ramírez, Cristóbal (2007), "Venezuela´s Bolivarian Revolution: Who Are the Chavistas?, en Ellner, Steve y Tinker Salas, Miguel (eds.), *Venezuela. Hugo Chávez and the Decline of an "Exceptional Democracy"*, Plymouth, Rowman and Littlefield Publ., pp. 121-139.

Valero, Jorge (2006), "La dimensión multilateral de la política exterior venezolana", en *Política Exterior y Soberanía*, Caracas, Instituto de Altos Estudios Diplomáticos Pedro Gual, año 1, Nº 3, octubre-diciembre de 2006, pp. 69-72.

Venezuela Hoy (2007a), "El Plan 2007-2013", en *A. C. Democracia y Desarrollo*, Caracas, Konrad Adenauer Stiftung, 16 de octubre de 2007, p. 3.

—— (2007b), "La misma política exterior", en *A. C. Democracia y Desarrollo*, Caracas, Konrad Adenauer Stiftung, 21 de diciembre de 2007, p. 3.

Zambrano, Luis (1992), "Perspectivas macroeconómicas de Venezuela 1992-1996", ponencia en el I Taller sobre Libre Comercio e Impacto Ambiental en Venezuela, Caracas, INVESP, 8-10 de julio.

CONCLUSIONES SOBRE LA ECONOMÍA POLÍTICA DEL REGIONALISMO EN SUDAMÉRICA

Federico Merke

1. Introducción

El objetivo de este capítulo es ofrecer un conjunto de reflexiones elaboradas sobre la base de los hallazgos realizados en cada uno de los casos estudiados en este libro. El capítulo se organiza en tres secciones, seguidas de una conclusión. La primera sección repasa los conceptos más relevantes utilizados por los autores para abordar el lugar del regionalismo en el diseño de política exterior y comercial de cada uno de los países. La segunda sección pone bajo la lupa teórica el "regionalismo" como proceso empírico. La tercera sección, la más extensa, desarrolla los siete casos bajo estudio y busca mostrar las distintas orientaciones que existen en torno al regionalismo. Finalmente, en la conclusión, se presenta un conjunto de observaciones acerca del regionalismo, el lugar que ocupa en cada país y los determinantes que operan a favor o en contra de ese proceso. No se trata de encontrar explicaciones o generalizaciones definitivas para una región en donde siempre será posible encontrar excepciones. Se trata, más bien, de identificar ciertos factores presentes en la región que posibilitan o inhiben la evolución del regionalismo.

2. La economía política como herramienta de investigación

Como todo campo de estudio que busca articular dos o más disciplinas, la Economía Política (EPI) lleva consigo el recurrente problema de su definición. Hay al menos dos escuelas de pensamiento que sirven para recortar el campo (Blyth, 2009). La primera, la escuela europea, concibe a la EPI como un conjunto de tradiciones intelectuales que investiga las relaciones entre la economía y la política, buscando capturar un cuadro de por sí complejo en donde la lógica de la prosperidad y la lógica del poder se articulan en distintos niveles de análisis a través de dinámicas de cooperación y conflicto. Básicamente, este enfoque divide aguas entre tradiciones realistas, liberales y marxistas, la primera afirmando la primacía de lo político; la segunda, la autonomía del campo económico, y la tercera, la primacía de la economía por sobre la política.

La segunda escuela de pensamiento, más anclada en Estados Unidos, concibe la EPI como un modelo más analítico y metodológico de agregación de intereses de actores y sus preferencias (Lake, 2009). Uno de los argumentos centrales es que el Estado no es una correa de transmisión unitaria y racional entre los incentivos y restricciones del ambiente internacional y las políticas públicas encaradas por quienes toman las decisiones. El Estado no es una "caja negra" cuyos intereses y preferencias se definen de manera exógena sino que constituye un espacio de articulación que incorpora las preferencias políticas, los intereses del sector productivo y las demandas de la sociedad civil. De este modo, la EPI presta especial atención a los arreglos institucionales que facilitan o restringen la articulación de distintas voces. A la hora de abordar el campo, sin embargo, esta escuela presenta dos líneas teóricas bien reconocibles: racionalistas y constructivistas.

Los racionalistas suelen seguir tres pasos analíticos. Primero, especifican las preferencias de los actores, suponiendo que éstas son fijas y que se desprenden de la posición internacional de los actores en cuestión. Segundo, analizan de qué modo estas preferencias se agregan a través de instituciones políticas domésticas para alcanzar algún tipo de equilibrio. Tercero, estudian de qué modo los estados negocian entre sí en ambientes relativamente institucionalizados para alcanzar algún tipo de acuerdo. Esta secuencia es problematizada por los constructivistas en tanto la dimensión política aparece recién en el segundo paso y por lo tanto se omite que las identidades políticas están en la base de las preferencias. Más allá, la dimensión internacional, aunque se supone que está presente en el primer paso de los racionalistas, aparece de un modo más explícito recién en el tercer paso, ignorando que muchas veces las preferencias de los actores resultan de construcciones intersubjetivas que ocurren en el plano internacional.

Este diálogo entre racionalistas y constructivistas es crucial para entender la diferencia entre incentivos y preferencias. Puesto simplemente, un actor se mueve por incentivos cuando ajusta su conducta al precio y por lo tanto define su acción a partir de un cálculo que le informa cuál es la decisión que mejor aumentará sus utilidades. En la lógica de los incentivos prima entonces la dimensión estructural, ya sea internacional o doméstica, que fija los márgenes de acción para el actor en cuestión estableciendo restricciones y oportunidades. Por otro lado, un actor se mueve por preferencias cuando ajusta su conducta a una combinación de intereses e identidades políticas y por lo tanto no busca ajustar su conducta al precio sino a su sistema de creencias, valores o ideologías que definen su propia identidad. En la lógica de las preferencias prima entonces la dimensión del agente o los agentes involucrados en la definición de cuál es la mejor alternativa de acción.

Aunque el racionalismo y el constructivismo plantean estilos de razonamiento estilizadamente dispares, en la práctica resulta difícil excluir uno en beneficio del otro y no dejar de preguntarse de qué modo los incentivos se articulan con las preferencias. Es otra forma de preguntarse por la relación entre las estructuras y los agentes y de qué modo se construyen entre sí. Reconociendo que toda movida política está influida por estas dos lógicas, el ideal de todo Estado es alinear incentivos y preferencias. Este alineamiento, sin embargo, no es ni automático ni fácil de alcanzar y, una vez alcanzado, es difícil de mantener en el tiempo.

¿Cuál ha sido el camino teórico y de investigación seguido en este libro? Una mirada rápida a los trabajos que componen este volumen mostrará que no hubo, ni tampoco se buscó, un abordaje único para utilizar en cada uno de los países. Algunos elementos en común, sin embargo, estuvieron presentes en todos los trabajos.

Primero, ningún trabajo adoptó un enfoque cuantitativo en términos de formalización de hipótesis, cuantificación de variables y posterior comprobación empírica. La descripción cualitativa y en profundidad fue la opción dominante. Esto tiene que ver con la naturaleza del estudio de cada autor –un estudio de caso– pero también con una preferencia por el análisis detallado basado muchas veces en entrevistas o análisis de contenido.

Segundo, ningún trabajo tomó al Estado como un actor racional y unitario contando con una sola voz y un solo interés puesto en el regionalismo. El enfoque, por el contrario, consistió en abrir la caja negra del Estado y analizar el rol de los líderes, las burocracias y los distintos poderes en la conformación de preferencias por el regionalismo. El Estado no es un mero transmisor entre los incentivos del ambiente internacional y las políticas públicas puestas en funcionamiento. Muchas cosas ocurren dentro de él como la puja entre burocracias, la definición de un sistema de creencias, las percepciones de los líderes o la presión de las organizaciones de la sociedad civil.

Tercero, ningún trabajo adoptó un enfoque estrictamente racionalista o estrictamente constructivista. Aunque la identificación de preferencias de los actores y su agregación en la arena institucional fueron dos pasos presentes en todos los capítulos, la tendencia general fue a no tomar las preferencias como dadas y a distinguir entre éstas y los incentivos presentados por el ambiente económico internacional.

Cuarto, al momento de comprender el lugar del regionalismo en tal o cual Estado, todos los trabajos enfatizaron el hecho de que trabajaban con estados latinoamericanos. Esto significó prestar especial atención a dos cuestiones. Primero, el impacto que ha tenido en las orientaciones internacionales de los estados latinoamericanos la constelación de identidades políticas al interior de cada uno de ellos. Segundo, la recurrente discusión sobre el modelo de desarrollo a ser adoptado y su relación con la política exterior. Estos elementos serán analizados más en profundidad en las conclusiones, luego de haber visto en detalle los distintos casos de estudio.

3. El regionalismo como objeto de investigación

Investigar la economía política del regionalismo no sólo implica presentar los elementos de análisis de la primera sino también la discusión conceptual y empírica del segundo. Esta sección no pretende agotar la extensa literatura teórica sobre el regionalismo sino más bien ofrecer algunos conceptos que sirvan para pensar el regionalismo en Sudamérica para luego repasar de modo muy breve su trayectoria en la región.

El regionalismo es un proceso complejo y puede significar distintas cosas para distintas personas. Entre los académicos, el regionalismo es un concepto esencialmente discutido y aún persisten los debates en torno a qué entender por regionalismo, cómo medirlo y cómo dar cuenta de su existencia y sus impactos. Entre los diplomáticos y los políticos, el regionalismo es visto al mismo tiempo como una cuestión empírica (el regionalismo existe) y una cuestión normativa (el regionalismo debería existir), siendo que a veces una mirada se confunde con la otra cayendo en la conclusión que el regionalismo es una cuestión de voluntad. El regionalismo, de este modo, no deja de ser una construcción social en donde una comunidad relevante viene a creer en que un proyecto regional no sólo es posible sino también deseable. Como señalan Tussie y Trucco al comienzo de este libro, se trata de un proceso que responde a las variadas presiones del ambiente internacional y a las complejas demandas del ambiente doméstico. Esta articulación no se da de un modo parejo de región en región y por lo tanto el regionalismo puede adoptar diversos matices, geometrías y profundidades.

Una forma simple, aunque útil, de entender mejor el regionalismo es pensarlo como el producto de dos dinámicas, una de carácter material, la otra de carácter social, que aunque se encuentran entrelazadas no siempre se desarrollan con una misma intensidad y en una misma dirección.

Visto desde la dinámica material, el regionalismo constituye una intensificación en las relaciones entre sociedades que habitan una misma región. Este aumento de interacciones tiene que ver en gran medida con el comercio, los flujos de inversión, el desarrollo de economías de escala y el aumento de conexión entre sociedades a través del turismo, la migración, la academia o la cultura en general. Este tipo de procesos suele ser una construcción más de "abajo arriba" en donde típicamente el sector privado y la sociedad civil comienzan a interactuar con mayor intensidad con sus pares de países vecinos conformado espacios de interdependencia. Andrew Hurrell (1995) sostiene que esta dimensión material puede ser vista como el primer paso del regionalismo, una etapa inicial en donde los contactos materiales aumentan y luego crean mayores incentivos en el sector político para avanzar en procesos más formales de integración. Esta visión lineal, sin embargo, debería ser cautelosa al momento de pensar en Sudamérica ya que muchas veces el camino ha sido el inverso: un proyecto (político) de regionalismo que buscó crear mayor interconexión (económica), o, puesto en los conceptos trabajados en este libro, una coalición de preferencias que buscó crear incentivos para la integración.

Visto desde la dinámica social, el regionalismo es un proceso cognitivo que es esencialmente una construcción política y hasta de identidad. Se trata de un proyecto político que pretende construir una "región cognitiva" (Adler, 1997) en donde sus integrantes sienten que forman parte de un destino en común y visualizan ese destino de un modo similar. Así, la dimensión social del regionalismo implica la construcción de un "nosotros" regional que redefina los intereses nacionales de los socios para que incorporen los intereses del conjunto. A diferencia de la dimensión material, que suele ir de abajo arriba, la dimensión social tiene que ver necesariamente con un proyecto político que suele de ir de arriba abajo y que busca alinear riqueza económica con recursos simbólicos que otorguen sentido y dirección a la dimensión material.

Como señalan Tussie y Trucco al comienzo de este libro, el regionalismo en Sudamérica ha estado muy influido por los modos particulares en que estas dos dinámicas se encontraron y desencontraron a través de distintos ciclos de avances y retrocesos en la construcción del regionalismo. Durante los años noventa, el regionalismo tuvo el doble impulso de los procesos de democratización (y la necesidad de atar un gobierno con otro como forma de limitar el poder del partido militar) y la globalización (y la sensación de que la región estaba siendo excluida del nuevo mapa de la economía política internacional). Este impulso regionalista pareció ir acompañado de un crecimiento sustantivo del comercio intrarregional y de las transformaciones domésticas operadas en el sector político y económico de los países de la región. El regionalismo, sin embargo, encontró sus límites al coexistir con un espacio económico y político más amplio, de carácter hemisférico, y que implicaba de algún modo ampliar los horizontes políticos e identitarios de la región al incluir a Estados Unidos en la ecuación comercial. Esta tensión se resolvió a través del ambiguo término "regionalismo abierto", un regionalismo que aspiraba a su inserción global desde un suelo regional cuyos bordes geográficos y diseños institucionales nunca quedaron resueltos.

En la actualidad (2009) el cuadro parece revertirse. Aunque existe un regionalismo más marcado en su dinámica política y social, no está claro que la dinámica económica mantenga el impulso de los años noventa. En este sentido, es posible identificar una estructura de incentivos que no parece ir muy de la mano con las preferencias por el regionalismo. Esta estructura está compuesta, por lo menos, por cuatro dinámicas materiales y dos desplazamientos que restringen avanzar en una integración más profunda que haga coincidir lo material con lo social, lo económico con lo político.

Primero, existe una dinámica centrada en Estados Unidos y articulada a través de los Tratados de Libre

Comercio (TLC) bilaterales, como es el caso de Chile, Perú y Colombia. Segundo, existe otra dinámica centrada en la región y articulada a través del la CAN o el Mercosur y que busca en la UNASUR construir un verdadero espacio regional que integre ambos bloques. Tercero, existe una dinámica centrada en la Unión Europea y articulada de manera bilateral (como Chile) o multilateral a través de las (estancadas) negociaciones entre el Mercosur y Bruselas. Finalmente, existe la dinámica comercial centrada en Asia y que tiene en China, India y Japón tres mercados insoslayables a la hora de distinguir entre incentivos materiales y preferencias políticas. Estas cuatro dinámicas (Estados Unidos, UNASUR, UE y Asia) se inscriben, por otro lado, en dos desplazamientos. El primero tiene que ver con un cierto desplazamiento desde la cooperación hacia el conflicto diádico motivado en temas de seguridad, políticos y económicos. El segundo desplazamiento tiene que ver con el hecho de que hoy el regionalismo parece haber movido su eje, de la construcción de un mercado de bienes a la construcción de capacidades de interacción en materia de transporte, comunicaciones y energía. La idea detrás es que una reducción en los costos de transporte es hoy tan importante como una reducción en los aranceles. Se trata, en definitiva, de un cuadro regional marcado por señales cruzadas, caminos encontrados y una retórica que trajo dosis similares de entusiasmo e incertidumbre. Claro que cada país presenta sus propias dinámicas y distinguirlas ha sido el objetivo de este libro. La próxima sección, la más extensa de este capítulo, reconstruye los casos de estudio presentados en este volumen a la luz de las dinámicas de economía política presente en cada país y las tensiones entre preferencias e incentivos en el marco de las distintas dinámicas comerciales y su impacto en el regionalismo.

4. La economía política del regionalismo: los casos de la Argentina, Brasil, Chile, Colombia, Ecuador, Perú y Venezuela

Argentina: el escenario global como complemento al escenario regional

El caso argentino muestra un importante grado de continuidad en las preferencias de los gobiernos democráticos acerca del rol del país en América latina. La búsqueda de integración regional sigue siendo una preferencia muy estable dentro de la élite política, la cual percibe al Mercosur, en particular a Brasil, como el primer escalón de un regionalismo que hoy es más amplio y recibe el nombre de UNASUR.

Que el regionalismo fue un proceso positivo para el país es algo poco cuestionado. Los acuerdos con Brasil sirvieron para deseguritizar[293] la relación bilateral y poner límites a los partidos militares de la región. Sobre esta base de paz y democracia, la Argentina intentó hacer del Mercosur el espacio ideal para su desarrollo económico a través del comercio y la inversión, actividades que aumentaron de un modo sustantivo durante los años noventa. Aunque a fines de la década de 1990 ya era posible percibir signos de fatiga en la apuesta argentina por el regionalismo, la devaluación de la moneda en Brasil y la posterior crisis económica de la Argentina dificultaron encontrar alternativas para avanzar en un regionalismo consolidado en torno al Mercosur.

Más allá del derrotero argentino en materia política y económica, sin embargo, Escuder e Iglesias identifican una serie de características estructurales que apuntan a

---

[293] En la teoría de la seguritización, "deseguritizar" significa sacar un tema o asunto de la agenda de seguridad para colocarlo en los canales normales de la política. Ver Buzan, Wæver y de Wilde (1998).

explicar el bajo desarrollo de una política más consistente hacia la región y con ella.

En primer lugar, y de un modo general, Escuder e Iglesias señalan que las políticas públicas destinadas a la integración y el regionalismo no han escapado a las caracterísitcas generales que tienen las políticas públicas del país: "Volatilidad, baja calidad de implementación y dificultades para alcanzar acuerdos cooperativos sostenibles" (Escuder e Iglesias en este volumen). Esta estructura institucional no parece ser favorable a la construcción de un acuerdo de largo plazo entre el sector público y el sector privado.

En segundo lugar, el regionalismo parece haber recaído de manera significativa en las espaldas de los distintos presidentes, que en más de una crisis actuaron como "regionalistas de última instancia" sin muchos ánimos ni recursos para coordinar preferencias con incentivos materiales. El otro lado de esta concentración de competencias en el presidente ha sido un Poder Legislativo reactivo y de acción episódica en materia de regionalismo, esto es, un poder con pocos incentivos como para plantear una discusión en el Parlamento.

En tercer lugar, descendiendo hacia las burocracias, el capítulo de Escuder e Iglesias pinta un cuadro no menos complejo. Por un lado, los autores observan una importante pérdida de peso e influencia en el diseño de políticas por partes de las agencias. Por otro lado, destacan la dispersión y falta de coordinación entre agencias, generando fragmentación institucional. Parte de este proceso tiene que ver parcialmente con el desplazamiento de la agenda regional, de los temas comerciales a los temas más duros como infraestructura, energía y comunicaciones. Dicho de otro modo, el corrimiento del eje del regionalismo significó un mayor peso del Ministerio de

Infraestructura por donde pasa, por ejemplo, gran parte de la relación bilateral con Venezuela y Bolivia.

A nivel del sector privado, Escuder e Iglesias detectan varios aspectos estructurales que dificultan avanzar en políticas estables hacia el regionalismo. Primero, una burocracia debilitada y fragmentada no ha podido funcionar como freno a las demandas particulares del sector privado. Esto significó, en la práctica, que aquellos sectores con mayor peso económico fueron los que obtuvieron los mejores réditos del regionalismo. Este dato refleja la ausencia de canales institucionales entre Estado y privados. Como señalan los autores, son las instituciones las encargadas de agregar intereses y conciliar posturas, y por lo tanto un espacio público sin este tipo de mediaciones deja el campo libre para que el poder relativo de los actores privados haga su trabajo a favor de beneficios sectoriales.

Segundo, el trabajo de Escuder e Iglesias parece mostrar que los empresarios colaboraron más con las reformas del Estado en el campo de las privatizaciones, la desregulación del mercado y la estabilidad macroeconómica que con las reformas en el campo comercial. Esto se observa de modo particular en la resistencia de los sectores industriales a la liberalización del comercio, proceso que siempre fue visto más como un problema que como una solución.

Tercero, el sector privado no parece haber encontrado incentivos para pensar la producción para el largo plazo. En otras palabras, los empresarios argentinos no contaron con un contexto macro estable (como en Chile) ni con herramientas sostenidas para promover las exportaciones (como en Brasil). El resultado es en definitiva la exitencia de restricciones que dificultan alcanzar un patrón de políticas estable que sea respaldado por una coalición duradera de intereses privados.

Cuarto, los incentivos del sector privado para avanzar en el regionalismo son mixtos. Por un lado, el grueso de las manufacturas de origen industrial se dirige hacia la región. Pero el grueso de las exportaciones primarias salta el barrio y por $1 que recibe del Mercosur recibe $3 de afuera. China es hoy el segundo socio comercial y presenta un problema (para los industriales) y una solución (para el sector primario) al mismo tiempo. En la subdimensión referente a las inversiones, la Argentina habría tomado una actitud preponderantemente reactiva receptiva-colaborativa frente a las iniciativas integrativas de vecinos de la región, así como también de actores extra-regionales. En otras palabras, en términos de inversiones, la Argentina fue más un producto pasivo que activo del regionalismo y, como muestran Escuder e Iglesias, los casos de Techint, Arcor o IRSA son más la excepción que la regla. El otro lado de esta moneda es que se observa también una argentinización de la economía, vía empresas nacionalizadas o empresas extranjeras que deciden cerrar sus filiales.

A nivel de los partidos políticos y de la sociedad civil, el caso argentino no arroja nada nuevo bajo el sol. Los partidos políticos muestran un muy bajo interés por la política exterior en general y por la comercial en particular. El acuerdo no escrito es que el Mercosur no se discute y la integración es algo bueno y a ser buscado. Se trata, en definitiva, de una preferencia fija y estable entre los políticos. Esta preferencia, sin embargo, no pasa de ser explicitada más allá de declaraciones políticas que rara vez son repensadas a la luz de los cambios globales y regionales.

Las organizaciones de la sociedad civil no poseen ni los recursos humanos ni económicos para plantear agendas en cuestiones vinculadas al regionalismo y la integración regional. El regionalismo aparece nuevamente, como entre los políticos, como una preferencia fija, tan fija que no es motivo de discusión ni de demanda hacia el Estado. Se trata más bien de organizaciones con poder de veto y capacidad de movilización, como se pudo observar en la Cumbre de Mar del Plata, en donde hicieron ver con estridencia su voluntad contraria al ALCA. Estos movimientos, sin embargo, rara vez van más allá de la protesta presentando informes, posiciones o propuestas concretas referidas al regionalismo. El caso argentino, como quizá la mayoría de los casos estudiados en este libro, confirman la observación de Paul Collier (2008: 178) cuando sugiere que las políticas comerciales son aún un campo negado a las organizaciones no gubernamentales.

En conclusión, el cuadro argentino podría resumirse, de modo estilizado, del siguiente modo. A nivel doméstico, se identifican tres determinantes: a) ausencia de una burocracia fuerte, influyente y competente; b) ausencia de un sector empresario que articule mecanismos internos de acción colectiva y canalice sus demandas en espacios institucionales; c) presencia de una sociedad civil fragmentada, heterogénea, con más poder para obstruir iniciativas que para proponer alternativas. A nivel externo, se identifican tres elementos: a) el regionalismo parece empujar a la Argentina y no al revés; b) Europa, Estados Unidos y China siguen siendo fuertes incentivos para el comercio argentino que no favorecen al regionalismo; c) la ausencia de una estrategia hacia el mercado global, ya sea por el estancamiento del Mercosur como por el estancamiento a nivel multilateral global (OMC) dejan al país en un lugar en donde mientras las preferencias señalan al mundo como un complemento de la región, existen fuertes incentivos para que la región sea un complemento del mundo.

Brasil: el escenario regional como complemento al escenario global

Hace tiempo que Brasil sostiene el esfuerzo por avanzar sobre dos preferencias fuertemente internalizadas por la élite política, incluyendo a Itamaraty. La primera preferencia está puesta en el regionalismo, que comienza en el Mercosur y termina en Sudamérica. La segunda preferencia está puesta en la proyección de Brasil como un *global player* y un *global trader*. El regionalismo, de este modo, puede ser pensado como un universal situado y constituye el punto de partida desde donde fortalecer la soberanía, el desarrollo, la autonomía y la proyección internacional de Brasil. Claro que estas dos preferencias no trabajan sin tensiones. La élite política y diplomática brasileña no es tan homogénea como suele ser vista desde lejos y uno puede encontrar rastros de un regionalismo nacionalista antihegemónico y rastros de un regionalismo más acorde con las instituciones internacionales. El punto a señalar es que se trata de una élite con un nivel de cohesión sustantivo y que discute más acerca de medios que acerca de fines.

Luego de los años de Fernando Henrique Cardoso, el ingreso de Lula significó el pualatino desplazamiento de la fracción del regionalismo abierto en Itamaraty por la fracción del "regionalismo posliberal" (véase Epsteyn en este volumen). Más allá, el regionalismo que tiene en mente Brasil no es un regionalismo comercial sino que abarca todo el tablero político, económico, social, cultural-científico y militar. Esto significó la inclusión de nuevos actores en el regionalismo, interesados en cuestiones vinculadas al transporte, las comunicaciones, la energía o la defensa. En este esquema, Itamaraty cedió terreno a otros ministerios o agencias y los empresarios cedieron terreno a otros actores sociales no mercantiles.

El involucramiento del empresariado en el regionalismo sudamericano fue paulatino. No hubo un interés sustantivo en las negociaciones del Tratado de Asunción y sólo a partir de las oportunidades generadas durante los años noventa el empresariado fue despertando su interés en tener voz en las decisiones vinculadas a la región. Más adelante, el ALCA movilizó al sector privado, que decidió organizarse y movilizarse sobre la base de objetivos comunes, surgiendo la Coalición Empresarial Brasileña (COB) de tipo multisectorial y con el objetivo de representar unificadamente al empresariado frente al Estado, rompiendo de algún modo con la tradición sectorialista. Así, la Asociación de Empresas Brasileñas para la Integración en el Mercosur (ADEBIM) fue creciendo hasta hoy tener unas 300 empresas asociadas. Siguiendo la agenda oficial y la movida de "sudamericanización", la ADEBIM fue luego rebautizada como Asociación de Empresas Brasileñas para la Integración de Mercados. Como observa Epsteyn en este volumen "la creciente importancia económica de Sudamérica para el empresariado brasileño coincidió con la centralidad asignada a la región por el gobierno de Lula". De hecho, el BNDES ha financiado importantes obras de infraestructura (IIRSA) y cooperación internacional (FOCEM). Fomenta, además, la inversión y el fortalecimiento de empresas brasileñas en la región. Odebrecht, por ejemplo, es la más beneficiada, con una facturación en la región que creció un 163% entre 2003 y 2007 (Epsteyn en este volumen).

Hoy el sector privado muestra un dinamismo creciente no sólo en el mercado regional sino en el global, lo que plantea un grado de tensión entre las preferencias oficiales y los incentivos materiales. Brasil cuenta con un centenar de empresas internacionalizadas y con intereses ofensivos que promueven una mayor apertura de mercados, tanto en la región como fuera de ella. Aunque un sector importante del empresariado brasileño ha encontrado espacios para seguir creciendo en la región, otro sector viene presionando para revisar la estructura normativa del regionalismo y avanzar en acuerdos más flexibles que permitan al país mantener el crecimiento. Más allá, entre los empresarios existe la percepción de que la rigidez del Mercosur y la necesidad de negociar conjuntamente la agenda externa ha sido un obstáculo para avanzar en sus intereses ofensivos *vis à vis* los mercados de los países desarrollados, en particular el sector exportador vinculado al agronegocio. Algunos hablan, incluso, de la necesidad de desescalar el Mercosur y volver a una zona de libre comercio. En este sentido, de acuerdo con Epsteyn, los empresarios demandan: a) menos ideología y más pragmatismo; b) más transparencia y participación en el diseño de posiciones negociadoras, y c) más y mejores acuerdos comerciales, más allá de la concentrada agenda ofensiva en la OMC.

El cuadro, entonces, no deja de ser complejo. Por un lado, el agro tiene sus mercados fuera de la región, la industria los tiene más adentro aunque ha crecido en su proyección internacional. La inversión brasileña en la región, finalmente, es la mayor de América latina, lo que sugiere que Brasil tendrá cada vez más intereses en juego no sólo en los distintos países de la región sino también del mercado internacional. Este cuadro de situación debería ser estudiado más en profundidad en tanto un probable triunfo de la coalición liderada por José Serra, proclive a pensar que el Mercosur es más un problema que una solución, daría más voz a los sectores ofensivos más dispuestos a firmar acuerdos con Estados Unidos y la Unión Europea, con el Mercosur o sin él.

A nivel de la sociedad civil, lo primero que muestra el caso brasileño es su creciente participación, alentada por el propio Lula, en asuntos que solían ser la provincia de Itamaraty. Fueron los debates por el ALCA los que movilizaron a la sociedad civil, que se mostró claramente antihegemónica y muy alineada con el regionalismo. Esta sociedad demostró un alto activismo en la IV Cumbre de las Américas y el encuentro paralelo de la Cumbre de los Pueblos en Mar del Plata en 2005, encuentro que significó en el imaginario social la derrota del ALCA.

Pero la historia va más hacia atrás. En 1998 se creó la Red Brasileña para la Integración de los Pueblos (REBRIP), una organización dedicada a promover el interés nacional y regional en materia de integración comercial. Esta red, sin embargo, se ocupa más de la negociación (fallida) con Estados Unidos, con la UE (estancada) y con la OMC (discutida). Se oponen a todas las negociaciones con los países desarrollados y su foco central actual es la OMC. La REBRIP tiene estrechos vínculos con Itamaraty, al que considera el canal principal de la discusión. El regionalismo en general y el Mercosur en particular, sin embargo, no parecen atraer mucho la atención de estas organizaciones. Dicho de otro modo, la sociedad civil es reactiva frente a los desarrollados pero no frente al regionalismo, el cual es visto como paraguas de resistencia al neoliberalismo. La preferencia está puesta en la integración regional como un regionalismo contrahegemónico y popular que va más allá del comercialismo, hacia el extremo político del espectro. De este modo, la sociedad civil ocupó más espacios en línea con el cambio de preferencias del gobierno en términos de una integración que va más allá de lo comercial y ha encontrado una buena recepción en distintas agencias del Estado.

El cuadro brasileño, entonces, presenta características bien definidas. Por un lado, un intento por articular el regionalismo dentro de un rompecabezas mayor en donde Brasil se percibe como una potencia regional de proyección global. Por otro lado, un sector productivo que, articulado con el sector público, ha encontrado en Sudamérica un importante mercado para sus inversiones y obras de infraestructura. Este sector productivo, sin embargo, dialoga con otro sector comercial que parece haber encontrado un techo al mercado regional y que busca ir más allá de la región, aunque restringido por los acuerdos regionales y una agenda de negociaciones comerciales multilaterales estancada. Finalmente, una sociedad civil que ha sido muy útil para legitimar las preferencias del Ejecutivo en contra del ALCA y a favor del regionalismo. En términos comparados, mientras que los problemas argentinos se asocian con su declinación relativa, los problemas brasileños se asocian con su ascenso relativo, el cual refuerza viejas preferencias y genera nuevos incentivos que difícilmente encuentren en el regionalismo la medida del éxito.

Chile: el escenario regional como complemento a los tratados de libre comercio

Pocos países presentan un alineamiento tan claro entre el Estado, el sector privado y la sociedad civil como el caso chileno. Esta articulación institucionalizada entre preferencias e incentivos materiales explica la notable continuidad de las políticas comerciales chilenas puestas en marcha hace ya más de veinte años.

Chile es uno de los países con mayor libertad económica en el mundo, muy por encima de muchos países del mundo desarrollado. Se trata de un país que posee trece tratados de libre comercio ya funcionando, más otros siete que en la actualidad están en proceso de negociación. Posee, además, cuatro acuerdos de complementación económica, dos acuerdos de asociación económica y un acuerdo de alcance parcial. Cuando concluyan los acuerdos que están siendo negociados, Chile tendrá veintisiete

arreglos comerciales con países tan diversos como Estados
Unidos, India, Australia, Turquía y Vietnam. Esta colec-
ción de acuerdos apunta a señalar que en términos de
preferencias, Chile continúa con su opción por el regionalismo abierto y por lo tanto el regionalismo es un complemento a todos sus tratados de libre comercio con el resto
del mundo. Aunque Bachelet ha intentado introducir el
espacio sudamericano dentro de la gramática política y
comercial chilena, tanto las preferencias de la élite política como de las cúpulas empresarias continúan estando
en la apertura multidimensional y no está claro que la región forme parte de un paisaje político e identitario con
el que los chilenos se sientan identificados. Planteado de
este modo, el caso chileno muestra que el espacio geopolítico no siempre coincide con el espacio económico, lo
que explicaría, en parte, un comportamiento más realista
hacia la región y otro más liberal hacia el resto del mundo.

Esto no significa que Chile esté ausente de la región.
Por el contrario, viene mostrando una mayor presencia en
los foros diplomáticos, ofreciendo de puente entre distintos actores encontrados y buscando presentar siempre una
agenda positiva que sirva al mejor diálogo regional. Incluso
el desplazamiento del regionalismo, desde el comercio a las
interacciones, abre más oportunidades de sumar a Chile
en la ecuación regional en tanto eran precisamente las políticas comerciales de los socios el principal obstáculo en
avanzar en la integración. Dicho de otra forma, Chile *tiene*
problemas en negociar con sus vecinos aranceles comunes
pero *no tiene* problemas en negociar un corredor bioceánico con la Argentina y Brasil ni en convocar a la UNASUR
para discutir el conflicto doméstico boliviano. La politización del regionalismo no deja de ser funcional a un Chile
que viene mostrando desde Lagos una mayor preferencia
política por la región, pero una orientación comercial más
abierta que la de sus vecinos.

Que las preferencias están alineadas con los incentivos es algo ya observado al comienzo de esta sección, pero una rápida lectura de la estructura económica chilena sirve para comprender mejor esta articulación. Según un informe del Banco Central de Chile (citado en IEI-ICP 2008), el 77% del PBI chileno está ligado a su capacidad exportadora. El cobre representa la mitad de las exportaciones. Luego viene la celulosa, el vino, la fruta y el salmón. Chile ocupa el puesto número 11 en el *Economic Freedom Index*, comparado con el puesto 57 de Perú, 72 de Colombia, 105 de Brasil, 137 de Ecuador, 138 de la Argentina y 174 de Venezuela.[294] Más allá, la distribución geográfica de las exportaciones está balanceada entre Asia, Europa y el continente americano, siendo la UE, Estados Unidos, China y Japón los principales socios comerciales del país. Hacia adentro, el Estado ofrece un contexto macro estable y un conjunto de políticas públicas sostenidas en el tiempo, dos elementos que ofrecen seguridad y posibilidad de proyección al empresario chileno.

El sector privado posee tres características que le otorgan singularidad. Primero, el sistema de comercio exterior chileno goza de una alta autonomía *vis à vis* el Estado y sus instituciones, y los cambios de gobierno no parecen alterar las políticas comerciales. El comercio exterior en Chile es visto como un bien público. Esto le da a las empresas un alto margen de acción y una relación estrecha con el Estado y las burocracias encargadas de diseñar políticas públicas relativas al comercio. Segundo, la preferencia, o no, de los empresarios por la región no está dada por el tipo de producción (como el caso argentino o brasileño) sino por el tamaño de la empresa

---

[294] Disponible en http://www.heritage.org/Index/Ranking.aspx. Accedido el 22 de agosto de 2009.

en cuestión. Esta observación se refleja en la puja entre la Confederación de la Producción y Comercio de Chile (CPC), más inclinada a mantener la apertura en todas las direcciones y evitar que el comercio caiga en el reino de la ideología, y la Confederación Nacional de la Pequeña y Mediana Empresa (CONAPYME), más inclinada a la escala regional y la exportación de productos con mayor valor agregado. Tercero, se trata de un empresariado que con continuidad institucional y políticas activas por parte del Estado ha experimentado una notable capacidad de aprendizaje en la organización de sus negocios internacionales, en la identificación de potenciales socios a través de inteligencia de mercados y en la promoción de sus productos mediante modernas estrategias de marketing.

Aunque estamos ante la presencia de una articulación consistente y relativamente exitosa, los críticos del modelo apuntan al poco impacto que tuvo el comercio chileno en la industrialización del país. Dicho de otro modo, Chile es un país que no ha podido diversificar su canasta exportadora y que depende en gran medida de cuatro o cinco productos. Lo curioso del caso es que la literatura especializada sostiene que una estrategia de desarrollo basada en el comercio necesita contar con un número importante de sectores involucrados en tanto que una economía exportadora diversificada implicará más actores interesados en sostener el modelo comercial. El caso chileno, sin embargo, desafía esta observación en tanto se trata de empresas organizadas por cúpulas pero con intereses diversificados y por lo tanto mientras las cúpulas sigan percibiendo ganancias, el Estado seguirá contando con el apoyo del sector privado en su política de apertura comercial.

La sociedad civil se muestra notablemente alineada con las posturas del Estado y del sector privado, elemento que otorga a todo el modelo mayor legitimidad social. Una encuesta realizada en Chile en 2008 (véanse Durán y Oyarzún en este volumen) mostró cómo la sociedad chilena cree que es bueno tener un rol activo en los asuntos globales; tiene una visión positiva de la globalización y la apertura comercial del país, y tiene una visión positiva de las líneas generales de la política exterior.

En cuanto a la región, sin embargo, los chilenos no tienen una preferencia clara por el regionalismo. Primero, a la pregunta de a qué región habría que prestarle mayor atención, América latina y Europa ocupan posiciones similares. Segundo, a la pregunta de cuál es un hecho destacado de la política exterior de Chile, los chilenos responden, en un 46%, a favor de los acuerdos comerciales con diferentes países del mundo. Tercero, a la pregunta sobre el grado de preferencia (mucha, poca o nada) que Chile debería tener con un listado de países, surge que los chilenos tienen una preferencia (en este orden) por Europa, Estados Unidos, España, China, Brasil, Francia, México, Alemania, Argentina, Nueva Zelanda, Perú y Bolivia. Sólo un 47% afirma tener mucha preferencia por la Argentina y el porcentaje es mucho menor con Bolivia (30%) y Perú (30%). Finalmente, Estados Unidos es el país que más confianza genera a la hora de mantener la paz en el mundo. Son datos llamativos que muestran que las preferencias de la sociedad civil están bastante alineadas con las preferencias del Estado chileno y, a su vez, con los intereses materiales del sector público y privado.

En síntesis, Chile participa del regionalismo sudamericano, hoy desplazado hacia las capacidades de interacción en caminos, comunicaciones y conexión energética, pero difícilmente se dibuje a sí misma como parte del cuadro del regionalismo comerical. Parte de la explicación reside en que las identidades políticas dominantes, sean de centroizquierda como de centroderecha, están fuertemente ancladas en una idea de excepcionalidad chilena, la cual a su vez se encuentra alineada con los fuertes incentivos del sector privado en la apertura comercial global. Esta identidad es ampliamente compartida por muchos sectores de la sociedad civil, cerrando el paso a emergentes críticos del modelo.

Colombia: el escenario regional como complemento de escenarios bilaterales

De manera similar al caso chileno, la experiencia colombiana es clara por la estabilidad de sus preferencias políticas y sus estrategias comerciales puestas en marcha a comienzos de los años noventa. A diferencia de la Argentina, Brasil, Bolivia, Venezuela y Ecuador, el "giro a la izquierda" aún no llegó al gobierno aunque sí al Parlamento y a la ciudad de Bogotá.

En el mapa comercial de Colombia, el regionalismo aparece, en distintos momentos, en algún lugar entre la Comunidad Andina de Naciones (CAN), el G-3 (con México y Venezuela), el ALCA y, luego, el TLC con Estados Unidos. En sintonía con el clima de la época, Colombia inició a pincipios de los años noventa un profundo conjunto de reformas destinadas a privilegiar el mercado e impulsar la apertura del país. En el campo político, orientó sus esfuerzos a establecer una relación privilegiada con Estados Unidos, primero en la lucha contra las drogas, luego en la colaboración contra el terrorismo. De este modo, Colombia intentó alinear su política exterior y comercial, auspciando al mismo tiempo la cooperación militar y el libre comercio.

Esta relación con Estados Unidos no le impidió a Colombia avanzar en su integración andina. La CAN representa un importante destino de las exportaciones colombianas con alto valor agregado. Pero como señalan De

Lombaerde y Garay en este libro, hoy el problema en la CAN no es tanto comercial sino más bien político, y tiene que ver con la difícil relación en marcha entre Colombia y Venezuela, por un lado, y Colombia y Ecuador, por el otro. Las fricciones políticas no trabajan a favor de los importantes intercambios económicos que Bogotá tiene con esos dos países. Esto ha colocado a Colombia en una encerrona regional que la ha forzado a inclinar su mapa hacia México, Estados Unidos y Canadá. Así, la fórmula colombiana de comercio podría definirse del siguiente modo: "Cooperación hemisférica + regionalismo abierto".

Esta fórmula es sostenida en varios frentes. Primero, el peso de la estrategia comercial colombiana se traduce en la exsistencia de un Ministerio de Comercio Exterior (creado en 1991) que posee un alto grado de autonomía no sólo en relación con la sociedad civil sino también en relación con otras agencias del Estado, incluyendo la Cancillería. Segundo, la estrategia comercial es el resultado de una alineación bastante aceitada entre: a) las preferencias de los partidos históricos tradicionales; b) la autonomía de la burocracia estatal, en particular el Ministerio de Comercio Exterior; c) el "gozne" institucional entre lo público y lo privado que significan las asociaciones "cúpula" intersectoriales; d) el impulso de las empresas colombianas por internacionalizarse y abrir sucursales en el arco andino, y e) la debilidad política de los sindicatos y las organizaciones sociales en canalizar sus demandas (De Lombaerde y Garay en este volumen).

Este alineamiento, sin embargo, comienza a ser más difuso al incorporar en la ecuación a nuevos partidos, como el Polo Democrático Alternativo, el cual sostiene una postura antiaperturista y crítica de las negociaciones Norte-Sur. Puesto de otra manera, desde la década de 1990 hasta la actualidad, las tradiciones partidarias no parecen influir en las estrategias comerciales o en las preferencias por el regionalismo abierto, pero esto comenzó a alterarse en la última contienda electoral entre Álvaro Uribe y Carlos Gaviria, dividiendo aguas entre una integración aperturista y un regionalismo neoproteccionista. Habrá que seguir de cerca este partido en tanto un crecimiento sostenido, como el que experimentó hasta ahora, por ejemplo obteniendo la alcaidía de Bogotá, bien podría transformar las preferencias del gobierno colombiano y reorientar la inserción internacional del país.

El sector privado colombiano viene experimentando un marcado dinamismo y un deseo de mayor internacionalización. De Lombaerde y Garay realizan cuatro observaciones de carácter estructural que dan cuenta de los incentivos materiales de las empresas del país. Primero, el crecimiento de las exportaciones generó mayor peso de los exportadores *vis à vis* los importadores. Esto trajo una disminución del *lobby* proteccionista a favor del *lobby* aperturista. Segundo, la diversificación de las exportaciones diversificó también los intereses por la apertura de mercados. Tercero, el aumento de comercio industrial intrarregional despertó el interés de los industriales en los asuntos de integración regional, en particular con Ecuador, Perú y Venezuela. Cuarto, el proceso de internacionalización de empresas colombianas aumentó su presencia en la región andina a través de mayores inversiones, y por lo tanto demostraron un mayor interés en la integración regional.

Esta estructura de incentivos es motivo de un diálogo permanente entre las empresas y el Estado, principalmente a través del Ministerio de Comercio. Uno de los elementos que configura el tipo de relación entre ambos sectores tiene que ver con la organización del sector privado. En Colombia, las empresas se organizan de manera más horizontal (intersectorial) que vertical (sectorial). Esto se debe en parte a la existencia de grandes grupos económicos con intereses en varios sectores, lo que facilitó en parte pasar de un modelo de la ISI a uno de regionalismo abierto. Esto se refleja en la importancia de organizaciones "cúpula" como la Asociación Nacional de Empresarios de Colombia (ANDI) o la Asociación Nacional de Comercio Exterior (ANALDEX) que se proyectan "como los interlocutores más importantes para el gobierno" (De Lombaerde y Garay en este volumen). En este sentido, Colombia y Chile poseen perfiles similares con organizaciones intersectoriales, teniendo un importante peso en la formación de preferencias, a diferencia de la Argentina o Brasil en donde la organización por sectores parece bloquear una mayor articulación nacional de posiciones comerciales (De Lombaerde y Garay en este volumen). Dicho de otra forma, el papel de las organizaciones intersectoriales es crucial porque el empresario tiene más incentivos para canalizar sus demandas a través de la organización que a través de estrategias unilaterales. En este sentido, los casos de Chile y Colombia sugieren que un país puede no tener exportaciones muy diversificadas pero sí puede tener cúpulas empresarias con intereses diversificados y por lo tanto serán precisamente esas cúpulas las encargadas de presionar al gobierno en una determinada dirección, en este caso el libre comercio.

El plano de la sociedad civil muestra un cuadro más complejo que el chileno ya que existen importantes agrupaciones con claras preferencias antiaperturistas y con capacidad de movilización y articulación con nuevos movimientos y partidos políticos. A este cuadro se agregan los sindicatos con posiciones claramente antiaperturistas, como lo demostraron durante las (fallidas) negociaciones por el ALCA y luego por el TLC. Hoy los sindicatos constituyen una fuerte oposición al gobierno de Uribe y están más cerca de Polo Democrático y

RECALCA (Red Colombiana de Acción Frente al Libre Comercio y el ALCA).

Al igual que en la Argentina y Brasil, el ALCA movilizó a la sociedad civil de un modo crítico y activo como nunca antes había sucedido. RECALCA lideró el debate y la oposición y, una vez enterrado el proyecto, se dedicó a cuestionar el TLC con Estados Unidos, no sólo articulando voces colombianas sino también interactuando con otras organizaciones en el marco de la Alianza Social Continental (ASC), organización hemisférica que se opone a los TLC con Estados Unidos y promueve la integración de los pueblos en general y la UNASUR en particular.

Estos movimientos y sindicatos, sin embargo, a pesar de tener una clara tendencia antihegemónica están lejos de articular posiciones relativas a una agenda regional. En este sentido, el clivaje ideológico regional, que divide aguas entre los gobiernos de Venezuela, Bolivia y Ecuador por un lado y los gobiernos de Colombia y Perú por el otro, sigue siendo un importante obstáculo al regionalismo.

A diferencia de Chile, que muestra un modelo más articulado entre Estado, mercado y sociedad civil, el caso colombiano muestra señales conflictivas. Por un lado, se percibe un importante nivel de continuidad entre los distintos gobiernos, basado en la apertura comercial, en la buena relación con Estados Unidos y en la búsqueda de mercados, principalmente de la región donde colocar productos no tradicionales. Por otro lado, sin embargo, se observan señales de un modelo político que parece haber encontrado un techo. La ambición de Uribe de continuar en el poder es causa y síntoma de un debate mayor en el sistema político colombiano que percibe que el país quedó aislado de Sudamérica y muy dependiente de la relación con Estados Unidos.

Ecuador: el escenario regional como desplazamiento del escenario bilateral

Entre 1996 y 2007, año en que asume Rafael Correa, Ecuador tuvo ocho presidentes, algunos conservadores, otros de derecha, otros de izquierda, todos ellos severamente restringidos para establecer coaliciones políticas sustentables en un sistema político fragmentado y una economía en retroceso. Así, el caso de Ecuador muestra políticas comerciales y de integración regional que rara vez reflejaron estrategias de largo plazo y rara vez pudieron contar con un grado de consenso sustantivo entre los miembros de la élite política y económica.

Como señala Jaramillo, motivos domésticos e internacionales fueron alejando a Ecuador del regionalismo. La apertura de Ecuador en materia comercial comenzó en 1988 con la presidencia de Rodrigo Borja, quien avanzó en consolidar la CAN y negoció una ley de preferencias arancelarias con Estados Unidos. Estas preferencias generarían una importante dependencia de Ecuador de sus exportaciones a Estados Unidos, explicando, en 2002 casi el 40% de las exportaciones ecuatorianas (Jaramillo en este volumen). Esto generó un poderoso incentivo al gobierno de Lucio Gutiérrez, considerado un aliado de Estados Unidos, para dar comienzo a las negociaciones que terminaran en un TLC. El Consejo Nacional Empresarial, creado en ese entonces, sirvió para darle legitimidad a la iniciativa de Gutiérrez. La iniciativa, sin embargo, duró lo que duró el gobierno de Gutiérrez, luego reemplazado por su vicepresidente, de filiación más nacional y popular, quien se encargó de sepultar la negociación.

El arribo de Rafael Correa, quien gobernará hasta 2013, implicó un nuevo giro en las preferencias políticas y económicas en donde el regionalismo vuelve a estar en el centro del debate. Por un lado, Correa puede ser visto como un neodesarrollista, crítico de Estados Unidos y cercano a la ola de gobiernos nacionales y populares que recorre la región. Por otro lado, presenta un enfoque más flexible, que aún respeta la dolarización del país, apoya la reducción del déficit fiscal y cree en la consolidación de fondos anticíclicos. Sin embargo, el gobierno de Correa lanzó en mayo de 2009 una nueva estrategia de desarrollo para el período 2009-2013 que apunta a un desarrollo endógeno de Ecuador y que implicará la sustitución de importaciones y la concentración de los recursos para convertir a Ecuador en una economía terciaria, exportadora de bioconocimientos y servicios turísticos. Más allá, y como está pautado en la nueva Constitución de 2008, uno de los objetivos del país es alcanzar la soberanía alimentaria para no depender más de la importación de alimentos. Aunque esta estrategia de desarrollo endógeno no implicará romper con el libre comercio en el marco de la CAN, sí implicará correr el eje de atención, más allá de la CAN hacia el sur de América latina y hacia otras economías emergentes del mundo en desarrollo. Que esta estrategia necesitará no sólo tiempo sino también una transformación de las instituciones y el sistema productivo ecuatoriano es algo poco cuestionado. Ecuador es aún muy dependiente del sector primario y del petróleo, y no está claro todavía de qué modo articulará alianzas público-privadas para avanzar en un esquema de producción con mayor valor agregado.

Más allá de estos cambios domésticos, Ecuador está claramente a favor de un proceso de regionalismo que vaya más allá del sector comercial y apoya las distintas iniciativas en el sector energético (como el Tratado Energético Sudamericano) y de infraestructura (como IIRSA). La relación de Ecuador con la CAN, como señala Jaramillo, es ambigua. Primero, en 1990 las exportaciones a la CAN representaban poco más del 6%; en 2007 representaron poco más del 14%. Aunque el porcentaje es quizás menor del esperado, luego de Estados Unidos, primer destino de las exportaciones ecuatorianas, Perú y Colombia representan el segundo y tercer destino respectivamente, aclarando, sin embargo, que el flujo hacia Perú es esencialmente un flujo de petróleo (Jaramillo en este volumen).

Segundo, casi la mitad de lo exportado a la CAN consiste en productos manufacturados con alto valor agregado, lo que genera un incentivo para el sector industrial en profundizar la integración regional. Este patrón contrasta notablemente con el patrón de exportaciones de Ecuador hacia el mundo, basado principalmente en productos primarios como el banano, las rosas o el cacao en grano.

Tercero, la CAN no parece ocupar un lugar central en la política de comercio y de integración de Ecuador. Una mirada rápida a los discuros oficiales mostrará que la UNASUR ha desplazado de manera sustantiva a la CAN al momento de pensar la inserción regional de Ecuador. La nueva Constitución de 2008 tiene un capítulo dedicado a la integración latinoamericana. Esta movida va de la mano de un acercamiento importante de Quito al Mercosur, el apoyo a la creación de un Banco de Desarrollo del Sur, de fondos de reserva común de América latina y de un sistema monetario común para la región que facilite las transacciones y disminuya los costos.

A nivel del sector privado, Jaramillo destaca que la apertura del gobierno para sumar a los empresarios en la formulación de la política comercial "es una situación cíclica que depende de la ideología del gobierno" (Jaramillo en este volumen). Durante la década de 1990, los empresarios ecuatorianos tuvieron un rol destacado en el diseño y la implementación de políticas comerciales, no sólo articulando posiciones en distintos colectivos sino también ocupando cargos ministeriales desde

donde poner en marcha las iniciativas del sector privado. Así, los gobiernos de Oswaldo Hurtado (1981-1984),
Rodrigo Borja (1988-1992) y Sixto Durán Ballén (1992-
1996) muestran un alineamiento de intereses materiales
con preferencias políticas.

El gobierno de Correa, en línea con su enfoque neodesarrollista, apunta a reconvertir el sistema productivo
ecuatoriano y para eso ha decidido contar con el apoyo
empresario de su gestión y ofrecer incentivos concretos
para el desarrollo industrial, por ejemplo, disminuyendo
aranceles sobre insumos de producción o bienes de capital. El mismo Correa, sin embargo, no se muestra muy
a gusto con el hecho de que los intereses del sector privado estén puestos en aumentar el comercio con Perú y
Colombia, dos destinos importantes de manufacturas
con alto valor agregado. Dicho de otro modo, gobierno y
empresas parecen coincidir en industrializar el país, pero
no parecen coincidir en los socios privilegiados para que
esto sea posible. Que lo ideológico es parte de la explicación es algo poco discutido. Colombia y Perú son dos
países que cuentan con muy baja estima en la mirada de
Correa, y es por esto que Correa busca el desarrollo endógeno y la industrialización apoyándose en otros actores
más allá de la CAN. La tensión entre ideología e intereses
materiales no podría estar más clara. Más allá, Correa es
un firme entusiasta de la UNASUR, emprendimiento que
no despierta mucho entusiasmo entre los empresarios.
Así, parece haber distintas prioridades: mientras los empresarios ponen el acento en Estados Unidos y la CAN,
Correa lo pone en la UNASUR.

Al igual que en la Argentina, Brasil y Colombia, la
sociedad civil ecuatoriana se organizó y movilizó a partir
de las negociaciones por el ALCA. Un dato importante,
identificado por Jaramillo, es que algunos sectores de
la sociedad civil no sólo se oponen a los acuerdos con

los países desarrollados sino que también miran con sospecha la integración regional entre vecinos. Existe la percepción de que sólo las transnacionales y los países desarrollados se benefician con la integración regional en América del Sur. Aunque esta mirada puede no ser mayoritaria, llama la atención la existencia de un razonamiento que va a contramano de un saber ya casi popular: integrarse para negociar con más fuerza. En este sentido, actores importantes de la sociedad civil privilegian la integración nacional antes que con otros estados. El regionalismo, para ellos, debe darse en el sector cultural, educativo, de salud o de medio ambiente pero no en el sector comercial o financiero. Más allá, algunas demandas de la sociedad civil están en sintonía con las orientaciones del gobierno de Rafael Correa, como la protección de recursos naturales, el respeto a las prácticas ancestrales, la búsqueda de soberanía alimentaria y comercio justo con los países desarrollados.

En síntesis, a diferencia del caso chileno, brasileño o colombiano, Ecuador parece estar atravesando por un profundo proceso de reformas en donde la discusión comercial en definitiva refleja una discusión más de fondo por el modelo de desarrollo nacional que se quiere implementar.

Perú: el escenario regional como complemento de escenarios bilaterales

Al igual que Chile y Colombia, el caso peruano muestra importantes signos de continuidad en el sector económico y comercial a lo largo de las gestiones de Alberto Fujimori (1990-2000), Alejandro Toledo (2001-2006) y Alan García (2006-2011). Aunque la presidencia de Alejandro Toledo, durante la cual se firmó el TLC con Estados Unidos, se promovió la UNASUR y se firmó la asociación con el Mercosur, tuvo que enfrentar serios problemas de legitimidad, la contienda entre Ollanta Humala y Alan García terminó en la victoria del último sobre el primero, reflejando que las preferencias de los peruanos no estaban puestas en el nacionalismo antagónico sino en una versión moderada o progresista de internacionalismo. De hecho, el eslogan de la campaña electoral de Alan García fue el "cambio responsable", transmitiendo la idea de que su visión progresista ya no estaría basada en el tercermundismo y el antimperialismo que practicó durante su presidencia anterior (1985-1990) sino en una posición más cercana a Lula y más lejana de Chávez.

Como observa D'Medina Lora, la continuidad entre 1990 y 2008 está dada por la profundización de las reformas jurídicas y del estado tendientes a promover la inversión extranjera privada, garantizar la seguridad jurídica y continuar con la apertura comercial de modo bilateral y multilateral. Esto muestra una élite política con preferencias relativamente estables y una sociedad conservadora a la hora de optar entre distintos grados de cambio político.

Dentro de estas preferencias, el regionalismo siempre estuvo presente en las élites peruanas, aunque de ningún modo representa un punto de arribo sino una plataforma de apoyo al desarrollo de un país que participa en distintos arreglos comerciales y que son una importante fuente de divisas. Hoy las exportaciones peruanas explican casi el 30% del PBI. En 1994, Perú exportaba por 4.000 millones de dólares; en 2008 exportó por 31.000 millones de dólares (D'Medina Lora en este volumen).

Uno de los desafíos que enfrenta Perú es cómo alinear las preferencias del gobierno con los intereses materiales del sector privado cuando se trata de regionalismo. Por un lado, Alan García ha intentado operar un firme acercamiento a Brasil, Colombia y Chile. Estos destinos no son azarosos y tienen que ver sin duda con la orientación ideológica del gobierno actual. Por otro lado, sin embargo, muy poco de la exportación peruana se dirige hacia estos países. El primer destino de exportación es Estados Unidos (TLC de por medio), seguido por China (otro TLC de por medio), Suiza, Chile, Canadá y Japón. La CAN explica sólo el 7% de las exportaciones peruanas; el Mercosur, el 3%, pero Asia y el NAFTA explican el 50%. Todo lo que exporta Perú a la CAN no llega a equiparar lo que Perú exporta a Suiza. Estos porcentajes dan cuenta de un empresariado que tiene destinos muy diversos y que ha sabido insertarse con relativo éxito, aumentando las exportaciones casi ocho veces entre 1994 y 2008 (D'Medina Lora en este volumen).

A pesar de las dificultades en consolidar la inserción regional de Perú, un dato a observar, y siguiendo un patrón ya identificado, es que la mayor parte de las exportaciones con más alto valor agregado han tenido como destino los países de la región. Esta observación fortalece la hipótesis de que el regionalismo es un proceso atractivo para los sectores que exportan productos con alto valor agregado, no así para los sectores agrícolas o mineros. Más allá, el desplazamiento de la cuestión comercial en la agenda de integración hacia otros temas como infraestructura ha despertado un renovado interés por otras agencias, como es el caso del Ministerio de Transportes y Comunicaciones, a cargo de llevar adelante los proyectos de infraestructura desarrollados en el marco de la IIRSA.

Aunque existen posiciones divergentes en cuanto al lugar del regionalismo en la agenda comercial del país, lo cierto es que Perú muestra un alineamiento importante entre las preferencias de los últimos gobiernos por el libre comercio y los intereses materiales del sector privado. Perú, al igual que Chile y Colombia, no tuvo un giro a la izquierda nacionalista y por lo tanto no está claro que el Consenso de Washington haya terminado del modo en que sí lo hizo en otros países de la región. Se podría afirmar, entonces, que la desatención por el regionalismo es el producto de casi veinte años de un modelo de desarrollo orientado a la diversificación de exportaciones y cuya estructura productiva no trabaja a favor de un proceso de regionalismo. Lo que sucede en el sector comercial, sin embargo, no sucede en el sector de infraestructura, energía e inversiones, tres áreas en donde Perú ha mostrado un mayor interés por sus vecinos (D'Medina Lora en este volumen).

El caso peruano muestra una importante presencia del sector empresarial en la construcción de políticas comerciales, signo de que el regionalismo, en la visión de las élites peruanas, ha tenido principalmente un contenido económico (D'Medina Lora en este volumen). En definitiva, se trata de un diseño económico que ya tiene casi veinte años y que ha servido para configurar de un modo estable los intereses del sector privado, sea de capitales peruanos o internacionales. Un ejemplo específico es la Constitución de 1993, escrita para reemplazar la de 1979, que incorporó la igualdad jurídica entre la inversión nacional y la extranjera, la intangibilidad de la propiedad privada, el cambio de régimen de propiedad agraria y el rol subsidiario del estado (D'Medina Lora en este volumen).

Más allá de que se trata de un regionalismo de signo económico, el dato a observar es el relativamente bajo interés por parte del sector privado en la región. Ni la CAN ni el Mercosur son mercados relevantes para las empresas peruanas, y son pocos los incentivos que tienen para profundizar el regionalismo. Por el contrario, el sector privado demanda más acuerdos comerciales con regiones o países con los que ya tienen un flujo de exportaciones sustantivo. En esta línea se inscriben los tratados de libre comercio firmados con Estados Unidos, China y recientemente (agosto de 2009) con Canadá y Singapur.

En el plano de la sociedad civil, y casi como ha sucedido en todos los otros casos, las organizaciones sociales no tuvieron mucho lugar en las políticas comerciales hasta que apareció en la agenda de gobierno la idea de firmar un TLC con Estados Unidos. Este proceso movilizó a la opinión pública de un modo que antes no había ocurrido en el sector comercial. Como observa D'Medina Lora, las organizaciones de la sociedad civil interesadas en profundizar el regionalismo no tienen peso relativo como para articular demandas y ejercer presión sobre el estado peruano. Parte de estas organizaciones están ligadas al Partido Nacionalista Peruano y han promovido una visión contraria a la firma de TLC y una visión a favor de un eje sudamericano con fuerte posicionamiento político. La crisis dentro del Partido, sin embargo, no facilitó un mayor grado de movilización. Más allá, la presencia de Hugo Chávez y su apoyo a los movimientos pro-ALBA en Perú es algo que genera rechazo y aceptación por partes iguales, provocando un empate entre los distintos movimientos.

En síntesis, Perú representa un caso más similar a Chile o Colombia, de continuidad de políticas comerciales y de apertura comercial hacia distintas regiones del mundo, principalmente Estados Unidos, Europa y Asia. Aunque los incentivos materiales están puestos fuera de la región, Alan García intenta acercar a Perú a la región y tejer mayores alianzas con Brasil, Chile y Colombia. El regionalismo, en todo caso, no deja de ser un complemento a los flujos bilaterales que Perú tiene con Estados Unidos, Canadá, Japón, China o Suiza.

Venezuela: el escenario regional como
(el deseo de un) único escenario

Venezuela representa el caso más político de todos
en el sentido del enorme peso puesto en un agente (el
Poder Ejecutivo) por transformar estructuras domésticas e internacionales. El regionalismo en Venezuela no
sólo es la primera preferencia política y económica sino
que también es considerado como un asunto de seguridad en tanto la supervivencia del régimen chavista es
vista como dependiente de un entorno favorable al modelo bolivariano.

Al igual que durante los cuarenta años del Pacto
de Punto Fijo (1958-1988), la política exterior de Hugo
Chávez, con todas sus transformaciones discursivas,
identitarias y políticas, no deja de estar atada a la democracia (resignificada como "participativa"), el petróleo,
la centralización en la toma de decisiones y la poca importancia puesta en la construcción de un Estado fuerte
y eficiente en la gestión (McCoy, 2008: 55). Esta línea de
continuidades se recorta, sin embargo, sobre un conjunto
de transformaciones que han marcado una nueva etapa
venezolana y cuya estabilidad (doméstica) y proyección
(internacional) aún son temas de discusión entre académicos y políticos.

Como observa Andrés Serbin en este volumen, es
imposible entender el fenómeno chavista sin comprender que su emergencia se inscribe en múltiples demandas insatisfechas de una sociedad castigada por el aumento de la pobreza, el desempleo y la corrupción de
los elencos de Punto Fijo. No es el lugar para analizar
en profundidad las transformaciones instaladas por el
gobierno de Hugo Chávez, y por lo tanto sólo algunas
observaciones relevantes para este trabajo serán puestas
de manera estilizada. Primero, parece haber acuerdo en

la literatura especializada en que el *chavismo* es una mirada que fue evolucionando con el propio Chávez y cuyos contornos ideológicos no son fáciles de precisar, más allá de los lugares típicos del nacionalismo, la unidad latinoamericana y el antihegemonismo. El culto a Bolivar comenzó siendo un punto de referencia pero que luego fue evolucionando hacia el "socialismo del siglo XXI", el cual se supone es (o debe ser) algo distinto al socialismo de la Guerra Fría pero que ni Chávez ni sus intelectuales orgánicos terminan por definir.

Segundo, Chávez parece ubicarse en una tensión permanente entre tradición y revolución. Por un lado, se instala en una línea ideológica como el heredero de una tradición, la bolivariana, que él se encarga de reinterpretar a la luz del unipolarismo-unilateralismo estadounidense. Por otro lado, sin embargo, da un paso más allá y sostiene un principio revolucionario que busca alterar las bases mismas del orden internacional y el orden doméstico venezolano.

Tercero, en clave populista,[295] la búsqueda de una nueva identidad política lo ha llevado al antagonismo con distintos "Otros", comenzando con el sistema de partidos del Pacto de Punto Fijo, luego con los empresarios y los medios de comunicación para finalmente descargar toda su retórica contra Estados Unidos y todo lo que este país representa.

Cuarto, aunque Chávez comenzó su gobierno de un modo menos combativo y más pragmático, luego de adoptar un discurso más radical, entre 2004 y 2005, parece estar decidido a avanzar en transformaciones más

---

[295] Uso el concepto "populista" para designar un movimiento político que busca construir al pueblo como sujeto colectivo mediante el trazado de fronteras políticas entre el pueblo y quienes se oponen a su plena constitución. Véanse Aboy (2001), Laclau (2005) y Panizza (2009).

sustantivas del orden político y económico de Venezuela. La persecución política, las nacionalizaciones, el cierre de radios, la criminalización de la protesta y la polarización política muestran un Chávez más convencido en dar batalla a todos los sectores de la oposición, amparado en una justicia dependiente del poder, un parlamento oficialista y una red de movimientos sociales que lubrican los engranajes de su hegemonía.

Más allá de las transformaciones domésticas, no es posible entender el regionalismo en las preferencias venezolanas sin comprender el cuadro más amplio de su orientación internacional. Hugo Chávez estructuró su política exterior sobre la base de cuatro elementos. Primero, una relación antagónica con Estados Unidos, no sólo por lo que es, sino también por lo que hace y lo que deja de hacer. Segundo, una relación antagónica con los actores de la región (gobernantes, políticos o empresarios) alineados con los intereses de Washington. Tercero, una relación de cooperación y solidaridad con los actores de la región (estatales y de la sociedad civil) involucrados en la construcción de un regionalismo posliberal. Cuarto, una red de alianzas internacionales con actores involucrados en la construcción de un orden internacional antihegemónico y multipolar, como Rusia, China, Irán, Corea del Norte y Bielorrusia. Estas cuatro movidas reflejan el enfasis en lo político por sobre lo económico, en el estado por sobre el mercado y en la geopolítica por sobre la globalización económica. Venezuela se retiró del G-3 y de la CAN para ingresar al Mercosur y construir el ALBA y la UNASUR. Son acciones inspiradas más en una lógica política y de seguridad que económica y comercial. Reflejan, además, una visión sudamericana en un contrapunto con la visión también sudamericana que tiene Brasil.

A partir de estas observaciones se podría decir que la visión venezolana del regionalismo se articula sobre elementos geográficos, históricos e ideológicos. En el plano goegráfico, el regionalismo venezolano se estructura sobre la base de un núcleo duro compuesto por Venezuela, Bolivia, Ecuador y Nicaragua, y un núcleo secundario compuesto por Paraguay, la Argentina, Brasil y, en menor medida, Chile. Perú y Colombia (el principal socio comercial) quedan fuera del mapa venezolano, al menos hasta que sus gobernantes cambien de signo político. En el plano histórico, Venezuela persigue la utopía bolivariana de la "Patria Grande" y actualiza una gesta no sólo a través de los canales oficiales sino también a través de la llamada "diplomacia de los pueblos". En el plano ideológico, el regionalismo es visto como un proceso que va mucho más allá de lo comercial y busca profundizar las alianzas políticas, militares y sociales definidas todas ellas en clave contrahegemónica.

En un escenario de este tipo no queda otra cosa que suponer, y que Andrés Serbin confirma en su capítulo, que el sector productivo estará fuertemente configurado desde las políticas estatales y las preferencias ideológicas del Ejecutivo. No es casualidad que FEDECAMARAS fuera uno de los primeros colectivos contra el cual Hugo Chávez entró en colisión, calificándolo como el "enemigo de la revolución".

El sector privado no es un actor que pueda tener voz o capacidad de presionar en algún sentido las orientaciones comerciales. Tanto la salida de la CAN como el ingreso al Mercosur fueron dos movidas que se decidieron sin consultar al sector privado, el cual muy probablemente no las hubiera apoyado. De hecho, Venezuela no ingresó al Mercosur por una demanda de su sector productivo sino por un deseo de ajustar la partitura del proceso de integración a la melodía bolivariana, de ahí las constantes referencias de Hugo Chávez a un "nuevo Mercosur" que no termina de nacer. En este sentido, se trata de una relación entre el Estado y la sociedad que se sostiene sobre la base de un sistema altamente presidencialista y que avanza sin consultar con la sociedad civil, los empresarios o los sindicatos. Andrés Serbin destaca que más allá de los contenidos de la política regional de Hugo Chávez y el marcado contraste entre ellos y los elaborados durante la década de 1990, el punto en común es que se trata de un regionalismo construido "desde arriba", esto es, el Estado y la coalición política que lo ocupa. El caso de Chávez, sin embargo, va más allá y profundiza una forma de hacer política, en todo caso reemplazando una vieja élite por una nueva *nomenklatura*, encargada de recibir los beneficios de las diferentes expropiaciones de empresas estratégicas.

Esta dinámica ha colocado a FEDECAMARAS en un rol muy activo dentro del campo opositor. Por un lado, Chávez marginó a las empresas que se oponen a su política comercial. Por otro lado, se encargó de armar él mismo asociaciones de empresas cercanas a su gobierno. Esto ha provocado un campo económico dividido en cuanto a su opinión sobre el Mercosur, colocando a FEDECAMARAS y CONINDUSTRIA en contra del ingreso y a EMPREVEN y FEDEINDUSTRIA a favor.

Una dinámica similar ocurrió con los sindicatos, dominados en general por los partidos tradicionales. Chávez se encargó de fomentar la creación de sindicatos paralelos o de líneas internas como el Frente Bolivariano de Trabajo. Esto provocó también la polarización política del campo sindical, provocando la construcción algo paradójica de alianzas entre sindicatos y empresas opositoras al gobierno.

Más allá, la balanza comercial con el Mercosur es ampliamente deficitaria, en particular con la Argentina y Brasil. El acuerdo de agosto de 2009 entre la Argentina y Venezuela, a través del cual Chávez intenta reemplazar parte del comercio automotor con Colombia sólo aumentará el déficit en la balanza. Estas decisiones, sin embargo, no se sostienen en ninguna lógica comercial sino política: Chávez no le quiere comprar a un país que acepta ofrecer siete de sus bases militares a Estados Unidos.

La sociedad civil venezolana viene experimentando una etapa de profundo activismo, no sólo del lado de los movimientos que defienden el chavismo sino también del lado de quienes se oponen. El antagonismo creado al interior de la sociedad civil no ha dejado mucha energía para la inclusión de la agenda exterior (véase Serbin en este volumen), a no ser que Estados Unidos sea parte de ella y por lo tanto esté en juego el núcleo duro de la identidad internacional de Venezuela, esto es, el antimperialismo. Salvo que se trate de Estados Unidos o Cuba, la sociedad civil participa menos en cuestiones vinculadas al regionalismo sudamericano y más en cuestiones vinculadas al fortalecimiento del régimen político.

De este modo, el balance identitario interno es transversal a las empresas, la sociedad civil y los sindicatos, generando una división ideológica y clasista difícil de resolver. El doble movimiento populista es muy explícito, en tanto dinámica que busca, al mismo tiempo, unificar y antagonizar (Laclau, 2005). El resultado de todo esto es un alto grado de politización de actores que fueron más allá de sus intereses sectoriales para posicionarse en el campo político, ya sea del lado de la oposición o del gobierno. Así, como observa Serbin (en este volumen), "las realidades económicas son, con frecuencia, subordinadas a las consideraciones de orden político, tanto en el ámbito doméstico como en el regional o internacional".

En síntesis, el caso venezolano muestra una articulación jerárquica entre el Estado, el mercado y la sociedad civil que genera apoyos y resistencias en un cuadro que aún le otorga al Ejecutivo un amplio margen de maniobra y legitimidad. En este contexto, el regionalismo es una preferencia fuertemente anclada y dotada de un sentido anti-hegemónico y bolivariano. Para Hugo Chávez, la economía debe estar al servicio de la política, el regionalismo va de la geopolítica al comercio y la integración va de arriba abajo, del Estado al mercado.

5. Conclusión

Los siete casos estudiados a lo largo de este libro motivan un conjunto de reflexiones que no buscan extraer leyes generales ni patrones absolutos sino más bien señalar elementos que deben ser considerados al momento de estudiar el regionalismo en Sudamérica. La construcción de un proceso político y económico de carácter regional tiene que ver con preferencias e incentivos domésticos pero también con presiones del sistema internacional que ofrecen oportunidades y restricciones para avanzar en el regionalismo. Aunque el peso de los factores más globales es importante, el foco analítico de este volumen, y por lo tanto también de estas conclusiones, estuvo puesto en los determinantes domésticos que confluyen en orientaciones regionalistas. A partir de este recorte, son ocho las conclusiones que se pueden presentar.

Primero, y comenzando por la dimensión más teórica, el enfoque de la economía política parece aportar nueva luz sobre el estado del regionalismo en Sudamérica al articular la dimensión económica con la política y al poner a jugar preferencias con incentivos. Dicho de otro modo, una mirada del regionalismo basada sólo en la lógica política o sólo en la lógica económica será siempre una frazada corta que dejará de lado cuestiones relevantes para componer un cuadro general de la región. Ciertamente, la economía política no agota el problema del regionalismo pero sí lo enriquece al sumar actores públicos, privados y de la sociedad civil y conjugarlos sobre la base de distintas preferencias e incentivos materiales.

Segundo, del análisis de los siete países estudiados salta a la vista que el regionalismo es una flor rara en la orientación política y económica de los estados sudamericanos. Por un lado, los estados han manifestado desde la segunda mitad del siglo XX una clara vocación por la conformación de un mercado regional integrado y articulado en torno a instituciones y reglas de conducta. Por otro lado, la estructura económica y comercial de estos mismos países ha tenido como centro de atención primero el Norte desarrollado y ahora también el llamado Sur Global. De este modo, el regionalismo deviene en un proceso híbrido en tanto aparece como un espacio sub-óptimo en donde son pocos los actores que desean sepultarlo pero también son pocos los actores que desean perfeccionarlo.

Tercero, parte de la explicación acerca de la conformación de un regionalismo "líquido",[296] tomando prestado el concepto de Zygmunt Bauman, tiene que ver con las dificultades en alinear preferencias políticas con incentivos materiales. Del estudio de los siete casos, es posible identificar al menos dos factores que favorecen este alineamiento. En primer lugar, la estabilidad política. Ningún país puede llevar adelante una política de

---

[296] El término "líquido" fue desarrollado por Zygmunt Bauman en distintos momentos, comenzando con su análisis de la "modernidad líquida", luego el "amor líquido", la "vida líquida" y el "miedo líquido". En la obra de Bauman, la metáfora de la liquidez tiene que ver con lo precario de las relaciones sociales y el carácter transitorio de los compromisos asumidos. Así, el regionalismo en Sudamérica puede pensarse como líquido en tanto cada proyecto de integración no termina de solidificarse y las viejas frustraciones son reemplazadas por nuevas promesas bajo un patrón recurrente de acuerdos precarios. Véase Bauman (1999).

largo plazo como es el regionalismo si no posee un grado sustantivo de estabilidad que evite desplazamientos bruscos. Las preferencias políticas están configuradas por identidades que no son otra cosa que las orientaciones normativas e ideológicas de las coaliciones que llegan al poder. Un Estado con un alto nivel de polarización de identidades políticas difícilmente pueda implementar con éxito una política externa en materia económica. Por el contrario, un país que posee un conglomerado de identidades políticas que trabajan menos como facciones antagónicas y más como contrapuntos siempre tendrá mayores posibilidades de implementar políticas de largo plazo como es el regionalismo y la integración regional. En segundo lugar, es muy difícil alinear preferencias e incentivos si no hay instituciones abiertas y transparentes que articulen y agreguen posiciones entre los sectores privados, por un lado y entre los privados y el Estado por el otro. La ausencia de este tipo de instituciones, como cámaras, confederaciones, organizaciones cúpula, consorcios, etc. provoca uno de dos resultados: o el Estado se vuelve un rehén de los sectores con mayor poder o las empresas quedan sujetas a lo que el Estado resolvió por ellas en nombre de un supuesto interés nacional. Conjugando estas dos cuestiones, un Estado con identidades más convergentes y con instituciones y canales de negociación entre el sector público y privado será un Estado con mayor capacidad de avanzar en una política comercial de largo plazo. Chile y Venezuela ilustran los extremos de esta articulación de variables.

Cuarto, este alineamiento *per se* entre preferencias e incentivos, sin embargo, no es causa de regionalismo sino más bien su condición de posibilidad. Chile es un caso concreto de alineamiento entre ambos factores pero el alineamiento no se dirige hacia un mayor regionalismo sino hacia una estrategia global. Dicho de otro modo, para que una región produzca regionalismo los actores públicos y privados deben tener el mayor de los intereses en hacer de esa región el espacio privilegiado desde donde desarrollarse. Y esos intereses están dados por la convicción política de que el regionalismo tiene sentido y el incentivo material de que el regionalismo paga bien. De lo contrario, se puede tener buena paga sin convicciones (como quizá representa el caso del NAFTA) o convicciones sin buena paga (como quizá representa hoy el Mercosur).

Quinto, el caso sudamericano, por lo tanto, ilustra perfectamente esta tensión entre voluntad y determinismo o entre agente y escructura. En este cuadro, y del análisis de los siete casos, todo parece indicar que la forma en que cada país internaliza (o no) el regionalismo tiene que ver con su estructura interna de preferencias políticas e incentivos económicos. Así, el regionalismo significa distintas cosas para distintos países y no está clara la convergencia de ellos alrededor de Sudamérica como región cognitiva. Mientras que Colombia ha tendido a escapar del regionalismo y profundizar su relación con Washington, Venezuela lo exalta como un proceso que otorga sentido a su propia identidad. Ecuador, por su parte, desea hacer de la región un lugar para su desarrollo y la Argentina está enraizada en el regionalismo como pocos lo están. La visión de Chile, como la de Perú, es más instrumental y la de Brasil apunta al regionalismo más como un medio que como un fin en el marco de una proyección política y económica global. Es difícil preguntarse qué país tiene el regionalismo como punto de llegada sin dejar de sentir al mismo tiempo una dosis importante de escepticismo. Estas distintas orientaciones, *grosso modo*, parecen converger en torno a dos familias políticas y económicas. Por un lado, tenemos una suerte de regionalismo latinoamericano, expresado a veces en la tradición bolivariana o en una articulación de nacionalismo e integración regional. Por otro lado, tenemos un proceso de regionalismo hemisférico que incorpora la dinámica norteamericana a la latinoamericana como conformando distintas capas de identidad. A pesar de que el ALCA entró en el olvido, la estrategia más minimalista de los TLC ha rendido sus frutos con Chile, Colombia y Perú, lo que sugiere que esta tradición hemisférica sigue estando presente en la ecuación regional. En síntesis, hoy podemos apreciar dos modelos regionalistas, uno de carácter más identitario, como ser el caso de Venezuela, Ecuador y Bolivia, otro de carácter más internacionalista, como es el caso de Chile, Perú y Colombia. Por sus pesos relativos y tradiciones políticas, la Argentina y Brasil ocupan algún lugar intermedio entre estos modelos de regionalismo.

Sexto, en parte porque los incentivos comerciales parecen haber encontrado un techo en la región y en parte porque las orientaciones poscomerciales priman en varios países sudamericanos, lo cierto es que la integración regional parece haber ido más allá de las cuestiones comerciales y enfocado su agenda en las capacidades de interacción, esto es, caminos, puentes, navegación de ríos, conectividad energética y comunicaciones. Este desplazamiento opera también en el campo de la defensa y la seguridad a través del recientemente creado Consejo de Defensa Sudamericano, iniciativa promovida por Brasil y que ha gozado de amplia aceptación del resto de los miembros de la UNASUR. Uno de los resultados que ha traído este desplazamiento de la agenda ha sido una mayor participación por parte de agencias tradicionalmente ajenas al regionalismo y la integración regional. Provincia típica de las cancillerías y los ministerios de economía, el regionalismo es hoy tema de interés en las agencias de infraestructura, energía, inversiones, comunicaciones, tecnología, educación y salud. Otro impacto casi paradójico es el lugar renovado que tiene Chile en la región. Precisamente era la agenda comercial la que bloqueaba una mayor presencia chilena. Al desplazar la agenda, Chile ha pasado a tener más voz y espacio en la discusión regional posliberal. Así, Chile saca ventaja del liberalismo en el plano global y del posliberalismo en el plano regional.

Séptimo, más allá del desplazamiento de la agenda, se observa un conjunto de conflictos bilaterales que erosionan las bases del regionalismo. Chile y Bolivia aún no tienen relaciones diplomáticas oficiales. Ecuador y Venezuela tampoco las tienen con Colombia. Chile y Perú no parecen ceder posiciones en el conflicto por el límite del mar territorial entre ambos países. La Argentina y Uruguay tampoco están muy dispuestos a abandonar sus reclamos en torno a la instalación de la planta de Botnia sobre la margen del río Uruguay. Nadie está conforme con el acuerdo bilateral entre Colombia y Estados Unidos que autoriza la presencia de tropas y contratistas estadounidenses en siete bases colombianas. Finalmente, un proceso de militarización recorre Sudamérica, algunos argumentando modernización de material obsoleto, otros necesidades de seguridad objetivas, pero casi todos haciendo esfuerzos por mejorar los recursos militares disponibles (Battaglino, 2008). La pregunta no es *cómo* tiene lugar la militarización (unos comprando a Rusia, otros a Francia, otros a los países de la OTAN y otros dejando entrar tropas de Estados Unidos) sino *por qué* tiene lugar un proceso de este tipo en una región de enormes disparidades económicas. En síntesis, se trata de un paisaje político que muestra un importante proceso de erosión de la confianza que no favorece el regionalismo.

Octavo, y último, la economía política del regionalismo muestra entonces un cuadro diversificado en donde, parafraseando a Alexander Wendt (1992), el regionalismo es lo que los estados hacen de él. Y lo que los estados hacen de él tiene que ver, por un lado, con la estructura de incentivos que los agentes domésticos tienen para avanzar hacia el regionalismo y, por el otro, con las preferencias de los actores políticos construidas a partir de trayectorias ideológicas y de identidad. Este capítulo buscó mostrar la diversidad con que estas variables se articulan en Sudamérica, dejando ver que el regionalismo no está donde se supone que debería estar. Esto no siginifica hacer a un lado un proceso que ha mostrado ser altamente resiliente sino más bien encararlo con ojos menos nublados por la retórica y más abiertos a los datos de la realidad. Más allá de los hallazgos que este libro pudo hacer, analizar con profundidad las causas que llevaron a esta situación quizá sea una forma de repensar el regionalismo en términos más realistas y acorde con los nuevos desafíos que nos tocan vivir.

Nota

Agradezco las críticas y sugerencias hechas por Diana Tussie y Pablo Trucco a este trabajo. Los errores son todos míos.

Referencias bibliográficas

Aboy Carles, Gerardo (2001), *Las dos fronteras de la democracia argentina: la reformulación de las identidades políticas de Alfonsín a Menem*, Buenos Aires, Homo Sapiens.

Adler, Emanuel (1997), "Imagined (Regional) Communities: Cognitive Regions in International Relations", en *Millennium: Journal of International Studies*, 26 (2), pp. 249-277.

Battaglino, Jorge (2008), "Palabras mortales. ¿Rearme y carrera armementista en América del Sur', Buenos Aires, *Nueva Sociedad*, mayo-junio, 215, pp. 23-34.

Bauman, Zygmunt (1999), *Modernidad líquida*, Buenos Aires, Fondo de Cultura Económica.

Blyth, Mark (ed.) (2009), *Routledge Handbook of International Political Economy*, Londres, Routledge.

Bouzas, Roberto, Da Motta Veigam Pedro y Ríos, Sandra (2008), 'Crisis y Perspectivas de la Integración en América del Sur', en Ricardo Lagos (ed.), *América Latina: ¿integración o fragmentación?*, Buenos Aires, Edhasa, pp. 319-347.

Bouzas, Roberto (2001), "El Mercosur diez años después. ¿Proceso de aprendizaje o *deja-vu*?", en *Desarrollo Económico*, 41 (162), pp. 179-200.

Buzan, Barry, Ole Wæver y Jaap de Wilde (1998), Security: A New Framework for Analysis, London: Lynne Rienner. Collier, Paul (2008), *El Club de la Miseria*, Madrid, Turner.

Hurrell, Andrew (1995), 'Explaining the Resurgence of Regionalism in World Politics', en *Review of International Studies*, 21 (4), pp. 331-358.

IEI-ICP (2008), *Chile, las Américas y el Mundo. Opinión pública y política exterior 2008*, Instituto de Estudios Internacionales (Universidad de Chile) e Instituto de Ciencia Política (Pontificia Universidad Católica de Chile).

Laclau, Ernesto (2005), *La razón populista*, Buenos Aires, Fondo de Cultura Económica.

Lake, David (2009)m "Open Economy Politics: A Critical Review", *International Organization*, 4, pp. 219-244.

McCoy, Jennifer (2008), "Venezuela: Leading a New Trend in Latin America?", en *Harvard Review of Latin America*, VIII (1), pp. 52-56.

Panizza, Francisco (ed.) (2009), *El populismo en el espejo de la democracia*, Buenos Aires, Fondo de Cultura Económica.

Ripsman, Norrin M. (2009), 'Neoclassical Realism and Domestic Interest Groups', en Lobell, Steven E.; Ripsman, Norrin M., y Tiliaffero, Jeffrey (eds.), *Neoclassical Realism, the State and Foreign Policy*, Cambridge, Cambridge University Press, pp. 170-193.

Solingen, Etel (1998), *Regional Orders at Century's Dawn*, Princeton, Princeton Universiy Press.

Tussie, Diana y Heidrich, Pablo (2006), "América Latina: ¿vuelta al pasado estatista-proteccionista o en la senda de políticas de consenso democrático?, en *Foreign Affairs en Español*, abril-junio.

Tussie, Diana (2009), "Latin America: Contrasting Motivations for Regional Projects", en *Review of International Studies*, 35, pp. 169-188.

Wendt, Alexander (1992), "Anarchy is What States Make of It: The Social Construction of Power Politics", en *International Organization* 46 (2), pp. 391-425.